# 东源县革命老区发展史

东源县革命老区发展史编委会 编

SPM 南方出版传媒·广东人民出版社
·广州·

图书在版编目（CIP）数据

东源县革命老区发展史 / 东源县革命老区发展史编委会编. —广州：广东人民出版社，2021.6
（全国革命老区县发展史丛书·广东卷）
ISBN 978 - 7 - 218 - 15079 - 6

Ⅰ．①东…　Ⅱ．①东…　Ⅲ．①东源县—地方史　Ⅳ．①K296.54

中国版本图书馆 CIP 数据核字（2021）第 105103 号

DONGYUAN XIAN GEMING LAOQU FAZHANSHI

东源县革命老区发展史

东源县革命老区发展史编委会　编

出 版 人：肖风华

责任编辑：钱飞遥
文字编辑：郝婧羽
装帧设计：张力平等
责任技编：吴彦斌　周星奎

出版发行：广东人民出版社
地　　址：广州市海珠区新港西路 204 号 2 号楼（邮政编码：510300）
电　　话：（020）85716809（总编室）
传　　真：（020）85716872
网　　址：http：//www.gdpph.com
印　　刷：广州市浩诚印刷有限公司
开　　本：715 mm ×995 mm　1/16
印　　张：35　插　页：4　字　数：426 千
版　　次：2021 年 6 月第 1 版
印　　次：2021 年 6 月第 1 次印刷
定　　价：168.00 元

如发现印装质量问题，影响阅读，请与出版社（020 - 85716849）联系调换。
售书热线：（020）85716826

# 广东省编纂《革命老区县发展史》丛书
## 指导小组

组　长：陈开枝（广东省老区建设促进会会长）

副组长：林华景（广东省老区建设促进会常务副会长）

　　　　宋宗约（广东省农业农村厅二级巡视员、广东省老
　　　　　　　　区建设促进会副会长）

　　　　刘文炎（广东省老区建设促进会副会长）

　　　　郑木胜（广东省老区建设促进会副会长）

　　　　姚泽源（广东省老区建设促进会副会长兼秘书长）

　　　　谭世勋（广东省老区建设促进会副会长）

　　　　廖纪坤（广东省农业农村厅总经济师）

## 办公室

主　任：姚泽源（兼）

副主任：韦　浩（广东省农业农村厅扶贫协作与老区建设处
　　　　　　　　处长）

　　　　柯绍华（广东省老区建设促进会副秘书长）

　　　　伍依丽（广东省老区建设促进会副秘书长）

# 《东源县革命老区发展史》
## 编纂委员会

《广东省革命老区发展史》丛书指导小组

《河源市革命老区发展史》指导小组

《东源县革命老区发展史》编委会

主　　任：杨威

副 主 任：缪运传

成　　员：李远来（县委办）

　　　　　谢鹏儒（县府办）

　　　　　张巧荣（组织部）

　　　　　罗远星（宣传部）

　　　　　骆培根（发改局）

　　　　　林伟华（农业工作局）

　　　　　丘如东（财政局）

　　　　　周富光（教育局）

　　　　　黄　振（文广旅体局）

　　　　　刘志平（党史办）

　　　　　刘金泉（促老会）


编辑部

主　　编：刘金泉

副 主 编：刘志平

成　　员：王伟亮　叶祖伟　赖超清　欧阳小丽
　　　　　喻春艳　钟志超　刘金雄

**编审委员会**
主　　任：刘金泉
副 主 任：刘志平
成　　员：李远来　谢鹏儒　欧建平　陈速影
　　　　　叶祖伟　李战艺　陈文镜

在举国欢庆新中国成立 70 周年前夕，中国老区建设促进会王健会长请我为《全国革命老区县发展史》丛书作序，作为一名在老区战斗过并得到老区人民生死相助的老兵，回首往事，心潮澎湃，感慨万千，深感义不容辞，欣然应允。

中国革命老区，是以毛泽东为代表的中国共产党人在领导人民推翻帝国主义、封建主义和官僚资本主义三座大山，争取民族独立和人民解放伟大斗争中建立的革命根据地，在这片红色的土地上，诞生了无数可歌可泣的革命英雄儿女，为后人树起了一座不朽的丰碑，她是新中国的摇篮，是党和军队的根。

在艰苦卓绝的战争年代，老区人民把自己的命运与中华民族的命运紧紧地联系在一起，与中国共产党和人民军队的命运紧紧地联系在一起，他们生死相依，患难与共。我曾亲历过战争年代，并得到过老区红哥红嫂的救助，切身感受到发生在身边的一幕幕撼天动地的革命故事，在那极其艰难的条件下，老区人民倾其所有、破家支前，不怕艰难困苦，不怕流血牺牲。"最后一碗米送去做军粮，最后一尺布送去做军装，最后一件老棉袄盖在担架上，最后一个亲骨肉送去上战场"，这是当时伟大的老区人民为建立新中国做出巨大牺牲的真实写照，它将永远镌刻在中国共产党、中国人民解放军、中华人民共和国的历史丰碑上。他们的光辉业绩永载史册，他们的革命精神必将影响一代又一代的革命新人，造就一代又一代的民族脊梁。

在社会主义革命和建设时期，革命老区和老区人民响应党的号召，面对落后的面貌、脆弱的经济、恶劣的生态环境，他们本色不变，精神不丢，自力更生，艰苦奋斗，干一行爱一行。始终坚持"革命理想高于天"，自觉做共产主义远大理想的坚定信仰者和忠实实践者，勇于向恶劣的自然环境和贫穷落后宣战，他们在各条战线上为国建功立业，用平凡的双手创造了一个又一个不平凡的奇迹，彰显了老区人的崇高精神和人格力量。

在改革开放的伟大进程中，老区人民解放思想，勇于创新，发奋图强，攻坚克难，老区的经济社会建设取得了辉煌成就。特别是在改变中国的面貌、中华民族的面貌、中国人民的面貌、中国共产党的面貌的伟大实践中发挥了至关重要的作用。老区人民既是改革开放的参与者，也是改革开放的推动者。

艰苦练意志，危难见精神。老区人民在近百年的革命战争、社会主义建设和改革开放的伟大实践中，孕育形成了伟大的老区精神：爱党信党、坚定不移的理想信念；舍生忘死、无私奉献的博大胸怀；不屈不挠、敢于胜利的英雄气概；自强不息、艰苦奋斗的顽强斗志；求真务实、开拓创新的科学态度；鱼水情深、生死相依的光荣传统。这是党和人民宝贵的精神财富、丰厚的政治资源，是凝心聚力、振奋民族精神的重要法宝，也是社会主义核心价值观的重要内容。

中国老区建设促进会怀着强烈的政治责任感和历史使命感，组织全国各地老促会人员克服困难，尽心竭力编纂《全国革命老区县发展史》丛书，记录老区的光辉历史和辉煌成就，传承红色基因，弘扬老区精神，是功在当代、利及千秋的一件大事。手捧这部丛书的部分书稿，读着书中的故事，倍感亲切，深感这部丛书具有资政、育人、存史的社会功能，有着重要的时代和历史价值。它是不忘初心、牢记使命的源头活水，是赞颂共产党、讴歌老区人民的一部精品力作，是弘扬老区精神、传承红色记忆的丰厚载体，是一项继承优秀传统文化、弘扬革命文化、发展社会主义先进文化，坚定"四个自信"的宏大文化工程。它必将成为一种文化品牌，为各界人士了解老区宣传老区支持老区提供一部有价值的研究史料。希望读者朋友们能从中了解并牢记这些为党和民族的利益不断奉献的老区人民，从中得到教益，汲取人生奋斗的精神动力。

新时代赋予新使命，新起点开启新征程。让我们更加紧密地团结在以习近平同志为核心的党中央周围，坚持以习近平新时代中国特色社会主义思想为指导，增强"四个意识"，坚定"四个自信"，做到"两个维护"，弘扬老区精神，铭记苦难辉煌。为实现"两个一百年"奋斗目标，实现中华民族伟大复兴的中国梦作出新的更大的贡献！

迟浩田

2019 年 4 月 11 日

　　2017 年 6 月，中国老区建设促进会组织全国各地老促会启动编纂《全国革命老区县发展史》丛书，按照"建立中国共产党、成立中华人民共和国、推进改革开放和中国特色社会主义事业"三大里程碑的历史脉络，系统书写革命老区百年历史，深入挖掘革命老区红色文化资源，这对于充实丰富中国革命史籍宝库、在新时代传承红色基因、弘扬革命精神、强固根本，对于激励人们在新的历史条件下夺取中国特色社会主义伟大胜利，实现中华民族伟大复兴的中国梦具有重要意义。

　　丛书编纂以习近平新时代中国特色社会主义思想为指导，以《中国共产党历史》《中国共产党的九十年》等重要文献为基本依据，以党的领导为核心，以老区人民为主体，以老区发展为主线，体现历史进程特征，突出时代发展特色，坚持辩证唯物主义和历史唯物主义相统一、历史真实性与内容可读性相统一的原则，书写革命老区从站起来、富起来到强起来的光辉革命史、不懈奋斗史、辉煌成就史，把老区人民的伟大贡献、伟大创造、伟大成就、伟大精神充分展示出来，形成一部具有厚重历史特征和鲜明时代特色的精品力作。这是一部培根铸魂、守正创新，既为历史立言，又为时代服务，字里行间流淌着红色血脉、催生着革命激情的传世之作。丛书的编纂出版将成为讴歌党讴歌人民讴歌时代、传播红色文化、为革命老区和老区人民树碑立传的重要载体。

丛书按照编年体与纪事本末体相结合、以编年体为主的编写体例确定框架结构；运用时经事纬、点面结合的方式记述史实；坚持人事结合、以事带人的原则处理人与事的关系；采取夹叙夹议、叙论结合以叙为主的方法展开内容。做到了史料与史论、历史与现实、政治与学术统一，文献性、学术性、知识性相兼容。

为编纂好《全国革命老区县发展史》丛书，打造红色文化品牌，中国老区建设促进会认真组织积极协调，提出政治立场鲜明、史料真实准确、思想论述深刻、历史维度厚重、时代特色突出、编写体例规范、篇目布局合理、审读把关严格、出版制作精良的编纂出版总要求，力求达到革命史籍精品的精神高度、思想深度、知识广度、语言力度，增强丛书的权威性和社会影响力。各省（区、市）、市（州、盟）、县（市、区、旗）老促会的同志，以强烈的使命感、责任感和紧迫感，勇于担当，积极作为，认真实施，组织由老促会成员、专家学者等参加的十余万人编纂队伍。编纂工作主体责任在县，省、市组织协调、有力指导、审读把关。各方面人员以高度负责的精神和科学严谨的态度，满腔热情地投入工作，为丛书编纂出版做出了重要贡献。丛书编纂工作还得到了党和国家有关部委、地方各级党委政府及有关部门的大力支持和积极参与，社会各界也给予了热情帮助。中共中央政治局原委员、中央军委原副主席、原国务委员兼国防部长迟浩田上将，对老区人民怀有深厚感情，对革命老区建设发展十分关注，欣然为《全国革命老区县发展史》丛书作总序。

丛书由总册和 1 599 部分册（每个革命老区县编纂 1 部分册）组成，共 1 600 册。鉴于丛书所记述的史实内容多、时间跨度长和编纂时间紧，不妥之处，敬请批评指正。

中国老区建设促进会

1927年曲龙支部成立旧址

阮啸仙纪念馆

1940年6月中共河源县委成立旧址

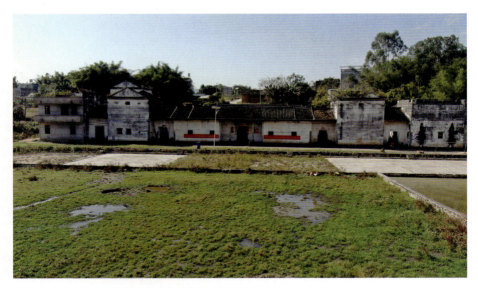

1948 年 8 月中共九连地委及粤赣边支队司令部旧址

1948 年 12 月 7 日河源县人民政府成立旧址

1949 年 5 月东二支队与国民党保十三团咸水塘谈判旧址

东源县人民政府

康禾贡茶

仙坑四角楼

1949年5月东二支队与国民党保十三团咸水塘谈判旧址

东源县人民政府

东源县人民政府党政综合楼

东源公园

暖春绽放

四通八达的东源交通

康禾贡茶

仙坑四角楼

县城新貌

东江中学

东源中学

万绿湖

微信扫描二维码
您立即开展本书的
延伸阅读。

　　东源县（原河源县主体部分）是革命老区县，是海陆丰革命根据地的有机组成部分，有着光辉的革命历史和光荣的革命传统。

　　1921 年 8 月，河源县义合下屯村的阮啸仙加入中国共产党，成为中共早期党员之一。1925 年，河源县受海陆丰农民运动影响，成立了第一个农民协会——曲龙农会，1927 年夏成立了河源县第一个党支部——曲龙支部。抗日战争时期，广东抗日先锋队和东江华侨回乡服务团等抗日救亡团体在河源以各种形式宣传抗日，并于 1938 年 8 月成立了中共河源县工作委员会，积极推动全民参战抗战。解放战争时期，河源县党组织密切配合九连地区人民武装，以河西区革命根据地为依托，粉碎国民党军队的残酷"清剿"，在河源县境取得五战五捷的重大胜利，使九连地区的战局发生了根本变化，促使国民党广东省保安十三团起义，为东江中上游的龙川、五华、兴宁、紫金、河源、连平、和平等县区的解放作出了重要贡献。

　　新中国成立后，河源老区人民在党的领导下，继承先烈遗志，发扬革命传统，致力于老区建设。特别是新丰江水库的建成，是老区人民为党的事业作出的又一突出贡献。1988 年河源设市分区，原河源县主体区域更名为河源市郊区，1993 年又更名为东源县。在河源市委市政府正确领导下，东源县在县委县政府带领下艰苦创业，励精图治，政治、经济发生了巨大变化，财政收入由设市分区初的 870 多万元增至 2017 年的 8.8 亿元，农村人均纯收入从 1988 年的 599 元提高到 2017 年的 15827 元，并先后获得"中国十佳最具发展潜力的旅游大县""中国生态旅游大县""广东省旅游强县""广东省林业生态县"等荣誉称号。

编写《东源县革命老区发展史》旨在让广大人民不忘历史，不忘初心，牢记党的宗旨，激励后人奋力拼博，为建设文明、和谐、繁荣的东源而努力前行。

编者

2020 年 12 月 12 日

# 第一章

区域和革命老区概况

# 第一节 基本情况

## 一、位置、境域概况

东源县位于广东省东北部，东江中上游，地处东经114°19′至115°22′，北纬23°22′至24°15′。东邻龙川县、五华县，西连龙门县、新丰县，南靠河源市源城区和紫金县、博罗县，北接和平县、连平县，东江及205国道、广梅汕铁路、京九铁路贯穿全境，水陆交通便利，是粤东北重要交通枢纽。全县东西长130千米，南北宽66.6千米，总面积4070平方千米。东源县成立后至2002年12月前，辖万绿湖管委会（新丰江林管局）及24个乡镇，2003年7月后并为21个乡镇（三河、黄沙并入船塘，久社并入黄田）、286个行政村，总人口为50.7万人，其中汉族49.65万人，畲族1.15万人，以及土家、苗、壮、瑶、侗、布依、土、回、满、黎、蒙古等11个兄弟民族的人口共468人。此外，还有港澳台同胞1.28万人，归侨0.55万人。

东源县属亚热带季风区，湿度大，日照时间长，雨量充沛，气温高。1988—2004年，年平均气温21.9℃，极端最高气温39℃，最低为−0.7℃。年平均相对湿度为77%，无霜期335天至345天。平均年降雨量1904.25毫米，主要集中在4月至6月。县境地势北高南低，东西两侧多山，以丘陵为主。山地面积占全县总面积的60%，河流、水库（含新丰江水库）水面占10%。

《河源县志》（2000 年版）记载：河源县自南朝齐永明元年（483 年）从古龙川县分出后，县名沿用至 1988 年，而县属区域则多变更。

南朝齐永明元年（483 年），龙川县析置河源、新丰两县。隋朝开皇十一年（591 年）龙川县并入河源县。隋大业元年（605 年），裁休吉县（原新丰县）并入河源县。此后，经历唐、宋、元三个朝代，至明正德年间，河源县区域无大变化。此时，河源地域广阔，除今河源县属地外，还包括今和平、连平、新丰、龙门的部分或大部分地区，东西距离 130 千米，南北距离 299 千米，东南至西北 228.5 千米，西南至东北 142.5 千米，县治在县的南端，距西北部九连山区 250 多千米。

明正德十三年（1518 年），割县属忠信一图（今连平县上坪、内莞、惠化及溪山）及龙川县部分地区设置和平县。隆庆三年（1569 年），又割县属之岳城池水以西之地（今新丰县隆街、田源及溪山的溪西片）和英德县、翁源县部分区域设置长宁县（今新丰县）。崇祯六年（1633 年），再割忠信二图（今连平县油溪、忠信、高莞、九连、大湖、绣缎）与长宁、翁源两县部分之地置连平州。此时，河源人口、地域大减，同年，割博罗县之长平都二图、六图（今杨村、观音阁一带）并入河源县。

1951 年，河源县观音阁镇友助乡划回博罗县，原博罗之埔前划给河源县管辖。1953 年，原河源县属平陵镇划给龙门县。1957 年，新丰县属锡场、半江乡划归河源县。

依人口、面积计，唐朝时河源属中下县。宋朝惠州辖 7 县，河源排列第四。明朝惠州辖 10 县，河源排列第三。清朝惠州府领 1 州 9 县，河源为中等县。民国时期为二等县。中华人民共和国成立后为中等县。1998 年 8 月，东源县进行乡镇级行政区域界线的勘定工作，至 2000 年 12 月底全面完成勘界任务。全县勘定周边市、县区级界线 8 条，总长 493.587 千米，乡镇级界线 56 条，总长 750.71 千米，三镇（乡）交汇点 30 个。

## 二、建置沿革变化

东源——古老而年轻，她是原河源县的主体。河源自南朝齐永明元年（483 年）置县以来，已有 1500 多年历史，历经隋、唐、宋、元、明、清、民国。在历史长河中，建置未废，县治未变，县名一直沿用。

《河源县志》（2000 年版）载：1980 年，原河源县辖 26 个公社、1 个国营农场，下辖 388 个生产大队 5820 个生产队。

1983 年 11 月，撤社建区（镇），埔前等 25 个公社改为区，城镇公社改为源城镇，全县辖 25 个区、1 个镇、1 个国营农场，下辖 292 个乡，共 1788 个村民委员会和 7 个居民委员会。源城镇设镇人民政府，区设区公所。

1987 年 3 月，河源县撤区建乡（镇）。埔前、东埔、仙塘、灯塔、顺天、骆湖、上莞、曾田、柳城、船塘、黄村、叶潭、蓝口、康禾、黄田、义合、锡场、新港 18 个区改为镇，双江、涧头、黄沙、三河、漳溪、久社、回龙、半江 8 个区改为乡，源城镇、高埔岗县属国营农场不变。至 1987 年年底，河源县辖 18 个镇、8 个乡，下辖 297 个村民委员会（共 1828 个村民小组）、11 个居民委员会。

1988 年 1 月，根据国务院文件批准成立地级河源市，撤销河源县，将河源县分为源城区和郊区。河源设市分区以后，郊区政府百事待举，许多区直单位租地办公，开始了创业建设的困难时期。

1993 年 11 月，经国务院民政部批准撤区建县，设立东源县。经东源县人大常委会审议和河源市人民政府批准，开始实施《东源县县城总体规划》。新县城规划实施过程分近期、远期和远景三个期限。该规划目标是以经济建设为中心，以"行政—工业—商业—贸易—旅游开发区"为主导，把县城建设成具有"经济繁荣、功能齐全、设备配套、环境优美、别具特色"的现代化园林式城市。其总控制面积为 37.5 平方千米，远景人口规模 30 万人。

东源县新县城坐落在仙塘镇东江河畔，东北边依托 205 国道和广梅汕铁路，西南紧靠河源市新市区，由木京、站北、观塘、仙塘、洋潭五个综合区组成。1993 至 2004 年，完成行政中心区（木京）的道路网络等市政基础设施建设。1998 年 1 月，东源县党政机关搬迁至新县城，结束了 10 年之久的有县无城的历史。

自 1998 年 1 月起，5 年间东源县投入建设资金 3 亿多元，建成和完善行政大道、建设大道、仙塘大道、广场大道、新河大道、农林路和东源大道的扩建改造工程，完成了供水网络建设，50 个县直机关单位建成办公大楼。东源县城逐年扩大，成为全县政治、经济、文化中心，具有巨大的发展潜力。

1999 年 7 月撤销漳溪镇，设立漳溪畲族乡。东源县辖 23 个镇、1 个民族乡。是年 9 月，全县 286 个村改设村民委员会，依照法律民主选举村委会正、副主任。

2002 年 3 月，开展第二届村民委员会换届选举工作，共选举产生 286 个村委员主任、副主任，25 个居委会正、副主任。同年 12 月撤销久社镇，并入黄田镇。2003 年 7 月撤销三河镇和黄沙镇，并入船塘镇。

2004 年，东源县撤并 28 个村委会。其中，仙塘镇撤销竹坑村；双江镇撤销沙岗、新平、珠坑 3 个村；涧头镇撤销大禾塘、举溪、光明 3 个村；顺天镇撤销朝东、岩石 2 个村；骆湖镇撤销尖峰、石狮 2 个村；上莞镇撤销三塘村；曾田镇撤销黄洞、上坑2 个村；柳城镇撤销红亮、望州 2 个村；黄村镇撤销三礤村；康禾镇撤销大红旗村；黄田镇撤销上坪村；义合镇撤销抚州、金星2个村；新港镇撤销陂头村；锡场镇撤销谢洞、新岛2个村；新回龙镇撤销上坑、泥岭、立中3个村；叶潭镇撤销尧嶂村。

至2004年底，全县辖20个镇、1个民族乡，下辖258个村委会（共1878个村民小组）、25个社区居委会。

### 三、自然资源状况

东源县自然资源丰富，土地、淡水、矿产、动物、植物等可供开发的资源比较充裕。县内土地资源，拥有丘陵山地340万亩，耕地面积29.93万亩，其中水田23万多亩，沙坝地7万亩。东源县境内拥有水面面积54万亩（含新丰江水库），其中宜渔面积45万亩。新丰江水库总库容约139亿立方米，水质优良。此外，还有年均流量82.3亿立方米的东江水，为下游惠州、深圳、东莞、香港等地提供充足优质的工业用水和生活用水。全县可供开发利用的水力资源22.54万千瓦，至2004年底已装机9.74万千瓦，占可开发量的43.6%，其中有装机容量3万千瓦的木京电站。全县有适宜发展各种优质水产养殖的水面57万亩。

东源县矿产资源丰富多样，主要有铁、稀土、萤石、石灰石、瓷土（高岭土）、花岗石等，已探明储量的矿产有7类25种。经探明有萤石储量586万吨，铁矿储量2781万吨，瓷土5000万吨，花岗石30多亿立方米，石灰石1亿吨以上。分布于县内东北部的热矿泉水资源有26处，以中温热水为主，属重碳酸钙低矿化水，含有多种益于人体健康的微量元素。

东源县生物种类繁多。有动物种类164种，其中有水鹿、苏门羚及白鹇等国家二级保护动物，驯养有东北梅花鹿；植物种类达800多种。2004年全县林地面积30.92万公顷（463.73万亩），森林活立木蓄积量816.9万立方米，其中主要是松、杉、竹等。

全县有松脂资源 198.3 万亩，年产优质松香 8000 多吨；杉木 172.4 万亩；竹林近 5 万亩，主要分布在东江两岸及新丰江库区，品种有绿竹、毛竹等。

　　东源县森林植被属亚热带常绿阔叶季雨林，树木种类繁多，经济价值较高，天然林中亦有大量热带乔木和灌木。森林群落主要有马尾松纯林、针阔叶混交林、毛竹林、松杉混交林、毛竹阔叶树混交林和阔叶林等，以自然植被为主。据 1984 年原河源县森林资源二类调查资料，东源县境内天然和人工林树种有 50 多科 260 多种。全县自然植被、人工植被面积约 511.375 万亩，占全县应植被总面积的 90%。

### 四、革命老区评划、分布

　　东源县是革命老区，是中共东江纵队第二支队的主要根据地。1957 年评定的老区村庄在东源县境内的有 47 个，涉及人口 2.4 万人。

　　1990 年 4 月，东源县老区建设促进会成立，是以研究促进老区建设为宗旨的社团组织。东源县革命根据地建设委员会办公室（简称"县老建委"），设在东源县民政局。主要负责贯彻执行国家有关革命老区建设的方针、政策，协调、督促各有关部门支援老区建设，管好用好省、市发放的老区建设资金，扶持老区发展生产等。同时，老区乡镇配备专（兼）职干部。

　　1991 年，根据省府办公厅《关于补划老区村庄的意见》文件精神，河源市郊区在全区开展补划老区村庄工作。通过调查核实，报经郊区人民政府审核，上报河源市政府审批并报省老建委备案认可，郊区补划第二次国内革命战争时期或抗日战争时期根据地村庄（简称"老区村庄"）64 个，涉及人口 9.3 万人。

　　1993 年，根据广东省民政厅《关于开展评划解放战争游击根据地和确定老区乡镇、老区县工作方案》文件精神，郊区在全区开展评划解放战争游击根据地工作，经反复核实，报河源市人民政府审批，省民政厅老建委备案认可，郊区评划解放战争游击根据地村庄（或管理区）156 个，涉及人口 20.4 万人。

经过评（补）划工作后，1993 年，东源县共有老区乡镇 23 个，老区村 267 个，涉及人口 32.1 万人。至 2004 年，全县有老区乡镇 20 个，老区村 207 个，老区村庄（村民小组）927 个，涉及人口 37.38 万人，占全县总人口的 71.9%。其中，全县有边远分散老区村庄（村民小组）的乡镇 17 个，老区村 71 个，涉及人口 3198 户 16494 人。

## 2004 年东源县革命老区村庄分布表

| 乡镇 | 村庄数 | 村名 |
|---|---|---|
| 锡场 | 13 | 林石、禾石坑、林和、杨梅、厚洞、三洞、谢洞、长江、水库、河洞、治溪、鸟桂、新岛 |
| 新回龙 | 13 | 留洞、洞源、下洞、小径、东星、径尾、七坑、十洞、立中、立溪、南山下、泥岭、甘背塘 |
| 半江 | 9 | 鱼潭、积洞、竹园、漳溪、左拔、半江、珠坑、西溪、横崀 |
| 曾田 | 11 | 玉湖、新东、银坑、蒲田、横坑、上坑、池田、曾田、梅花、石湖、黄洞 |
| 上莞 | 14 | 新民、常美、新轮、新南、两礤、太阳、李白、冼村、下寨、百坝、江田、上湖、苏杨、三塘 |
| 黄村 | 17 | 上漆、下漆、祝岗、宁山、邬洞、万和、永新、板仓、梅龙、铁岗、红十月、三礤、三洞、黄村、黄村凹、欧屋、正昌 |

（续上表）

| 乡镇 | 村庄数 | 村名 |
|---|---|---|
| 漳溪 | 10 | 中联、群星、日光、井口、上蓝、下蓝、鹊田、嶂下、井背、东华 |
| 叶潭 | 14 | 儒步、叶潭、车田、双下、儒崋、文径、吉布、琏石、山下、尧嶂、蓬坑、双头、双坪、半埔 |
| 骆湖 | 11 | 红花、下欧、小水、石狮、上欧、江坑、骆湖、杨坑、大坪、枫木、致富 |
| 船塘 | 21 | 老围、新寨、船塘、许村、李田、凹头、流石、龙江、岭头、铁坑、石岗、三河、主固、福坑、积良、竹楼、小水、车头、群丰、黄沙、青丰 |
| 康禾 | 12 | 曲龙、大红旗、雅陶、彰窖、田心、陈坑、星社、若坝、大禾、黎顺、仙坑、南山 |
| 蓝口 | 5 | 乐村、长江头、秀水、车头山、礤头 |
| 柳城 | 6 | 黄洞、望州、上洞、石侧、上坝、下坝 |
| 顺天 | 7 | 二龙江、金史、枫木、牛潭、横塘、牛生塘、白沙 |
| 灯塔 | 8 | 莲塘、柯木、高车、灯塔、白礤、黄埔地、黄土岭、新光 |
| 涧头 | 9 | 光明、举溪、礤娥、洋潭、新田、涧头、涧新、新中、长新 |
| 双江 | 4 | 寨下、高陂、寨子、增坑 |
| 仙塘 | 5 | 龙利、新洋潭、禾溪、热水、徐洞 |
| 义合 | 5 | 超阳、抚州、高楼、中洞、上屯 |
| 黄田 | 13 | 礼洞、白溪、上坪、坑口、良村、良田、醒群、陈村、新联、黄坑、水头、久社、方围 |

## 第二节 经济社会发展情况

### 一、工农业发展

1988 年建区、1993 年建县后，东源（区）历届各级党政领导干部带领全县人民，坚持以经济建设为中心，解放思想、深化改革、励精图治、艰苦创业，全县综合经济实力显著提高，社会面貌发生巨大变化。

**工业发展状况**

1988 年，郊区有工业企业 168 家，其中国营工业企业 19 家，集体工业企业 148 家，其他 1 家。年工业总产值 8131 万元，占工农业总产值的 26.2%。

1988 年，河源市郊区的个体私营工业主要以小作坊生产方式的个体工商户为主，如酿酒、小型采石场。20 世纪 90 年代后，郊区政府鼓励、扶持个体私营经济发展，个体或私营兴办建材、电子、食品、饮料、服装、陶瓷、造纸、水电、家具等个体企业。

1990 年，河源市郊区有中外合作企业 3 家，其中河源恒丰制衣有限公司于 1990 年 8 月投产，主要经营服装生产及销售，实现工业产值 446 万元。其后，一些商人先后到郊区（东源县）投资办企业。其中，投资较大的有河源东日纸品制造有限公司，投资 310 万美元，主要经营纸箱生产及销售；力恒香港有限公司与县石大水电发展有限公司合作，投资 315 万美元，组建河源大恒水电发展有限公司，兴建石大电站。2000—2004 年，全县共引进外资工业企业 43 家，其中外资独资企业 29 家，中外合资 3 家，内联企业 11 家。较大的企业有新中源陶瓷公司、亚洲创建木业有限公司、河源明鸿灯饰有限公司、力升树灯（河源）有限公司等，总投资额人民币 15 亿元。至 2004 年，全县个体及私营企业发展到 2719 户，从业人员 4388 人，产值 13092 万元，比 2000 年增长 26.4%。

全县（区）国内生产总值由 1988 年的 3.7 亿元，增至 1993 年的 6.07 亿元，2004 年又增加至 24.23 亿元，年均递增 19.3%；全县（区）地方一级预算内财政收入由 1988 年的 870 万元，增至 1993 年的 1525 万元，2004 年又增加至 6833 万元，比 1988 年增长 6.9 倍，年均递增 13.7%。农村人均纯收入由 1988 年的 599 元，增至 1993 年的 1524 元，2004 年又增加至 3666 元，年递增 12.2%。2000 年后，东源县经济发展明显提速，多项经济指标排在河源全市前列，2004 年，东源地区生产总值增长 10.2%，速增居全市第一。

20 世纪 90 年代后，东源县（郊区）逐步进行工业体制改革，县内工业所有制结构发生变化，民营经济快速发展。至 2004 年，全县工业企业形成多成分、多层次经济类型的工业结构。

1988 年，河源市郊区主要国营工业企业有松香厂、农机厂和河源水泥厂。此后，区委区政府提出要把发展工业摆在重要的战略位置，主攻水泥、发展松香、拓展矿业、扩大制药的思路，在恢复和改造扩建老企业的同时，兴建康泰制药厂、宇翔活塞厂等一批新企业，包括引进一批"三资""三来一补"企业，多种经济成分结构的工业体系得到发展。至 1995 年，东源县国有工业企业增至 29 家，行业门类有建材、电子、机械、冶金、化工、森工、水电、食品、轻纺、医药等，主要工业产品有水泥、矿产、水电、白酒、米面制品、花岗岩板材、玻璃马赛克、医药、松香、原纸、化学原料、服装、农具、陶瓷、铝活塞、木制家具等。部分产品形成一定的生产规模，打开省内外市场，如"霸王花"牌米排粉、富马硬质合金。

1992年7月国务院发布《全民所有制工业企业转换经营机制条例》后，东源县（郊区）各国营企业和集体企业陆续实施由个人承包的改革。财政税收有所增加，企业经营增值、扭亏增盈等方面有一定效果。但是企业资产流失增大、债务利息与人员包袱沉重等造成企业亏损大，企业产品不适应市场需求，大部分国营企业欠债多，甚至资不抵债。2000年，东源县政府贯彻中共十五届四中全会决定和省委八届四中全会精神，深化国有企业改革，通过多种形式对国有工业企业实行产权制度改革，建立"产权明晰、政企分开、权责分明、管理科学"的现代企业管理体制。2002年，县政府决定将河源松香厂、河源农机厂、河源水泥厂、康泰制药厂向法院申报实行破产改革；2003年，对宇翔活塞厂进行产权转让，除偿付财产资金外，银行借款转与经营人负担。至2004年，以上几家企业破产清算工作基本完成，共安置全民工、合同工3800人，参加劳动保险3750人。其中，米面制品厂通过2002年股份合作、产权转让改革、重组等，将广东霸王花食品有限公司转变为私营性质；富马硬质合金有限公司与外资合作组成股份有限公司，其他国有企业先后破产拍卖转为私营企业。

90年代中期，东源县政府提出"工业立县"的战略，对老企业进行制度改革，企业一度出现效益转机，如河源松香厂1994年实现年产量1000吨的新高，河源水泥厂实现年产10000吨的历史记录。但是东源县整体经济仍然弱小，1995年，全县工业产值占工农业总产值的38%，县内企业规模小、效益低，仍处在计划经济向市场经济体制转变的过程中。管理机制仍然保留传统的管理模式，产品结构越来越不适应市场的需求。县多次提出改革方案，先后实行厂长责任制、风险抵押承包等管理改革，产值增长，但企业资产流失大，负担逐年加重，甚至出现资不抵债，面临破产的状况。由此，企业制度只能继续改革。2000年起，对国有企业进行产权改革。政府放开企业管理，让企业成为市场主体。

集体所有制工业企业分为县属集体工业企业和乡镇工业企业。县属集体工业企业主要是供销联社。1990年，河源市郊区有集体工业企业144家，其中乡镇工业企业136家、供销工业企业4家、其他工业企业4家，实现工业总产值3961万元。1993年，集体所有制工业企业增加至146家，工业总产值11678万元。后受市场经济影响，一些不景气的工业企业相继关闭，至1998年，全县集体所有制工业企业有62家，工业总产值12968万元。随着经济体制改革的不断深入、产业结构的调整，部分集体工业企业逐步改制为个体企业或股份制企业。至2004年，全县登记集体工业企业只有4家，比1990年减少140家。

1999年河源市政府提出"第二次创业"，打造良好的投资环境。2002年，县继续实施"工业立县"战略，以招商引资为突破口，以设立工业园区为载体，走新型工业化的道路，吸引一批投资者在县工业园区办厂或参与县国有企业制度改革。同时，以农产品加工为主的民营工业、个体私营企业逐渐增多，形成东源县工业发展的新格局。至2004年，全县完成工业总值16.74亿元，创历史最高纪录；其中规模以上工业产值11.07亿元，比上年增长42%；全县实现工业增加值5.52亿元。工业对全县地区生产总值增长的贡献率为50.7%，拉动地区生产总值增长8.7个百分点。

**农业发展状况**

1978年，中共十一届三中全会后，农村实行经济体制改革。

1979 年，原河源县有小部分生产队把耕地按人口分给各农户经营。1980 年 9 月，原河源县委贯彻中共中央《关于印发进一步加强和完善农业生产责任制的几个问题的通知》，组织工作组在各公社进行试点，后全面铺开。至 1981 年 3 月，全县 6345 个生产队中有 3110 个生产队实行包产到户，占 49%。同年冬，全县农村基本实行家庭联产承包责任制。

1988 年后，河源市郊区在实行家庭联产承包责任制的基础上，实行统分结合的双层经营体制，以农业增产、农民增收为目标，进行土地延包、农村税费改革、产业结构调整，逐步建立和完善社会化服务体系，加大农业生产投入，引进新技术，推广良种良法，农、林、牧、副、渔全面发展，各类农产品产量大幅增加。至 2004 年，全县有耕地面积 27.8 万亩，实现农业总产值 5.28 亿元，比 1988 年的 1.27 亿元增长 3.2 倍，平均每年递增 9.3%；粮食总产量 18.67 万吨，比 1988 年的 13.04 万吨增加 5.63 万吨，年均递增 2.3%。

1988 年，郊区林业主管部门围绕消灭宜林荒山、实现全面绿化、发展高效林业、改善生态环境的总目标，一手抓营林绿化，一手抓资源保护，不断强化管理，确保林业生产发展。1988—1992 年，东源县（郊区）累计完成人工造林面积 6.93 万公顷，飞播造林面积 1.5 万公顷，森林覆盖率由原来的 49.85% 提高到 67.56%，森林总蓄积量由原来的 669.4 万立方米，提高到 816.9 万立方米。1992 年 10 月，通过广东省绿化达标验收，提前一年实现绿化达标。

1993 年，东源县林业局编制林业分类经营总体规划，重点发展湿地松等优质用材林，增加以茶叶、松木、果树、绿竹为主的经济果林和珍稀树种改善生态林，建设"三高（高产、优质、高效）林业"基地，提高造林成活率。1993—2004 年，全县累计完成各类造林 14240.7 公顷，人工点播 1520 公顷，封山育林 5053 公顷，残次林改造 1461.6 公顷。至 2004 年，全县林业用地面积为 18.78 万公顷（281.79 万亩），有林地面积 18.18 万公顷（272.82 万亩）。

东源县境内的河流，统属珠江水系的东江干流水系，河流比降落差大，流速快，弯曲多，河面狭窄。其中集雨面积 100 平方千米以上的一级支流有新丰江、曾田河、黄村河、久社河、康禾河 5 条；二级支流有叶潭河、船塘河、林石河 3 条；三级支流有忠信河、上莞河、大湖河、骆湖河、灯塔河 5 条；集雨面积在 100 平方千米以下的小河有 19 条。

新丰江水库为人工湖。湖面积 390 平方千米，湖面最大长度 140 千米，最大宽度 12 千米，最大深度 83 米。湖内集雨面积 5734 平方千米，总库容量 139.8 亿立方米。淹浸原河源县锡场、回龙、南湖、半江 4 个人民公社，湖面通航。客、货船可达半江、锡场、回龙 3 个镇。

登仙湖在东源县东北上莞镇东部与曾田、柳城镇交界的五指山上。湖长 10 米、宽 7 米、深 2 米，容量约 140 立方米，湖底泥质。湖在海拔 800 米高山上，湖水终年不涸，不涨不落不浊，清澈见底。登仙湖旁产仙湖茶，味甘香滑，远近闻名。

东源县浅层地下水多年平均径流量 10.84 亿立方米，约为地表径流量的 25%。涌出的地下水，北部有漳溪乡的中联汶水塘、东华坪寨井塘、上蓝的仙水塘，上莞镇江屋的头石岩、红星的三石岩、太阳的四石岩、必寻岩，船塘镇的汶水等。

此外，有 20 余处温泉分布在县境东南部仙塘、黄村、康禾和黄田镇等处。

东源县委立足本县实际，坚持农业稳县，积极进行农业结构调整，大力抓好农业综合开发，推进农业产业化经营，推动农业和农村经济迈上新台阶。粮食生产连年增产，农业增收渠道不断拓宽，全县农业总产值由 1988 年的 1.7 亿元，增至 1993 年的 4.7 亿元，2004 年又增加至 10.99 亿元，对比增长 133.83%，年均递增 8.03%；农民人均纯收入 3666 元，同比增长 8.4%。同时，走科技兴农之路，至 2004 年，先后建成顺天万亩优质水果基地，顺天 1.8 万亩速生丰产林基地（全县 6 万亩），上莞仙湖茶基地，黄沙风流坳农业综合开发示范基地，以船塘为中心的 10 万亩板栗基地，东江沿岸 5.5 万亩绿竹基地，康禾 2 万亩梅李基地，漳溪和骆湖万亩竹基地等十大农业商品生产基地。其中蓝口、仙塘镇蔬菜生产，新港、柳城、船塘镇药材种植逐渐形成规模。东源县还陆续创办生猪品改公司、茶果公司、板栗公司、绿竹公司等四大农业龙头企业，带动扶持一大批农户走上致富之路。

东源县以资源为依托，坚持工业立县，以招商引资为突破口，以工业园区建设为载体，不断壮大工业基础，有效地增加工业经济总量。建区（县）以来，特别是 1998 年以后，东源努力优化投资环境，制定更加优惠的招商引资政策，建设县、镇级工业园区 7 个，招商引资呈现良好势头。至 2004 年，全县引进项目 67 宗，合同利用外资人民币 23.17 亿元，实际利用外资 10.43 亿元，其中包括引进投资数亿元的新中源陶瓷、亚洲创建木业以及投资亿元以上的清平制药、明鸿灯饰等 12 家实力雄厚的企业。全县（区）工业总产值从 1988 年的 1.965 亿元，增至 1993 年的 3.16 亿元，2004 年又增加至 16.73 亿元，对比增长 519.5%，年均递增 26.23%。

东源县在积极招商引进外资的同时，营造良好的投资环境，扶持民营经济发展，活跃当地经济，扩大就业。至 2004 年，全县有个体工商户 4213 户，私营企业 309 户，注册资金 100 万元以上的私营企业有 89 户，1000 万元以上的有 17 户，年纳税 30 万元以上的私营企业有 25 户，部分私营企业走上规模化经营的发展路子，涌现出一批优秀私营企业家和纳税大户。2004 年，东源县个体私营企业创税 2656 万元，占全县工业税收的 37%，有力地支撑着东源财税较快增长。此外，东源个体私营企业共解决就业 23215 人，其中安置下岗职工 1500 多人，大大缓解了东源农村剩余劳动力和下岗职工再就业的压力。民营经济的蓬勃发展，为东源县域经济的发展提供了新的动力。

东源县自然风光秀美，万绿湖更具特色。万绿湖地处东源境内的新丰江库区，湖内动植物种类繁盛，资源丰富，生态环境优美，因四季皆绿，处处披绿而得名。总面积 1600 平方千米，其中水域面积 370 平方千米，是杭州西湖的 68 倍，蓄水量 139 亿立方米，湖内有 360 多个岛屿。万绿湖最美妙、最具魅力之处是一湖碧水，集水域壮美、水质纯美、水色秀美、水性恬美于一身，全国罕见。万绿湖的山与水是一个整体，相互依存，相映成趣，共同孕育出一片纯美的绿色空间。岛与湖周之山，生长着大片茂密的亚热带原始次生常绿阔叶林，苍翠葱绿，枝藤环绕，森林面积达 1100 平方千米，总绿化率达 98.8%，堪称"植物王国"；有动物 140 多种，亦称"动物乐园"。万绿湖水面浩渺无际，碧波荡漾，湖内有山，山中有湖，水山一色。置身其中，犹如置身绿色怀抱，置身于一个镜花水月般的人间仙境、一个回归大自然的理想王国。

东源县依托生态资源优势，坚持旅游旺县，努力建设旅游强县。从 1994 年开发万绿湖风景区起，坚持"环保至上、科学规划、强化管理、生态旅游"的方针，经过 10 年的开发建设，至 2003 年，先后建成桂山、万绿湖、苏家围、黄龙岩、东江画廊、三叠沟漂流等景区景点，并以河源市争创"全国优秀旅游城市"为动力，不断完善旅游基础设施建设，整顿和规范旅游市场秩序，提高旅游行业人员素质，使东源旅游业成为第三产业的龙头。据统计，1994至2004年年底，全县累计旅游接待422.6万人次，创旅游收入6.2亿元，带动就业2万人、旅游投资2亿元，有效地推动了东源第三产业的发展。

抓好基础设施建设，改善发展环境。东源建县（区）以后，累计投入资金38.81亿元，用于交通、通信、能源和城镇等基础设施建设，平均每年递增19.3%。至2004年底，全县公路密度每百平方千米为53千米，实现乡镇出口路等级化。通信网络遍及城乡，无线电话信号覆盖全县，实现村村通电话、通邮，传输数字化，线路光纤化；信息网络建设加快，初步实现网络到镇，信息到村的目标。供电网络不断完善，实现村村通电。圩镇面积不断扩大，中心镇建设步伐加快，镇容镇貌明显改善。新城建设步伐加快，一座新县城崛起在东江河畔。

为建设新丰江水库，从1958年8月起，新丰江库区600平方千米内2.65万户106439人移民大搬迁，其中迁移到河源县内安置的有67930人，迁移博罗县安置的有10086人，迁移到韶关市安置的有10395人，迁移到惠州市安置的有5126人。由于当时重电站建设轻移民安置，移民方案多次改变，移民管理机构不稳定，移民经费不足，加上安置区的生产生活条件差，移民依恋故土观念等，先后出现7次移民倒流事件。据统计，安置后倒流回库人数有24581人，形成严重的移民安置遗留问题。

东源县政府和移民管理部门贯彻落实移民方针政策，至2004年，较好地解决了13291户64102人的移民安置问题。主要做了以下工作：第一，对"两缺"（即缺乏基本生产条件和缺乏基本生活条件）移民，通过内调（在库区内部调整人员）、外迁（迁往外移民点安排），以及投亲靠友三种方式搞好安置。第二，扶持库区农民发展生产。下拨生产经费，扶助种植业、养殖业发展，扶持兴办水利、水电工程和厂矿并举办各种类型的技术培训班，帮助移民发展生产。第三，资助移民改善生活环境和基础设施，解决移民住房难、行路难、用电难、用水难、看病难等问题，改善库区的通信条件。

## 二、文教卫发展

建县以后，东源县坚持把科技教育放在优先发展的战略地位。1988 年至 2004 年 16 年间，东源在科技、教育、文化、医疗、卫生、公共福利和社会保障等各方面都得到长足的发展，发生了深刻的变化。

1988 年以后，东源县逐步完善县、乡（镇）、村三级办学，县、乡（镇）两级管理体制。全县掀起改造危房校舍高潮，基本达到"一无两有"（即：无危房、有教室、有桌椅）。1994 年，进一步完善校长聘任制、校长负责制、教师聘任制和教师岗位责任制。1996 年，全县完成普及九年制义务教育，尔后连续两年通过省、市的"普及九年义务教育"复查验收。教育基础设施和教学仪器设备不断充实，积极推行素质教育，中考、高考成绩逐年提高。

1998 年，东源中学开办，结束本县没有独立高中的历史；尔后，东源县实验中学的开办，结束新县城没有初级中学的历史。与此同时，幼儿教育、职业教育、成人教育、特殊教育也得到较大发展。据统计，2004 年全县有小学生 50532 人，初中学生 20602 人，高中学生 4788 人。

1988 年以后，东源实施"科技兴县"战略，坚持主要领导抓第一生产力。至 2004 年统计，全县有各类专业技术人员 6458 人，占全县总人口的 1.28%，低于全省平均比重 5.15% 的水平。1988 年至 2004 年，全县共组织实施科技计划项目 60 个，其中星火计划 29 项（含国家级 3 项），火炬计划 3 项，成果推广计划 7 项，科技攻坚计划 122 项，科技创新百项工程 2 项，新材料 1 项，重点新产品试制鉴定计划 6 项。同时加强知识产权工作，依法维护知识产权。

东源县的文化事业坚持"两为"方向和"双百"方针，贴近群众，面向市场，促进文艺创作。1989 年，相继建立县文化馆、图书馆、博物馆和山歌剧团，群众性文化活动形式多样，异彩纷呈。新闻事业发展较快，电视覆盖率达 95%。健全各乡（镇）文化站，加强音像市场管理。档案、党史研究和地方志工作，坚持为三个文明建设服务，为广大群众和社会服务，逐步发展。

东源属东江客家地区，客家人勤劳俭朴、崇文重教、热情好客、淳朴善良，世世代代客家儿女奋力开拓、努力耕耘，创造了灿烂的农耕文化和良好的民风民俗，留下了许多传统古民居、古宗祠、庙宇等古建筑。东源县委、县政府重视文物与文化遗产的保护工作，义合镇苏家围客家古村落、仙塘镇红光村潘氏客家围等一批古村落、古建筑得到保护，并与旅游相结合，在古村落古建筑得到保护和客家民俗得到传承发展的同时，改善提高群众生活水平；考古工作有新的进展，特别是恐龙蛋化石的发现（2003 年 12 月，在仙塘镇东方红村河源市大学城工地出土一窝共 15 枚的恐龙蛋化石）为世人所瞩目。

医疗卫生事业初步改变了建县（区）初期的"一少、二多、三落后"（一少：经费少；二多：乡镇卫生院危房多、非卫生技术人员多；三落后：医疗设备落后、医疗技术水平落后、医疗保健水平落后）的状况。据统计，至 2004 年，全县有医疗卫生机构 321 个，其中县级卫生机构 10 个，比 1988 年增加 90%；乡镇卫生院 24 间，村卫生站 286 个。全县医疗卫生工作人员 1430 人，其中县镇卫生机构 1144 人，村级乡医和卫生员 286 人。全县医疗机构拥有病床541张。1988年至2004年，全县医疗卫生单位新建院房面积6.95万平方米，添置救护车12部，新增1000元以上的医疗设备400多台件。县镇村三级卫生服务网络基本健全，农村医疗卫生水平有较大提高。1996年全县有4间卫生院被国家卫生部评为"一级甲等医院"。1999年实现"农村初级卫生保健达标县"目标，2000年实现创建"爱婴县"达标。

1993年，东源撤区建县以后，全县体育事业蓬勃发展，体育场馆建设逐年增加，全民健身运动广泛开展。1988年至2004年，县体育局每年在各乡镇中小学校组织举办一些规模较大的运动会和体育竞赛。东源县运动员先后5次组队参加河源市中学生田径运动会，其中有8人次打破6项市中学生田径运动会纪录，共取得12个单项第一名、28个单项第二名。2004年11月，在河源市第一届运动会上，东源县代表队取得全市奖牌第四、总分第五的成绩。

## 三、基础设施建设

### 水利水电建设

东源县地处山区，雨量充沛，境内河流众多，水力资源丰富，境内集雨面积100平方千米以上的河流有14条，水能理论蕴藏量为32.11万千瓦（不包括新丰江31.5万千瓦），可开发量为22.54万千瓦，年发电量7.95亿千瓦时，已开发97370千瓦，年发电量3.41亿千瓦时，占可开发量的43.2%。

东源县（区）水利水电建设按其发展，可分三个时期。1988—1992年，河源市郊区共完成水利工程建设14532宗。其中：维修水库8宗；维修山塘394宗，新建18宗；维修陂头582宗，木石陂改造215座；培修江河堤围108千米，结砌"三面光"渠道686条1936.15千米；修复水毁工程2599宗，维修涵闸65座、电灌站 85 座，治理水土流失面积 14 平方千米；新建小水电站 12 宗，装机容量 6885 千瓦。至 1992 年，全区建成投产小水电 67 宗，总装机容量 34210 千瓦。改造中低产田 17.36 万亩，恢复灌溉面积 14.91 万亩，改善灌溉面积 31.34 万亩，新增灌溉面积 6.61 万亩。完成工程量：土方 703.84 万立方米，石方 53.28 万立方米，砼 3.88 万立方米。投入资金 5953 万元，劳动工日 1394.09 万个。

1993—1998 年，东源县共投入水利工程建设资金 16397.57 万元，完成水利工程建设 8648 宗。其中：完成山塘水库除险加固 191 宗，结砌"三面光"渠道 252 千米，整治排灌系统 4615 条 3329 千米，维修防渗渠道 52 千米，修复水毁工程 1917 处，培修加固堤防 14.62 千米，巩固治理水土流失面积 50 平方千米，新建供水工程 20 宗，解决 19.15 万人的饮水难问题，新增和改善灌溉面积 12.6 万亩，改造中低产田 12.63 万亩。累计完成工程量：土方 1279.71 万立方米，石方 55.38 万立方米，砼 4.2 万立方米。投入劳动积累工日 1540.18 万个。其中重点工程：白礤、大坑 2 宗中型水库列入国家基建工程进行除险加固，并于 1995 年 5 月通过省、市水利专家组的竣工验收，被评审为除险加固达标工程；仙塘、蓝口、黄村、曾田、康禾、黄田、义合、涧头、柳城等乡镇饮水工程，列入省人大农村饮水议案工程。同期，小水电建设快速发展。1993—1998 年，东源县新建投产小水电 18 宗，装机容量 19040 千瓦。至 1998 年，全县建成小水电 85 宗，装机容量 53250 千瓦，比 1988 年 27325 千瓦增加 25925 千瓦，增长 95%，年发电量 1.5 万千瓦时，年产值 5215 万元。装机容量 6000 千瓦的石大电站于 1997 年 7 月建成投产。有 15 个乡镇的小水电装机容量超过 1000 千瓦，有 11 个乡镇小水电年收入超过 100 万元，其中蓝口镇达到 300 万元。

1999—2004 年，东源县共建设水利水电工程 9052 宗（不含木京电站），累计投资 32565.9 万元，比 1988—1992 年增加 26612.9 万元，增长 447%，比 1993 年至 1998 年增加 16168.3 万元，增长 99%。其中完成省人大小型水库除险加固议案工程 56 宗。2000 年，东源县被河源市政府评为"落实省人大小型水库除险加固议案工作先进单位"。2003 年 7 月，省人大小型水库除险加固议案工程全部通过省工程专家组的验收。实施市人大农村水利基础设施建设议案工程 24 宗，2003 年 4 月通过市验收组的检查验收。木石陂改造 314 宗，结砌"三面光"渠道 344 千米，培修加固河堤 35.2 千米，修复水毁工程 1575 宗，治理水土流失面积 113 平方千米，清淤渠道 5525 千米。累计完成工程量：土方 1878.24 万立方米，石方 45.76 万立方米，砼 5.95 万立方米。累计投入劳动积累工日 1991.9 万个。1999—2004 年，全县新建投产小水电 20 宗，总装机容量 44465 千瓦。至 2004 年年底，全县建有小水电 105 宗，总装机容量 9.77 万千瓦，比 1988 年增加 70390 千瓦，增长 257.6%；比 1998 年增加 44465 千瓦，增长 83.5%。2001 年、2002 年，东源县水利（务）局连续两年获河源市政府冬修水利一等奖，2002 年被省水利厅评为水利工程白蚁防治先进单位；1995 年东源县水利局团支部获省团委"红旗团支部"奖。

**城乡饮水工程建设**

东源县城自来水由木京水厂供应。供水厂位于仙塘镇木京村赤石岗的东江河边，1993 年 9 月动工，1997 年 12 月竣工。工程由东源县水利局设计，一期工程包括集水井、引水渠道、抽水泵房、引水管、工艺池、清水池、供水管网及供水生活区等工程。水源来自于东江河，抽水泵房按远期规划设计，已建成的抽水能力可供 5 万人饮用，现有水厂的供水能力为每天 1 万立方米。工程总投资 6068.83 万元，完成土方 106.61 万立方米、石方 26.597

万立方米，其中浆砌石 4.899 万立方米，混凝土 1.594 万立方米，管径 400 毫米主管 15 千米，10000 立方米工艺池一个，1000 立方米清水池一个，以及水厂办公楼、职工宿舍、化验室等共 2000 平方米生活、生产设施。

### 交通基础设施建设

1988 年，河源市郊区公路通车总里程 783 千米，每百平方千米公路密度为 19.3 千米；除国道、省道为柏油路外，其余均为沙土结构的等外路。全区 24 个乡镇中，有新丰江库区的新回龙、锡场、半江 3 个镇未通车；286 个行政村有 83 个未通车，村通车率为 71%。1993 年，东源县公路通车总里程增至 1540 千米，公路密度每百平方千米为 39 千米，路况差的状况未根本改变，县道未进行上等级改造，乡道全部是沙土结构等外公路，全县有 32 个行政村不通车，行政村通车率为 89%。

1993 年，撤区建县后，东源县把加快交通基础设施建设，改善交通环境，作为振兴山区经济的突破口。1993 年至 2004 年累计投入 5 亿元，新建县乡道路 600 余千米，县道上等级改造 300 多千米，开通新回龙、锡场、半江 3 镇出口公路，于 1999 年前解决全县不通车行政村的问题，实现省提出的村村通机动车的目标。2002 年，船塘汽车站建成，为东源县第一个汽车客运站。同年，万绿湖、东江画廊、苏家围 3 个旅游码头先后建成使用，促进东源县旅游业的发展。2003 年，继续对河义（黄）线等 7 条县通镇公路进行上等级改造，总里程 38 千米，投资 7600 万元。同时，对 40 个行政村 41 条村道进行硬底化建设，共计 108.6 千米，总投资 2824 万元。同年，对黄沙大道这条连接东源县城与河源市区的主要道路进行升级改造，于 12 月建成通车。黄沙大道全长 10.07 千米，宽 80 米，总投资 7800 万元。2004 年，实施 86 个行政村公路水泥硬底化改造，总里程 215 千米，投资 5005.5 万元。

至 2004 年，东源县公路总里程 2183 千米，其中柏油和水泥路 882 千米，每百平方千米公路密度为 53 千米。其中，有国道 75.7 千米、省道 41.3 千米、县道 275.18 千米。粤赣高速公路从北到南，河龙高速公路从东到南穿过县内。广梅汕铁路、京九铁路从东至西南贯穿境内 78 千米，在东源县城开发区建有火车货运站。县境内有东江和新丰江两条主航道，通航里程 200 千米。至此，全县形成以东源新县城为中心，国、省道为主骨架，连接县乡道路、方便快捷的水陆铁路运输网络。

**邮电、电信业务**

1988—1998 年，东源县（河源市郊区）邮政、电信业务由东源县（郊区）邮电局经营。1998 年，邮电事业体制改革，邮政电信分营，之后移动分离、电信重组。1999 年 1 月，成立广东移动通信有限责任公司东源分公司；2003 年 9 月，成立中国联通公司东源分公司。邮电机构按照专业性质，分工逐步细化。邮政与电信分家，自主经营、自负盈亏、自我发展。各邮政通信企业在市场竞争中发展。

2003 年，全县邮政收入 623.09 万元，比 1998 年增加 426.31 万元，首次实现盈利 32.46 万元；2004 年业务收入上升至 782.42 万元，比 1988 年邮电合营时的业务收入增加 708.42 万元，增长 9.5 倍。企业盈利能力进一步增强。劳动生产率从 1998 年的 2.85 万元/人，提高到 2003 年的 8.53 万元/人；1999—2004 年，东源县邮政向国家和地方上缴税收 187.47 万元。

东源县邮政局主要经营信函、印刷品、包裹、汇兑、储蓄、特快专递、报刊发行、集邮、国际邮件和各种代办服务等业务。服务面积即东源县全境 4070 平方千米，服务人口约 51.67 万人，日均处理邮件和报刊 3 万余件。

## 四、提高人民生活水平

东源县委、县政府重视老区建设，采取得力措施，帮助老区人民发展生产和公益事业，提高人民生活水平。1988—2004 年，县（区）政府及各单位各部门累计投入老区建设资金 6.08 亿元，其中交通部门 1.5 亿元，水电部门 0.8 亿元，供电部门 0.4 亿元，电信部门 1.1 亿元，卫生部门 0.08 亿元，教育部门 1.2 亿元，民政、林业、农业等部门共投入 1 亿多元。同时，省、市有关部门对东源县老区建设给予大力支持，拨出专款支援老区建设及发展生产资金 365 万元，全县受益的老区乡镇 20 个，老区村 198 个，老区村庄（村民小组）788 个。这些款项均投入到"五难"（即行路难、上学难、看病难、照明难、饮水难）问题较突出的老区村和老区村民小组，使东源县老区的经济建设和各项事业有较大的发展，老区的经济社会面貌发生较大的变化。

2000 年，东源县老区工农业总产值达 11.03 亿元，比 1988 年增长 10 倍，老区工农业总产值年均递增 15%，实现工农业总产值五年翻一番。2002 年，93% 的老区村已通了公路，全县老区乡镇公路全部可以通大货车，至 2004 年全县老区村 96% 通公路，98% 通上电，98% 的老区村（村民小组）解决人畜饮水困难，90% 的老区村设有卫生站，98% 的农户有电视机，不少农户还安装电话，98% 的老区乡镇实现"四有"（即有一所中学，有一间卫生院，有一个文化站，有一个农科站）。同时，加强老区的人才培训、科技事业和社会主义精神文明建设。

至 2004 年，全县仍有 15 个老区村未通公路，36 个老区村未通电话，10 个老区村未通电，23 个老区村有饮水困难，17 个老区村为电视信号盲点，30 个老区村学生读书有困难。2004 年，全县老区人均收入 3012 元，比 1988 年增长 10 倍。全部老区乡镇财政收入已达30万元以上，老区村集体年收入不足3万元的仍有23个，占全县老区村总数的11%。

1988—2004年，东源县（区）商贸流通业打破原来国有（营）商业和集体合作商业"一统天下"的局面，个体私营商业迅速发展。1988年，全区有个体私营网点2475个，从业人员2982人。至2004年，全县个体私营商业网点和从业人员分别增加至2936个、5821人。

商业呈现多种经济成分格局。1988年，河源市郊区国营商业、集体商业占市场份额65.6%，个体商业商品零售总额3646万元，占全区商品零售总额34.4%。此后，个体私营经济进入发展快车道。至2004年，个体私营商品零售总额升至39071万元，占市场份额49.8%，成为东源商业贸易流通的重要组成部分。

商品流通渠道拓宽，进一步促进个体私营经济的快速发展。20世纪80年代，国营集体商业、合作商业从广州等地批发站批发商品，经营者再从县内批发销售。至90年代，国营（有）商业、集体合作商业或个体商业，均可直接从厂家或外地进货销售，形成商品市场大流通的格局。品种丰富多彩，低、中、高档商品齐全，购销两旺，满足广大群众日益增长的物质需求。全县（区）社会商品零售总额1988年为10613万元，1995年增至29130万元，2004年增至78457万元。

为搞活商贸流通，东源县加大投入，增加销售网点。至2004年，在新县城附近新建3个较大规模的贸易市场，改造、扩建21个农村集贸市场，商贸网点遍布城乡，同时，进一步加大管理力度，健全县个体劳动者协会和消费者协会组织，为经营者排忧解难，依法保障消费者合法权益，全县商业贸易健康有序发展。2004年市场成交额4.3亿元，是1988年市场成交额的8倍。

20世纪80年代初，原河源县出口商品主要为粮油、食品、土畜产品、矿产品、纺织品及竹木工艺品等。郊区成立后，建设外贸出口基地，促进对外贸易。随后，国家外贸政策调整，外贸出口基地大多关闭，外贸进入转型期，以"三资"企业出口产品为主，工业及高新技术产品出口增多。

食品、药品监督工作加强。实施生猪定点屠宰政策，让群众吃上"放心肉"。

据县统计资料，1988 年，河源市郊区总人口 462529 人，至 2004 年，全县总人口 519987 人，比 1988 年增加 57458 人，增长 12.42%，平均每年增长 0.73%。

改革开放后，东源县（区）人口流动增多，一是外出务工经商人数逐渐增多，一些交通不便的山区居民举家外迁，一些边远乡镇人口减少。地处山区的黄村、康禾、黄田 3 个镇，1988 年人口分别是 38722 人、20012 人和 14001 人，至 1995 年人口分别下降至 37329 人、18448 人和 13027 人，比 1988 年分别下降 3.60%、7.82% 和 6.96%。二是新丰江库区缺乏生产、生活（简称"两缺"移民）条件的居民，一部分由政府组织迁移到移民安置点（高塘、徐洞移民点），一部分投靠亲友或举家外迁务工经商，致库区居民减少。新回龙、锡场、半江、新港 4 个镇，1988 年人口分别是 10656 人、12073 人、10313 人和 7814 人，至 2001 年分别减少到 5982 人、8814 人、7554 人和 7012 人，分别减少 43.86%、26.99%、26.75% 和 10.26%。三是县城及部分乡镇兴办工业园区，外来民工增多。

据县计划生育部门统计，1988—2004 年的 16 年间，全县人口出生率在 11.73‰～18.35‰ 之间，高峰期是 1993—1996 年，出生率分别为 17.52‰、18.32‰、18.22‰ 和 18.35‰。2004 年出生人数 5677 人，比 1988 年的 5507 人增加 170 人，增长 3.09%，平均每年增长 0.19%。

人口自然增长率在 6.04‰～12.60‰之间，增长高峰期是 1993—1997 年，分别净增 5435 人、5300 人、5875 人、5901 和 5336 人，分别增长 11.77‰、11.43‰、12.60‰、12.58‰ 和 11.21‰。

东源县（郊区）总人口中，以汉族为主。1990 年第四次人口普查，汉族人口 403142 人，占 98.34%，少数民族人口 6797 人，占 1.66%。其中畲族人口 6725 人，苗族 5 人，藏族 1 人，壮族 46 人，布依族 1 人，满族 3 人，侗族 2 人，瑶族 8 人，土家族 1 人，哈尼族 1 人，黎族 2 人，土族 2 人。2000 年第五次人口普查，在总人口中，汉族 307203 人，占 98.37%；少数民族 5079 人，占 1.63%。其中畲族 4621 人，回族 11 人，苗族 92 人，土家族 205 人，壮族 66 人，瑶族 30 人，侗族 23 人，布依族 23 人，土族 13 人，满族 2 人，黎族 2 人，蒙古族 1 人。第五次与第四次人口普查比较，除畲族外，第五次人口普查时的少数民族人口比第四次人口普查时的少数民族人口增加 386 人，主要是外出务工经商的人口与少数民族通婚而增加。

改革开放以后，东源县（区）的文化教育事业发展较快，人的文化素质有较大的提高。

1990 年，第四次人口普查，郊区总人口中，具有小学以上文化程度的 289333 人，占总人口的 70.58%；文盲或半文盲 49927 人，占总人口的 12.18%。

2000 年第五次人口普查，全县总人口中，具有小学以上文化程度的人口 248721 人，占总人口的 79.65%，比 1990 年上升 9.07 个百分点；文盲或半文盲的人口 28793 人，占总人口的 9.22%，比 1990 年下降 2.96 个百分点。

随着改革开放的深入，国民经济的发展，东源县（区）人民生活水平逐步提高。1988 年，全区职工年平均工资 1265 元，农

村居民人均纯收入 599 元，至 2004 年，全县职工年平均工资
13786 元，农村居民年人均纯收入 3666 元，分别比 1988 年增加
12521 元和 3067 元，增长 9.9 倍和 5.1 倍，年均递增 16.1% 和
11.99%。2004 年，全县社会消费品零售总额 78457 万元，比
1988 年的 10613 万元增加 67844 万元，增长 6.4 倍，年均递增
13.32%。2004 年，农村居民年人均生活消费支出 3593.63 元，比
1988 年的 572.24 元增加 3021.39 元，增长 5.3 倍，年均递增
12.17%。同时，人们的消费要求和观念逐步转变。食品方面，由
数量上的满足向丰富、营养、方便等质量方面转变。穿着方面，
衣着趋向成衣化、多样化，对衣服的档次要求越来越高。用品方
面，讲究方便、舒适。家庭用品更新换代的周期加快，20 世纪 90
年代以前的耐用品缝纫机、手表、收音机、收录机、自行车已经
换成彩电、冰箱和洗衣机等。农村居住条件不断改善，2004 年人
均生活住房面积 23.05 平方米，比 1988 年的 10.16 平方米增加
12.89 平方米，其中人均钢混结构住房面积 15.33 平方米。

## 五、发展蓝图略叙

1995 年起，东源县把开发自然旅游资源和人文旅游资源作为
第三产业的龙头来抓；至 2004 年年底，开辟大小旅游景点 14 处。

1999 年，省政府对新丰江库区内旅游提出"库外游，进山
游"的要求，发展旅游新景点。2001 年，市旅游局引进省广晟公
司扶贫项目落户东源，投资 100 万元在义合建设"苏家围"客家
乡村旅游区。2001 年年底，万绿湖管委会引进深圳一家公司投资
1000 万元进行合资开发，在万绿湖旅游码头西南面建设"镜花
缘"景区。2002 年，县政府引进省重点旅游扶贫项目，投入扶贫
资金 300 万元在东源木京电站上游建设"东江画廊"风景区；同
年，两位个体老板分别投资建设漳溪畲族乡黄龙岩畲族风情旅游

区和仙塘镇高峰山脉三叠沟漂流风景区。经过 10 年的开发建设，东源县境内已开辟 3 条旅游线路。2002 年，全县共接待国内外游客 91 万多人次，实现旅游收入 5680 多万元，增加税收 350 多万元。旅游业成为东源县第三产业的龙头并逐渐成为新的经济支柱产业。

2004 年，东源县加快旅游开发建设步伐，完成《东源县旅游发展总体规划》初稿的编制。"苏家围"景区成功创建"全国农业旅游示范点"。新开发仙塘镇南园古村旅游区。申报创建"广东省旅游强县"，新建万绿湖游客中心、苏家围广场、水月湾旅游码头和黄龙岩旅游大道，东江画廊购置一艘大型豪华旅游船。各景区景点不断推出新旅游项目，全县旅游基础设施日趋完善。旅游招商取得新成效，引进黄村镇红十月旅游区、黄村温泉度假区、黄田温泉度假区、东江野战俱乐部、万绿湖天子山景区等 5 个旅游项目。

# 第二章

大革命、土地革命战争时期

# 第一节 东源党组织的创建及工农革命运动

## 一、东源革命志士阮啸仙

第一次国共合作时期，广东农民运动先驱阮啸仙在河源开展工农运动，积极培养工农干部，组建工会、农会。

阮啸仙，1898年8月17日出生于河源义合乡下屯村。原名熙朝，字建备，号瑞宗，别号晁曦。8岁时入读下屯村闻啸轩学堂，后改名为啸仙。他的祖辈是当地比较有名的富户，但到其父亲独立门户时家境几乎完全破落，以致要经常向亲友借债度日，阮啸仙因此一度失学。切身的体验使少年时代的阮啸仙逐步形成倔强的性格，开始萌发对社会现实的不满。在具有进步思想塾师的启发教育下，阮啸仙的学业和思想都有很大的进步。他在自己的砚盒写下"挥笔落下如云烟，意志坚强可敌天"的诗句作为座右铭，表现了他从小立志变革社会的坚定信念。

1914年，阮啸仙进入河源城三江高等小学读书。这时，袁世凯篡夺了辛亥革命果实，阴谋复辟帝制。阮啸仙看到，辛亥革命虽然推翻了清王朝，建立了中华民国，但没有从根本上改变中国半殖民地半封建的社会状况。地主阶级对农民的残酷压迫剥削，军阀的残暴统治，特别是广东都督、军阀龙济光部进入河源的抢劫烧杀，给阮啸仙留下深深的印记。

在三江小学教师、革命党人李岐山、黄镜仁等人的教育影响下，阮啸仙开始思考探索中国的出路问题。他在三江小学就读期间，博览群书，广泛研读了诸子百家的著述，从中华优秀文化传统中汲取营养，从历代爱国者的爱国主义思想中接受启迪和激励；他认真研读了自己所能收集到的西方国家的政治、经济、历史书籍，接触了资产阶级的一些政治社会学说，并将中国国情和国外情况相比较，从而萌发了爱国思想和变革社会的愿望。

从 1915 年至 1917 年间，阮啸仙写下许多学习心得、体会和习作，表达了他立志效法英雄、变革社会、捐躯报国的远大抱负。其时，阮啸仙还只是不满 20 岁的年轻人，但他以天下为己任，已经初步形成了爱国主义的思想，这是阮啸仙走上革命道路的起点。

阮啸仙不但自己热爱祖国，而且要使全体人民都有爱国思想。他说，"吾国之人口之力动称四百兆，度之各国，无有出吾右者"，"庞然拥数千百里之地""而立国于世界"。在批驳所谓中国黄种人其智力不如白种人的谬论时，他列举了世界上印刷术、指南针、火药的发明，都是"黄种创立，白种师之"，指出"我国既能制造，其智力岂在白种人之下哉"，近代中国的落后，"所患者，自满自足，不能振刷"，"徒泥守成法，而不知进步"。他强烈要求，"使人民知组织国家之由，斯生爱国思想"。①

阮啸仙对中国历代民族英雄、爱国志士十分景仰，热情颂扬民族英雄。他说，"苏武之持节匈奴，文天祥死难大宋，史可法之不屈满清，忠臣义士，亘古不朽"②，认为"至今忠臣烈士，见

---

① 阮啸仙：《阮啸仙文集》，广东人民出版社 1984 年 8 月第 1 版，第 3 页。

② 中共河源县委宣传部、中共河源县委党史办编，《阮啸仙研究史料》，1985 年 1 月印刷，第 20—21 页。

危授命，不苟偷生，挥热血，断头颅"①，对孙中山领导的广州黄花岗之役的爱国烈士，阮啸仙更为钦佩，"当其起事于广州也，炸将军，围督署，牺牲性命动以数十计"，"虽谋事不成，希图再举，必达其目的而后已，屡扑屡起，绝无畏惧之心，三军之士，视死如归"。② 阮啸仙赞扬革命志士，立志要学习和继承革命志士的爱国精神，做革命的先锋。

阮啸仙在他的作文中，对民国后的现状不满，强烈要求维护国家的独立，反对列强瓜分中国。他说，"我中华民国自鼎革以来，一跃而为法治国"，"然以立法机关不健，党法屡更，致数年以来，政绩愈演愈下，法论其名，专制其实"③，"关税不均，以权授人，遂使利权莫挽耳"④，"以致国贫于上，民困于下。列强眈眈，瓜分频闻，割地赔款，令人不忍注视"⑤。对面临着被列强瓜分的局面，阮啸仙十分愤慨，表示要维护国家的独立，求得富强。

此外，阮啸仙对改造社会提出了自己的设想。他认为：一是要振兴教育，提出职业教育和国民教育并重；二是要振兴商业；三是要振兴工业。表现出他对中国工业化、振兴中华的强烈愿望。也正是在这种思想指导下，阮啸仙在三江小学毕业后，就投考广

---

① 中共河源县委宣传部、中共河源县委党史办编，《阮啸仙研究史料》，1985 年 1 月印刷，第 41—42 页。

② 中共河源县委宣传部、中共河源县委党史办编，《阮啸仙研究史料》，1985 年 1 月印刷，第 13 页。

③ 中共河源县委宣传部、中共河源县委党史办编，《阮啸仙研究史料》，1985 年 1 月印刷，第 52 页。

④ 中共河源县委宣传部、中共河源县委党史办编，《阮啸仙研究史料》，1985 年 1 月印刷，第 73 页。

⑤ 中共河源县委宣传部、中共河源县委党史办编，《阮啸仙研究史料》，1985 年 1 月印刷，第 44 页。

东甲种工业学校。1918 年秋，阮啸仙进入广东甲种工业学校（简称"甲工"）机械科就读。这时，俄国十月社会主义革命已经爆发，马克思主义开始传入中国。阮啸仙从《新青年》杂志中，开始接受马克思主义的启蒙教育。他广泛阅读《社会发展史》《阶级斗争》《唯物史观》等书刊，思想觉悟迅速提高。

1919 年，五四运动爆发后，广州的爱国青年学生纷纷投入这场伟大的爱国运动。阮啸仙是"甲工"学生会的主要负责人，一直站在斗争的前列，领导学生冲破学校的禁锢投入学生爱国运动。阮啸仙和刘尔崧[①]、周其鉴[②]一起，组织广东中等以上学校学生联合会，领导广东的爱国学生运动，组织宣传队到全省各地开展宣传，声讨卖国贼，抵制日货。进步学生的爱国行动遭到学校当局蛮横干涉。学校竟将阮啸仙、刘尔崧开除学籍。阮啸仙在广州响应五四运动的消息传到河源后，县城的青少年学生纷纷集会游行示威，宣传"团结救国，惩办卖国贼，抵制日货"，掀起爱国运动，并成立河源学生联合会，推选黄其钦、邝其森为正、副会长。

8 月间，阮啸仙从广州回到河源，应聘在家乡的道南小学代课。代课期间，阮啸仙指导学生要勤奋读书，不仅要写好作文，

---

① 刘尔崧，字季岳，广东紫金人。1919 年参加广州五四运动。1921 年加入中国共产党。1923 年后，历任青年团广东区委委员，新学生社常委，粤区国民运动委员会书记，广州工人代表执行委员会主席，中共广东区委委员兼工委书记，青年团广东区委书记，团中央委员，团广州地委书记，国民党广东省党部执行委员、工人部部长，中华全国总工会执行委员会委员。1927 年 4 月 15 日被捕就义。

② 周其鉴，广东广宁人。1921 年加入中国共产党。历任青年团广东区委候补委员、广州地委委员、国民党中央农民部特派员、广东省农民协会常务执行委员、中共西江地委书记、中共广东省委候补委员。参加了八一南昌起义。1928 年 2 月 1 日在清远县被捕牺牲。

也要学好数学、历史和地理知识，要有一技之长，将来为国为民贡献自己的智慧和力量。他启发学生要爱憎分明，要热爱养活自己的农民。在阮啸仙的宣传影响下，河源学生联合会组织学生抵制日货，查封南昌馆，查封鸦片及洋货一批，以此激发人民群众的爱国热情。

五四运动之后，阮啸仙潜心研究马克思主义，后来参加了广州共产主义小组组织的马克思主义研究会的活动。1920 年 8 月，加入广东社会主义青年团。1921 年 8 月加入中国共产党，是中国共产党第一次全国代表大会后中共广东支部最早发展的党员之一。从 1922 年开始，阮啸仙先后担任社会主义青年团广东区委书记，广东新学生社执行委员会书记，社会主义青年团广东区委员长，中共广东区委委员兼农民运动委员会书记，广州第三届农民运动讲习所主任，广东省农民协会常务委员，中共广东省委委员、常务委员，中共中央审查委员会委员，中共北方局组织部部长，中华苏维埃共和国中央执行委员会委员，中央审计委员会主任，中共赣南省委书记兼赣南军区政治委员等重要职务。1935 年 3 月，在赣南作战牺牲，年仅 37 岁。

从五四运动开始，在革命斗争实践中，阮啸仙创造性地领导广东青年运动、工人运动和农民运动，是广东青年运动、工人运动、农民运动的先驱，是广东早期的青年和工农运动的理论家和重要领导人。他在革命实践中总结出来的青年运动、工人运动、农民运动、统一战线、武装斗争、党的建设等方面的理论，对指导革命斗争实践产生了广泛、深远的影响。

**二、东征和南讨对东源的影响**

1923 年 6 月，中国共产党第三次全国代表大会在广州举行。中共三大主要讨论与国民党合作等问题。会议通过了《关于国民运动及国民党问题的议决案》，作出共产党员以个人身份加入国民党的决定，确定了统一战线的策略与组织形式。中共三大之后，中共广东区委以积极态度，推动国民党改组，促进国共合作的实现。在中国共产党的帮助下，1924 年 1 月，中国国民党召开第一次全国代表大会，确立"联俄、联共、扶助农工"三大政策，重新解释"三民主义"，认可共产党员和社会主义青年团员以个人身份加入国民党。这次大会实现了第一次国共合作，标志着反帝反封建的革命统一战线正式形成。

自中华民国建立后的十几年间，帝国主义和国内官僚买办阶级支持的各派新旧军阀战争接连不断。北方直系军阀在美、英帝国主义支持下，先后打败了日本帝国主义支持的皖系和奉系军阀。直系军阀妄图"武力统一"中国，把战争推向南方各省，大举向广东进军。

广东革命政府虽已成立，但全省仍然处于革命同反革命相对峙的局面，一直未能控制广东全省。陈炯明盘据东江，邓本殷割据南路，以武力窥伺广州。广东革命政府依靠的滇军、桂军，实际上也是地方军阀势力。它们在各自盘踞的地方扰民害民，同帝国主义势力秘密往来。广东革命政府实际上处于腹背受敌的严重威胁之中。

国共合作实现之后，为了进一步发展国民革命，统一和巩固广东革命根据地，国共两党达成了讨伐广东军阀势力的共识，广东革命政府决定举行东征和南讨。

1925 年初，陈炯明乘孙中山病重北上之机，在英帝国主义势力的支持下举兵进犯广州。广东革命政府将所属各路武装组成东征联军举行第一次东征，分三路进军东江，讨伐陈炯明。以杨希闵的滇军为左路，进攻博罗、河源、龙川、五华、兴宁一线；以刘震寰的桂军为中路；以许崇智所率粤军为右路。由于蒋介石是粤军参谋长，黄埔军校学生军 6000 人编入右路。周恩来作为黄埔军校政治部主任随军东征，负责军中政治工作。

东征开始后，担任左路和中路作战任务的杨希闵、刘震寰部与陈炯明早有勾结，按兵不动，右路进展迅速。首次参加战斗的黄埔军校学生军，由于有共产党员和共青团员发挥先锋模范作用，战绩非常显赫。在当地工农群众的积极支持下，连克淡水、海丰，取得棉湖大捷。3 月占领潮汕地区。棉湖大捷之后，右路军连克五华、兴宁和梅县，于 4 月初结束第一次东征。在东征胜利的推动下，在东征军中的共产党员的努力下，东江各地党、团组织先后建立，农会恢复了活动，革命形势日益高涨。虽然这次东征军没有抵达河源，但对河源产生很大的影响，人民群众渴望革命的情绪高涨起来。

正当东征军取得重大胜利的时候，早已心怀异志的滇军杨希闵和桂军刘震寰部，乘孙中山病逝和东征军讨陈之机与帝国主义势力勾结，于 6 月初发动武装叛乱。东征军不得不回师广州平息叛乱。此时，陈炯明乘机再次纠集各路叛军约 4 万人，重新占据潮（汕）梅（州）惠（州）属各地，并企图进攻广州，使广东革命政府仍然处于危难之中。

7 月 1 日，广东革命政府进行改组，正式成立中华民国国民政府（简称"广州国民政府"）。8 月，广州国民政府将所辖各军统一称为国民革命军，决定再次举行东征。10 月 1 日，第二次东征开始。这次东征由蒋介石任总指挥，汪精卫为党代表，周恩来为总政治部主任。在周恩来的领导下，东征军组织了政治宣传队，制定了《战时政治工作宣传大纲》。政治宣传队通过讲演、散发传单、张贴标语等多种宣传形式发动群众，鼓舞士气。东征军得到东江人民群众的支持，连战皆捷。10 月 14 日，以共产党员和共青团员为骨干的攻城先锋队以伤亡官兵 400 余人的代价，首先攻克素称天险的惠州。苏联军事顾问感慨地称赞："惠州要塞实际上是共产党人拿下的，他们的意志比攻不破的城墙还要坚硬。"①

攻克惠州后，周恩来留下徐天琛、萧鹏魂②等人成立东征军留守处。东征军则兵分三路继续东进。中路第一纵队进军海陆丰、兴梅潮汕；右路第二纵队进军惠阳、紫金、五华、丰顺、饶平；左路第三纵队于 10 月 22 日向河源进击，与敌军陈修爵部发生激战，第一营一连连长黎道浓身先士卒，英勇杀敌，后不幸中弹牺牲。士兵们愤怒万分，高呼为连长报仇的口号，奋不顾身冲锋杀敌。当天下午，左路军占领河源城。接着经义合圩、蓝口圩等地，击溃李易标部，于 26 日攻占老隆③。其后，三路东征军分别占领了海丰、陆丰、紫金、河源、老隆一带。11 月 4 日，周恩来率部首先进入汕头。11 月底，东征军在粤闽边全歼陈炯明残部。至此，东征军不到两个月就彻底肃清陈炯明在东江地区的叛军，胜利结束第二次东征。

东征军攻占河源后，留驻河源的第三纵队派出政治宣传队深入城镇附近农村，通过张贴标语、布告，散发传单，举行联欢会、演讲会等形式，声讨陈炯明罪恶，宣传国民革命道理，申明革命军纪律，号召人民群众与东征军合作实行国民革命。东征军"不

---

① ［苏］亚·伊·切列潘诺夫著，中国社会科学院近代史研究所翻译室译，《中国国民革命军的北伐——一个驻华军事顾问的札记》，中国社会科学出版社 1981 年版，第 287 页。

② 萧鹏魂，又名萧隽英，广东大埔人。1925 年加入中国共产党。后任中共惠州地委书记、惠州工会办事处主任、中共广东区委委员等职。1928 年脱离中国共产党。

③ 中共惠州市委统战部、中共惠州市委党史办公室编，《东征史料选编》，广东人民出版社 1992 年版。

拉夫，不筹饷，不住民房"，受到人民群众的欢迎和拥护。黄埔军校教官、东征军第一支队司令叶剑英曾一度从博罗抵达河源。他在东征军召集的县城市民大会上作了演讲，宣传"合群"思想，号召士农工商联合起来，打倒列强，铲除军阀。叶剑英还深入民间，广泛接触进步人士，细心体察民情，根据群众意见，打击贪官污吏和土豪劣绅，镇压民愤极大的反动分子，整顿社会秩序，使河源社会治安空前良好。

第二次东征胜利后，广州国民政府任命周恩来为东江各属行政委员，主持惠、潮、梅地区25个县的行政工作。周恩来主政东江，首先实行民主政治，建立各革命阶层的联合政府；其次是革新吏治，严惩贪官污吏；三是废除苛捐杂税；四是禁绝烟赌；五是清除匪患；六是为民兴利，造福社会。周恩来主政东江仅4个月，虽然时间不长，但他的革命主张和施政方略，对河源及整个东江地区的影响是深远的。河源城社会治安的空前良好，就是周恩来主政东江政绩的体现。

东征的胜利是第一次国共合作时期国民革命运动取得的一个重大成果，不但促进了广东革命根据地的统一和巩固，为北伐战争打下基础，而且也对东源工农运动的开展，对于中国共产党东江地方组织的建立和发展，都具有重要的历史意义。

### 三、东源工农运动的兴起

中国共产党成立后，从中央到地方的各级组织都以主要精力从事工人运动。在党组织的发动和领导下，中国工人阶级的觉悟得到提高，工人运动出现蓬勃兴起的局面。但是由于帝国主义和封建军阀的武力镇压，工人运动从高潮走向低潮。国共合作后，经共产党的提议，国民党中央执行委员会成立了工人部和农民部。

廖仲恺①任工人部部长，共产党员冯菊坡②、刘尔崧分别担任秘书和干事；共产党员林祖涵任农民部部长，彭湃③任秘书。在共产党人的影响下，国民党开始关注工农运动。

1925 年 1 月 11 日，中国共产党在上海召开第四次全国代表大会，制定了开展工农运动的斗争策略，为工农运动和群众革命斗争高潮的到来从理论上、思想上和组织上作了准备。1 月 26 日至 30 日，中国社会主义青年团在上海召开第三次全国代表大会。会议决定全体团员贯彻党的四大决议，积极开展青年工人运动、青年农民运动和青年学生运动，并决定把社会主义青年团改称为共产主义青年团。

在东征期间，东征军政治宣传人员、工农运动骨干等利用多种形式，向惠属各县工农群众进行广泛宣传，使工农运动得到迅

---

① 廖仲恺，原名恩煦，祖籍广东惠阳，生于美国旧金山。1893 年回国。1902 年留学日本。1905 年加入中国同盟会。1911 年武昌起义后，任广东都督府总参议、财政司副司长。1913 年"二次革命"失败后赴日本，参加反袁护国斗争，任中华革命党财政部部长。1921 年任非常大总统财政部次长、代理部长，广东省财政厅厅长。1922 年底，代表孙中山与苏联政府代表越飞会谈。1924 年在国民党第一次全国代表大会上，当选为中央执行委员会委员、常务委员会委员、政治委员会委员。是孙中山的得力助手，著名的国民党左派领袖。

② 冯菊坡，广东顺德人。1921 年加入中国共产党。1922 年后，历任中共广东区执行委员会、中共广州地方执行委员会负责人，广东区委职工委员会书记，中华全国铁路总工会委员长，中共广东省委常委等职。后脱离中国共产党，参加"左联"活动。

③ 彭湃，广东海丰人。1921 年参加中国社会主义青年团。1922 年开始从事农民运动，先后任海丰县总农会会长，广东省农会执行委员会委员长。1924 年转为中国共产党党员。同年创办广州农民运动讲习所，并任广东农民自卫军总指挥。1925 年任广东农民协会执行委员会常委、国民党广东省党部农民部部长、中共海陆丰地委书记。是广东农民运动的领袖。

速发展。11 月，共产党员陈国钧、阮啸仙分别以全国总工会和广东省农民部代表的身份到惠州指导建立工农组织。1926 年 1 月 1 日，中华全国总工会在惠州设立办事处，以萧鹏魂为主任，领导惠州直属工会及惠属 8 县（惠阳、博罗、紫金、河源、龙川、和平、连平、新丰）的总工会。办事处成立后，积极筹备惠州工人代表大会，以实现惠属工人运动的统一领导。1925 年冬，河源城组织了九行工会，会员 100 多人，都是社会经济地位最为低微的泥水匠、石匠、木匠、铁匠、理发师、补锅匠等所谓"下九流"者。九行工会以钟渭卿①为会长，会址设在鲁班庙（今源城区中山路）。工会成立后，发动工人、手工业者、小商会及社会知名人士，捐钱捐物支援省港工人大罢工的斗争，并在源城区太平路召开群众大会，声讨帝国主义制造"沙基惨案"的罪行。1926 年春，河源总工会正式成立，下属工会组织发展到 7 个，会员增至 1211 个人。其中有排业工会（会员 100 人）、理发工会（会员 60 人）、九行工会、烟丝工会、船业工会等。除县城外，工会组织发展到蓝口等圩镇。河源城工会还举办工人夜校，帮助工人学习文化，向工人灌输工农团结，打倒帝国主义、打倒军阀的思想，使工人开始认识到自己的阶级地位和力量。但是，由于没有建立共产党的组织，未能形成坚强的核心力量，所以工会只能开展较简单的政治斗争和经济斗争，无法掀起更大规模的工人运动。

而农民运动的规模则比较大。国共合作后，在中国共产党的

---

① 钟渭卿，河源城镇人。早年参加同盟会，任粤军第六军第四旅营长、团长。后因陈炯明背叛孙中山而愤然离职。1925 年，任河源县九行工会会长，组织农军支援东征军，后任番禺县承审员、代理县长。1945 年病逝于河源，终年 63 岁。

推动下，国民党以积极的态度对待农民运动。广州国民政府把组织和发展农民加入国民革命运动作为主要任务之一，多次发表支持农民运动的宣言。为适应农民运动发展的需要，国民党中央执行委员会还采纳了林伯渠、彭湃关于创办农民运动讲习所的提议，任命彭湃为第一届农讲所主任。1925年1月1日，阮啸仙担任第三届农讲所主任，河源县的曾绍光、邝其森参加学习。阮志中①（阮致中）、陈少辉、刘宝珊则参加了第五届农讲所的学习。

1925年，东征军击溃了陈炯明的反动势力，海陆丰农民运动得以恢复和发展，对广东各地产生了很大的影响，尤其是与海陆丰毗邻的惠阳、紫金、五华、普宁和惠来等县，农民运动发展较快。紫金的农民运动，很快又发展到河源。紫金县农民运动领导人之一钟子怀②来到与紫金相邻的河源康禾的曲龙、白鸠坑一带活动，串联发动了赖民、杨元兴、杨亚文、杨亚进、杨亚罗等人，筹建农民协会。同年冬，刘琴西③与钟子怀再次来到曲龙乡，建立了河源县曲龙乡农民协会，由赖民④任会长。开始时，会员多为曲龙砖窑的农民，后逐步发展到田坑、六头嶂、曾联廓、白鸠

---

① 阮志中，又名阮致中，河源义合人，阮啸仙胞弟。1926年加入中国共产党。1931年任中共紫河特区委宣传部部长。

② 钟子怀，广东紫金人。1925年加入中国共产党。1929年任中共紫河特区委委员兼蓝黄区委书记。1933年3月，在反"围剿"战斗中壮烈牺牲。

③ 刘琴西，广东紫金人。1922年加入中国共产党。1925年先后任陆丰县县长、广州政府东江各属巡视员。1927年任紫金县暴动委员会指挥部总指挥，后任紫金县人民政府主席。1930年任中共闽粤赣特委西北分委书记。1932年在香港被捕，遇害于广州。

④ 赖民，河源康禾人。1926年加入中国共产党。1933年4月12日被捕遇害于河源城。

坑以及黄田、良田一带，会员 300 多人。农民协会提出"打倒土豪劣绅，铲除贪官污吏，废除苛约，大家过好日子"的口号。对地主豪绅进行了一系列的斗争。农民协会经常利用夜间集会，向会员宣传国民革命形势、宣传打倒军阀的道理，揭露地主豪绅的罪恶，诉说农民的疾苦，提高会员的思想觉悟。

1926 年夏，刘琴西来到叶潭刘屋排，找到当地进步青年刘瑞廷[①]及农民刘金禄、刘金寿、刘水润、刘竹人、刘桂官、刘芳圃、刘雨记，青年学生刘成章等人，向他们介绍海陆丰农民运动情况，动员他们组织起来建立农会。

八九月间，阮啸仙派阮志中、曾绍光、刘宝珊 3 人，以国民党中央农民运动特派员的身份，从广州到河源开展农民运动。他们到回龙、古岭乡，在甘蔗、龙尾、陈田，串联发动叶莲、叶花芬等人，成立农会组织。然后分别在古岭等乡村先后建立了 6 个农民协会，4 个农民协会筹备会，会员达 1000 余人。农民协会还发动组织会员进行反对苛捐杂税的斗争。阮志中组织带领农会会员 100 多人，包围警察所，抗议警察所所长李道纯随意拘捕农民的反动行径，迫使李道纯释放被拘捕的两名农民，取得反对苛捐杂税斗争的胜利。

与此同时，河源其他地方的农民运动也蓬勃发展。康禾、回龙、叶潭、黄田、义合、南湖、禾溪、琏石、观音阁（今属博罗）等地成立了 24 个乡农民协会，3 个区农民协会，会员总数达2400 多人。其中雇农占 4%，佃农占 60%，半自耕农占 26%，自耕农占 8%，小手工业者占 2%。农会还建立了农民自卫军义勇

---

① 刘瑞廷，河源叶潭人。1925 年参加省港工人大罢工。1927 年参加紫金农民暴动，同年加入中国共产党。1928 年参加龙川鹤市暴动。抗日战争时期，任中共蓝溪区委委员、抗先队第九区队副队长。

队，有队员 20 人；农民自卫军警备队，有队员 400 余人。①

河源县农民协会成立后，由国民党河源县党部执行委员会常务委员曾西盛任会长。曾西盛出身恶霸，曾混进广州油业工会，企图独揽大权，处处排挤工会领导人刘尔崧，参与迫害刘尔崧等共产党人和进步人士。因曾西盛把持河源县农民协会，农民运动受到压制，一些地方农会会员不履行组织手续，个别基层农会有名无实。阮志中等人了解情况后，对曾西盛进行严肃的批评。广东省农民协会惠州办事处主任朱祺到河源了解农民运动情况后，指出农民协会"过于依靠政治的势力，使农民忽略了本身的力量，甚至仅信仰曾西盛一人，这是十分错误的"。随后，朱祺对农民协会进行改组，更换了农民协会领导，并举办农民运动训练班，培训基层农民协会骨干分子 50 人，使农民协会组织逐步健全，农民运动得以顺利开展。

从 1925 年冬至 1926 年 9 月，河源县农民在共产党的领导下，乘革命军在东征胜利和海陆丰农民运动复兴的有利形势，很快组织起来，与农村封建势力进行了斗争，使农民群众逐步觉醒，在斗争中得到了锻炼。

### 四、东源党组织的创建及其活动

1925 年 5 月，东源县（河源）第一个农民协会——苏维埃康禾曲龙农民协会成立；1927 年 5 月，在康禾乡建立东源县（河源）第一个中共党支部——曲龙支部。

1925 年 10 月，国民革命军举行东征，摧毁了军阀陈炯明的反动势力，共产党人周恩来就任国民政府东江各属行政委员，为中国共产党东江地方组织的建立创造了良好的政治环境。在中共

---

① 朱祺著，《惠州办事处会务报告》，广东省档案馆藏。

广东区委的领导下，在周恩来以及东征军中的共产党员、共青团员的帮助下，东江各地党组织开始建立。1925年10月东征军攻克海丰后，建立了中共海陆丰地方委员会。翌年1月，建立了中共惠州地方执行委员会，以萧鹏魂为书记，朱祺、萧鹏魂、李国英①、何友逖、蓝璇均、卢克文为委员。下辖包括以钟灵为书记的中共紫金特别支部等6个支部。

1927年四一二反革命政变和七一五反革命政变后，蒋介石和汪精卫相继背叛革命并相互勾结，实行暴力"清党"和"分共"，彻底背叛孙中山制定的国共合作政策和反帝反封建纲领，对共产党员和革命群众实行大屠杀。由国共合作发动的大革命宣告失败，以国共合作为标志的革命统一战线彻底破裂，中国国民党也就蜕变成为由代表地主阶级和买办阶级利益的反动集团所控制的政党。国民党不但集中一切反革命势力向共产党人和革命者进攻，而且宣布共产党为"非法"，图谋利用一切手段消灭共产党。面对国民党反动派的倒行逆施，东江各地党组织纷纷领导工农武装举起反抗的旗帜。

4月下旬，为统一领导各地的武装起义，中共海陆丰地委、汕头地委和惠州地委相互取得联系，按照广东区委的指示成立了以彭湃为书记的中共东江特别委员会（简称"东江特委"），统一领导海丰、陆丰、紫金、惠阳、五华、普宁、惠来等县的党组织和武装起义。由于彭湃等人分散在各地，东江特委实际上由张善

---

① 李国英，广东惠州人。1922年参加中国共产主义青年团。后转为中国共产党党员。1926年后历任中共惠州地委委员、地委书记，中华全国总工会惠州办事处主任，惠阳县临时军事委员会委员。1928年6月赴香港，在中共广东省委机关工作。1931年被捕牺牲。

铭①主持工作。

　　中共东江特委成立后，决定于 5 月 1 日统一举行武装起义，以反抗国民党反动派的疯狂进攻。4 月 26 日，紫金县党组织的武装暴动计划被敌人察觉，刘琴西采取果断措施，率领农军 1000 多人提前起义。起义军攻占紫金县城，活捉国民党右派县长郭民发等人，打开监狱释放被关押的革命者和无辜群众。5 月 1 日，海丰、陆丰两县的中共组织也按计划同时起义，攻占海丰县城和陆丰县城。5 月 7 日，国民党反动军队进行疯狂的反扑，起义军撤出紫金县城，转移到紫河边山区坚持斗争。刘琴西率农民自卫军主力转移到炮子乡，进步青年刘瑞廷也随刘琴西来到炮子乡，参加农民自卫军，任农军第一大队副官。9 月，刘瑞廷加入中国共产党。7 月后，国民党军黄冕团对这一带山区进行"围剿"，大肆屠杀革命群众。而钟子怀则率领部分武装队员转移到紫金、东源边境的康禾白鸠坑、曲龙一带活动，进行顽强的斗争，发展党组织。早在 1926 年夏，康禾曲龙青年农民赖民由钟子怀介绍加入了中国共产党。在此期间又吸收杨亚进、张亚喜、杨亚文、钟亚泉、钟木生等人入党并建立中共曲龙支部，由赖民任书记，直属中共紫金特别支部领导。

　　面对大革命失败的严峻形势，中国共产党于 1927 年 7 月发动和领导了南昌起义。8 月 7 日，中共中央在汉口召开紧急会议（简称"八七会议"），确定了土地革命和武装起义的总方针，号召全党和人民继续为革命而战斗。会后，中共中央临时政治局派

--------

　　①　张善铭，广东大埔人。1921 年加入中国共产党。1924 年 6 月赴苏联东方大学学习。1925 年回国后，历任共青团广东区委书记，中共广东省委常委、广东省委代理书记。1928 年 1 月任中共广东省委常委、军委主任。4 月，奉命前往海陆丰组织东江暴动，于汕尾被捕牺牲。

出干部到各地传达会议精神，恢复并整顿党的组织。

8 月下旬，蓝璇均①接受中共广东省委的指示后，由香港返回惠阳，组织秋收起义并以全力接应南昌起义军南下广东。根据省委指示，成立中共惠（阳）紫（金）河（源）博（罗）地委（又称特委），领导所属各县党务、政治、军事工作。中共惠紫河博地委由蓝璇均任书记，郑策元任组织部部长，林楚君任宣传部部长，委员还有李志轩、卢克文、何友逊。中共惠紫河博地委成立后，制定暴动计划，部署秋收起义，派出巡视员到各地指导工作，领导各地农民进行抗租抗税斗争。

12 月 11 日，广州起义爆发。失败后，起义军 1000 多人在花县编为工农红军第四师（简称"红四师"）②。在师长叶镛③的率领下向东江转移。12 月 18 日，红四师从花县出发，经从化、良口、龙门，进入河源回龙榄子坝渡过新丰江，随后渡过东江，从蓝口转经康禾，攻占紫金县城，然后转向海丰，与南昌起义军改编的工农革命军第二师（简称"红二师"）会师。红四师经过康禾时，康禾农民在地下党员的组织发动下，帮助部队筹备粮食，解决部队给养的困难。

1928 年 2 月间，国民党反动军队"围剿"紫金炮子乡根据地。刘瑞廷奉刘琴西之命，和刘碧容一起回到叶潭，继续开展农

① 蓝璇均，广东紫金人。1924 年加入中国共产党。1927 年任中共惠紫河博地委书记兼军事部长，惠阳县临时军事委员会主席。1929 年调海南岛任职，不久被捕，英勇就义。

② 刘林松、江铁军著，《红军第二师、第四师史》，广东人民出版社1989 年版，第 53 页。另一说法，广州起义向海丰转移的余部改编为工农革命军第四师。

③ 叶镛，四川乐至人。1926 年考入黄埔军校第四期。1927 年在武汉任中央独立师连长，后任第二方面军军官教导团第一营营长，参加广州起义。

民运动。3月6日，以黄克①为主席的龙川县苏维埃政府和东江工农革命军第一军在龙川四甲上印宣告成立。为了组织革命力量，黄克来到河源叶潭，首先改造了由邹铁强组织的绿林武装100多人，使之接受共产党的领导，参加工农武装暴动。随后与刘瑞廷、刘碧容一起发动了叶潭的刘元义、儒步的欧阳水妹、山下八角楼的刘慈贤、半埔黄沙的刘秋、梅陇的李亦纯以及黄村坳的邹华卿等十多人，成立农会小组，由刘瑞廷任组长。农会小组成立后，继续扩大农会组织，建立农民武装。与此同时，刘琴西再次来到叶潭，指导农会小组，收集民间武器，组织农民武装，以配合龙川县苏维埃政府组织的暴动。3月9日，刘瑞廷带领农会组织参加黄克发动的武装暴动，因遭反动地主武装围攻而告失败。刘琴西、刘瑞廷因受国民党当局通缉而离开河源叶潭。康禾、叶潭一带的革命斗争因遭受挫折而进入低潮。

---

① 黄克，广东龙川人。1924年加入中国共产党，任国民党中央农民部特派员，赴广宁、清远、英德、江北、惠阳等地开展农民运动。1927年参加广州起义。1928年，历任中共龙川特支书记、龙川县革命委员会主席、东江工农革命军总指挥。

# 第二节 中共紫河特区委的建立和惠紫河博游击区的斗争

## 一、中共紫河特区委的建立和游击区的开辟

1928 年 5 月，海陆丰革命根据地失陷之后，海丰、陆丰、惠阳、紫金四县的党组织退入山区，组织海陆惠紫四县暴动委员会代替苏维埃政权，带领群众进行反"围剿"斗争。10 月，中共临时海陆惠紫临时特委成立后，广东省委在批准设立特委的同时，也将四县暴动委员会改称为"海陆惠紫革命委员会"，作为革命的政权机关。1929 年 3 月底，"蒋桂战争"爆发，临时海陆惠紫特委抓住军阀混战的有利时机，恢复和发展党的组织，扩大革命武装力量，开展游击战争，重建和加强苏维埃政权，开辟海陆惠紫革命根据地。10 月初，海陆惠紫特委从扩大党的影响、增强武装斗争实力、广泛开展游击战争的需要出发，组建中国工农红军第十七师第四十九团，由彭桂[①]任团长，黄强[②]任政治委员。经过一段时间的斗争，海陆惠紫根据地得到巩固和发展，革命武装也

———————

① 彭桂，广东海丰人。1925 年加入中国共产主义青年团，不久转为中国共产党党员，历任海丰农民自卫队中队长、海丰工农革命军团队长、红军第六军第十七师第四十九团团长、红十一军副军长、红二师师长等职。1933 年 5 月 12 日被叛徒暗杀。

② 黄强，广东海丰人。1931 年 10 月，在东江苏区的"肃反"中被错杀。

迅速发展壮大。

1929 年 11 月，在东江地区土地革命斗争不断恢复的过程中，中共海陆惠紫特委为了减轻海陆惠紫根据地的军事压力，从发展、扩大惠紫河博根据地区域的需要出发，决定在紫（金）河（源）边开辟新区，同时成立中共紫（金）河（源）特别区委员会（简称"中共紫河特区委"）和共青团紫（金）河（源）特别区委员会（简称"共青团紫河特区委"）。中共紫河特区委由庄羲①、吴群英、符锦惠、钟战群②、龚苑香③、蓝蔚林④等组成，庄羲任书记，钟战群任组织部部长，龚苑香任宣传部部长，蓝蔚林任军事部部长。共青团紫河特区委由刘志远⑤、张华明、刘庆初⑥组成，刘志远任书记，张华明任组织部部长，刘庆初任宣传部部长。同时建立紫河游击队，由蓝蔚林任队长。紫河特区位于紫金北部和

---

①　庄羲，广东陆丰人。1927 年参加海陆丰第三次武装起义，同年加入中国共产党。1929 年 11 月任中共紫河特区委书记。1932 年因叛徒出卖被捕。1933 年 1 月 25 日在惠州就义。

②　钟战群，广东紫金人。1925 年加入中国共产党。1928 年后，历任中共惠阳县委委员、紫金县革命委员会主席团成员、中共紫金古（竹）石（公神）区委书记，海陆紫县委职工运动委员。1931 年被捕，遇害于惠州。

③　龚苑香，原名刘求禄。广东紫金人。1926 年加入中国共产党。1929 年任中共紫河特区委委员。1930 年任中共古（竹）石（公神）区委委员。1931 年被捕。1932 年 5 月在紫金县城就义。

④　蓝蔚林，广东紫金人。1925 年加入中国共产党。历任中共紫河特区委军事部部长、游击队队长、中共青溪区委书记等职。1933 年 5 月被叛徒杀害。

⑤　刘志远，原名刘来。广东海丰人。1927 年加入中国共产主义青年团，后转为中国共产党党员。历任海丰县第四区团委书记、共青团海陆惠紫特委巡视员、共青团惠阳县委书记、共青团两广省委代理书记等职。

⑥　刘庆初，广东紫金人。1927 年加入中国共产党。1929 年任共青团紫河特区委宣传部部长。1931 年任共青团紫河特区委书记。1932 年任中共惠阳淡水区委书记。同年 8 月被反动民团杀害。

河源县南端山区。特区区委下辖附中区委、蓝塘区委、青溪区委、古竹区委、埔黄腊区委和蓝黄区委（蓝黄区范围包括河源的康禾、蓝口、黄田、义合），钟子怀任中共蓝黄区委书记。共青团蓝黄区委也同时成立。

中共紫河特区委成立后，抓住军阀混战和红四军进军东江的有利时机，发动秋收斗争，组织青溪暴动。紫河游击队及赤卫队200余人，分四路包围青溪圩乡公所，经数小时激战，攻占青溪圩。随后，紫河游击队又袭击惠阳多祝洋潭乡公所，缴获步枪6支、物资一大批。1930年5月，蓝黄区农民赤卫队袭击了雅陶乡公所，击毙反动分子曾镜波，处决了保长缪作英。蓝黄区委通过宣传和发动群众，组织了农民协会、反帝大同盟、妇女解放协会、劳动童子团等群众组织，仅黄田的白溪、良村、良田就有农民协会会员500多人。

1930年11月，闽粤赣边区第一次党代表会议在大南山召开。会议传达了中共中央六届三中全会精神，纠正了李立三的"左"倾错误，停止执行全国暴动和集中红军力量进攻中心城市的冒险计划；通过了将闽粤赣边的红色区域连成一片，建立、巩固和发展闽粤赣革命根据地的决议；作出调整东江地区党组织的决定。会议决定撤销中共海陆惠紫特委和中共东江特委，在东江地区设立中共闽粤赣特委西北分委和西南分委。中共海陆惠紫特委撤销后，建立中共海陆紫县委，中共紫河特区委归属于海陆紫县委。

1931年5月，为便于东江苏区的统一领导，中共两广省委决定恢复东江特委。这时，国民党军"围剿"苏区，在苏区采取"五步一哨，十步一岗"、移民并村、严密封锁等手段，使东江苏区的党组织和苏维埃政府受到很大的限制。因中共东江特委驻在大南山，对远距离的海陆紫县委、惠阳县委和紫河特区委不便指挥和领导，甚至连情报、消息的传递都很困难，惠阳县党组织与东江特委联络交通中断。7 月间成立中共惠紫河博县委①，由陈允才、叶青、蔡步墀组成，以陈允才为书记。其所辖党组织有惠州城区特别支部、淡水区委、多祝区委、横（沥）梁（化）博（罗）区委、稔（山）平（海）区委、紫河特区委。这时，阮志中从香港回到紫河地区，中共紫河特区委作了调整，由傅燊霖、蓝蔚林、钟子怀、吴群英、符锦惠、刘庆初、阮志中组成，傅燊霖为书记，刘庆初为组织部部长，阮志中为宣传部部长。同时，紫河特区委召开了第一次扩大会议，成立了以温丽生为主席的紫河特区革命委员会。会议之后，中共紫河特区委积极领导紫河人民开展夏收斗争，全面发动农民群众抗租、抗债、抗捐、抗税、抗粮斗争，推动土地革命的深入开展。1932 年春，东江地区发生了严重的洪灾，东江"沿岸一带浸没无遗，遍成泽国"，"河源新城……大批商店已浸没"，"以农作物损失为最甚"②。连续不断的自然灾害使老百姓陷入极端困境。为解救人民群众的灾害困难，中共惠紫河博县委号召广大群众行动起来，开展夏收斗争。5 月26 日，发出《为严重灾荒告惠属各县工农劳苦群众书》。7 月 12 日，又发出《夏收斗争口号》，号召惠属各县农民"不交租、不还债、不征粮、不纳税"，反对帝国主义，反对国民党反动派、地主豪绅、资本家的压迫和剥削，实行土地革命，发展游击战争，拥护红军、苏维埃。同时号召广大工人实行罢工，反对封车、封船，反对拉夫当兵运械进攻红军和苏区。

7 月13 日，中共紫河特区委召开第二次扩大会议，作出《中

---

①　中共惠紫河博县委的称谓有多种说法，一是中共惠州县委员会，二是中共惠阳中心县委员会，三是中共惠紫河博县委，四是"惠委"。都为同一组织。

②　《两广红旗》第三期（1932 年8 月20 日），原件紫金县博物馆藏。

共紫河特区委第二次扩大会议决议案》。会议根据中共惠紫河博县委第四次扩大会议精神，总结一年来紫河特区党的工作，部署此后两个月的八项任务。一是加强反帝，拥护红军和苏区；二是加强城市职工运动；三是加强农村工作；四是健全发展党的组织；五是加强肃反与两条路线斗争；六是兵运和妇运工作；七是青年运动工作；八是实行革命竞赛。对于蓝黄区的工作，会议明确规定：两个月内，特委和区委"得下绝大决心，动员一切组织力量，打进蓝口……墟内，建立一个手工业或店员工人的赤色工会或灰色工会，挑夫工人工作更须加快找寻线索去建立；河城须加紧派人去职业化，二月内须有一个支部的建立"；加紧整顿发展农协组织，并使每个农协都建立经常工作的制度，两个月内"应在黄田至蓝口沿江一带建立 5 个、康禾洞 5 个农协"；紫河游击队"在最近期间设法打通蓝黄路线，开到蓝黄区帮助发展游击战"，蓝黄区委介绍 6 个人到红军游击队中去；"加紧发展党的组织"，"蓝黄、蓝塘每区须有 6 个支部建立，发展 10 个党员"；必须"在黄田创造 1 个，康禾 2 个的模范支部"，加紧提拔新干部，"蓝黄须有 3 个"。为了完成两个月的任务，"大会决定附中区委与蓝黄区委实行订立工作竞赛合同，各区委须即决定支部与小组的竞赛"。①

中共惠紫河博县委关于夏收的斗争指示和紫河特区委扩大会议的召开，推动了河源革命斗争形势的发展。蓝黄区发动了轰轰烈烈的夏收秋收斗争，同时又在斗争中整顿了党、团和农会组织，把混进农民协会中的富农和流氓分子清除出去，纠正了忽视雇农的倾向，使农民协会工作经常化，领导广大群众与封建地主阶级

---

① 《中共紫河特区委第二次扩大会议决议案——接受惠委四次扩大会议决议》（1932 年 7 月 13 日通过），原件紫金县博物馆藏。

展开激烈的斗争。党、团支部组织群众募捐毛巾、肥皂送上前线，慰劳工农红军和紫河游击队。7 月 27 日，中共惠紫河博县委机关报《群众》，报道了河源《秋收斗争消息》，称"蓝口康禾洞群众日前召集联乡大会，决议通过租子一律至高限度三成，以至完全抗交，并准备武装与地主豪绅冲突，组织游击战斗，肃清乡村反动势力，创造赤色区域，斗争勇气真如烈火烧岭岗，狂风卷波涛"①。康禾的曲龙、田坑、鹿头嶂，叶潭的刘屋排、麦畲、河坑角、段心、赤岭、刘岗、水巷、高畎等十多个村庄（近 700 多户，3000 人口）成为红色游击区。

至 1932 年冬，在中共惠紫河博县委的领导下，惠紫河博游击区有了较大的发展，建立了先后以陈允才、叶青、蔡步墀②为主席的惠州革命委员会，其辖区范围包括惠州城区、淡水、鸭子埗、平（山）白（花）、横（沥）梁（化）博（罗）、稔（山）平（海）及紫（金）河（源）特区。同时建立了 7 个区委及 1 个特区委（特区委下辖蓝黄等 6 个区委），组建了约 400 余人的惠阳游击大队和紫河特区游击队，各区组织了赤卫队。从 1931 年 7 月至 1932 年冬，中共惠紫河博县委领导惠阳游击队和紫河游击队及赤卫队等地方武装，在惠、紫、河、博革命群众的支持下，多次组织武装暴动，在山区开展游击战争，牵制了国民党军队进攻东江革命根据地的大量兵力，并在国民党统治区腹地开辟了游击区，给中国工农红军第六军第二师（不久改称"东江独立师"）输送了一批兵员，为东江革命根据地的巩固和发展作出了贡献。

---

① 《群众》第三十五期，1932 年 7 月 27 日，原件紫金县博物馆藏。

② 陈允才、叶青、蔡步墀均为广东海丰人。蔡步墀，又名蔡甫聚，1932 年 12 月后任中共惠阳县委书记，1934 年 9 月被捕叛变。

## 二、东江工农红军的反"围剿"斗争

1931 年以后，由于王明"左"倾冒险主义错误的影响，广东省一级党组织接二连三地遭受破坏，与各地党组织无法保持正常的联系，对各地党组织实施领导相当困难。在东江地区反"围剿"斗争最艰苦的时期，中共东江特委与省一级领导机关失去联系，处于孤军奋战的困难局面。

到 1933 年，由于国民党军大举进攻，东江革命根据地已大部丧失，东江红军处于四面受敌的严峻形势之中。1 月，中共东江特委召开扩大会议。会议认为，"东江苏区一部分是失败了，一部分在敌军残酷摧残中，目前东江环境的确是严重的困难局势"①。会议着重讨论了扩大红军力量，粉碎敌军"围剿"等问题，并改组了东江军委，调整了东江特委的领导成员。东江军委由朱炎②、彭桂、符锦惠、陈开芹③、田大章、古大存④、卢

---

① 《东江特委扩大会议决议》（1933 年 1 月 10 日），广东省档案馆藏。

② 朱炎，湖南人。中国共产党早期党员。1923 年到苏联军校学习，1928 年回国。1929 年随红四军进入东江，后任彭杨军校校长。1933 年任东江军委主席，同年 5 月在战斗中牺牲。

③ 陈开芹，广东潮阳大长垅（现属普宁）人。1926 年加入中国共产党。历任中共潮阳县委书记、中国工农红军第六军第十六师第四十七团政治委员、潮（阳）普（宁）惠（来）县委组织部部长、东江军委常委等职。

④ 古大存，广东五华人。1924 年加入中国共产党。1925 年参加东征，任五华县农会副会长。土地革命战争时期，历任中共五华县委书记，五县暴动委员会书记，中共七县联委书记，东江红军总指挥部总指挥，中共东江特委常委、军委书记，东江苏维埃政府副委员长，中国工农红军第十一军军长，中华苏维埃共和国中央政府执行委员等职。

笃茂①组成，由朱炎任主席。同时任命彭桂为红一团团长、陈开芹为政治委员，卢笃茂为红二团团长、李良清为政治委员。由于反"围剿"斗争的实践证明王明"左"倾冒险主义是错误的，东江特委在思想认识上有了转变，从而在组织上和斗争策略上都作了调整。

东江特委扩大会议后，东江军委决定红一团转战陆惠、海陆紫苏区以牵制敌人，红二团第一连在大南山坚持斗争，第二连到苏区开展游击战。此后，东江地区的革命形势有所好转。1933 年 2 月，朱炎、彭桂、田大章等带领红军约 400 人进军陆惠县。随后，为摆脱敌人优势兵力的围攻，古大存、朱炎等率部队向紫金、河源方向转移。进军途中，由中洞至三江口时，与国民党军吴俊生团发生遭遇战。接着攻陷左坑乡公所，向乌禽嶂挺进。到达乌禽嶂后，与蓝蔚林所率紫河游击队取得联系，打击了蓝塘区和睦乡土顽，击溃了反动地方联防队，打垮九和乡联防大队，返回乌禽嶂休整。

2 月 19 日，古大存率两个主力连队设伏全歼紫金县警中队。随后，国民党第三军第五师师长张达率三个团的兵力及海、陆、惠、紫、河"剿共"委员会主任钟汉平纠集 48 个乡的地主武装 1000 余人，围攻乌禽嶂。2 月 27 日，古大存率部在大窝肚休整，敌驻宝溪骆秀礼团突然来袭，古大存率部占据有利地形，与敌激战竟日，毙伤敌副团长以下官兵数十人。古大存率部突出敌之包围后，转移到九和、青溪一带，由蓝蔚林引路准备向龙川、河源

---

　　① 卢笃茂，广东普宁人。1923 年加入社会主义青年团。1925 年转为中国共产党党员。历任中共揭阳县部委组织部部长、揭阳武装团队长、潮梅七县联委委员、东江特委农运部部长、东江军委委员、东江游击总队参谋长等职。

边境会合红二团北上赣南与中央红军会师。当部队进至狗头嶂时，又与敌罗克士残部遭遇，毙伤敌 20 余人。3 月 2 日，古大存、朱炎、彭桂等率部队抵达蓝塘埔美三板桥、塘肚一带驻扎，并与海陆紫特委委员钟战群，紫河特区委委员、蓝黄区委书记钟子怀取得联系，获悉李扬敬部马毅营和罗克士部向埔美进击。紧急中，古大存、朱炎命部分兵力迎战，古大存被迫率部登山，居高临下阻击敌之进犯。经激战，双方伤亡惨重，古大存、彭桂负伤后，率部突出重围。

红一团在转战紫、河边途中，与敌激战多次，部队损失过半，仅存 190 余人。为了缩小目标，保存力量，东江军委决定兵分两路，一路由朱炎带领到紫金炮子一带老苏区开展游击战争，另一路由彭桂带领回陆丰老苏区坚持斗争。古大存因伤势较重，隐蔽在康禾白鸠坑等地养伤。不久，古大存率一小分队由赖民引路向曲龙方向突围。于 4 月间，返回丰顺、梅县边境坚持斗争。在掩护红军部队转移的阻击战中，赤卫队队员杨元兴中弹牺牲，农会会员钟木先、钟阿泉被捕，遇害于紫金蓝塘。

古大存率部转移后，国民党军在蓝塘区大肆"清乡"，共产党员杨亚文、杨亚进、杨仁香及康禾的曾火康、曾亚佛、曾作瑞、曾亚宪等惨遭杀害。赖民被捕后，被押送到河源城监禁，受尽酷刑，英勇就义。

4 月，古大存带领的部分红军与丰（顺）梅（县）游击队会合后，不断打击敌人，取得击毙丰顺县长林彬、挫败敌人对九龙嶂"围剿"的胜利。到 1933 年底，红军部队发展到 400 多人，并组建成东江游击总队，由周友初任总指挥，古大存任政治委员，卢笃茂任参谋长。分别在揭阳、潮（阳）澄（海）（南）澳、大南山一带坚持游击战争。

4 月底，朱炎所率部队在紫金炮子一带开展游击战争时，被强敌围攻，全部壮烈牺牲。5 月初，紫河游击队队长蓝蔚林和东江军委常委符锦惠被叛徒杀害。5 月中旬，在陆丰坚持斗争的彭桂被叛徒杀害于大安洞新杏村。11 月底，由海陆紫县苏维埃主席团成员钟一强①率领的地方武装和工作人员 180 多人，被国民党重兵围困在激石溪山区，几经浴血奋战，最后全部壮烈牺牲。到 1934 年初，紫河特区乃至整个惠紫河博及海陆紫、陆惠等县、区党组织及地方武装大部分被破坏，根据地完全陷落。刚刚建立起来的河源县党组织和革命斗争转入低潮，几乎所有活动被迫停止或转入绝对隐蔽状态。

1935 年 6 月，中共东江特委遭受彻底破坏而解体，分散于各地的十多个游击小组和基层党组织也先后被破坏，整个东江革命根据地遂告丧失。

从中国共产党成立到土地革命战争结束，是中国共产党人在艰苦卓绝的革命斗争中，历经挫折、失败考验，锻炼成长并逐步走向成熟的重要时期。在这一时期，东源的共产党人和整个东江革命根据地的共产党人一道，为发动人民群众参加革命，建立革命组织、开展土地革命、创建革命根据地，为农村包围城市夺取政权革命道路的形成作出了贡献。在这个过程中，东源的共产党人和革命群众经历了挫折和磨难，经受了艰难困苦，付出了牺牲和代价。但是，东源人民没有因此而被吓倒，没有因此而退却。他们在中国共产党的领导下前仆后继，踏着先烈的血迹，向着通往胜利的征途，继续奋斗，不断向前。

---

① 钟一强，广东紫金人。1923 年加入中国共产党，任紫金县总农会会长。1925 年任紫金县农民协会会长。1927 年任紫金县苏维埃主席团主席。

# 第三章

抗日战争时期

第一节 一二·九运动后东源青年的活动

日本侵占东北三省之后，从 1935 年夏开始，又进一步策动所谓的"华北自治运动"，阴谋使华北的五省两市（即：河北、山东、山西、察哈尔、绥远五省和北平、天津两市）脱离中国而"独立"，达到其侵占整个华北进而灭亡中国的野心。国民党当局屈服于日本的压力，继续妥协退让，计划于 12 月在北平成立"冀察政务委员会"，以适应日本"华北自治"的要求。如此，华北将成为第二个"满洲国"。

在中华民族生死存亡的紧急关头，为了联合全国力量，结成抗日民族统一战线，进行抗日斗争，1935 年 8 月 1 日，中国共产党驻共产国际代表团根据共产国际关于建立反法西斯人民统一战线的精神，草拟了《为抗日救国告全体同胞书》（即《八一宣言》），并于 10 月 1 日正式以中华苏维埃共和国中央政府和中国共产党中央委员会的名义发表，宣言呼吁停止内战，建立国防政府和抗日联军，集中一切国力为抗日而奋斗。红军长征到达陕北后，中共中央于 11 月 13 日发表《为日本帝国主义并吞华北及蒋介石出卖华北出卖中国宣言》。11 月 28 日，中共中央又以中华苏维埃共和国中央政府主席毛泽东、中国工农红军革命军事委员会主席朱德的名义，发表《中华苏维埃共和国中央政府、中国工农红军革命军事委员会抗日救国宣言》。这两个宣言，在社会各阶层中引起了强烈的反响，有力地推动了全国抗日救亡运动的发展。

　　1935 年 12 月，痛感华北沦亡在即的北平、天津广大青年学生，得知国民党政府将于 12 月 9 日在北平成立冀察政务委员会以实现所谓华北特殊化的消息后，在共产党人的领导和影响下，于 12 月 9 日在北平举行声势浩大的抗日救国游行，向国民党当局请愿。青年学生的爱国行动遭到国民党当局的镇压。这时，中国人民长期被压抑的爱国热情强烈地爆发出来，很快形成了全国性的抗日救亡群众运动。当一二·九运动的消息传到广东后，全省各地的青年学生和各界群众纷纷行动起来，响应北平青年学生的爱国行动，在广东掀起了抗日救亡运动的高潮。

　　当一二·九运动消息传到河源，许多追求真理的爱国青年以各种各样的形式开展抗日救亡活动，宣传中国共产党的抗日救国主张，提高了思想觉悟，唤起了爱国热情，在爱国运动中得到了锻炼。

　　早在土地革命战争时期就接受了革命思想熏陶的黄村青年张戎生①，在北平一二·九运动爆发后，立即将一二·九学生爱国运动的消息和许多进步书刊传回家乡，在进步青年张华基②、刘

---

　　①　张戎生，河源黄村人。1936 年加入中国共产党。
　　②　张华基，河源黄村人。1938 年加入中国共产党。历任中共紫、五边区委宣传部部长、中共河源县委组织部部长、和平县委组织部部长、和平县特派员。1944 年后历任东江纵队第五支队政治处主任、紫五人民抗日自卫大队大队长兼政治委员。解放战争时期，历任中共河东工委书记、中共九连地委委员、粤赣湘边纵队东江第二支队第四团政治委员、东江第二支队政治部主任。

成章①、丘国章②、欧阳源、曾宪椿等人中传阅。为了广泛宣传中国共产党的抗日救国主张，团结广大青年、激发青年的爱国热情，1936年初，张华基、张挺生、丘国章、刘成章、张余元等发动青年组织黄村青年读书会。读书会成员很快就由20多人发展到90多人。

黄村青年读书会成立后，以组织歌咏队、剧社、开设书摊等形式进行抗日救亡活动，喊出"打倒日本帝国主义""反对冀察政务委员会成立""反对华北自治""停止内战，一致抗日"等为国民党当局所禁止的口号。通过宣传发动，先进青年思想觉悟大大提高，黄中强③、程光、李作新、欧阳源④、邹建⑤、张

---

① 刘成章，河源叶潭人。1939年加入中国共产党。历任中共蓝能区委书记、中共河源县工委宣传部部长兼能溪区委书记等职。

② 丘国章，河源黄村人。1939年加入中国共产党。1940年任中共河源县委统战部部长。1942年12月参加广东人民抗日游击总队。1943年3月3日，在香港九龙"新界"遭日军袭击牺牲。

③ 黄中强，河源黄村人。1939年加入中国共产党。历任中共河源县委书记，中共和东县、和西县特派员，中共后东特委宣传部部长。解放战争时期，历任中共九连工委委员、中共九连地委常委、粤赣边支队政治部主任、东江第二支队政治部主任、河源县人民政府县长、东江行政委员会第二督导处主任等职。

④ 欧阳源，河源叶潭人。1939年加入中国共产党。历任中共五华岐岭区委书记、东江纵队第五支队政治处统战股长、中共河源县临工委书记、中共河源县委委员等职。

⑤ 邹建，河源叶潭人。1939年加入中国共产党。1945年在东江纵队第六支队任指导员、韩江纵队南山支队任指导员。解放战争时期，任中共河东工委委员、龙河大队大队长兼政治委员、东江第二支队独立第五大队大队长兼政治委员、中共河源县委副书记兼副县长。

惠民①、丘启文、钟周俊、黄荣寿、程佩勇、黄荣光、张其平等先进青年纷纷参加读书会，投入宣传抗日救亡行列。

船塘第八区第一小学教师张友云、欧阳璞，通过教学不断向青少年灌输爱国主义思想，宣传北平青年学生不畏强暴，反对日本帝国主义的爱国主义精神。他们还购买了《大众哲学》、《社会科学讲话》、《七人之狱》和鲁迅等人的作品，在青年学生中广泛传阅学习，使许多青年得到启迪和教育，萌生了爱国思想。欧阳忠、欧阳年等一批进步学生在他们的启发引导下阅读进步书刊，思想得到启迪，立志奋发图强，投身变革社会的斗争，为改变中国社会贫弱、饱受帝国主义欺凌的状况而奋斗。

一二·九运动是动员全民族抗战的运动，它使东源广大青年对中国共产党及其抗日救亡的政治主张有了深刻的了解，特别是广大青年学生在爱国主义运动中得到了锻炼，促进了民族的觉醒，为后来河源党组织的恢复、重建以及抗日救亡运动的发展，准备了思想、组织和干部等方面的条件。

---

① 张惠民，河源黄村人。1939年加入中国共产党。1945年任飞龙大队副大队长。1947年起历任东江人民抗征队队长、东江人民抗征总队副总队长兼龙河大队长、中共河东工委委员、粤赣边支队第四团副团长、东江第二支队第四团副团长、东江第二支队新一团团长。

# 第二节 抗日救亡运动的兴起

## 一、东源抗日救亡运动的兴起

日本发动全面侵华战争是经过长期预谋和作了充分准备的。1937 年 7 月 7 日夜，日军一部在卢沟桥附近借"军事演习"之名，向中国驻军寻衅，并以一名士兵失踪为借口，要求进入宛平县城搜查。日方的无理要求遭到中方的拒绝。当交涉还在进行之时，日军就向卢沟桥一带的中国驻军发动攻击，并炮轰宛平县城。中国驻军第二十九军一部奋起抵抗，史称"卢沟桥事变"。北平、天津、保定等地人民群众和中国共产党领导的群众团体，纷纷起来支援第二十九军的爱国行动。

卢沟桥事变后第二天，中国共产党就向全国发出通电，指出"只有全民族实行抗战，才是我们的出路"，号召"全中国同胞，政府与军队，团结起来，筑成民族统一战线的坚固长城，抵抗日寇的侵略"。[1] 日军侵占北平、天津后，又向华北腹地及上海大举进攻。当日军进攻上海时，8 月 14 日，国民政府外交部发表声明，谴责日本对中国领土主权的侵犯，并且表示："中国决不放

---

[1] 《中国共产党为日军进攻卢沟桥通电》，《中共中央文件选集》第十一期，中共中央党校出版社 1989 年版，第 274 页。

弃领土之任何部分，遇有侵略，唯有实行天赋之自卫权以应之。"① 为了进一步促进抗日民族统一战线的建立，中共中央向国民党提交了《中共中央为公布国共合作宣言》，提出全面抗战、共同合作抗战的基本纲领，强调在民族危急万分的关头，只有全民族的内部团结，才能战胜日本帝国主义的侵略。经过中国共产党的不懈努力和斗争，以及全国人民抗日怒潮的推动，国民党中央发表了《中国共产党为公布国共合作宣言》，蒋介石也就此发表谈话，实际上承认了中国共产党的合法地位。中国共产党的宣言和蒋介石谈话的发表，宣告国共两党第二次合作的实现，标志着以国共合作为主体的抗日民族统一战线的正式形成。

卢沟桥事变后，在中共南方临时工委的组织和各地党组织的发动影响下，广东各地的抗日救亡运动逐步开展起来。10 月间，广州少年先锋队总队长张戎生率领队员20 多人，到河源开展抗日救亡宣传工作。与此同时，留学日本的青年学生张创义、刘克仁等以及在广州大、中学校读书的河源青年曾锡翔、曾宪椿、张功艺等，纷纷离开学校返回河源，发动青年学生开展抗日救亡宣传活动。张华基、丘国章、刘成章等先进青年先后在黄村组织抗日宣传小组，深入农村，进入县城，以各种形式宣传抗日救国道理。他们首先发动广大青年学生，开展声势浩大的示威游行活动，以演讲、文艺演出、印报纸、贴标语等各种宣传形式，向群众进行宣传，唤起广大群众的民族觉悟。他们还深入全县各地，进行宣传活动，很快在全县各地掀起了抗日救亡运动的高潮。

1938 年10 月12 日，日本侵略军入侵华南，在惠阳大亚湾登陆。日军长驱直入，仅 10 天时间，东江下游各县和广州相继沦

---

① 转引自《中国共产党历史》第一册下卷，中共党史出版社 2002 年版，第 587 页。

陷。日军入侵广东之前，就接连不断地对广东城乡各地实行疯狂的轰炸，企图以此"摧毁中国的抗战意志"。据 1941 年《广东年鉴》的统计：1937—1941 年，日军飞机袭击广东共 19281 架次；投下炸弹达 20842 枚，炸死了 7153 人，炸伤 11838 人，炸毁房屋 20031 栋，给广东人民造成空前沉重的灾难和生命财产损失。

1938 年 7 月开始，日军每天出动飞机对东江流域地区各县进行狂轰滥炸，河源人民深受其害。日军飞机常常窜入东江河面和河源县城上空，进行侵扰和轰炸。7 月 20 日，日军飞机袭击停泊于东江边的船只，被击中的机船燃烧焚毁。25 日，日机再次袭击河源，炸毁山羌水公路桥梁。28 日，日军飞机窜扰河源城上空，轰炸河源县政府、邮政局和城镇居民住宅。从 8 月起，日军飞机对河源县实行不定期的袭扰和轰炸。一次，下城宝树第谢屋被日军飞机投弹炸毁，造成八尸九命的惨案；11 月 5 日，日机轰炸河源城，投下炸弹 15 枚，炸毁丘屋巷及塘唇刘屋，炸死 7 人，伤 4 人；11 月 29 日，日军飞机再次侵袭河源，炸毁赖屋坪，死伤居民 10 余人。据不完全统计，1937—1939 年，日军在河源等东江上游地区投弹 700 多枚。仅在河源就炸死 50 人，炸伤 34 人，炸毁房屋 154 座。[①] 由于日军长期侵扰河源，造成人心惶惶，民众居无宁日，不少居民被迫逃往山区农村，投亲靠友躲避灾难。县城商店倒闭，百业萧条，一派惨状。

日本帝国主义者的侵略行径，激起了河源各界人民的强烈义愤和高度爱国热情，广大人民群众纷纷要求团结一致，奋起抗战，共同对付民族大敌，驱除日本侵略者，保家卫国。尤其是广大工

---

① 据广东全省防空司令部《广东省空袭损失统计表》，参见曾庆榴、官丽珍：《侵华战争期间日军轰炸广东罪行述略》，载于《抗日战争研究》，1998 年第一期。

农群众和知识界人士，抗日救国的热情日见高涨。

## 二、抗先队、东江华侨回乡服务团在东源的活动

卢沟桥事变后，全省掀起抗日救亡运动的新高潮。1938 年 1 月，在中共南方工作委员会（简称"南委"）的领导下，由广州学生抗敌救亡会、救亡呼声社、青年群社、平津同学会、留东（留学日本东京）同学抗敌后援会、中山大学抗日先锋队、中大附中青年抗日先锋队、青年抗日先锋团等 8 个团体联合发起，成立广东青年抗日先锋队（简称"抗先队"），并发表《广东青年抗日先锋队发起宣言》。《宣言》明确提出：抗先队"是巩固的富于战斗性的青年统一战线组织"，其任务是"动员工农群众，武装工农群众，保卫大广东，支持全国抗战的顺利开展，保证抗战最后胜利的获得"①。抗先队是以共产党员和进步青年学生为骨干，有各阶层青年广泛参加的全省统一的抗日青年统一战线组织。抗先队成立后，于1938 年 1 月和 7 月，利用假期，组织两次大规模的下乡宣传活动，派出队员到 20 多个县开展抗日宣传，组织活动，建立抗先队组织，并将工作范围逐步从青年学生扩展到工农群众，使抗先队从城市发展到农村。

1938 年 10 月，广州沦陷前夕，抗先队分成三个区队，分赴东江、西江、北江的广大农村，开展抗日救亡宣传活动。抗先队东江区队建立了中共支部，由李果任书记，岑冰薇、李光中分别担任组织干事和宣传干事。抗先队东江区队 60 余人，在区队长刘

---

① 中共广东省党史研究委员会、广东省档案馆编，《抗日战争时期的广东青年运动》，第 102—103 页。

汝琛、副区队长谭家驹（后任队长）①、林耀族的带领下，从广州出发，经清远、翁源、连平等地于 12 月间到达河源。根据中共广东省委的指示，东江区队以河源为基地，迅速展开抗日救亡宣传活动，发展县、区、乡抗先队。随后，东江区队分成两部分：一部分由谭家驹带领前往博罗、惠阳开展工作；另一部分由林耀族带领，以河源为基地，在东江上游地区开展工作，并成立广东青年抗日先锋队东江区队办事处，以林耀族为主任，李光中为组织部部长，方芜军为宣传部部长。抗先队到达河源后，争取到了国民党河源县当局的支持，当局分别派出吴逸民到平陵、古岭，李光中到回龙，方芜军到蓝口，许明远到灯塔，组织抗日自卫团，以上诸人分别担任自卫团的政训员。同时组成了以孔庆余为队长的抗日宣传队。

抗先队东江区队以"宣传群众，团结抗日；组织群众，培训骨干，发展党的组织"为主要任务，首先在县城开展活动。不久，队员分赴黄村（蓝溪）、叶潭（能溪）、泥金、回龙和新丰、龙门、和平、龙川等县开展宣传工作，发动群众开展抗日武装自卫斗争。

东江区队首先在县城开展抗日救亡活动，向群众作抗日救亡宣传，很快就在县城掀起了抗日救亡运动的热潮。通过宣传动员，群众发动起来了。林耀族和岑冰薇组建了以卢浩根为队长、钟伦为副队长的城镇抗日先锋队。同时组织了河源青年抗敌同志会、河源妇女抗敌同志会等群众组织。1939 年初从延安来到河源的赵

① 谭家驹，广东惠阳人。1935 年考入中山大学。1937 年加入中国共产党，参与组织广东青年抗日先锋队。1939 年任博罗县第二区区长。1940 年参加广东人民抗日游击队。1941 年 9 月在东莞被汉奸地主武装杀害。

学①和东江特委妇女干部余慧②，以抗先队东江区队的女队员为骨干，发动县城的女学生、女教职员工、商界妇女、家庭妇女、近郊农民青年妇女数百人，举行规模空前的"三八"国际妇女节纪念大会。大会由徐惠仪主持，余慧、岑冰薇分别作了讲话，号召妇女同胞走出家门，读书识字，学好本领，参加抗日救亡工作。大会之后，举行了游行活动，她们高呼"团结起来，抗日救国"等口号，高唱抗日救亡歌曲，使抗日救亡道理家喻户晓。妇女群众发动起来之后，河源妇女抗敌同志会会员迅速发展到600多人③，成为全省人数最多的抗日妇女团体。

随后，林耀族、岑冰薇、周匡人、李果、余慧、孔庆余、梁瑜、张子光等前往离河源不远的泥金乡开展活动。泥金乡位于河源、紫金、博罗三县交界处，有400多户人家，3000多人，人口集中，有一定的群众基础。抗先队以演讲、演剧、写标语、画漫画、贴墙报等形式，开展抗日宣传活动，使泥金乡进步青年的思想觉悟很快提高。抗先队首先吸收黄维初、黄平、刘华、陈影、黄建良、黄林甫、黄金明等人参加抗日宣传活动，接着建立抗日先锋队泥金乡队，选出黄维初、黄平、刘华为负责人。抗先队队部贴上宣传抗日的对联，联曰："抗日救国须努力，先锋杀敌要同心"；"国难当头正为男儿卫国保民之际，民族复兴才是人民享

---

① 赵学，广东东莞人。1934年加入共青团。1936年转为中国共产党党员。1937年赴延安抗日军政大学学习，任妇女中队队长。1939年回广东，历任中共东莞水乡区委书记，宝安龙华区委书记，布吉区委书记兼民运队长，东江纵队第一支队、第四支队、第六支队政治处主任。

② 余慧，广东东莞人。1937年5月加入中国共产党，历任支部书记、中共东江特委妇女组副组长、中共东江前线特委妇委书记、东江纵队广州市特派员等职。

③ 《中共广东省委妇委关于广东妇运报告》（1940年8月5日），广东省档案馆藏。

福共乐之时"；"抗战到底唯有精诚团结，先锋杀敌乃是青年作风"。这些颇具感召力的对联，大大地鼓舞了队员的斗志。泥金乡队建立起来后，积极发动进步青年农民参加抗日活动，抗先队泥金乡队很快就发展到几百人，活动范围也扩展到紫金水东一带。与此同时，抗先队发动群众，向当地富户借枪，收缴土匪武器，组织了民众武装自卫队，进行了一系列的学习和军事训练，民众自卫队不断发展壮大。抗先队还发动贫苦农民，建立了泥金乡农会和各村农会，许多农民都加入了农会组织。

2月7日，抗先队东江区队派黄若潮、吴逸民到蓝（溪）能（溪）康（禾）一带开展工作。他们到黄村后，先后与丘国章、邹兰友、李奇①、李作新、张华基等人取得联系。经讨论研究，由李奇、李作新、邹世凤、张家煌4人联名发出通知，于2月21日召开会议，讨论成立黄村抗先队。不日，正式成立黄村抗先队办事处。为了加强黄村地区的工作，抗先队东江办事处又派陈柏昌②、黄英、阮晋3人到黄村开展工作。黄村抗先队成立后，利用学校寒假，举办冬学，组织社会青年、回乡学生和黄村读书会会员参加学习，动员他们投入抗日救亡活动。冬学由黄若潮主持，学习时间为16天。冬学结束后，以黄村读书会青年为骨干，分头深入农村、学校、街道开展宣传活动，通过贴标语、画漫画、出墙报、发传单、演唱歌曲、演出话剧、街头演讲、开报告会、办

① 李奇，又名李作强。河源黄村人。1939年参加中国共产党。1945年参加武装斗争，历任小队长、中队长，粤赣边支队第四团紫河大队大队长，东江第二支队第四团第三大队大队长，第四团副团长等职。

② 陈柏昌，广东东莞人。1935年参加中国青年同盟。1936年加入中国共产党。1938年参与组织广东青年抗日先锋队。1940年任中共河源县工委书记、中共陆丰县委宣传部部长。1941年10月，在东莞大岭山治平乡被杀害。

联欢会、举行火炬巡行等形式，向广大群众揭露日本侵略者的残暴罪行，宣传中国共产党的抗日主张和各项方针政策，报告抗战形势和八路军、新四军英勇杀敌的事迹，激发人民群众的民族义愤和爱国热情，树立民众抗战必胜的信心。号召凡是真诚爱国、拥护抗日，不分阶层性别都可以自愿加入抗先队。许多先进青年纷纷报名，要求参加抗先队。很快就在蓝溪乡的七树、祝岗、宁山、邬洞、铁岗、小坑围、梅陇、板仓、欧村、正昌、黄村坳、热水，能溪乡的叶潭、车田、儒步、双下、琏石、山下，康禾乡的若坝、曲龙、田心等 20 多个村庄建立抗先队。抗先队队员白天参加生产劳动，晚间走村串户，分头开展宣传工作，在蓝（溪）能（溪）康（禾）一带形成抗日救亡运动高潮。为了统一指挥，开始时分别成立以张华基为队长、张余元为副队长的抗先队蓝溪乡队部和以刘成章为队长、欧阳源为副队长的抗先队能溪乡队部。1939 年 4 月，蓝溪、能溪和康禾三个乡联合成立广东青年抗日先锋队第九区队，以丘国章为区队长，张华基、刘瑞廷为副区队长，区队部设在蓝溪乡公所。为使抗日救亡宣传运动更加广泛深入开展，抗先队将学校学生发动起来，投入抗日宣传活动，以蓝江中心小学学生为主体，组织黄村圩附近的梅陇、戴屋、黄村坳、正昌、黄村等村的小学生成立了以李作坚为团长的共产主义儿童团。仅 5 个月的时间，队员发展到 2000 多人。蓝（溪）能（溪）康（禾）地区各村庄到处可见到抗日宣传的标语、漫画和墙报。每逢黄村、叶潭圩日，抗先队都在街头宣传演出和演讲，抗战歌曲到处流传。

抗先队东江区队还在回龙、锡场等地开展活动，发展抗先队组织。中共河源县工作委员会（简称"中共河源县工委"）书记李光中到回龙、锡场开展工作，先后与失去中共组织关系的周振国和锡场区区员赵准生取得了联系，恢复了周振国的组织关系，并通过赵准生对锡场区区长李仿山开展统战工作，得到李仿山对抗先队活动的支持。通过宣传发动，建立了锡场区抗先队，同时分别吸收赵准生、古师贤、黄其章、李思哲加入中国共产党。

抗先队东江区队除在河源开展抗日救亡宣传活动之外，还在龙川、和平、连平等地开展抗日救亡宣传活动，吸收抗先队队员，建立抗先队基层组织，整个东江地区抗先队队员发展到数千人。这些抗先队队员绝大多数成为河源乃至整个东江地区抗日救亡运动的骨干力量，为东江地区抗日救亡运动的全面兴起和敌后抗日游击战争的开展奠定了组织基础，准备了干部。

卢沟桥事变后，海外华侨十分关注祖国的前途和命运，纷纷行动起来，积极参与和支持祖国的抗战，掀起声势浩大、规模空前的抗日救亡运动。东江华侨回乡服务团就是在这样的形势下组建起来的。

这时，东南亚各国和南北美洲等地的华侨，都相继成立了各种抗日救亡团体。1938 年 10 月，东江地区沦陷的消息传到海外，南洋英荷两属惠属侨胞无不义愤填膺，纷纷行动起来，开展救国救乡活动。10 月 30 日，侨居南洋各地的惠属侨胞，在马来亚吉隆坡惠州会馆召开南洋各埠惠州华侨代表大会，宣布成立南洋英荷两属惠州同侨救乡委员会（简称"南洋惠侨救乡会"），推举侨领黄伯才①为主席，戴子良、孙荣光为副主席，官

---

① 黄伯才，广东惠阳人。著名侨领。少时随母赴马来亚，由工人发展成为锡矿巨商。出任吉隆坡惠州会馆主席。日军入侵华南后，为动员华侨支援祖国抗战作出巨大贡献。1940 年 11 月 18 日在吉隆坡病逝。

文森①、黄适安（何友逖）等41人为委员。11月，黄适安率领南洋惠侨救乡会代表团抵达香港，与廖承志、连贯等商讨救乡计划。12月中旬，在中共东南特委的主持下，召开了有南洋惠侨救乡会、香港惠阳青年会、余闲乐社和海陆丰同乡会代表参加的会议。会议决定成立东江华侨回乡服务团（简称"东团"），确定以"动员东江群众协助军队及人民武装的抗战，并拯救伤兵难民及辅导民众组织各种救亡团体"为东团的宗旨。② 同时组成东江华侨回乡服务团总部委员会，在香港设立办事处，负责总部委员会日常事务及与南洋惠侨救乡会的联络、动员和组织爱国青年回国回乡参加抗战，保证东团的物资供应。

1939年1月，东江华侨回乡服务团在惠阳淡水正式成立，以叶锋③为团长，刘宣④为副团长。总团之下先后组建了7个团和两个队。4月，组建东江华侨回乡服务团第五分团，由朱公拔任团长（后由刘宣任团长），邹清容任副团长，全团共33人。同时建立党支部，以张桂芳为书记，何淑英、邹清容为委员。

4月下旬，东团第五分团到达河源，立即在县城开展活动，以宣传演出、召集群众大会等形式宣传抗日救亡道理和共产党

---

① 官文森，爱国侨领。祖籍广东惠阳，出生于马来亚雪兰莪州。早年加入同盟会和中华革命党。后参加中国致公党。1949年回国，历任致公党中央委员会副主席、全国政协委员、全国侨联常委、广东省侨联副主席等职。1957年9月在广州病逝。

② 中共惠阳地委党史研究室编，《东江党史资料汇编》第九辑，1987年12月印刷，第279页。

③ 叶锋，广东惠阳人。1936年加入中国共产党，后任东江华侨回乡服务团团长，路东行政委员会主任，东江纵队第二支队政治处主任、支队长等职。

④ 刘宣，广东惠阳人。出生于香港。1931年开始从事革命活动。1937年加入中国共产党。历任东江纵队大队长、独立大队政治委员等职。

"团结抗日，一致对外"的抗日主张。不久，东团第五分团先后到船塘、泥金、黄村等地开展宣传活动，其后进入河西地区，以船塘为主要活动基地。

船塘地处河源西北部山区，与连平、和平、龙川三县毗邻，是河源西北部及相邻各县边境民众经贸交流的重要圩镇。东团选择船塘为活动基地，对在整个河西区及相邻各县边境开展抗日救亡宣传工作都有积极意义。东团第五分团到达船塘后，首先争取了具有爱国热情的开明人士、国民党船塘区分部书记欧阳超廷及当地进步青年欧阳潭、欧阳培的支持，推荐、安排东团的叶茂、黄凤珍、张育民、梁秋云、黄文等人在老围焕文小学任教，并以焕文小学为据点，在河西一带广泛开展抗日救亡活动。

在办好民众夜校的同时，为进一步加强抗日救亡宣传工作，东团于1940年初创办了《大路》油印小报，卓扬担任主编。《大路》小报对动员群众起来参加抗日救亡斗争，起到了积极的作用。在东团第五分团的宣传发动下，人民群众抗日救国热情日益高涨，出现了有钱出钱、有力出力、有枪出枪的爱国救国热潮。人民群众以各种形式表达了共同抗敌的决心和夺取抗日斗争胜利的强烈愿望。

### 三、东源党组织的重建和发展

抗日战争爆发后，中共中央对南方党组织和各游击区域发出指示，要求必须"普遍建立党的秘密组织"①。为了加强党对抗日救亡运动的领导，尽快恢复、健全和发展因土地革命战争失败而被破坏的党的地方组织，重建南方各地的领导机关，1937年9

---

① 《中共中央关于南方各游击区域工作的指示》，见《中共中央文件选集》第十一册，中共中央党校出版社1991年版，第303页。

月，中共中央派张文彬①到广东，对广东党组织进行整顿，以健全和加强广东党组织的领导，正式成立以张文彬为书记的中共南方工作委员会（简称"南委"），领导南方各地党的组织。

这时，在东江地区除个别县建立县一级党组织之外，只有为数不多的县建立了党的支部，仅有党员几十人，与形势发展很不适应，因而迅速壮大党的力量，发展党的组织，加强党对抗日救亡运动的领导成为一个相当紧迫的任务。在土地革命战争时期建立起来的河源县党组织，由于东江革命根据地的陷落而遭受严重破坏，绝大多数党员在革命斗争中牺牲，幸存的少数党员分散隐蔽，与党组织失去联系，因而河源县的党组织完全不复存在。直至1938年1月，在广州加入中国共产党的张戎生返回河源开展抗日救亡宣传工作时，才介绍进步青年张华基加入中国共产党。1938年4月，中共广东省委成立后，确定广东党的任务是以建党为中心，强调做好建党工作，由点到线到面地发展党的组织，并派出一批党员干部前往全省各地发展党员。6月间，中共广东省委宣传部部长饶彰风②巡视东江，组建了以彭泰农③为书记的中共

① 张文彬，湖南平江人。1925年参加中国共产主义青年团。1927年加入中国共产党。历任红五军党代表、红七军政治委员、红三军保卫局局长等职。参加了长征。1937年9月到广东，先后任中共南委书记、广东省委书记、南方工委副书记。1942年6月被捕，1944年8月在狱中牺牲。

② 饶彰风，别名蒲特。广东大埔人。1933年参加"左联"。1936年加入中国共产党。历任南委委员，中共广东省委宣传部部长、统战部部长，中共东江特委宣传部部长，中共粤北省委宣传部部长，东江纵队秘书长，中共广东区委委员、宣传部部长，香港新华通讯社社长，东江纵队驻港办事处主任等职。

③ 彭泰农，广东惠阳白花（今属惠东县）人。1937年参加中国共产党。先后任中共平山区委书记、中共惠州中心支部书记、中共东江临工委书记、中共东江后方特委干事。1943年3月3日，在香港"新界"与日军作战牺牲。

东江临时工作委员会（简称"东江临工委"）。但是，由于客观条件不成熟，中共广东省委没有派党员干部到河源重新建立党组织。直至 12 月，广东青年抗日先锋队东江区队到河源开展抗日救亡活动后，河源县党组织的重建和恢复工作才逐步开始。

12 月中旬，广东青年抗日先锋队东江区队来到河源后，一方面开展抗日救亡宣传工作，另一方面东江区队党支部通过宣传活动，培养积极分子，确定入党对象，于 1939 年 2 月重新吸收刘瑞廷和发展吸收进步青年刘成章加入中国共产党，重新建立河源县第一个中共党小组，黄若潮任组长。

广州沦陷后，在中共广东省委撤至粤北的同时，于 12 月间派尹林平①、饶彰风等到东江活动，组建中共东江特别委员会（简称"东江特委"）。尹林平抵达河源后，与刘汝琛等人取得联系，听取了抗先队东江区队的工作汇报，决定以抗先队的名义开展工作，发展党员，建立基层党组织。1939 年 1 月，根据中共广东省委的指示，宣布撤销中共东江临时工委，组建中共东江特委。2 月间，尹林平在紫金古竹主持召开东江党代表会议，会上正式成立中共东江特委，以尹林平、饶卫华、饶彰风、陈森（陈力生）为委员，尹林平任书记，饶卫华为组织部部长，饶彰风为宣传部部长。中共东江特委管辖龙川、和平、五华、紫金、河源、博罗、海丰、陆丰、增城、龙门、新丰、连平等地党组织。中共东江特委建立后，以发展党的组织为工作重点，组织抗日救亡团体，分期分批举办各种干部训练班，培养党的基层骨干和武装骨干。

---

① 尹林平，又名林平，江西兴国人。1927 年参加农民运动。1931 年加入中国共产党。历任红军独立团团长、闽南游击支队支队长、中共厦门临工委书记、中共南方工委军事部部长、中共广东省委常委兼军委书记、东江纵队政治委员、广东区党委书记等职。

为了重建和发展党的组织，中共东江特委以抗先队东江区队办事处的名义，在河源城举办了为期 1 个月的第一期东江青年训练班。尹林平、林耀族、余慧等先后在训练班上授课。学习的主要内容是马克思主义理论、党的建设、抗日民族统一战线、游击战争战略战术等课程。此后还举办了七八期这种类型的训练班。参加培训的学员分别来自黄村、叶潭、泥金、船塘、锡场、回龙、平陵、古竹、观音阁、石公神以及龙川、连平忠信等地。其中欧阳裕①、黄义中、张其敬、黄汉基、黄宜春、黄木才、张挺生都是在训练班学习时被吸收加入中国共产党的。参加过训练班学习的还有刘成章、李作新、李作强、邹建、丘国章、张余元②、程光③等人。

1939 年 4 月，根据中共东江特委的指示，抗先队东江区队党支部与东团第五分团党支部一起组建中共河源中心支部，由李果任书记，李光中任副书记，岑冰薇任组织委员，周匡人任宣传委员。同时派黄若潮负责发展河东地区的党组织，吴逸民负责发展包括回龙、泥金、锡场、平陵、新丰马头在内的河西地区的党组织。第一期东江青年训练班结束后，建立了中共黄村支部，由黄若潮任书记，党员有张华基、刘瑞廷、刘成章、黄汉基、张余元、黄义中、欧阳裕、李作新、张挺生，李祥春（后脱党）。4 月间，

---

①　欧阳裕，河源叶潭人。1939 年加入中国共产党。历任中共能溪区委书记、能溪区特派员。解放战争时期，历任中共能溪中心支部书记、东江第二支队第四团第一大队副政治委员、中共黄村工委委员、中共河源县第二区委书记等职。

②　张余元，河源黄村人。1939 年加入中国共产党，先后历任中共蓝溪支部书记、中共蓝溪区委书记。

③　程光，河源黄村人。1939 年加入中国共产党，历任中共老隆师范支部书记，曾田支部书记，上莞区特派员，中共河西县副特派员，飞龙大队大队长、教导员，河源人民抗日自卫大队大队长等职。

根据中共东江特委的指示，李光中到锡场、回龙开展建党工作，吸收赵准生、黄其章、李思哲、古师贤加入中国共产党，并建立以赵准生为组长的党小组。李果、李光中到泥金乡开展抗日救亡活动的同时，培养、吸收了黄维初、黄平等人入党，不久建立了中共泥金乡支部。6月间，中共河源中心支部派岑冰薇在河源城发展党员，至8月先后吸收张杰、卢浩根、黄秉常、钟伦等人加入中国共产党，建立了中共河源城支部。

同年夏，中共东江特委扩大会议在古竹召开，中共广东省委组织部部长李大林出席会议，会议传达了中共中央六届六中全会精神和省委第四次执委扩大会议精神，讨论发展东江党组织、开展抗日民族统一战线工作，组织抗日救亡团体，开展敌后游击战争等问题。为适应党组织发展的需要，中共东江特委决定成立中共河源县工作委员会（简称"河源县工委"）。8月，中共河源县工委在河源城正式成立，以李光中为书记，黄英为组织部部长，林耀族为宣传部部长，委员还有吴逸民、黄淑仪。中共河源县工委的建立，标志着土地革命战争失败党组织遭受破坏后，中国共产党河源党组织重新建立起来。作为河源县级党的领导机关、中共河源县工委的建立，对河源各级党组织的全面建立和发展起到积极的推动作用。

9月，李光中在叶潭儒步召开蓝溪、能溪区党员会议，决定成立中共蓝能区委员会（简称"蓝能区委"），刘成章任书记（一说丘国章），刘瑞廷任组织委员，张华基任宣传委员。下辖叶潭支部，刘瑞廷兼任书记；儒步支部，欧阳裕任书记；麦畲支部，刘火明任书记；蓝溪支部，张余元任书记；黄村圩支部，李作新任书记；欧村支部，张迅任书记；邬洞支部，蒲卓芙任书记；板仓支部，黄义中任书记；万和支部，丘启文任书记。

河源西部地区（简称"河西区"）党组织是东江华侨回乡服

务团第五分团在开展抗日救亡运动的同时建立起来的。1939 年夏，东团第五分团党支部首先由叶茂吸收欧阳潭加入中国共产党，其后又吸收欧阳景南、欧阳梅、欧阳培、欧阳景初、欧阳其昌、陈锦云、欧阳月英、欧阳汝等加入中国共产党，并建立船塘老围村党小组。这是河西区首先建立起来的一个基层党组织。在此前后，在龙川县立第一中学读书的青年学生欧阳涛①和在老隆师范学校读书的欧阳忠、欧阳轲②、田裕民，也参加了中国共产党。6 月，中共龙川中心县委派欧阳涛、欧阳忠回到船塘，发展党员，先后吸收欧阳梧③、欧阳年、欧阳璞入党。从此，中国共产党在船塘扎根，并逐步发展壮大。

10 月，中共船塘支部正式成立，以叶茂为书记，张育民、黄凤珍、欧阳潭为委员，下辖老围、赤岭、新寨、畲寮等党小组，隶属于中共龙川中心县委。1940 年 3 月，中共东江特委派张其初、陈学源到船塘工作，建立中共船塘中心支部，由张其初任书记，黄凤珍、欧阳潭、欧阳年、欧阳梧为委员，下辖：老围、赤岭支部，欧阳潭任书记；新寨支部，欧阳年任书记；畲寮支部，欧阳梧任书记。5 月，船塘中心支部改为船塘区委，仍由张其初任书记。除原辖支部外，增辖新建的大湖（含三角忠信）支部，

① 欧阳涛，河源船塘人。1939 年加入中国共产党。历任中共船塘区委委员、船塘区委书记等职。解放战争时期，历任中共船塘中心支部书记，河源县人民政府群运科科长、秘书，中共河源县委委员等职。

② 欧阳轲，河源船塘人。1939 年加入中国共产党。1948 年后历任中共船三区委宣传委员、船塘乡乡长、河源县人民政府行政督导员、中共河西区委书记兼区长。

③ 欧阳梧，河源船塘人。1939 年加入中国共产党。任中共船塘区委委员、中共河西县特派员。解放战争时期，历任中共河西分工委委员，河西区行政委员会副主席，河源县人民政府第三督导区特派室主任，中共河源县委委员、军事科科长等职。

张仁安任书记。

1940年1月，因李光中调往中共广东省委机关工作，中共河源县工委由陈柏昌接任书记，黄英任组织部部长，刘成章任宣传部部长，张淑仪任妇女部部长。下辖蓝溪区委、能溪区委和崇伊中学支部。中共蓝溪区委，李作新任书记，蒲卓芙任组织委员，丘启文任宣传委员，下辖：万和支部，丘启文任书记（后丘象梅）；黄村圩支部，李作强（李奇）任书记；宁山支部，黄荣光任书记；邬洞支部，蒲卓芙任书记；欧村（含梅陇）支部，张迅任书记（后张林）；板仓支部，黄义中任书记。能溪区委，刘成章任书记，委员刘瑞廷，下辖：麦畲支部，刘火明任书记；车子围支部，邹子仪任书记；儒步支部，欧阳连任书记；叶潭支部，刘瑞廷任书记；山下支部，邹石连任书记。崇伊中学支部，欧阳裕任书记。

从1938年底至1939年底，仅一年的时间，河源县党组织的重建工作，取得了显著成果，吸收发展党员200多人，先后建立了18个支部、2个区委，并且建立了县一级领导机构，完全改变了土地革命战争失败后河源没有中共基层组织的状况。中共河源地方组织在抗日民族统一战线方针政策的指引下，在迅速恢复和重建党组织的同时，不失时机地开展抗日救亡运动，组织各种形式的民众抗日团体，为后来人民抗日武装的建立、敌后游击战争的开展、抗日游击根据地的开辟，确立了组织基础和群众基础。

## 四、抗日民族统一战线工作的开展

为坚持全面抗战，中共东江地方组织和河源地方组织，在党的抗日民族统一战线方针政策的指引下，积极对国民党河源当局、开明绅士和各阶层人士开展统战工作，团结人民群众，推动河源抗日救亡运动的发展。

中共东江地方组织和河源县党组织，首先积极对国民党河源县当局及各基层人士开展统一战线工作，争取了他们对在河源地区抗日救亡运动团体和自卫武装队伍的支持。

1938 年 12 月，广东青年抗日先锋队东江区队来到河源后，谭家驹、刘汝琛、林耀族等人首先主动与国民党河源县政府取得联系，并争取河源县县长黄秉勋的支持。黄秉勋比较开明，而且深明大义，他对抗先队不远千里、长途跋涉来到河源宣传抗日救亡的爱国精神表示赞赏和钦佩。当他了解到抗先队是经国民党广东省、广州市党部登记立案，国民党省党部书记长谌小岑任指导员、由第四战区动员委员会组织的战时工作队，队长谭家驹又是东江游击指挥所参谋长温淑海的外甥时，便当即表示欢迎，同意由县政府供给抗先队生活费，要求抗先队协助县政府开展战时工作，组织抗日自卫团和教导队，委任多名抗先队队员为抗日自卫团政训员，派吴逸民、李光中、方芜军分别到回龙、蓝口、灯塔发动组织抗日自卫团。同时由抗先队部分队员组成流动抗日宣传队到各地开展抗日救亡宣传工作。由于争取了国民党河源县当局的支持，抗先队组织抗日民众自卫团的活动得以顺利进行，民众抗日自卫武装队伍普遍建立。以河源县政府名义组织的河源县民众抗日自卫团下设 32 个大队，7 个独立队，有队员 17000 多人，是当时民众抗日自卫团人数最多的县份之一。

因为国民党河源当局对抗日救亡的活动持开放态度，使抗先队和东团活动有了一个比较宽松的政治环境。队员们深入农村圩镇，以时事座谈会、专题讲座、出版墙报等多种多样的形式，宣传抗日救亡道理，对广大群众特别是青年群众进行民族革命和爱国主义教育，激发人民群众的爱国热情。在宣传发动的基础上，普遍组织以青年为主体的抗日救亡团体，在河源县的大多数乡村都建立了青年抗日会、妇女抗日会、民众自卫团、自卫队等团体。

全县组织抗先队员 2000 多人，妇女抗日会数千人，仅河源城妇女抗日会就达 600 多人。数以万计的进步青年团结在抗日民族统一战线的旗帜下，投身于抗日救亡运动之中，形成了轰轰烈烈的全面抗战的局面。

在做好国民党河源当局统一战线工作的同时，中共河源地方组织十分重视对开明绅士和各阶层民主人士的统战工作，争取各地方实力派人士对抗日救亡工作的同情支持和各阶层民众的团结抗战，取得较好的成效。河源县第九区副区长丘国章，是曾经接受过共产党人刘琴西等人思想影响、思想倾向进步、同情支持革命的开明人士，在蓝溪、能溪、康禾一带有一定的影响和威望。在共产党员张戎生及进步青年张华基、刘成章等人的长期交往接触下，其思想不断进步。抗先队到河源开展抗日救亡工作后，丘国章很快就接受了中国共产党抗日救国的正确政治主张，旗帜鲜明地投身于抗日救亡工作。他以副区长的身份，公开号召和带头参加抗先队，带领抗先队东江区队负责人到处串联发动青年和贫苦农民参加抗先队组织，在第九区建立了区、乡、村各级队部，他亲自担任抗先队第九区队长。丘国章还利用自己的身份对开明绅士及各阶层民主人士做统战工作，争取这些人共同抗日。为了组织抗日武装，丘国章利用与河源县抗日自卫团大队长曾西盛的同学关系，由曾西盛出面做工作，取得国民党河源县政府的同意，由丘国章出任河源县民众抗日自卫团蓝溪乡抗日自卫中队队长。蓝溪乡抗日自卫中队发展到 140 多人，绝大部分队员都是抗先队队员。蓝溪乡抗日自卫中队成立后，利用国民党乡公所的名义，分别在祝岗、欧村、梅陇等地组织民众抗日自卫团统率委员会社训队，训练民众武装。由于组织训练成绩出色，得到国民党第十二集团军检阅官的赞扬，被称为"开创社训史上新纪录"。由于丘国章思想进步，工作出色，后来被吸收加入中国共产党。

河源蓝溪乡乡长张子岫是一位具有强烈正义感的爱国人士。在共产党员张华基、欧阳源等人的影响下，张子岫积极拥护中国共产党的抗日救亡主张，主动配合中共地方组织发动群众参加抗日救亡工作。1939 年春，蓝溪乡抗先队成立时，张子岫代表乡公所在成立大会上发表演讲，控诉日军侵略暴行，旗帜鲜明地支持抗先队的抗日宣传活动。他还提议抗先队成立醒狮团，利用醒狮团扩大宣传，筹措宣传活动经费。1940 年春，国民党当局强行解散抗先队，准备逮捕抗先队员。张子岫将国民党当局逮捕抗先队队员的密令，交给中共蓝溪地方组织，使抗先队及时安全转移，避免大难。

蓝溪、能溪、康禾三乡调解员，蓝溪乡副乡长邹华卿，在土地革命战争时期就受到刘琴西、黄克等共产党人的思想熏陶，与刘瑞廷、李亦纯等人组织蓝溪、能溪乡农民协会，是农民协会的组织者之一。黄若潮等了解邹华卿的思想表现之后，及时对其进一步启发和教育，争取其到抗日救国行列中来。邹华卿不负众望，很快成为抗日救亡活动的积极分子。当抗先队东江区队来到黄村时，他亲自出面接待，诚心支持抗先队的宣传活动，帮助抗先队做了许多有益的工作。1943 年，黄村发生"饥饿团"事件，参加"饥饿团"的群众受到蓝溪乡警察所巡官张家超的残酷镇压。张家超纠集当地警察和地主武装妄图将参加"饥饿团"的农民群众全抓起来，部署黄村圩周围的各路武装拦截手无寸铁的"饥饿团"农民。这时，邹华卿奉命负责拦截"饥饿团"撤退的主要通道黄村坳。当天有数百名"饥饿团"农民从黄村坳撤退返回能溪乡，而邹华卿没有下令围追堵截，使数百名"饥饿团"农民群众得以逃生。邹华卿还冒险将张家超派人抓捕关押的"饥饿团"农民 30 多人全部解救出来。

蓝溪乡第八保保长钟赞廷，在中国共产党抗日救国方针政策的感召下，同情和支持共产党人的抗日救国行动。一直真心实意地支持抗先队在他管辖范围的宣传活动，帮助解决抗先队遇到的一切困难，想尽一切办法筹措粮食、物资支持抗先队。还将自己使用的手枪、胞弟的两支步枪交给抗日自卫队使用。他还常常冒险给抗日游击队保管物资。1944年，中共河源地方组织处于分散隐蔽时期，地方党员都要自谋职业作掩护。钟赞廷在自己并不富有的情况下，设法投资给欧村党支部的党员张林、张荣华到龙川开办樟树油厂。他还利用关系，将抗日游击队的10多支旧枪运到乡长办的机械厂修理，同时还为抗日游击队提供了不少可靠的情报。在黄村地区，受中国共产党统一战线政策感召，为抗日救国做了有益工作的开明人士还有张运谋、曾运农、张青史、黄祖美、刘伟庭、欧阳子常、欧阳子衡、刘植臣、刘镜如等人。

1939年，东团第五分团在河西活动时，通过统战工作，先后争取了国民党船塘区分部书记欧阳超廷和船塘乡乡长欧阳仲琴的支持。他们不但支持东团的活动，而且保护了一批共产党员和抗日积极分子。

抗战期间，中共后东特委长期与开明人士叶少梅真诚合作，共同抗敌。叶少梅，梅县人，大革命时期参加过农民运动，曾与共产党人黎孟持①共事，关系密切。抗战初期又与黎孟持、刘志远一起在桂山一带组织桂山民众抗日自卫团。1943年，因粤北事件发生，后东地区党组织停止组织活动，党员要以公开合法职业作掩护，潜伏待机。后东特委拟将原在兴宁与民主人士一起开办

———————

① 黎孟持，又名黎璋。广东紫金人。1924年加入中国共产主义青年团。1925年转为中国共产党党员，任共青团古竹区委书记。1939年任中共紫金县委书记、东江华侨回乡服务团第四分团团长。解放战争时期，历任中共紫金县临工委委员、中共紫五龙河工委委员兼行政委员会副主席、中共紫金县委委员兼副县长。

的商行和成庄转移到东江。当共产党员陈启昌、郑昔庆找到叶少梅时，他当即答应与共产党合作，将和成庄转移到河源，经营盐业。和成庄成为后东地区及河源地方党员分散隐蔽的秘密联络点。1944年，河源县当局准备成立后备总队。因叶少梅曾经担任过紫（金）河（源）博（罗）三县联防主任，又与第四行政区保安副司令罗天白有同僚之谊，如叶少梅出任此职，对后东地区党组织的隐蔽活动更为有利。经陈启昌、郑昔庆策动，叶少梅接受河源县县长马克珊的任命，组建河源县后备总队第三大队（后改为"第二大队"），出任大队长。叶少梅组建第三大队后，驻防古竹，与东江纵队派驻古竹的联络员、共产党员叶汉生相互配合，互通情报。

1945年5月间，国民党东江守备区指挥官宋士台率梁桂平、徐东来等部，驻防观音阁、古岭、河源一带，图谋"围剿"后东地区抗日武装紫河人民抗日自卫大队陈果中队。中共后东特委武装部部长郑群①通过叶汉生与叶少梅取得联系，要求叶少梅掩护陈果部。叶少梅将陈果部暂编到河源后备总队第二大队第六中队，避免了国民党顽固派军队的"围剿"。不久，日军运输队从河源沿东江向惠州撤退。叶少梅指挥其部配合梁威林、郑群所率的东江人民武装工作总队，设伏打击日军运输队，取得战斗的胜利。其后，叶少梅还利用关系，协助营救出被国民党顽固派军队抓捕的陈果部7名队员。此外，中共东江地方组织还争取了开明人士曹少明的长期支持。曹少明在河源以其经营的商行为据点，长期

①　郑群，广东五华人。1938年加入中国共产党。历任中共和平县委宣传部部长，中共紫金县特派员，中共后东特委武装部部长，中共九连地委常委，广东人民解放军粤赣边支队副司令员，粤赣湘边纵队东江第二支队司令员、第四支队政治委员等职。

掩护中共东江特委和地下党员的活动，并为中共东江地方组织提供相当数量的活动经费，为掩护地方党组织的活动做了许多工作。

由于中共东江地方组织和河源党组织，切实贯彻执行党的抗日民族统一战线的方针政策，重视开展统一战线工作，不但广泛动员各阶层人民群众投身抗日救国行列，参加抗日战争，而且积极争取国民党当局和各界民主人士、开明绅士的支持，与他们真诚合作，共同打击日本侵略者，为抗日民族统一战线的巩固和发展作出了积极的贡献。

# 党组织在反击反共逆流期间的调整与隐蔽斗争

## 一、党组织的调整与隐蔽斗争

1939 年 1 月召开的国民党五届五中全会，虽然仍然声言要"坚持抗战到底"，但却把对付共产党问题作为重要议题，制定了"溶共、防共、限共、反共"的方针。此后，国民党顽固派逐步由对外转向对内，陆续制订和秘密颁布了《限制异党活动办法》等一系列的反共文件，积极推行反共反人民的政策，并发出进攻中国共产党领导的抗日武装的密令。从 1939 年夏开始，国民党顽固派在全国掀起第一次反共高潮。

国民党顽固派掀起的反共逆流，很快就波及华南。在东江地区，由于东江人民抗日救国运动不断走向高潮，东团、抗先队以及东江人民抗日武装的活动产生很大的影响，因而早已引起国民党东江当局的警觉和关注。1939 年夏，国民党广东当局首先把矛头对准在抗战中表现最为出色的抗先队。中共河源县工委采取果断措施，将抗先队活动以分散为主，集中为辅，一般不开展大型活动；东团第五分团，改称为东团河源队，并以农村为主要活动基地。根据中共中央"坚持抗战，反对投降；坚持团结，反对分裂；坚持进步，反对倒退"的方针，散发传单，揭露国民党顽固派阴谋，指出其论调不利于抗战，不利于团结，不利于进步，呼吁全县同胞、一切爱国人士和以民族大义为重的国民党当局军政人员团结起来，抗战到底。由于中共河源地方组织按照中共东江特委的指示，采取有理、有利、有节的斗争方针和一系列正确的应变措施，有力地回击了国民党顽固派掀起的反共逆流，保存了力量，保全了组织，为后来更加艰苦的抗日斗争作了思想、组织上的准备。

为了贯彻中共中央和南方局的指示精神，应付突发事件，中共广东省委于11月7日在韶关召开第五次执委扩大会议。会议决定以巩固党的组织为中心任务，政治上进攻，组织上保密，实行组织工作与群众工作转变的方针和策略，要求克服"右"的倾向和防止"左"的言行①。为了反击反共逆流，会议决定"在琼崖、东江要组织强大的武装力量，准备突变后的游击战争"，会议还制定了党员、干部审查、教育工作，基层党组织巩固工作计划。

中共东江特委为了贯彻中共中央、南方局和广东省委的指示精神，整顿和巩固党组织，1939年12月底至翌年1月，在紫金古竹召开有各县党组织负责人参加的扩大会议，会议由尹林平主持，中共广东省委常委、组织部部长李大林出席会议，并作重要指示，会议强调指出，国民党顽固派已掀起反共高潮，凡在蒋管区暴露身份的党员，必须调离原工作地区，或撤到游击区。会议作出审查党员、整顿党组织的决定，并对各县党的领导人进行审查和调整，暴露了身份的干部迅速撤离原工作地区。会上补选了特委领导成员，除原有领导成员尹林平、饶卫华、饶彰风等人外，补选

---

① 《张文彬关于广东工作报告》（1940年3月7日），广东省档案馆藏。

郑重①、李健行、张直心、黄宇②为委员，饶璜湘③、麦任为候补委员，同时对各县党组织进行了调整。

从 1940 年 1 月至 5 月，根据中共东江特委扩大会议精神，中共河源县工委进行了大规模的整党审干工作，以整顿在抗日高潮中迅速扩大的党组织，以认真慎重的态度清除在大发展中个别乘机混入党内的异己分子、投机分子和特嫌人员。经整顿审查后，清除了极个别的特嫌分子和叛变自首分子，中共河源县工委管辖范围内的党组织，党员人数没有多大的减少。至 5 月，中共河源县工委的整顿和审查工作结束。而河西船塘地区党组织的整顿和审干工作直至 1941 年 2 月中共东江后方特别委员会成立后才进行。

6 月，整顿、审查工作结束后，根据中共东江特委的指示，河源县党组织作了较大的调整，撤销中共河源县工作委员会，在叶潭麦畲正式成立中共河源县委员会（简称"中共河源县委"），

---

①　郑重，广东海丰人。1936 年加入中国共产党。历任中共海陆丰中心县委书记，中共东江特委宣传部部长，东江前线特委组织部部长、副书记，东江纵队第六支队政治委员。

②　黄宇，原名吕良，广东鹤山人。1930 年在越南加入中国共产党，先后任中共华侨特委委员、职工部长。1937 年后，历任中共东南特委香港区委书记、中共惠东宝中心县委书记、中共东江前线特委书记、中共江南地委书记、江南指挥部政治委员兼第七支队政治委员。

③　饶璜湘，广东大埔人。1937 年加入中国共产党，赴延安抗日军政大学学习。1939 年后，历任中共东江特委青年部部长，中共后东特委宣传部部长、副特派员，东江纵队政治部组织科科长，第五支队政治委员。

由黄慈宽①任书记，张华基任组织部部长，蔡子培②任宣传部部长，欧阳源为青年委员，关绮清为妇女委员。其后，补选丘国章为统战部部长，兼管武装工作。此时，中共河源县委归中共龙川中心县委领导，下辖蓝溪区委、能溪区委及崇伊中学支部。中共蓝溪区委，黄中强任书记，下辖：万和支部，丘象梅任书记；黄村圩支部，李作强（李奇）任书记；宁山支部，黄荣光任书记；邬洞支部，蒲卓芙任书记；欧村支部，张林任书记；板仓支部，黄义中任书记。中共能溪区委，刘成章任书记，刘瑞廷任组织委员，欧阳源任宣传委员，下辖：麦畲支部，刘火明任书记；车子围支部，邹子仪任书记；儒步支部，欧阳连任书记；叶潭支部，刘瑞廷兼任书记；山下支部，邹石连任书记。崇伊中学支部，欧阳裕任书记。

9月，因黄慈宽调离河源，中共河源县委再次调整。由蔡子培任书记，张华基任组织部部长，黄中强任宣传部部长，丘国章任统战部部长（兼管武装工作），关绮清③为妇女委员。原直属中

---

① 黄慈宽，广东龙川人。1938年加入中国共产党。历任中共龙川中心支部书记、中共龙川县委书记、中共龙川县委组织部部长。1939年后，历任中共龙川县委书记、中共龙川中心县委宣传部部长、中共河源县委书记、中共博罗县委书记，东江纵队政治部统战科长。1947年8月，在香港病逝，年仅33岁。

② 蔡子培，广东东莞人。1938年加入中国共产党。1939年起，历任东宝惠边人民抗日游击大队大队长，中共河源县委书记、特派员，东江纵队第二支队第二大队大队长，中共路东县委常委、武装部部长，路东行政委员会委员兼军事科长。

③ 关绮清，又名素文、若茜。祖籍广东南海，出生于广州。1938年赴延安陕北公学学习，同年加入中国共产党。1939年参加东区服务队工作，1940年任中共河源县委委员。1943年5月23日，被国民党蓝溪乡巡官张家超杀害，年仅29岁。

共东江特委的船塘区委划归中共河源县委统一领导。中共河源县委迁驻叶潭儒步。此时，中共河源县委下辖蓝溪区委、能溪区委、柳城区委、船塘区委和崇伊中学支部，共有党员300多人。中共蓝溪区委，张余元任书记，蒲卓芙任组织委员；中共能溪区委，刘成章任书记，刘瑞廷任组织委员，欧阳源任宣传委员；中共柳城区委，张泽周任书记，刘滋宏为委员；中共船塘区委，张其初任书记，黄凤珍任组织委员，卓扬①任宣传委员，欧阳涛、欧阳梧、欧阳潭、欧阳年为委员。

在整顿和审查干部工作过程中，中共河源县组织按照中共广东省委的指示和东江特委的统一部署，既克服了"右"的倾向，又防止了"左"的做法，达到了从思想上、政治上和组织上巩固党的目的，加强了党的团结和组织纪律性，坚定了抗战必胜的信念，做好了应付可能出现的复杂、突变形势的思想准备。从而使党组织进一步纯洁和健全起来，以坚定不移的信念和抗战必胜的信心，战胜由于形势突变接踵而来的困难。

## 二、中共后东特委的建立及其在东源的活动

国民党顽固派发动的第一次反共高潮被打退之后，不但没有停止反共反人民的行动，反而变本加厉地在中国共产党领导下的敌后抗日根据地不断挑起事端，制造摩擦事件，在国民党统治区内也加紧限共、防共和反共的行动部署。因而，在国民党统治区内的中共组织随时都有遭受破坏的可能性。为保证在中共中央南

---

① 卓扬，又名余明光，广东大埔人。1938年在延安参加中国共产党。历任广东青年抗日先锋队增城队队长，中共五华县委宣传部部长、特派员，中共后东特委委员兼紫五龙河边工委书记，东江第二支队第二团政治委员等职。

方局一旦遭受破坏时，南方党的工作仍能正常有领导地进行，1940 年 11 月，中共中央决定在南方局之下，设立中共西南工作委员会和中共南方工作委员会（简称"南方工委"）。南方工委由方方任书记，张文彬任副书记，负责领导广东、广西、江西和闽西、闽南、潮、梅、湘南等地党组织。在南方工委成立的同时，决定撤销中共广东省委，设立中共粤北省委和中共粤南省委。

1940 年 12 月，中共粤北省委成立，由李大林任书记，饶卫华、黄康、尹林平等为委员，东江特委、前东特委等党组织属粤北省委领导。在此之前，中共广东省委决定在东江地区设立中共东江前方特别委员会（简称"中共前东特委"）和中共东江后方特别委员会（简称"中共后东特委"）。8 月间，中共前东特委成立。中共东江特委书记尹林平已往前东特委任书记，其他领导成员也多数它调。中共东江特委领导机关虽然暂时保留，但机构很不健全。中共粤北省委成立后，决定撤销东江特委，并派中共西江特委副书记兼宣传部部长梁威林到东江上游地区组建中共后东特委。

1941 年 2 月，梁威林奉命从韶关抵达老隆，正式成立中共后东特委，由梁威林任书记，张直心任组织部部长，饶璜湘任宣传部部长，李汉兴任青年部部长，陈婉璁任妇委主任（8 月，由徐英接任）。下辖中共龙川县委，黄韬任书记；中共紫金县委，刘春乾任书记；中共和平县委，曾源任书记；中共连平县工委，张仁安①任书记；中共河源县委，蔡子培任书记；中共五华县委，

---

① 张仁安，别名张民宪、张漫天，广东龙川人。1938 年加入中国共产党。1939 年后，历任东江华侨回乡服务团博罗队分队长，中共连平县工委书记，中共新丰县特派员。1942 年调入广东人民抗日游击总队工作。1944 年被捕入狱。1945 年 1 月在韶关监狱越狱未成，后被折磨致死。

余进文（余丁运）任书记；中共新丰县工委，周宝时任书记（5月，张仁安接任）。

中共后东特委成立前，中共粤北省委就一再强调，要按照中共中央的指示，在国民党统治区域，认真贯彻"隐蔽精干，长期埋伏，积蓄力量，以待时机"的方针，"在有理、有利、有节的原则下，利用国民党一切可以利用的法律、命令和社会习惯所许可的范围，稳扎稳打地进行斗争和积蓄力量"①。同时，要对党员干部，加强党的理论、信念、纪律、保密和革命气节教育，整顿党的组织，教育和提高党员的政治思想觉悟、阶级觉悟，以对付突然事件的发生。中共后东特委成立时，正值"皖南事变"发生不久，国民党顽固派发动的第二次反共高潮达到顶峰时期。中共后东特委除及时向各级党组织传达中共中央关于《打退第二次反共高潮后的时局》等指示外，同时认真贯彻党在国民党统治区域的工作方针，通过举办各种类型的训练班进行反复认真地学习。中共后东特委迁至河源黄村后，先后在五华大田、河源黄村文秀塘、龙川黎嘴、登云、南拔寮等地举办学习班，县委、区委以上的干部和青年运动干部都参加过学习。特委主要领导人梁威林、饶璜湘等分别授课，学习的主要内容有马克思主义理论，党在国民党统治区域的工作方针，组织纪律，保密工作和革命气节教育，先后培训干部100多人。中共河源县委及各区委也根据实际，分别举办了党员培训班、妇女干部培训班和青年干部训练班，培训了30多名县、区干部，使河源党组织在复杂的斗争中，提高了警惕性，适应形势，巩固组织，不遭受破坏损失。

为巩固党的组织，中共后东特委成立不久，就对没有经过整

---

① 毛泽东：《放手发展抗日力量，抵抗反共顽固派的进攻》（1940年5月4日），《毛泽东选集》第二卷，人民出版社1991年版，第756页。

顿、审查的党组织进行了认真的整顿和审查。船塘党组织在发展党员方面，急于求成，没有经过严格审查和考察，有"拉夫式"现象，只几个月时间，党员人数从100多人发展到200多人。中共后东特委了解情况后，由特委书记梁威林和中共河源县委组织部部长张华基主持，对船塘区党组织进行全面整顿和严格审查，对党员进行了马克思主义理论、信念教育、阶级教育和纪律教育。根据审查的结果，对合格的党员给予重新登记；需要继续考察的，改为候补党员；不符合党员条件的则秘密放弃，但不公开除名。通过整顿，船塘区党员人数从200多减到100多人，并撤销了中共船塘区委，重新建立中共船塘中心支部，由张志雄（黄川、黄汉基）任书记，欧阳年、欧阳涛、欧阳培、欧阳朋为委员，从而提高了党员的素质，纯洁、巩固了组织。其后不久，重新恢复了中共船塘区委。船塘党组织整顿之后，其他一些县、区的党组织也重新进行了整顿。通过整顿，后东地区的党员由1100多人减少到800多人。

根据中共中央关于"缩小各级领导机关至短小精干的程度"的指示①，中共后东特委将所属县级党组织的管辖范围缩小，各县领导干部人数减少。中共河源县委划分成河源县委（辖河东地区党组织）和河西县委（辖河西地区党组织）。中共河源县委，由黄中强任书记，黄韬（黄海清）任组织部部长，江尚尧（薛弼珊）任宣传部部长。中共河源县委迁驻黄村文秀塘，下辖：中共能溪区委，欧阳裕任书记，欧阳连任组织委员，刘火明任宣传委员；中共蓝溪区委，姚玉珍任书记，张林、黄义中为委员；崇伊

<hr/>

① 南方局党史资料征集小组编，《关于时局逆转与党的应付措施给粤委的指示》（1940年4月1日），《南方局党史资料》第2册，重庆出版社1990年版，第17—18页。

中学支部，刘冠任书记。此时，中共后东特委将紫金县中坝的党组织划归河源县委，河源县泥金的党组织则划归紫金县委。中共河西县委，由李福民（李妙君）任书记，章平①任组织部部长，黄兰任宣传部部长。中共河西县委驻三河流洞，下辖：中共上莞区委，刘明章为负责人，章中（张宗辉）、张万祥为委员；中共三河区委，丘国才任书记；中共畲寮区委，欧阳秋任书记；中共新寨区委，欧阳年任书记；中共老围区委，欧阳培任书记。

河源、河西分设县委后，中共河源县委先后在儒步、半径、叶潭、琏石举办了多期区委、支部干部训练班，学习内容主要有《论持久战》、统一战线、游击战战略战术及党的理论知识等。黄中强还编写了通俗易懂的《支部工作纲领歌》，歌词为："无产阶级受压迫，最有纪律最团结，进行革命最彻底，能破坏来能建设。"中共河西县委也在漂湖举办了多期区委、支部书记训练班，提高了干部政治思想觉悟，增强了革命的斗志。

由于"皖南事变"之后，国民党顽固派在全国掀起第二次反共高潮，抗日民族统一战线面临前所未有的严重形势。国民党顽固派制造许多反共事件。广东党组织的活动，特别是在国民党统治区域的活动，困难重重，随时都有遭受破坏的危险。周恩来在南方局的多次会议上反复强调，要认真贯彻"隐蔽精干，长期埋伏，积蓄力量，以待时机"的方针，要求转变组织领导形式和工作方式方法，严格秘密工作制度。据此，中共后东特委的各级组织于 12 月间取消委员制，全面实行特派员制；并规定，党组织实

---

① 章平，原名张祥镇，又名张帆川，广东和平人。1938 年加入中国共产党。历任中共龙川老隆区委书记，中共河西县委组织部部长、特派员，东江纵队政治部组织科科长、直属总支书记，江北人民自卫总队政治特派员，粤赣湘边纵队东江第二支队第三团政治处主任等职。

行特派员制后，严格执行保密工作制度，党组织之间和个人之间不发生任何横的关系，采取单线联系的方式，进行和开展党组织的工作。中共后东特委以梁威林为特派员，饶璜湘为副特派员。特委所辖各特派员：蔡子培为龙川县特派员，郑群为紫金县特派员，钟俊贤①为和平县特派员，黄中强为和东县特派员，余进文为连平县特派员，卓扬、李政寰先后为五华县特派员，张国强为新丰县特派员，黄韬、江尚尧为河源县正、副特派员，章平、郑重文为河西县正、副特派员。河源县的能溪区，欧阳裕为特派员，欧阳连为副特派员；蓝溪区，张林为特派员，黄义中为副特派员。河西县的上莞区，程光为特派员；三河区，丘亚统为特派员（后章中），丘婵英为副特派员；畲寮区，欧阳秋为特派员；新寨区，欧阳万为特派员；老围区，欧阳其昌（后为欧阳汝）为特派员。

1942 年 1 月后，虽然后东地区党组织实行特派员制，但党的组织活动仍然照常开展。1942 年春，由于国民党滥发钞票，造成货币贬值，物价飞涨，适逢当年奇旱，赤地千里，农作物大部失收，人民群众绝大多数绝粮断炊，生活处于水深火热之中。此时，河西党组织先后在上莞、船塘、三河等地组织发动群众，开展减租减息运动。5 月间，上莞区特派员程光及共产党员陈志英、田裕民、陈少卿、陈柏祥等秘密召开会议商定，以抗日救国和实行孙中山"三民主义"为口号，发动群众成立上莞乡农民救国会，以陈志英为会长，并公开举行声势浩大的成立大会。经宣传发动，上莞乡农民抗日救国会很快发展到 1000 多人。

---

① 钟俊贤，广东五华人。1939 年加入中国共产党。历任中共区委书记，和平县特派员，中共后东特委副特派员、组织部部长、特派员，中共九连工委常委兼河东分工委书记，中共九连地委副书记、书记，粤赣边支队司令员，粤赣湘边纵队东江第二支队政治委员等职。

从"粤北省委事件"发生到1944年冬全面恢复党组织活动，河源县党组织始终执行"十六字"方针，实行"三勤""三化"活动，以各种形式隐蔽在国民党统治区域，党组织和绝大多数党员始终保持着联系，使党的组织不散，人员不乱，保存和积蓄了革命力量。而进入惠（阳）东（莞）宝（安）等地抗日游击队的党员干部，在抗日前线参加敌后抗日游击战争，在战场上经受了战火的洗礼和考验，大都成为敌后抗日武装斗争的骨干。由河源县党组织撤往广东人民抗日游击总队港九大队的丘国章，在敌后游击战争中，为国捐躯，英勇牺牲。

# 第四节 抗日战争的最后胜利

## 一、抗战形势的转变及黄村会议的召开

1943 年，世界反法西斯战争的形势发生了根本变化。反法西斯同盟国由战略防御转入战略进攻，德、意、日法西斯联盟开始瓦解，欧洲战场的反法西斯战争已经处于决战的前夜。与此同时，中国共产党领导的敌后解放区战场开始摆脱严重的困难局面，恢复和扩大根据地，进一步加强对敌斗争，取得了伟大的胜利。在广东，广东人民抗日游击总队经过一年的浴血奋战，先后粉碎了日军对惠（阳）东（莞）宝（安）沿海地区的围攻、"扫荡"和"清乡"，对日、伪军的作战取得了很大的胜利，惠东宝抗日根据地进一步巩固和发展。12 月 2 日，广东人民抗日游击队东江纵队宣告成立。东江纵队的成立，标志着广东人民抗日武装力量从无到有，从小到大，由弱到强，已经成为华南抗战的中坚力量和中流砥柱。东江纵队的成立，对东江抗日根据地的军民是一个很大的鼓舞，它促进了东江人民抗日武装力量的发展和壮大，有力地推动了东江敌后抗日游击战争的进一步开展。

1944 年，世界反法西斯战争形势更加迅猛发展，日本法西斯在太平洋战场的败局已定，德日法西斯已经面临覆没的命运。

日本侵略者在处境愈来愈困难的情况下，为了援救其入侵南洋的孤军，打通从中国通往东南亚的大陆交通线，发动了豫湘桂

战役。国民党军无法抵抗日军的进攻，出现了正面战场大溃败的局面，致使河南、湖南、广东、广西、福建等省大部失陷。

与国民党正面战场的大溃败截然不同的是，中国共产党领导的敌后战场，从1944年开始进行局部反击，华北、华中和华南各解放区战场取得了很大的胜利，解放人口1700多万，进一步扩大了解放区，开辟和恢复了根据地，迫使日军在解放区战场处于战略守势。

在东江敌后战场，东江纵队度过了艰苦的1943年，广泛开展敌后游击战争，在广九铁路两侧、东（莞）宝（安）敌后、惠（阳）宝（安）沿海、增（城）龙（门）博（罗）敌后及广州外围、（香）港九（龙）敌后及大鹏湾、大亚湾海域，积极出击，不断取得胜利，抗日根据地和游击区日益扩大。

不断扩大的抗日根据地和解放区，形成了对日军占领的许多中心城市、交通线和海岸线的包围。中国共产党领导的敌后军民的局部反攻，在战略上对国民党正面战场和英美盟军的对日作战，起到了重大的配合作用，同时也为对日军全面反攻、争取抗日战争的最后胜利准备了重要的条件。

1944年7月15日，中共中央军委致电东江纵队和琼崖纵队指出："自广州沦陷，迄今六年，你们全体指战员在华南沦陷区组织和发展了敌后抗战的人民军队和民主政权，至今天已经成为广东人民解放的旗帜，使我党在华南政治影响和作用日益提高，并成为敌后三大战场之一。"根据中共中央的指示和战略部署，全面发展广东的敌后游击战争，1944年8月，东江军政委员会在大鹏湾的土洋村召开会议。东江军政委员会会议认真讨论了中共中央军委的指示和战略部署，分析了广东敌后游击战争的形势，作出《关于今后工作的决议》。《决议》就根据地、游击地区的发展，游击战战略方针，武装队伍的组建，部队政治思想建设、抗日民主政权的巩固和发展，统一战线工作等问题作出了重要决定。

土洋会议的召开，对加强党的建设、军队建设和抗日根据地建设，全面发展广东敌后游击战争，具有重要的战略意义。它是广东人民抗日武装发展的转折点，为广东人民抗日武装的全面发展确定了方向。根据土洋会议精神，东江纵队的主要任务是在巩固和发展惠东宝抗日根据地的基础上，集中主力向北挺进，创建东江、北江间的抗日根据地，同时积极组织力量向东发展，创建东江、韩江间的抗日根据地，全面发展东江敌后抗日游击战争。

从"粤北省委事件"后，在国民党统治区域的中共组织停止组织活动已经两年时间。为了适应形势的变化，从广东省面临全面沦陷的形势出发，中共广东省临委于 10 月间在大鹏湾召开会议。会议讨论了自"粤北省委事件"后，广东党组织执行"隐蔽精干，长期埋伏，积蓄力量，以待时机"方针以来全省党组织的基本情况。会议认为："粤北省委事件"后，广东党组织坚决执行了中共中央关于"荫蔽待机"的方针，及时撤退了暴露身份的党员干部，保存了组织，积蓄了力量。停止组织生活后的党员"勤学、勤业、勤交友"，做到"职业化、社会化、合法化"，丰富了社会工作经验，增强了独立工作能力，为党组织活动的恢复和党的发展打下基础。但党的组织停止活动以来，党的发展和党的工作受到相当程度的影响，与整个抗战形势和广东局势的大变化不相适应。为使广东党组织更好地领导全省的抗日游击战争，肩负起争取华南抗日胜利的责任，中共广东省临委会议作出全面恢复党的组织活动，恢复健全和重新建立各级党组织机构的决议。决定除国民党统治区仍坚持"隐蔽待机"方针，只加强联系及进行阶级教育，并准备在可能被日军占领的地方布置新的工作任务外，其他新旧沦陷区及广州、香港均恢复组织活动。① 而在恢复各级党组织的活动中，针对不同地区的情况，采取不同方式：在根据地，采取党、政、军联席会议的方式，统一工作步骤；在仍为国民党统治地区，则做好恢复组织生活的准备工作；新开辟的地区，由于力量尚小，部分党员仍应保持秘密状态，准备应付敌人及国民党的可能进攻。②

8 月，根据中共广东省临委关于开展整风学习、研究政策、训练干部的决定，中共后东特委在大鹏半岛西贡举办整风学习班。参加整风学习班的有特委成员和各县委负责人梁威林、饶璜湘、钟俊贤、黄中强、刘春权、黄华明、骆冠宙（刘奇）、邓基、黄韬、郑重文、程光、钟应时③、梁泗源、陈宽等 22 人。梁威林、饶璜湘主持，钟俊贤为班主任。整风学习班按照延安整风学习运动方法和步骤进行，以整顿学风、党风、文风、改造工作、改造学习、团结干部、团结全党为目的，要求党员干部通过认真学习中共中央规定的整风文件，发扬民主，抱着"惩前毖后，治病救人""实事求是，与人为善"的态度，开展批评和自我批评，进行思想斗争，纠正不良作风，树立正确的革命观念，加强党性教育。整风学习特别强调要以批评和自我批评为武器，通过思想斗

---

① 《中共广东省临委给恩来及中央电（临委会决议）》（1944 年 10 月 23 日），广东省档案馆藏。

② 《中共广东省临委给恩来并中央电（关于开展广东工作的决议）》（1945 年 2 月 10 日），广东省档案馆藏。

③ 钟应时，广东五华人。1938 年参加中国共产党。历任中共五华县委委员、青年部部长、青委书记，中共连平县工委委员，中共五华县特派员，中共后东特委电台台长，中共连和县委书记，中共河东分工委委员，东江第二支队政治部组织科科长。

争，改造全党，改造工作，同时改造自己，提高全党的思想水平。① 此外，在整风学习班上，还学习了中共广东省临委、东江军政委员会土洋会议作出的《关于今后工作的决议》和以中共广东省委名义发表的《宣言》，认真领会中共广东省临委关于全面开展广东敌后抗日武装斗争和全面恢复党组织活动的指示精神。通过整风学习，后东地区党组织的主要党员骨干进一步克服了主观主义、宗派主义和党八股，进一步发扬实事求是、理论联系实际的学风，增强了党性，加强了团结；通过审查干部，纯洁了组织，提高了党组织的战斗力，使后东地区党组织在抗日战争中，真正起到先锋战士和中流砥柱的作用。

1945 年 2 月 16 日，为了贯彻中共广东省临委关于恢复党组织和开展抗日武装斗争的指示精神，中共后东特委在河源黄村文秀塘召开会议。梁威林、钟俊贤、郑群、黄中强、卓扬等出席会议，会议着重研究了恢复党组织活动、组织后东地区抗日武装等问题。会议决定，中共后东特委仍然实行特派员制，以梁威林为特派员，钟俊贤为组织干事、郑群为武装干事、黄中强为宣传干事，卓扬为秘书。中共后东特委会议结束后，接着又在文秀塘召开后东地区各县区党组织负责人会议。会议传达了中共广东省临委会议精神，各县区检查汇报了自"粤北省委事件"以来，各县、区的党员在隐蔽时期的表现情况，认清了斗争形势，明确了恢复党组织活动和开展抗日武装斗争的任务，为配合东江纵队向东发展，开辟东江、韩江间的抗日根据地奠定思想基础。会议之后，中共后东特委所属各县也恢复党组织活动。刘春权任龙川县特派员，黄华明任和平县特派员，江尚尧任河源县特派员，欧阳

---

① 黄康：《整风运动是具体的思想斗争》（1944 年 12 月），广东省档案馆藏。

梧任河西县特派员，钟应时任五华县特派员，梁泗源任新丰县特派员，郑群兼任紫金县特派员，黄韬任揭（阳）五（华）边区特派员。党组织活动恢复后，中共河源县委及各区委、支部很快与隐蔽在各地的党员取得了联系，经过审查逐步恢复了党员的组织关系，并重新开始发展党员，建立新的基层组织。1 月间，在黄村吸收黄靖（黄继泉）加入共产党，随后建立中共永新支部，由黄靖任书记。这时，由于中共后东特委的主要任务是配合东江纵队，开辟东江、韩江间的抗日根据地，河源县已恢复组织关系的大部分党员骨干都参加抗日武装斗争，所以恢复党组织的工作实际上未能全面进行。

为了加强宣传工作，中共后东特委创办特委机关报《星火报》，报社先后由黄中强、江尚尧、卓扬和周立群负责，编辑人员有李作新、张超群。报纸每期 600 多份，主要在河源、五华、龙川、和平、紫金等地散发。

## 二、东江人民武装工作总队、古岭抗日游击大队的建立及其活动

为了贯彻土洋会议精神，中共东江地方组织和东江纵队在组织力量向北推进的同时，也以相当的兵力向东发展，以实施建立东江、韩江间的抗日根据地的战略部署。从 1944 年 12 月开始，侵占汕头的日军第一三〇师团向潮汕腹地推进，揭阳、普宁、惠来等县相继失陷。1945 年 1 月，日军侵占韶关后，再次在大亚湾登陆，侵占了惠阳、海丰、陆丰等县的沿海地带，粤东沿海全面沦陷。为在敌占区开展敌后游击战争，东江纵队一方面派出部队向海丰、陆丰推进，创建初具规模的海陆丰根据地；另一方面派出部队向惠阳东部及紫金方向推进，建立以惠阳东部为中心的抗日根据地，并逐步向东发展，开辟海（丰）陆（丰）惠（阳）紫（金）五（华）地区的斗争局面，打通与潮汕方面的联系。

在实施向东发展，创建惠东和海陆丰根据地战略计划的同时，遵照中共中央"关于沿海发展亦要注意建立向北山地之基础"[①]的指示精神，中共广东省临委要求中共后东特委在大鹏半岛西贡整风学习班结束之后，立即返回后东地区，一方面恢复党组织活动，另一方面积极发动群众组建抗日武装，为配合东江、韩江抗日根据地的斗争和开辟东江上游抗日游击区的斗争打下基础。

黄中强、程光参加大鹏整风学习班回到河源黄村后，立即联系程世湖（李良）、丘石金（丘振光）、戴华、李作新（李振华）、李作坚、黄平、丘启文、张荣华、张林、张潭、张伯友、张伟、张世日、张超群、程贵、程丙坤、李松、刘冠、刘声、刘定中、梁胜、刘光、刘滋尧、叶波浪等 30 多人，成立抗日锄奸队（武工队），由程光任队长。这是中共后东特委在河源建立的第一支抗日武装小分队。

3 月，中共后东特委会议之后，特委领导成员分别在紫（金）五（华）龙（川）河（源）边境开始组建抗日武装、开辟抗日游击根据地的活动。梁威林、郑群到古竹一带活动，利用各种条件组建人民抗日武装，首先通过曾任紫金民众抗日自卫队第六大队常备队中队长、中共地下党员陈果以及中共粤北省委统战干事黎孟持筹集了十多支枪，挑选了第六大队武装骨干和地下党员张惠民、陈子如、黄建良、卢知贵等十多人，建立武工队。随后又在河源康禾吸收诸佛腾、诸日扬、诸观寿等人参加部队。因刚刚组建队伍，缺乏武装骨干力量，梁威林与东江纵队司令部取得联系，要求派遣军事干部到后东地区加强军事骨干力量。东江纵队

---

① 中央档案馆编，《中央关于华南工作方针的指示》，见《中共中央文件选集》第十五册，中共中央党校出版社 1991 年版，第 48 页。

司令部派张修①等军事骨干回到了后东地区，队伍发展到 70 多人，扩编为紫（金）河（源）人民抗日自卫大队，由陈果任大队长。

而钟俊贤、黄中强则带领由 20 多人组成的武工队到紫金中坝，与"三点会"头领温敬尧带领的 20 多人的队伍取得联系。随后，黄中强又派张荣华回到黄村，带领李松、李展、戴华、张伟、张世日、张伯友、张超群等一批党员到中坝加强武工队力量。钟俊贤、黄中强还分别到五华和龙川发动青年参加抗日武装，共组织了 70 多人。这时，东江纵队派遣张华基、魏拔群（魏刚）、钟莹②到达紫金中坝，加强后东地区的武装队伍的领导。由河源黄村组织的武装队伍，组建成河源人民抗日武装自卫大队（即"飞龙大队"），由魏拔群任大队长，程光任政治教导员；以紫金中坝温敬尧的队伍为基础，组建紫（金）五（华）人民抗日自卫大队，温敬尧任大队长。紫河人民抗日自卫大队和紫五人民抗日自卫大队建立后，在紫五河边境地区开展抗日锄奸活动，发动群众壮大武装力量，开辟抗日游击根据地。

4 月上旬，飞龙大队、紫五人民抗日自卫大队和五华县党组织派来的 10 多名党员共 80 人在紫金七星嶂举办训练班，由魏拔群授课，学习游击战战略战术和基本军事知识。通过训练，提高了指战员的政治素质和军事素质。

5 月，侵占惠州的日军，由东江溯江而上，进犯博罗、河源。6 月，梁威林、郑群接到赖德彰等情报人员的情报，日军船队将

---

① 张修，广东龙川人。1938 年加入中国共产党。1943 年参加东江人民抗日游击队。1945 年 9 月 17 日在河源蓝溪乡战斗牺牲。

② 钟莹，又名钟光汉、钟荣。广东五华人。1939 年加入中国共产党。历任中共五华县第一区委书记、中共紫五龙河边工委组织部部长、中国人民解放军两广纵队第二团宣教股股长等职。

运送军用物资从河源开往惠州。梁威林和郑群商定在东江河古竹至秀埔一带伏击日军船队。为确保伏击的胜利,梁威林通过河源蓝田地下党员与河源警备第二大队大队长叶少梅取得联系,商议共同伏击日军,叶少梅部派出100多人参加伏击行动。6月12日,梁威林、郑群率紫河人民抗日自卫大队与叶少梅部一起在蓝田秀埔河口埋伏。当日军进入伏击地点时,各路队伍发起攻击,激战一昼夜,将日军击溃,毙敌6人,伤敌7人,缴获机枪2挺,冲锋枪4支,步枪7支,手榴弹40余颗,橡皮艇1艘,取得战斗的胜利。

为了集中兵力更加有效地打击敌人,中共后东特委决定将飞龙大队、紫河人民抗日自卫大队、紫五人民抗日自卫大队合编成立东江人民武装工作总队(简称"武工总队")①。6月14日,东江人民武装工作总队正式成立,由郑群任总队长,梁威林任政治委员,黄中强负责部队的思想政治工作,武工总队代号为飞龙队。

武工总队成立后,分4个小分队开展活动。由程光带一个小分队在黄村地区活动,温敬尧带一个小分队在中坝地区活动,陈果带一个小分队在紫金活动,张惠民带一个小分队随武工总队到紫(金)河(源)边区活动。

7月,武工总队袭击了惠淡守备区指挥部总指挥宋士台的秘书、泥金乡的土豪劣绅黄行可。黄行可是埔前泥金人,一贯思想反动,仇视共产党和进步人士。抗先队到泥金活动时,他就迫害过抗先队队员,破坏抗日救亡工作。1945年,黄行可任宋士台的秘书后,气焰更为嚣张,亲自杀害武工队队员家属。为除去武工总队在泥金、古竹一带活动的障碍,7月9日武工总队派队员黄

---

① 《郑群关于后东武装斗争的总结意见》(1947年8月18日),广东省档案馆藏。

建良、李展、陈日章、诸日扬、丘振光等人前往泥金，当即将黄行可击毙，缴获步枪 3 支。10 日，惠淡守备区指挥部派出一个连兵力，企图剿灭武工总队，破坏中共党组织，将抗先队队员家属 30 余人扣押。

8 月，武工总队袭击了紫金埔尾乡公所及乡长钟育文住宅，缴获长短枪 10 多支。

9 月，武工总队组织突击队袭击蓝溪乡公所、警察所，击毙警察所巡官张家超。张家超一贯极端反动，是下令枪杀"饥饿团"民众、制造黄村"四一七"惨案的罪魁祸首，也是武工总队开展活动一大障碍。9 月 17 日，梁威林、郑群亲自部署袭击蓝溪警察所和乡公所的战斗。从武工总队中，挑选张修、钟良、张伯友、叶波浪、诸佛腾、刘冠、黄建良、诸日扬、诸法增、诸观寿等 13 人，组成两个战斗小组，一个小组由钟良带领，负责袭击警察所；另一个小组由张修带领袭击乡公所。袭击警察所的战斗小组，动作神速，将张家超当场击毙。而袭击乡公所的战斗小组，因遇敌岗哨拦截，未能将乡长李贯英抓获。行动中张伯友和张修中弹，不幸牺牲。

袭击蓝溪乡公所后，武工总队又于 10 月 17 日，由程光带领刘冠、戴华、叶波浪、李松、李展、诸观寿等人在叶潭圩将国民党河源县第九区联防队队长黄惠史击毙。

武工总队在紫河边一带的活动，有力地打击破坏抗日的反动分子，极大地鼓舞了人民群众，为武装队伍的发展壮大打下了群众基础。

在河西地区，党组织活动停止之后，地方党员在分散隐蔽期间，采取不同方式开展活动，利用国民党当局的名义，建立抗日自卫武装。三河地区的共产党以"国民兵团"的名义，组织三河抗日自卫队。争取三河乡公所的支持，由乡公所提供训练经费，按保甲建制，由各保各村公尝摊派出资，购买步枪 30 支。抗日自卫队共有队员 40 人，其中有共产党员张焕光、丘裕观、叶月照、叶东生、叶腾林、张裕泉等 9 人，张焕光任队长。抗日自卫队成立后，进行了为期 40 天的军事训练。河西黄沙乡的地方党员，也组织了黄沙抗日自卫队，共产党员廖哲华任队长、廖步祥任副队长，筹集各类枪支 30 余支，并进行了 15 天的军事训练。这些以地方党员为骨干组织起来的抗日民众自卫武装，大都成为解放战争时期的游击队军事骨干。

根据土洋会议关于"首先应创立罗浮山以北，翁源以南，东江、北江间的根据地"的战略部署，从 1944 年夏秋开始，东江纵队就全面实施建立以罗浮山为中心的抗日根据地的战略行动。7 月间，东江纵队抽调兵力组建独立第三大队，活动于增城、龙门、博罗三县边境地区，与独立第二大队协同作战，为开辟罗浮山抗日根据地扫清道路。其后，又组织北上抗日先遣队，从东江向北江地区挺进，相机打开北江地区斗争局面，为东江纵队后续部队挺进罗浮山创造条件。1945 年 1 月，东江纵队副司令员兼参谋长王作尧①率领第三大队一部渡过东江，进入罗浮山东南地区，并指挥先期进入罗浮山西南侧的部队控制东江两岸地区，为东江纵队领导机关和主力部队横渡东江，进入罗浮山区做准备。2 月，

---

① 王作尧，广东东莞人。1934 年毕业于广州燕塘军校。1936 年加入中国共产党。1938 年任中共东莞中心县委宣传部部长兼武装部部长、东莞县抗日模范壮丁队队长。1939 年任东宝惠边人民抗日游击大队大队长。1940 年任广东人民抗日游击队第五大队大队长。1942 年任广东人民抗日游击总队副总队长兼参谋长。1943 年任广东人民抗日游击队东江纵队副司令员兼参谋长。

王作尧、杨康华①率领北江支队、西北支队、第五大队进入罗浮山以东的横河、公庄、柏塘、桔子、平陵活动。随后，东江纵队第五支队派张英②率领一个中队到平陵古岭活动，进驻李洞村，拟以平陵古岭为中心，开辟新的游击基地。这时，曾于1943年组织过农民自卫队反抗国民党当局征兵征粮，并接受过共产党抗日救国政治主张影响、教育的古岭进步青年钟锦秀③和杨伯贤主动与张英联系，介绍他们过去组织农民自卫队打击欺压百姓的国民党回龙区长钟达如的情况，要求东江纵队在古岭组织抗日武装队伍。经请示东江纵队政治部主任杨康华批准，3月26日，古岭抗日游击大队在李洞口松园岭宣告成立，由钟锦秀任大队长，杨伯贤任副大队长，下设6个中队。

　　古岭抗日游击大队成立的当天，获悉国民党龙门县新任县长由一个班的兵力护送，由河源经古岭到龙门上任，当晚住在古岭圩。古岭抗日游击大队立即作出伏击龙门县长的决定。当晚，钟锦秀和杨伯贤带领东江纵队两位战士前往沙子水侦察。3月27日凌晨，副中队长张其伟、副指导员徐懋元带领队伍到沙子水埋伏。上午10时，龙门县县长一行进入伏击圈。张其伟一声令下，东江

---

　　①　杨康华，原名虞焕章。祖籍浙江会稽，出生于广州。1936年加入中国共产党。1938年起任中共广州市委常委、宣传部部长，中共东南特委宣传部部长。1940年任中共香港市委书记。1942年任广东人民抗日游击总队副政治委员兼政治部主任。1943年任广东人民抗日游击队东江纵队政治部主任。

　　②　张英，广东梅县人。1938年加入中国共产党。历任中共梅县城区区委组织委员，中共福建省武平县区委书记，梅县松源区委书记、特派员。1944年任东江纵队独立第三大队教导员、古岭独立大队政治教导员、独立第一大队政治委员等职。

　　③　钟锦秀，河源古岭人。1945年参加东江纵队，任古岭独立大队长。1948年6月被捕杀害。

纵队战士发起攻击。仅半个钟头，敌机枪手被击毙，龙门县政府秘书被击伤，其余官兵全部被俘获，缴获机枪1挺，步枪7支。龙门县县长只身逃脱。战斗结束后，钟锦秀率队返回松园岭途经古岭圩时，又缴获乡丁和征粮处4支步枪。

3月28日，在张英的指导下，建立古岭乡抗日民主政府，并成立古岭乡农民协会。其后，进一步发动群众参加抗日武装队伍。群众欢欣鼓舞，青年踊跃报名参军，古岭抗日游击大队很快就发展到400多人，拥有各类枪支80余支。古岭乡抗日民主政府成立后，打开国民党古岭乡地税谷仓，将粮食全部发放给贫苦农民。古岭乡抗日民主政府深得人民群众的拥护。

4月4日，国民党河源县长马克珊获悉古岭乡抗日民主政府和古岭抗日游击大队成立后，率河源守备教导团300多人，分三路向古岭进攻。钟锦秀率领古岭抗日游击大队与张其伟中队密切配合，占据有利地形，坚决出击来犯之敌。与敌激战竟日，迫敌退回古岭圩。4月5日，马克珊再次率部向古岭抗日游击大队进攻。钟锦秀按照张英的部署，采取"敌进我退，敌驻我扰"的方针，与敌周旋，敌人处处扑空。古岭抗日游击大队避敌锋芒，撤到博罗横河。4月6日，国民党军不知古岭抗日游击大队去向，遂到李洞进行大肆抢掠，放火烧了钟锦秀的房屋，将杨伯贤开设的永生堂药店洗劫一空。同时，张贴布告，悬赏通缉钟锦秀和杨伯贤。

古岭抗日游击大队到达横河后，被编为东江纵队古岭独立大队，由东江纵队独立第一大队（又称何通大队）代管，东江纵队独立第一大队政治委员张英兼任古岭独立大队政治教导员。古岭独立大队在横河进行了整训，参加了黄竹坜的减租减息斗争。

5月，钟锦秀率部随东江纵队独立第一大队返回古岭。国民党河源县县长马克珊闻讯，再次率领教导团500多人，分三路向古岭进犯。在大队长何通①的指挥下，古岭独立大队在李洞与敌激战一天，打退国民党军的多次进攻。由于敌众我寡，古岭独立大队边打边退，撤至平陵黄陂一带时，又与日军遭遇，受到日军炮火威胁。何通、张英指挥部队撤出阵地，使日军与国民党军相互厮杀。其后，何通率部转移到公庄白沙岗，返回横河。

5 月下旬，日军侵占河源城，国民党军弃城逃窜，马克珊部退到锡场水口一带。不久，何通率队突袭古岭乡公所，一枪未发，即将乡长谢静轩和自卫队队员 30 余人全部俘获，缴获步枪 20 余支。

6 月，中共中央军委派王震、王首道率八路军三五九旅南下支队向五岭地区挺进。为迎接八路军南下支队，东江纵队司令部命令独立第一大队和古岭独立大队组成北上先遣队，由何通率领，挺进粤北地区。部队经新丰、翁源、黄岜与北江支队取得联系，在黄岜、翁源、始兴、曲江一带活动。不久，王作尧、杨康华率部北上，渡过浈江，北上先遣队由李东明②率领，立即北上与大部队会合。在途中遭国民党第一八七师阻击，部队被迫进入大瑶山，摆脱国民党的进攻。此时，部队粮食短缺，与外界失去联系，处境相当困难。为摆脱被动局面，李东明等领导人决定，由钟锦秀带领古岭独立大队 30 余人返回古岭坚持斗争。

---

①　何通，广东东莞人。1938 年 10 月参加抗日游击队。1940 年加入中国共产党。历任小队政治服务员、中队副政治指导员、政治指导员，独立第三中队中队长，独立第一大队副大队长、大队长。

②　李东明，广东梅县人。1937 年加入中国共产党。历任中共梅县临工委书记、闽西南红军政治部宣传科科长、新四军第二支队政治教育科科长、新四军政治部教育科科长。1942 年后，历任广东人民抗日游击总队政治部副主任、惠阳大队政治委员、东江抗日军政干校政治委员、东江纵队北江支队政治委员等职。

### 三、抗日战争的最后胜利

为了贯彻中国共产党第七次全国代表大会精神和中共中央关于华南战略方针的指示，创建强大而巩固的抗日根据地，建立新的统一的广东党组织的领导机构，1945 年 7 月 6 日至 22 日，中共广东省临委在博罗县罗浮山召开扩大干部会议。会议总结自抗日战争全面爆发以来广东省党组织的工作经验与教训，建立广东党组织的统一领导机构，成立以尹林平为书记的中共广东区委员会（简称"广东区党委"），提出了广东党组织在解放区、敌占区、国民党统治区的工作方针与任务。会议号召全体党员发扬民主精神，改变领导作风和工作作风，依靠人民群众，加强团结，同心协力，建立进退有据的战略根据地，使之成为"华南敌后战斗的中心"，成为"粉碎全国内战的一翼"①。这次会议，明确了抗战即将夺取最后胜利阶段的斗争方针和任务，为迅速打开新的局面，夺取抗日战争的最后胜利奠定了基础。

这时，世界反法西斯战争迅速向胜利方向发展，苏、美、英盟军在欧洲取得彻底战胜德、意法西斯的伟大胜利。德国法西斯的最后覆灭，使日本法西斯陷入完全孤立的境地，美军在太平洋上对日作战的成功，中国军队的夏季攻势，加速了日本帝国主义末日的到来。1945 年 7 月 26 日，中、美、英三国发表《波茨坦

---

① 《广东区党委给中央电——关于广东区党委第一次代表大会决议内容》（1945 年 7 月 31 日），广东省档案馆藏。

公告》①，敦促日本无条件投降。8 月 8 日，苏联发表对日作战宣言，苏联军队从东、西、北三面进入中国东北地区，向日本的战略后备队关东军大举进攻，加速日本法西斯的覆灭，缩短了中国抗日战争和世界反法西斯战争最后胜利的进程。

在中国战场上，八路军和新四军根据中共中央的指示方针，对日、伪军发动大规模的夏季攻势，取得重大的胜利，为转入全面反攻创造重要有利条件。8 月 9 日和 10 日，毛泽东和中共中央先后发出指示，号召"中国人民的一切抗日力量应举行全国规模的反攻，密切而有效地配合苏联及其他同盟国作战。八路军、新四军及其他人民军队，应在一切可能条件下，对于一切不愿投降的侵略者及走狗实行广泛的进攻"②。中共中央发出提示，要求迅速扩大解放区，壮大人民军队，并须准备于日本投降时能迅速占领所有被人民军队包围和力所能及的大小城市。

8 月 10 日，日本政府向盟国发出乞降照会，而日本大本营仍命令各地日军坚持继续作战。为歼灭顽抗的日本侵略者，10 日 24 时至 11 日 8 时，朱德总司令发出立即受降和对日展开全面反攻的七道命令，要求各解放区抗日武装部队向其附近日、伪军发出通牒，限他们在一定时间内向人民军队缴械；如遇日、伪武装部队拒绝投降缴械，即应予以坚决消灭。

---

① 《波茨坦公告》，全称《中英美三国促令日本投降之波茨坦公告》。亦称《波茨坦宣言》。中、美、英三国于 1945 年 7 月 26 日在波茨坦会议过程中发表。苏联于 8 月 8 日加入。主要内容：盟国对日作战，直到日本停止抵抗为止；日本政府应立即宣布无条件投降；《开罗宣言》的条件必须实施；日本军队要完全解除武装，日本军国主义必须永久铲除；日本战犯将交付审判，阻止日本人民民主的所有障碍必须消除；不准日本保有可供重新武装的工业等。

② 毛泽东：《对日寇的最后一战》（1945 年 8 月 9 日），《毛泽东选集》第三卷，人民出版社 1991 年版，第 1119 页。

根据中共中央和延安总部的指示和命令，曾生①、尹林平、王作尧、杨康华于 8 月 11 日，向东江纵队各部队发布紧急命令，要求"各部队长应立即坚决执行此项命令，动员全体军民，开入附近敌占据点，解除日伪武装，维持治安，镇压土匪特务破坏活动，保护人民生命财产，千金一刻，不得稍有疏忽"。②

东江纵队各支队、大队遵照广东区党委和纵队司令部的命令，立即进行紧急动员，集结主力，全线出击，向东江两岸、广九铁路、广汕公路两侧和沿海的敌伪据点推进。在广九铁路和路东区，第一支队和第二支队相互配合，收复重镇深圳和常平、沙头角等地，使广九线中段和路东区除石龙、樟木头、淡水之外，全部获得解放，路东和路西区连成一片。

在惠阳东部地区，第七支队和第六支队，在东江人民武装工作总队的协同配合下，解放和控制了海陆丰以北，从惠东高潭、陆丰黄羌和新田，直到紫金龙窝、九和、中坝和五华县华阳、安流等地。

据不完全统计，东江纵队在向日、伪军进攻中，共歼伪军 1 个营、3 个连和 1 个排，日军 1 个小队；伪军 1 个营、7 个连，日军 171 人被迫投降；收缴各种火炮 12 门，轻重机枪 74 挺，长短枪 2441 支。先后解放了宝安和深圳沙头角、西乡、横岗、宵边、厚街、大朗、寮埗、平湖、塘厦、横沥、龙岗、白花、稔山、平海等圩镇及惠东宝、港九、海丰的广大农村，使路东、路西、惠

---

① 曾生，广东惠阳坪山（现属深圳龙岗区）人。1936 年加入中国共产党，历任中共香港海员工委组织部部长、书记。1938 年任中共惠宝工委书记，惠宝人民抗日游击总队总队长，1942 年任广东人民抗日游击总队副总队长、总队长。1943 年任广东人民抗日游击队东江纵队司令员。1945 年任中共广东区委委员。

② 南方局党史资料征集小组编，《南方局党史资料》第四册，重庆出版社 1990 年版，第 140 页。

东、海丰解放区连成一片。延安的《解放日报》以《华南抗日游击队的功绩》为题，报道了东江纵队迫使日、伪军投降的消息。文中指出："日本投降后，东江纵队以全力向粤汉线敌伪出击，迫使敌伪投降，先后攻克宝安县城及无数大小村镇，对于同盟国打败日本法西斯军队的战争，显然是起了很大作用的。"①

8月15日，日本政府正式宣布无条件投降，9月2日正式在投降书上签字，中国人民抗日战争胜利结束。在伟大的抗日战争中，中共河源县地方组织，在中共中央和广东、东江地方组织的领导下，高举党的抗日民族统一战线的旗帜，坚决贯彻中国共产党的全面抗战路线和各项方针政策，紧紧依靠广大人民群众，广泛开展抗日救亡运动和抗日武装斗争，不仅使党的组织重新得到恢复和发展，而且领导人民群众进行了艰苦的斗争，与东江人民一道迎来了抗日战争的胜利。

在十四年抗战中，中共河源县地方组织，经历了"粤北省委事件"后停止组织生活的艰难曲折的斗争考验，在土地革命战争时期党组织完全被破坏的情况下，得到恢复和发展，成为抗日救亡运动的坚强领导核心。到抗战胜利时，党员人数发展到300多人，并先后建立了中共河源县委、中共河西县委和7个区委、18个支部，组织了人民抗日武装，为广东人民抗日游击队东江纵队输送了干部和兵员，配合东江纵队开辟抗日根据地，建立了紫五龙河边游击根据地，为东江人民抗日战争取得胜利作出积极的贡献。在抗战中发展起来的地方党组织、人民武装队伍和组织起来的人民群众，及创建的抗日游击区，成为解放战争时期九连地区恢复武装斗争，重建革命武装的重要力量和基础。

---

① 中共广东省委党史研究委员会办公室编，《东江纵队资料》，1983年版，第179页。

# 4

## 第四章
解放战争时期

## 第一节 争取和平民主，坚持自卫斗争

### 一、抗日战争胜利后党组织的恢复

抗日战争胜利后，国民党统治集团一方面垄断受降权利，集中力量抢夺抗战的胜利果实，另一方面加紧调兵遣将，抢占战略要地和铁路交通线，为发动全面内战作准备，使内战成为一触即发的必然态势。抗战胜利后的广东，国共两党的力量对比悬殊，国民党在经济上、政治上和军事力量上都占有绝对的优势。尤其是在军事力量上，国民党为了控制广东，把广东变为支撑全国内战的后方基地，除了原驻守在广东的军队之外，把赣南、广西的驻军和从缅甸归来的新编第一军调入广东。国民党统治集团图谋利用军事上的绝对优势，以两三个月的时间，彻底歼灭广东境内的人民武装，在广东进一步巩固其反动统治。

由于东江地区是广东人民抗日武装主力东江纵队开展敌后游击战争的根据地，因而国民党广东当局将东江解放区作为军事进攻的重点，投入大量兵力，妄图一举摧毁广东党组织的力量，歼灭东江纵队，以实现其完全控制广东的战略目的。抗日战争结束后，国民党广东当局调集了 4 个军 8 个师的兵力占据东江南北两岸及其周边地区，完全形成了对东江抗日根据地的包围态势。大规模的内战一触即发，东江党组织和人民抗日武装力量面临的是

一场极其严峻的斗争。

由于王震、王首道率领的南下支队北返中原，建立以五岭为中心的根据地的战略目标未能实现，中共中央对广东地区党组织、人民武装的生存和发展十分关注，并就如何面对严峻形势，转变斗争方针和策略，作出明确指示。9 月 10 日，中共中央致电广东区党委和尹林平，对广东人民武装的斗争方针作了重要指示。广东区党委接到中共中央的电文指示后，立即召开会议讨论，表示完全接受中央关于"分散坚持"的指示。同时确定新的工作方针，做出新的部署。以"一方面是坚持斗争，保存武装，保存干部；一方面是长期打算准备将来合法的民主斗争"为原则，将广东划分为十一个地区，每个地区兵力多者千余人，少者数百人，与地方党组织相互配合，共同坚持斗争。①

对于广东区党委的部署，中共中央于 9 月 19 日电复广东区党委，再次作出指示。为了贯彻中共中央的指示，广东区党委决定将全区分为粤北、江南、江北和海（丰）陆（丰）惠（阳）紫（金）五（华）四个地区，在建立中共江南地委、江北地委、海陆惠紫五地委和后东地委（实际仍称特委）的同时，建立粤北、江北、江南、东进（即海陆惠紫五）指挥部。东进指挥部，卢伟良②

---

① 《广东区党委对广东长期斗争的工作布置》（1945 年 9 月 16 日），广东省档案馆藏。

② 卢伟良，广东梅县人。1926 年加入中国共产党。历任共青团梅县县委书记、共青团东江特委常委等职。1934 年参加长征。抗日战争时期，历任广东人民抗日游击总队第三大队政训员，增龙番大队大队长兼政治委员，东江纵队第五大队政治委员，东江纵队第一支队支队长，东江纵队江南指挥部、东进指挥部指挥员等职。

任指挥员，张持平任政治委员，黄布①任参谋长，李征②任政治部主任，下辖第六支队、第四团、第五团、独立第六大队，活动于海丰、陆丰、惠阳、紫金、五华、河源等县。

为了适应抗战胜利后的新形势，迎接新的任务，1945 年 7 月的罗浮山会议做出了在东江地区成立中共江南地委、中共江北地委和中共后东地委的决定。在后东地区，虽然恢复了党组织活动，但仍然实行特派员制，仍由梁威林任特派员、钟俊贤任副特派员。为了配合东江纵队向东发展的战略部署，罗浮山会议后，中共后东特委成员全部投入组建武装队伍工作，开展后东地区的武装斗争，因而直到 1946 年 2 月才正式恢复委员制。这时，中共后东特委由梁威林、钟俊贤、黄中强、郑群、卓扬组成，以梁威林为书记，钟俊贤为组织部部长，黄中强为宣传部部长，郑群为武装部部长，卓扬为青年部部长，下辖紫金、五华、龙川、河源、兴宁等地的党组织。原由中共后东特委领导的新丰县党组织，归粤北军政委员会领导，和平、连平党组织则归以曾源为书记的中共九连山区工作委员会（简称"中共九连山区工委"）领导。

1945 年 9 月，根据中共后东特派员梁威林的指示，恢复中共

---

① 黄布，广东东莞人。1938 年加入中国共产党。历任小队长、中队长、副大队长，东江纵队第一支队队长、第四团团长。

② 李征，祖籍广东大埔，生于马来亚。1938 年加入马来亚共产党。1941 年回国参加广东人民抗日游击队，历任广东人民抗日游击总队宝安大队政治处主任，东江纵队第一支队政治处主任、第四团政治委员。

河源县委，由特派员江尚尧①继任书记，周立群②任组织部部长，魏麟基③任宣传部部长。中共河源县委设在黄村板仓小学。中共河源县委恢复后，江尚尧以板仓小学教师为掩护，活动于黄村、叶潭等地，迅速恢复了永新、板仓、宁山等地党的基层组织。10月30日，江尚尧在文秀塘召开县委会议后，前往儒步开展活动，路经双头圩时，不幸被国民党双头乡乡长黄茹吉的马弁杀害。因中共河源县委刚刚恢复活动，江尚尧牺牲后，中共河源县委的活动和党组织的恢复工作受到影响。

1945 年 10 月，中共后东特委成立中共紫（金）五（华）龙（川）河（源）边工作委员会（简称"紫五龙河边工委"），由卓扬任书记，钟莹任组织部部长，钟寰任宣传部部长，魏麟基任统战部部长，周立群、张日和④为委员。与此同时，中共河源县临时工作委员会（简称"中共河源县临工委"）成立，由欧阳源任书记，刘成章任组织部部长，黄义中任宣传委员。下辖中共黄村区工委，陈敏⑤任书记，张迅任组织委员，邹建任宣传委员兼统

---

① 江尚尧，原名薛弼珊，广东五华人。1939 年加入中国共产党。历任中共支部书记，中国工合和平事务所指导员，中共河源县委宣传部部长、特派员、县委书记等职。

② 周立群，又名周佛郎，广东五华人。1939 年加入中国共产党，曾任区委委员、区委书记。1945 年任中共河源县委组织部部长、特派员。1947 年 1 月在康禾作战牺牲。

③ 魏麟基，广东五华人。1939 年加入中国共产党。历任中共揭华边工委委员、中共河源县委宣传部部长、中共紫五龙河边委统战部部长、中共紫金区特派员、五华县县长等职。

④ 张日和，广东五华人。1940 年加入中国共产党。历任中共五华县委书记、东江第二支队第四团政治处主任、中共河东工委委员、东江第二支队新一团政治委员等职。

⑤ 陈敏，广东五华人。1940 年加入中国共产党。历任中共华城支部书记、中共黄村区工委书记、中共五华县三区特派员。1946 年参加北撤。

战委员。1946 年 4 月，叶潭党组织全面恢复，成立中共能溪中心支部，由欧阳裕任书记，欧阳连任组织委员，欧阳诚任宣传委员。能溪中心支部下辖儒步、文径、双下、刘屋排、麦畲、叶潭、琏石、山下、车田等 11 个支部。同时还建立中共蓝溪中心支部，由黄靖任书记兼组织委员，黄亮任宣传委员。

锡场区的党组织虽然建立较早，但一直没有发展。1946 年春，新丰县东南区（马头、锡场等地）工委书记陈志中到锡场开展活动，在立溪吸收黄伟强、李然佳加入中国共产党，建立了立溪支部，后来党员发展到 16 人。在锡场中学也建立了中共支部，有党员 5 人。举溪区有 2 名党员，建立了党小组。

而河西区党组织自粤北事件之后，一直没有全面恢复组织活动。1944 年 7 月，郑重文前往大鹏半岛参加学习班后，由欧阳梧接任特派员。9 月间，欧阳梧恢复与张一中①、张镜波、林洋波的联系，建立船塘中学党小组，开展党的活动。1945 年初中共后东特委恢复组织生活后，只派负责人不定期的与河西区的党员骨干进行单线联系，恢复组织关系的党员有 30 人。

## 二、配合东江纵队东进部队作战

为了贯彻中共中央"分散坚持"的战略部署，配合东江纵队已经北上粤赣湘边境的粤北指挥部所属部队开辟新的根据地的斗争，1945 年 9 月下旬，东江纵队司令部决定派第三支队挺进九连山，与粤北指挥部所属部队构成掎角之势，相互配合，相互策应，

---

① 张一中，河源三河人。1942 年加入中国共产党。1947 年任河西政治工作队队长、中共三河总支宣传委员。1948 年任三河乡行政委员会主任。1949 年任河西民工团政治委员、灯塔区人民政府指导员、中共灯塔区委书记。

打破国民党的军事进攻，粉碎其妄图消灭东江纵队的阴谋。

第三支队是东江纵队的主力部队，是一支"能打仗、能爱民、能生产"、获得过"三能模范"称号的部队，下辖三个大队，兵员600多人。为有利于在九连山的活动，东江纵队司令部抽调第七支队政治委员兼中共惠东县委书记曾源担任第三支队政治委员，熟悉和平、连平情况的张觉青①、林镜秋②、黄定帮、林凤时、罗贵、李天生、陈慧等人也随队北上。同时，对第三支队领导成员作了调整，彭沃③任支队长，翟信④任副支队长，原第三支队政治委员陈一民⑤改任政治处主任。部队进入九连山之后，对外改称"九连山人民自卫总队"，由曾源（又名曾竞华）任总队长，彭沃任政治委员，但仍保持东江纵队第三支队建制，支队领

---

① 张觉青，广东和平人。1926年参加农民运动，组织和平新青年团。1938年加入中国共产党。1939年任中共和平县委组织部部长。1940年奉任国民党博罗县党部干事，从事情报工作。1945年任博罗县抗日民主政府财政科科长。同年12月30日，在和平热水被捕杀害。

② 林镜秋，广东和平人。1939年加入中国共产党，历任中共东水区委书记、和平县委宣传部部长兼统战部部长等职。1943年参加东江纵队，任护航大队宣传干事。1944年任东江纵队第七支队第四大队政治委员兼多祝区民主政府特派员。

③ 彭沃，广东海丰人。1926年参加共产主义青年团。1930年任红军第四十九团宣传员。1932年加入中国共产党。1938年后，历任惠宝人民抗日游击总队特务队长、广东人民抗日游击队第三大队中队长、广东人民抗日游击总队惠阳大队长、东江纵队第三支队支队长。

④ 翟信，广东惠阳人。1930年加入中国共产党。1930年任东江工农红军第十一军第四十八团连长。1934年任中共东江特委游击指挥部第三中队队长。1939年参加东江人民抗日游击队，历任新编大队特务中队副中队长、干部队队长、第二大队大队长，东江纵队第三支队副支队长。

⑤ 陈一民，广东潮州人。泰国华侨。1938年加入中国共产党。1939年转入东江抗日游击队，历任中队政治指导员、大队政治委员、东江纵队第三支队政治委员兼政治处主任。

导分工不变。同时成立"中共九连山区工作委员会"（简称"中共九连山区工委"），由曾源、彭沃、翟信、陈一民和黄华明①组成，曾源任书记。

九连山横跨粤赣两省，山高林密，延绵数百里，东连福建，西接湘南，北依赣南，南临东江，是具有战略意义的军事要地。为顺利进军九连山，从9月中旬开始，第三支队从思想上、政治上、军事上、物质上，都做了充分准备，召开连以上干部会议，强调必须保持高度警惕，加强敌情观念，充分做好艰苦作战的准备。

10月3日，彭沃、曾源、陈一民、翟信率领第三支队由镇隆转移到博罗县横河一带活动。15日，在横河东北面的何家田，进行进军前的最后准备工作。10月21日，部队开始向九连山挺进。部队以"民众自卫队"的旗号，沿博罗县东北部经鹅头寨、白麻埔、荷树塘、李总营、松原岭、东坑等地向河源方向前进。在河源县境的回龙渡过新丰江。26日继续向南湖方向前进时，与国民党军驻灯塔的1个营遭遇。敌人妄图阻拦、堵截东江纵队第三支队向九连山挺进。支队长彭沃命令担负前卫任务的第二大队占领右侧山头，第一大队占领左侧山头，展开还击。第三大队就地架起重机枪进行超远射击，从三方面构成火力网，很快将敌人击退。队伍进入南湖西北面的山区后，改为夜行军。27日晚，部队从高坑出发，在白砾山坳又与国民党军护路队相遇。第二大队迅速冲垮敌阵，占领山头，掩护支队部和第一大队、第三大队向牛皮嶂转移，而第二大队部与支队部失去联络。这时，部队分成两路，继续向北推进。10月30日晚，支队部率第一大队、第三大队抵

---

① 黄华明，广东和平人。1940年加入中国共产党，历任中共和平大坝区委书记、中共和平县副特派员、中共连和县工委宣传部部长等职。

达连平县的中洞。31 日午后，国民党军驻忠信的一个营进击中洞。第三支队第一大队迅速抢占山头，阻击敌人。支队部率第三大队向东转移，渡过忠信河，经石园直插大湖。

为了与地方党组织取得联系，做好迎接第三支队的准备，支队部抵达中洞后，立即派张觉青前往大湖与地方党组织取得联系。地方党组织的黄华明、曾卓华①、曾献章②、黄百炼、曾辉环、曾文恩、曾文贤、卢英才等分别到烟墩圩、新桥和湖东小学接应第三支队入境。31 日黄昏后，部队分别进入大湖。听取黄华明、曾卓华介绍情况后，支队部立即部署忠信、连平、河源等地的情报工作，建立大湖与青州、热水、和平之间的交通联系。当晚 9 时许，由地方党派出向导，带领部队经青州前往和平热水。11 月 1 日凌晨，支队部率警卫连和第三大队到达九连山下热水新洞。随后，陈一民和邓发、王彪③率领的第一大队，张新④、吴提祥⑤率领的第二大队也先后到达。从 10 月下旬开始，东江纵队第三支队，经过 300 余千米的长途行军，经历多次战斗，冲破国民党军

①　曾卓华，又名曾方如，广东连平人。1940 年加入中国共产党，历任中共连平县工委委员、中共连平县特派员。1946 年 6 月，随东江纵队主力北撤山东。

②　曾献章，广东连平人。1940 年加入中国共产党，历任中共连平县特派员、中共大湖总支部委员会书记。

③　王彪，又名王士光，广东东莞人。1940 年加入中国共产党，历任小队政治服务员、中队政治指导员、东江纵队第三支队第一大队政治委员。解放战争时期任粤赣湘边纵队东江第二支队第四团团长。

④　张新，广东宝安人。1941 年参加中国共产党。历任小队长、中队长，军政干校学员，东江纵队第三支队前进大队大队长。

⑤　吴提祥，又名吴毅、曾志云，广东梅县人。泰国华侨。1939 年加入中国共产党，历任小队长、中队长、中队政治指导员，东江纵队第三支队政治处组织股股长，第三支队第二大队政治委员。解放战争时期，任粤赣湘边纵队东江第二支队参谋长兼第三团团长。

的围、追、堵、截，终于胜利完成挺进九连山的战略转移任务。

东江纵队第三支队进入九连山之后，召开大队以上领导干部会议，就九连山形势、斗争方针、政策等问题，进行了研究，作出了具体的部署。会议之后，按照支队部的部署，各路部队迅速分赴各活动区，在新的环境和条件下，开展新的斗争。

12月上旬，由卢伟良、李征率领的东进指挥部先遣队，在惠阳、紫金边境的佐坑一带多次打退国民党军第一八六师的进攻，歼灭紫金县警队。12月下旬，卢伟良、李征率领先遣队向乌禽嶂东北方向推进。在中共后东特委派出的联络员引领下，进入紫金、五华边境的中坝地区，与梁威林率领的东江人民武装工作总队会师。翌日，部队派出政工人员在中坝开展宣传活动，召开群众大会，宣传党的民主建国方针，举行军民联欢会，庆祝东进指挥部先遣队与东江人民武装工作总队会师。

为了开辟新区，部队决定首先进击黄村。其时，国民党河源县警大队驻于黄村。为歼此敌，12月26日，东进先遣队派第四团第一营营长袁康率一个连配合后东武工总队，绕道黄村侧后，以防敌向蓝口方向逃窜；主力则由中坝向黄村疾进，拟歼黄村圩之敌。27日，部队向黄村进击，因敌哨兵发现，战斗被迫提前打响，黄村之敌仓皇逃窜。29日，东进指挥部与中共后东特委召开联席会议，为了开辟新的活动区域，统一军事指挥，决定成立临时联合指挥部，由梁威林任政治委员，卢伟良任指挥员，黄中强为副指挥员，李征为政治部主任。

1946年1月3日，临时联合指挥部获悉国民党军驻蓝口张超伟部及联防队将进犯黄村，决定在半径设伏打击来犯之敌。5日，东进部队先遣队在后东武工总队的配合下，在半径彭子段和佛祖坳设伏。8时许，国民党河源县警大队进入佛祖坳，武工总队中队长钟良率队打退敌人多次冲击。1月10日，国民党第六十三军教导团及地方反动联防武装由副团长张超伟率领，分三路向文秀塘、宁山进攻。妄图一举歼灭东进部队主力。此役，重创国民党第六十三军教导团，毙伤敌连长以下官兵40余人，伤敌80余人，俘敌20余人，缴获轻机枪3挺，步枪120多支，弹药一大批。东进指挥部第四团副连长张思光等在战斗中牺牲。

这次战斗，河源县党组织动员组织群众200多人参加支前工作。支前群众冒着枪林弹雨，抢救伤员，送饭送水，运送弹药。年过50的张接尧和不少农村妇女也参加支前工作，做部队向导，为战斗的胜利提供了保证。

此战之后，后东武装工作总队在宁山龙潭举办训练班，进行休整。通过整训，成立河源自卫大队，欧阳源任大队长，张惠民任副大队长，周立群负责政治思想工作。东进部队则由袁康率领一部，在五华长布包围袭击了五华县警中队，俘敌中队长以下40多人，缴获长短枪30多支。1946年2月，东进部队第四团由黄布、李征率领转移到紫（金）五（华）陆（丰）边境一带活动。留下韦伟连为基础，重新建立"紫五人民自卫大队"，由温敬尧任大队长，钟慧任政治委员，韦伟任副大队长，活动于紫五边境。东江纵队第三支队冲破国民党军的重重封锁和围追堵截，神速挺进九连山，实现战略大转移，从军事上给国民党后方构成极大的威胁。与此同时，活动在各地的小分队，打击国民党的谍报特务分子，摧毁反动基层政权，打掉其耳目和爪牙，打垮其嚣张的反动气焰，对反动地主豪绅等土恶势力也予以严厉打击。

12月24日，正式宣布成立"龙（川）和（平）河（源）边人民武装工作队"（简称"武工队"），由丘国才任队长，欧阳梧、黄伟光任副队长，朱田光任政治指导员。武工队成立时只有30多人，其后一度发展到120多人。武工队建立后，配合王彪所率小分队在船塘、三河、上莞一带活动，建立多处秘密联络点，为部队收集情报、筹粮筹款，安置部队分散隐蔽，发挥了积极的作用。东江纵队第三支队在其他地区活动的小分队，也抓住有利时机，采取军事行动，打击敌人。先后袭击和平县政府和警察局、和平县监狱，俘敌10多人，打开监狱，释放被关押的群众；在船塘活动的小分队，伏击国民党运输队，俘虏10多人，缴获长短枪10多支；活动在和平浰源地区的小分队，远道奔袭龙南杨村国民党警察所和乡公所，生俘警察10余人，缴获步枪13支和军用物资一批；在江西龙南活动的小分队，伏击大吉矿警队，缴获手提机一挺，驳壳枪7支，现款法币780多万元及物资一大批。

东江纵队第三支队挺进九连山之后，采取外线与内线相结合、部队和地方相结合、地方党与人民群众相结合的活动方针，不断打击敌人，保存了力量，掌握了主动，从而粉碎了国民党妄图将东江纵队第三支队围困于九连山聚而歼之的阴谋。

### 三、隐蔽待机方针的贯彻及自卫斗争

1945年10月10日，中国共产党代表同国民政府代表在重庆谈判，签署了《政府与中共代表会谈纪要》（即《双十协议》）。根据《双十协议》的这些条款，中共中央指示东江纵队等广东人民抗日武装准备北撤。1946年1月10日，中共代表同国民党政府代表正式签订停战协定。

停战令虽然下达，可是国民党广东军事当局置之不理，仍然按照原定计划对人民武装连续不断地采取军事行动。1月间，国民党调集第六十五军的一六〇师、一八七师、一五二师以及保安团和地方武装对粤北地区东江纵队各部展开新的进攻。在九连山区，国民党军分别进占灯塔、连平、船塘、和平、忠信、热水等地，从四面向九连山腹地的东江纵队各小分队合围夹击。与此同时，国民党军第一五四师、一五三师等部也分别向惠（阳）东

（莞）宝（安）和江北地区推进，妄图在军调部第八执行小组到达广东之前，将东江纵队分散在江南、江北和粤北地区的部队消灭。进占九连山区的国民党军队，采取"驻剿""搜剿""清乡"、封锁，组织"保甲联防"，强迫"自新"，株连家属，滥杀无辜，敲诈勒索，烧毁民房等毒辣手段迫害群众，对东江纵队第三支队进行长期的"驻剿"和围攻，以达到其彻底消灭的目的。为了迫使国民党广东当局履行停战协议，承认广东人民抗日武装存在的事实和合法地位，中共中央和广东区党委除了指示各地人民武装坚持自卫斗争之外，还通过各种渠道对国民党当局展开强大的政治攻势。

为了制止内战，实现广东中共武装部队北撤。经过一系列的斗争，终于迫使国民党当局不得不承认中国共产党领导的广东人民抗日武装的存在。4月5日，东江纵队北撤问题达成协议后，东江纵队第三支队的无线电台与粤北指挥部电台沟通了联系。

5月7日，第三支队支队部与留在九连山的武装小分队，在九连山鹅公寨召开大会，传达了粤北指挥部和支队部关于留下坚持武装斗争问题的决定和意见，宣布"连和人民自卫大队"正式成立和党的组织机构成员名单，强调了隐蔽、坚持斗争的基本方针和原则，要求留下坚持斗争的小分队要团结一致，隐蔽待机，战胜一切困难，迎接公开恢复武装斗争新时期的到来。

5月17日，东江纵队第三支队北撤的队伍和留下坚持斗争的小分队，在龙南乌柏坝分手告别。吴毅带领留下坚持斗争的武装小分队离开乌柏坝，进入粤赣边境开始隐蔽待机的斗争。曾源、彭沃则率领北撤的部队，向西挺进，向粤北指挥部指定的集结地点翁源县坝子地区进发，与粤北的部队会师南下大鹏湾准备北撤。

活动在河西的第三支队小分队，接到支队部派员送来的集中北撤的命令之后，由于时间紧迫，地方党的负责人又一时无法取得联系，只有武工队的欧阳培、欧阳威和丘云灶三位战士跟着小分队。这三位战士强烈要求跟着部队北撤。王彪说服欧阳培留下，并将支队部关于北撤的指示信交给欧阳培转交河西地方党负责人。随即，王彪率领小分队与支队部汇合。由于时间仓促，北撤后如何坚持斗争未能及时向河西地方党组织作传达部署，加上部队撤退后，国民党更加残酷的"清乡"，地方党组织和群众组织备受摧残，革命力量遭受镇压。

5月底之后，中共后东特委成员分别抵达香港。随后，根据广东区党委的指示，中共后东特委召开最后一次特委扩大会议。梁威林、饶璜湘、钟俊贤、郑群、黄中强、卓扬及张日和、徐英等出席会议。会议分析了形势，明确了任务，根据广东区党委的指示，结合后东地区的情况，就特委领导成员如何执行新的任务作了安排。梁威林、卓扬、张日和派往南洋开展华侨工作，加强华侨工作的领导，郑群、黄中强随东江纵队主力北撤山东，钟俊贤留任后东特委特派员，继续领导后东地区党的工作。

6月下旬，活动在九连山区的东江纵队第三支队、中共后东特委领导的武工总队以及地方党组织的主要骨干，先后胜利抵达集结地点大鹏湾葵涌。6月29日，随同东江纵队主力登船北撤山东。7月5日抵达山东烟台，受到山东解放区军民的热烈欢迎。

东江纵队北撤后，广东的局势随着全国内战的全面爆发而发生了急剧的变化。由于东江纵队主力和地方党的主要骨干力量北撤，留下的武装力量大部分复员，党组织实行特派员制，党组织活动全面停止，相当一部分已经暴露身份的党员干部进行分散隐蔽或转移到外地，使革命力量骤然缩小，抗日战争时期轰轰烈烈的斗争也沉寂下来。国共两党在广东的力量对比，国民党的力量占据了绝对的优势。

面对严重的斗争形势，中共广东区委发言人先后发表谈话，强烈谴责抗议国民党广东当局破坏北撤协议，迫害东江纵队复员人员和人民群众的反动罪行。中共广东区委还以东江纵队北撤人员曾生、王作尧、杨康华、林锵云①等人的名义发表通电，对国民党广东当局迫害东江纵队复员人员的暴行表示极大的愤慨，同时号召复员战士和人民群众"采取同一步骤，严肃自卫。人不犯我，我断不犯人，人若犯我，迫我于绝境，自不能束手待毙"②，应坚决起来自卫。中共广东区委发表的谈话和抗议通电，充分揭露了国民党广东当局的罪恶阴谋，鼓舞了东江纵队复员战士和人民群众的斗志，为隐蔽在各地的共产党员指明了斗争方向，发出了重新拿起武器、进行自卫反击的号召。

中共后东特委遵照广东区党委的指示，在东江纵队主力北撤的同时，留下钟俊贤为特派员，负责后东党及武装小分队的领导工作。钟俊贤于7月间回到后东地区。这时，后东地区的五华县，由钟应时、郭汉邦③任特派员，紫金县由范佛榴任特派员，龙川县由黄克光、黄素任特派员，连平县由曾献章任特派员，和平县

①　林锵云，广东新会人。13岁到香港谋生。1919年参加中华革命党。1922年参加香港海员大罢工。1926年加入中国共产党。1927年参加广州起义。1928年后，历任中共南海县临委书记、佛山市委常委、中共香港工代会党团书记、中共九龙区委书记。1932年被捕入狱，1937年逃脱。1938年，参加组织珠江敌后抗日武装斗争，历任中共南番顺工委书记、南番顺中心县委委员、广东人民抗日游击队第二支队代司令员、广东人民抗日游击队中区纵队司令员、广东人民抗日游击队珠江纵队司令员、中共广东区委委员等职。

②　《华商报》，1946年8月16日。

③　郭汉邦，广东五华人。1939年加入中国共产党。历任中共五华西河特派员、中共五华县委组织部部长、中共五华县特派员、中共紫五龙河工委委员、东江第二支队第四团第四大队政治委员、中共五华县工委书记。

由林启连任特派员，新丰县由梁泗源任特派员，兴宁县由温锦华任特派员，河源县（河东）由周立群任特派员。

留在河东坚持斗争的周立群和原拟北撤、后返回河东坚持斗争的张惠民，带领李奇、李展、李作新、张宏、邹达、李松、罗志坚、梁胜、刘冠、黄发仔、邹兴、邹汉、朱志雄、陈玉梅、罗建波、丘石金、张耀亭、李平、戴华、黄华才等人，分为3个小组，分别由张惠民、李奇、黄发仔带领，在黄村坳廉子囤、梅陇大坑、公窖黄水林屋坚持隐蔽斗争。为有利于隐蔽，武装小分队将长枪和重武器埋藏起来，只留短枪和手榴弹作自卫。白天隐蔽在深山开荒种养，以维持生活，晚间出来活动，打击敢于迫害东江纵队复员人员和革命群众的反动土顽。周立群和张惠民先后率队打击了黄村乡乡长张其勋和警察所巡官张秀先，惩处了叶潭乡反动保长邹廷梅和反动盐警钟汉渊，活捉了叶潭乡副乡长、双头联防主任黄毅生，因其民愤极大，根据群众要求将其处决。武装小分队的活动，打击了反动分子的气焰，安定了群众的情绪，保护了复员人员，鼓舞了斗志。这时，一些在当地无法隐蔽的复员人员又陆续参加武装小分队的活动，武装小分队逐步发展。

在九连山区，东江纵队第三支队北撤时，留下58位指战员①，配备轻机枪两挺、手提机两支、步枪24支，短枪23支及弹药一批，留下人员组成"连（平）和（平）人民自卫大队"，王彪任大队长，吴毅任政治委员（政训员），陈实棠任副大队长，林镜秋任政治处主任（政训室主任）；同时成立"中共九连山临时工作委员会"（简称"中共九连临工委"），由吴毅任书记，王

---

① 《东纵第三支队北撤时留在九连山坚持武装斗争的指战员名录》，见《浰江怒涛》，中共党史出版社2004年7月第1版，第722页。

彪任副书记，林镜秋（宣传）、陈实棠（军事）为委员①。第三支队撤离九连山后，留下的部队秘密转移到江西定南、龙南边境的三亨、古坑、古地、丰背、五花嶂及和平县的坪溪、岑岗一带的深山里隐蔽，停止公开活动。

10月初，分散隐蔽的三支小分队集结于和平县东水大山赵公庙，召开中共九连临时工委扩大会议，决定重举"连和人民自卫队"的旗帜，以"东江纵队复员军人自卫队"的名义，发表宣言，张贴标语，重申"人不犯我，我不犯人；人若犯我，我必犯人"的立场和自卫原则，警告国民党地方反动武装和地主豪绅，不得为非作歹、迫害东江纵队复员人员和人民群众。对罪大恶极的反动分子，则坚决打击，以保护东江纵队复员人员和人民群众。当晚，部队采取军事行动，抓了地主周光如，破了谷仓，收缴了枪支。

为了进一步扩大影响，鼓舞士气，震慑敌人，中共九连临时工委决定与船塘地方党取得联系，打击李田的反动地主丘挺山。10月4日②，王彪、林镜秋率领部队，由地方党员欧阳梧、欧阳霞引领，伏击丘挺山。丘挺山等据守楼阁顽抗，经激战，部队冲进丘宅，俘丘挺山等3人，缴获步枪4支，手枪2支，现款120万元。勒令丘挺山交出手枪10支、现款1000万元后，将其释放。此举，是东江纵队北撤后，九连地区一次较大的军事行动，产生了很大的影响。

11月，为了打开新的斗争局面，部队挺进贝墩、长塘、下车

---

① 《吴提祥关于九连区工作报告》（1947年1月18日），广东省档案馆藏。

② 此日期据《吴提祥关于九连区工作报告》（1947年1月18日），广东省档案馆藏。

一带活动。不久进入川北（龙川北部）活动，智袭黄石乡恶霸地主、乡长黄景新。随即奔袭车田干天岭，连夜攻入彭宅，活捉反动地主彭肇选，缴获步枪 12 支，短枪 4 支，财物一大批。

12 月 22 日，河东武装小分队袭击康禾田心的反动地主诸金荣。战斗中只俘获反动分子诸添庆，诸金荣逃脱。部队撤离时，周立群不幸中弹牺牲。

1947 年 1 月中旬，钟俊贤在香港接受广东区党委关于恢复武装斗争指示后回到后东地区。在上莞杨坑与王彪、林镜秋、陈实棠取得了联系，并传达了广东区党委关于恢复武装斗争的指示，决定河西、河东活动的小分队相互策应、相互配合，联合行动，全面开展公开的武装斗争。1 月 21 日，王彪、林镜秋率队袭击驻东水圩的和平县警中队。随后，王彪率河西、河东部队，袭击驻龙川坪田刘屋的县警黄居成中队，俘中队长以下官兵 40 余人，缴获轻机枪 1 挺，长短枪 40 余支。接着又在四甲扇陂径伏击龙川县自卫大队徐洪中队，击毙副中队长以下官兵 20 余人。自传达恢复武装斗争指示后，河东、河西部队相互配合，四处出击，给各地反动土顽及地方反动武装以狠狠打击。

东江纵队北撤后，留在九连山区和河东的武装小分队，在国民党反复"绥靖""清乡"极其困难的情况下，顽强地坚持隐蔽和自卫斗争，给国民党地方反动武装以有力的回击，保存了干部，保存了武装，粉碎了国民党当局妄图乘东江纵队主力北撤之机，彻底扑灭人民革命力量的阴谋。在河源各地保存下来的武装力量成为恢复武装斗争的重要骨干。

第二节

# 党组织的恢复和武装斗争活动

## 一、党组织的恢复与活动

中共中央洞察形势的变化和发展，于 1946 年 10 月 1 日对党内发出指示。指出："今后必须加强党的领导，在暂时被敌占领地区，发展地方武装，坚持游击战争，保护群众利益，打击反动派活动。"① 11 月 6 日，中共中央就开展南方游击战争问题发出指示，再次强调："凡有可能建立公开游击根据地者，应即建立公开游击根据地"，"现在南方各省国民党正规军大批调走，征兵征粮普遍施行，正是我党发动游击战争的好机会"②。为了贯彻中共中央的指示精神，配合全国解放战争，广东区党委决定全面恢复广东的武装斗争，提出"实行小搞，准备大搞，从无到有，从小到大，稳步前进"③ 的战略方针，号召各地党组织，领导留下坚持斗争的武装人员，重新拿起武器，建立武装队伍，立即开展打击地方反动势力，保护人民群众利益，发展和壮大武装队伍的

---

① 毛泽东：《三个月总结》（1946 年 10 月 1 日），见《毛泽东选集》第四卷，人民出版社 1991 年 6 月第 2 版，第 1205 页。

② 《中央关于南方各省乡村工作方针给方方等的指示》（1946 年 11 月 6 日），见《中共中央文件选集》第十六册，中共中央党校出版社 1992 年 10 月第 1 版，第 325—326 页。

③ 转引自广东军区《第三次国内革命战争史》，1956 年 10 月编印，第 23 页，广东省档案馆藏。

斗争。

为了恢复和发展武装斗争，广东区党委在香港召开了扩大会议。会议就如何恢复武装斗争、重建武装、建立游击根据地等问题进行了认真的研究，并就恢复武装斗争的方针、口号、军事原则和组织形式、组织名义等问题，提出了具体的意见。由于东江纵队北撤时，各地都有相当一批地方党的干部和武装骨干撤退到香港等城市进行隐蔽，许多干部集中于城市，各地农村干部严重不足。为了解决过多干部集中于城市的问题，广东区党委先后在香港举办了多期干部训练班，组织在香港和来自内地城市的干部学习中共中央和广东区党委关于恢复武装斗争的指示，明确斗争方向和任务。通过学习的干部先后被派回内地参加和领导武装斗争工作，为加强各地党组织的领导和恢复武装斗争，重建武装队伍准备了干部条件。九连地区参加香港干部训练班的钟俊贤、魏南金①、梁泗源、章平、郭汉邦、邓基、黎孟持及前往香港汇报工作接受任务的中共九连区临工委书记吴毅先后回到九连地区，加强了恢复武装斗争的领导力量。

为了适应斗争形势的需要，统一各地党组织和加强武装斗争的领导，1947年初，广东区党委决定撤销各地区党的特派员制，

---

① 魏南金，广东龙川人。1938年加入中国共产党。1939年后，历任中共龙川县委宣传部部长、中共龙川中心县委青年部部长、龙川县青年抗日先锋队组织部部长、中共南雄中心县委书记、中共广西区副特派员等职。解放战争时期，任中共九连地委书记、粤赣边支队政治委员等职。

建立新的领导机构。2 月，广东区党委在香港委派严尚民①主持后东地区党的干部训练班的同时，决定撤销中共后东特委、九连区临工委，成立中共九连地方工作委员会（简称"中共九连工委"），由严尚民、魏南金、钟俊贤、吴毅（曾志云）组成，由严尚民任书记。3 月，严尚民、魏南金、钟俊贤等先后进入九连区后，中共九连工委成员在河东叶潭儒步召开了第一次扩大会议。会议传达了广东区党委关于恢复武装斗争的决定，学习毛泽东关于建军路线、群众工作理论及"赤色割据"，建立小块根据地逐步联成大块根据地的战略思想。会议认为，九连山区横跨粤赣两省，为战略要地，不仅可以利用国民党统治力量薄弱的省与省之间边境地区开展游击战争，也可利用县与县之间的边界地区开展游击战争。会议就领导成员分赴各区指导工作、全面恢复党的组织、组织武装队伍、开辟新区、举办干部训练班等问题作出决议。并明确提出"反抗三征，破仓分粮，建立反蒋统一战线"的政治口号。会议决定：为有利于开辟游击根据地，将九连地区所属范围划分为连（平）和（平）区、和东区（和平东部及龙川北部）、河西区（河源西部及龙川中部）和河东区（河源东部、龙川南部、紫金北部及五华县）等四个战略区，各战略区设立党的领导机构。中共连和分区工作委员会，吴毅兼任书记；中共和东分区工作委员会，魏南金兼任书记；中共河西分区工作委员会（简称"河西分工委"），吴震乾（李辉）任书记；中共河东分区工作委员会（又称"中共紫五龙河分区工作委员会"，简称"河

---

① 严尚民，原名严奎荣。广东惠阳人。1937 年 8 月加入中国共产党。历任香港惠阳青年会回乡救亡工作团团长、惠阳县第二区行政委员会主任、中共南番顺工委宣传部部长兼番禺工委书记、中共南番顺中心县委常委、南番顺特派员、广东人民抗日游击队中区纵队政治部组织科科长。解放战争时期，任中共九连工委书记、粤赣湘边纵队参谋长等职。

东分工委",相当于中心县委),钟俊贤兼任书记。钟俊贤、王彪负责河东区的工作,黄日仍留在河西区负责武装工作。为开展武装斗争,各地党组织全面恢复。

3月,中共河东分工委正式成立,钟俊贤、钟应时、王彪为常委,邹建、张惠民为委员,钟俊贤任书记,钟应时负责组织工作,王彪负责军事工作。下辖:川南区工委,陈华任书记,黄素、黄克为委员;紫河区工委,程佩舟任书记,李思奇(唐克)、甄锦尧为委员;黄村区工委,张惠民兼任书记,陈化任副书记,程佩勇、黄亮为委员;叶潭区工委,邹建任书记,刘明章、刘冠、张斌、刘进为委员;康禾区工委,李奇任书记,刘奋飞任副书记,钟灵、李英、刘铭才为委员。泥金、古竹一带党组织采取党政军联席会议制。

由于河西区在抗战后期没有全面恢复党的组织,只恢复了部分党员的组织关系,又因国民党长期在河西"驻剿""清乡",一些党员被强迫自新,1947年初恢复武装斗争时,党员的状况尚不十分明瞭,组织生活仍未恢复。中共九连工委第一次扩大会议后,魏南金前往河西区,就党员基本情况作了全面的调查,并委派吴震乾、余进文,将北撤前后交由部队代管的地方党组织和党员划分出来,由余进文任地方党特派员,具体负责河西区地方党组织的恢复工作。同时派陈浩明、魏秋环、郑伯渠、梁瑜等人到河西区,经过调查,重新登记,大多数党员的组织生活逐步恢复,并在各地先后建立支部、中心支部。7月,中共河西分工委正式成立,由吴震乾、余进文、欧阳梧、黄日、郑风、黄民、欧阳霞、黄锐(黄仕标)组成,吴震乾任书记,余进文任组织部部长,欧阳梧任宣传部部长。河西区所辖范围包括河源的船塘、三河、黄沙、上莞、漳溪、骆湖、曾田、灯塔、柳城及龙川的义都、佗城、莲塘,和平的礼士、公白、郎伦等地。下辖:船(塘)三(河)

区工委，赖强任书记，欧阳木恒、欧阳轲、欧阳佛、张汉民、梁瑜为委员；上（莞）曾（田）区工委，魏秋环（后陈少卿）任书记，陈浩明、郑伯渠为委员；灯塔区工委，黄民兼任书记。锡场、半江的党组织仍归中共新丰东南区工委所辖，陈志中任中共新丰东南区工委书记。

为适应斗争形势迅速发展和武装队伍不断壮大的需要，中共九连工委和各分工委分别举办了军政干部训练班。各地党组织动员了一批党员和进步青年、知识分子参加学习、训练。仅在九连山就举办了五期青干班、四期基干班。青干班训练干部200多人，基干班训练排级干部70余人，还举办了农干班，培养了一批农村基层和农会干部。河东区、河西区先后输送一批党员和青年参加训练。在黄村也举办了河东区干部培训班，党的基层和部队基层骨干大部分参加训练学习。参加训练的学员，回到各地后大都成为党的基层组织和武装队伍的组织者和领导骨干。3月间，河东区还在康禾举办了开辟新区的干部训练班，由魏南金主持，学习开辟新区工作的基本原则和策略。训练班结束后，李奇负责康禾、黄田、义合一带的开辟工作；邹建负责蓝口、柳城、叶潭的开辟工作；程佩舟负责紫河边的开辟工作；黎克负责古竹、泥金的开辟工作。

河东、河西区分工委建立后，以开辟游击基地、组织武装队伍为中心，积极加强党的建设，有步骤地进行审查和恢复复员干部、战士和地方党员的党组织关系，发展新党员，在各活动区、各连队建立党的支部，发挥党组织的核心、堡垒作用，为武装斗争的开展和游击根据地的建立奠定了重要的组织基础。

**二、武装队伍的重建与游击基地的巩固**

中共九连工委建立后，根据广东区党委关于放手发动群众，组织群众性武装队伍的指示精神，确定以建立发展武装队伍为中心任务和"统一领导，分区发展"的方针。在各分工委的领导和地方党组织的配合下，分散发动群众，在打击国民党的反动乡村政权和反动武装的斗争中，逐步扩大活动地区，组建武装队伍。为了迅速开展恢复武装斗争工作，根据中共九连工委的决定，各区以不同名义，建立了武装队伍。连和区建立"连和民主义勇大队"，由吴毅任大队长兼政治委员，陈实棠为副大队长；和东区建立了"和平人民义勇队"，由林镜秋任大队长兼政治委员，陈苏任副大队长；河西区建立了"河西人民自卫队"，由黄日任大队长，郑风任教导员；河东区建立了"东江人民抗征队"，张惠民任队长，邹建为指导员。

东江人民抗征队和河西人民自卫队建立后，以"反抗三征（征兵、征粮、征税），破仓分粮，建立反蒋统一战线"为口号，紧紧抓住敌区兵力空虚的大好时机，开展声势浩大的"反抗三征，破仓分粮，摧毁国民党反动区、乡政权，建立、扩大武装队伍"的斗争。从3月下旬开始，中共九连区工委领导率领武装队伍在河东、河西区到处袭击敌人警察所、乡公所，破仓分粮，收缴武器，扩建武装队伍，斗争波澜壮阔，一浪高于一浪。4月至6月，河东区打开了黄村、叶潭、康禾、黄田等乡公所4个地税谷仓；河西区打开了上莞、船塘、三河、漳溪、骆湖等乡公所5个地税谷仓。其中竹头神仓出谷60担，双下仓出谷300担，黄村圩仓出谷200担，康禾仓出谷60担，上莞仓出谷1000担，回龙仓出谷3000担。破仓所得粮食，大部分分给贫苦农民群众，使春荒得到解救，人民群众斗争情绪空前高涨，纷纷行动起来，要求拿起武器，组织武装队伍，投入推翻国民党反动统治的斗争行列。

根据广东区党委关于"除了建立一般精干主力外，仍须保持有各种形式的武工队、地方性的不脱离生产的队伍"的指示，河东分工委和河西分工委一方面建立由分工委直接指挥的主力部队，另一方面在各区、乡普遍建立主力连队、武工队和民兵组织。从3月至8月，武装队伍普遍建立，成为发展武装队伍的高潮时期。

　　3月，为了组建河东区的主力部队，王彪率领原东江纵队第三支队留下坚持斗争的武装骨干10余人进入河东，在黄村组建了以潘松为中队长、黄克为指导员的青龙队。不久又与东江人民抗征队合编为东江人民抗征总队紫五龙河大队，王彪任大队长兼政治委员，张惠民任副大队长，共有110多人。这是河东区的主力部队。接着，在黄村建立了以程佩舟为中队长、李顿（后为唐克）为指导员的白虎队，共70多人。随后，相继建立各种武装中队。在龙（川）河（源）边建立了以梁胜为队长、黄靖（又名黄继泉）为指导员的洛阳队，以邹达为队长、黄克为指导员的川南队，以曾火廷（曾和廷）为队长、孔礼为指导员的铁鸟队，以黄资为队长、黄邦为指导员的星光队，以曾火廷为队长、陈华为指导员的拓荒队，以及海威队、铁牛队。在叶潭及东江边一带建立了以刘进（后为孔祥安）为队长、刘声（后为刘英才）为指导员的飞马队，以刘冠为队长、张彬为指导员的飞鹏队，以杨友安为队长、黄民（后为郑浩）为指导员的飞虎队，以曾俊杰为队长、刘平为指导员的前锋队，以陈振华为队长、孙志（后为戴碧青）为指导员的猛豹队，以及宁溪队、南坝队。在紫（金）五（华）边区建立了以程兆平为队长、肖志光为指导员的四平队，以钟良为队长、张可为指导员的华熊队，以程健为队长、曾履冰为指导员的关公队。在紫（金）河（源）边区建立了甄锦尧为队长、张彦为指导员的潜艇队，以李怀为队长、张正为指导员的航海队，以叶鸡鸣为队长、张三喜为指导员的飞鹰队，以李松为队长、黄戈为指导员的新独队，以李英为队长、刘铭才为指导员的航空队，以黄友仔为队长、程炳坤为指导员的锦州队，以及古云队、禾溪队和昆仑队。在泥金、古竹建立了以陈果为队长、黎克为指导员的紫金人民抗征队。此外，半江、锡场也建立了飞豹队、白云队和河西队，部队共有200多人。到1948年4月，河东区组织建立了21个武装中队和一些武工队。部队由100多人发展到1100多人。

在河西，河西分工委首先以东江纵队第三支队留下的武装骨干为基础，成立以黄日为中队长、欧阳梧为指导员的主力中队。接着，建立了以陈明为队长、陈丹为指导员的铁流队。5月，以龙和河边人民武装工作队为基础，组建了以欧阳克中为队长兼指导员的猛虎队。随后，河西区武装队伍普遍发展，在上莞建立以陈国汉为队长的飞虎一队，以陈云舫为队长的飞虎二队，以李汉杰为队长的飞虎三队，以陈权为中队长、田裕民为指导员的上莞队，在李田、苏杨坑及龙川义都一带建立光明队，在船塘，建立以欧阳年为队长、廖岳为指导员的翻身队，以及猛狮队、威武队，在三河建立以丘仿为队长、洪钢为指导员的猛龙队（即"河和人民自救队"），在骆湖建立以欧阳骝为队长、田青为指导员的白狼队（即"骆湖青年武装工作队"）及刘宝俊队，在曾田，建立以欧阳霞为队长、李九（后为陈刚）为指导员的捷克队，在漳溪建立以吴仲甫为队长、曾宗（后为郑行）为指导员的长江队；在川中（龙川中部）建立以黄锐（又名黄仕标）为队长的龙和人民自救队，下辖以黄克强为队长、黄荣（又名黄儒林）为指导员的东岳队，以郑行为队长（后为刘周中）、蓝天为指导员的南岳队，以黄顺泉为队长、黄宏为指导员的北岳队。此外，还有黄沙的麒麟队、顺天的滑滩队、灯塔的白砾队。到1948年初，河西区组织建立了18个武装中队及一些武工队。部队由70多人发展到1400多人。

河东、河西各地武装队伍组织建立起来后，为了解决武器装备和给养问题，中共九连工委发出"有钱出钱，有枪出枪，有力出力"的号召，要求各地采取各种办法，开展筹枪筹粮的活动。一是勒令地主恶霸交出枪支弹药；二是发动群众征集民间枪支，动员藏有枪支的公尝和开明绅士以及个别群众自觉交出枪支支援部队；三是袭击国民党地方武装，在战斗中缴获敌人的武器；四是建立修械所，修造武器，如枪支、地雷、手榴弹、燃烧弹、烟幕弹、土炸弹；五是建立税站，开展税收。在河西、河东区较大的税站有和平东水税站、李田税站、东江河白马税站、康禾青山坳税站等，此外还有许多不定时、不定点的税站。这些税站都设在水陆交通要道上，通过税收解决部队的给养。

河西区武装部队，动员开明人士陈鼎新捐出稻谷数十担，枪支 10 余支；勒令上莞大地主陈湛波交出长短枪 40 支，子弹 300 发，稻谷 200 担。曾田的地主豪绅共交出长枪 83 支，稻谷 500 担，解决了曾田天马队的武器装备。从 3 月开始，河东分工委领导成员亲自率领武装队伍袭击敌乡公所、警察所，破仓分粮、解救饥荒，收缴武器、扩大部队。

为了加强各地区、各部队的联络，地方党和部队在各地设立了交通站。在河西、河东区较大的交通站有：三河漂湖的"河马站"、新寨的"南京站"、上莞杨坑的"九江站"以及河东板仓、宁山、儒步、若坝等地的"上海站""北平站""南京站""天津站"等。交通站的主要任务是收集和传递情报、文件，掩护和护送来往的领导人员。这些交通站在武装斗争活动中发挥了重要作用。

至 1948 年初，通过土地改革发动群众参加武装队伍，河西、河东的武装部队有了较大的发展，部队进行了整编。通过整训，河东区部队统一编为东江人民抗征总队，总队负责人钟俊贤、王彪，副总队长张惠民。下辖 7 个大队：主力大队，由王彪任大队长兼政治委员，下辖2个中队；龙（川）河（源）大队，由张惠民兼任大队长，欧阳诚任副大队长，陈华（后为钟忠）任教导员，欧阳裕任副教导员，下辖5个中队；河（源）紫（金）大队，由李奇任大队长，刘奋飞任教导员，李永清、李怀任副大队长，下辖5个中队；江防大队，由邹建任大队长兼政治委员，下辖5个中队；紫（金）五（华）大队，由温敬尧任大队长，程佩舟任政治委员，下辖4个中队；新生大队，由张其初（李昌）任大队长，下辖2个中队；紫金人民抗征大队，黎克任大队长，李良、李花白任副大队长，下辖4个中队。

在河西区，建立了两个大队：主力大队，由黄日任大队长，郑风任教导员，下辖6个中队；江明大队，由黄锐任大队长兼政治委员，黄克强任副大队长，下辖4个中队。河东、河西武装队伍的发展壮大，为游击根据地的开辟和巩固创造了条件。

恢复武装斗争之后，九连地区乃至整个东江地区各部队打击国民党地方反动势力和"反抗三征，破仓分粮"的军事行动，使国民党广东当局惶恐不安。为了扑灭人民武装力量，1947年3月15日，国民党广州行辕发布"清剿"命令，在各行政区设立"清剿"机构，拼凑地方反动武装，调集兵力，实行"全面清剿，重点进攻"的方针，采取"分兵据点，伺机出击，集中机动，远道奔袭，忽东忽西"①的战术，企图在人民武装队伍建立之初，力量尚小之时，集中兵力一举消灭。

面对国民党军事当局的进攻，中共九连区工委根据敌强我弱

---

① 《广东武装工作报告》，载于《粤赣湘边区革命史料》，广东人民出版社1989年版，第177页。

的态势，采取"避实就虚，避重就轻，避大就小"①的作战方针，主力部队与地方部队、武工队及民兵相结合，采用袭击战、伏击战和围困战，袭击敌人、打击敌人、牵制敌人，迫敌退守，以此打退敌人的进攻，同时发动群众，组织武装队伍，组织民兵和农会，进行开辟游击根据地的斗争。

6月下旬，国民党广东省保安第五团及第八团一部，纠集各县政警队、自卫队开始对九连地区进行"清剿"和"扫荡"。由于河东区迅速发展起来的武装力量，直接威胁保安第五团团部驻地老隆一带，保五团团长列应佳首先驱使龙川县自卫总队副总队长黄希杰，率200多人，于6月23日进驻黄村圩，伺机打击河东区部队主力。王彪、张惠民、程佩舟率领部队和蓝溪、能溪民兵600多人，配以土枪土炮，迅速占领黄村圩周围山头，将来犯之敌重重包围。第二天，敌人多次突围，都被河东部队和民兵集中火力压了回去。驻蓝口之敌保安第八团闻讯派两个连的兵力进入叶潭，企图增援，为黄希杰部解围，也被击退。第三天，黄希杰率部企图从黄村坳神角突围时，王彪率领青龙队及时赶到，再次将敌压回黄村圩。因河东部队无任何攻坚武器，只好将敌放出圩外伺机歼击。王彪所率主力部队埋伏在通往蓝口的必经之路琏石白沙岗，以伏击逃窜之敌。黄希杰得知情报，是夜绕道叶潭经龙川四甲方向仓皇逃遁。此战，虽然未能给黄希杰部以歼灭性的打击，但给敌人以极大的震慑，鼓舞了河东区军民的斗志。民兵参战非常踊跃，年过古稀的程耀堂也参加了战斗，表现了军民同仇敌忾的必胜信心。

敌人进攻黄村受挫后，又于7月14日出动800余人，附重机

---

① 《广东武装工作报告》，载于《粤赣湘边区革命史料》，广东人民出版社1989年版，第177页。

枪两挺，轻机枪 20 余挺，火炮 3 门，由龙川县自卫大队大队长黄道仁率领，从龙川鹤市再次进犯黄村。河东部队布下地雷阵伏击，但敌避开大路走小路，未中伏击。是夜，河东部队反被敌包围。经激战，河东部队突出敌围，击毙敌排长以下官兵 10 余人。河东部队副指导员李坚不幸中弹牺牲。

7 月下旬，敌向连和区、和西区进犯，和平青州等地陷入敌手。8 月 2 日，严尚民率中共九连区工委领导机关及主力主动撤出青州，于 8 月 3 日转移到河西指挥作战。

8 月 16 日，河源县警一个中队纠集骆湖、顺天、灯塔、东坝等乡的联防队共 400 多人，由县警中队长黄虎臣和顺天乡长朱光中带领，于凌晨 4 时包围驻扎在骆湖下欧村的白狼队，企图一举歼灭。骆湖白狼队 80 多名战士奋不顾身顽强抵抗。下午 1 时，黄日率领铁流队，郑风率领长江队分别从船塘、上莞赶到骆湖增援，骆湖、漳溪民兵、群众也奋起参战，并对敌形成反包围态势。战至下午 5 时，黄日命令部队停止进攻，待夜色降临后再发起攻击。敌人察觉黄日所部意图后，仓皇出逃。此役，毙伤敌 19 人，其中击毙敌联防队队长、警察巡官、乡长各 1 人。俘获灯塔、骆湖两乡联防队队长 2 人。白狼队队员欧阳娘娣、吴黄舅、周佛恩 3 人牺牲。此战，不仅给地方反动武装以有力的打击，而且迫使骆湖、顺天、灯塔等乡的联防队土崩瓦解。

骆湖坪塘战斗后，白狼队处决了国民党特务、土豪欧阳秀初。部队奉命转移到上莞。此时，河源县警中队 100 多人向河西进犯，追击骆湖白狼队，经佛哥坳大坪时，竟将 8 名无辜百姓杀害。

敌人企图消灭九连武装队伍的阴谋屡遭失败，但仍贼心不死。中共九连工委和中共江南工委为打通九连地区与江南地区的联系，进而将九连地区的河东区与江南地区的惠（阳）紫（金）边区连成一片，形成互为掎角、相互配合策应之势，决定扫除惠紫边境一带的反动据点，首先联合攻打紫金好义反动大地主张源和。9月15日，河东区的紫金人民抗征队、惠紫人民自卫大队扫北队、江北地区陈江天①大队共400余人的兵力，集结于紫金好义，将大地主张源和庄园包围。由于战前部署周密，一举攻克张源和庄园。同时拔除惠、紫河边一带反动据点。此战，俘虏反动分子张仲才等6人，缴获手提机2挺，长短枪100多支，物资一大批，扫除了惠、紫、河边最大的反动势力，打通了九连河东区与江南惠紫区及江北地区的联系，为三区部队相互配合作战扫除了障碍。

河东、河西区在恢复武装斗争后刚刚建立起来的武装队伍，在国民党军的进攻围剿中，不但没有被消灭，而且愈战愈强，不断壮大。河东区建立了4个主力中队，河西区建立了1个主力中队。河东、河西区建立了20多个地方中队和十几支武工队以及数以百计的民兵队伍，部队的武器装备也在战斗的缴获中得到很大的改善。在反击国民党军进攻的战斗中，河东、河西游击基地得到巩固与扩大。河东的黄村、叶潭、康禾，河西的船塘、上莞、三河、漳溪、骆湖、曾田及与之相邻的连和区大湖、青州、热水、公白、礼士，和东区的东水、林寨、古寨，新丰的锡场、半江等乡相继解放。在整个九连地区，有20多个乡得到解放，部队活动地区达50多个乡，纵横三百余里。已经获得解放的乡村，在地方党组织的领导下，发动群众组织农会、民兵、妇女会、儿童团等群众团体，减租减息运动普遍开展，群众革命斗争情绪日益高涨。以九连山为中心的河东、河西、连和、和东四块游击基地初步

---

① 陈江天，广东五华人。1939年加入中国共产党。历任中共支部书记、区委委员、区委书记、县委宣传委员，东江纵队独立第三大队政训室主任，龙门独立大队政治委员，中共从化县委书记兼独立大队政治委员等职。解放战争时期，任江北地委委员、江北支队政治部主任。

形成。

### 三、召开河西白竹坑会议

从 1947 年冬开始，由"小搞"转入"大搞"之后，广东各地区群众斗争和游击战争蓬勃发展，形势发生了有利于人民革命的深刻变化。为了适应斗争形势发展的需要，加强各地党的领导，统一指挥游击战争的开展，香港分局于 1947 年 11 月 29 日向中共中央报告，拟在华南各地成立区党委。报告提出：在"粤东、北江（粤汉路以东，潮梅以西）成立粤赣湘边区党委，建立粤赣湘边区纵队司令部"[1]，统一领导江南、江北、瀚江、五岭和九连地区的党组织和武装部队。1948 年 2 月，香港分局会议后，决定组成中共粤赣湘边区临时委员会（简称"粤赣湘边区临时党委"），由尹林平、黄松坚[2]、梁威林、左洪涛[3]、黄文俞[4]、严尚民组成，

---

[1] 《中共中央香港分局一年来工作情况的报告》，载于《粤赣湘边区革命史料》，广东人民出版社 1989 年版，第 113 页。

[2] 黄松坚，广西凤山人。壮族。1924 年参加学生运动和农民运动。1929 年加入中国共产党，历任中共凤山县委书记、凤山县苏维埃政府主席、凤山百色农军总队长、红七军第二十一师副师长、中共右江下游委员会书记兼军委主席。抗日战争时期，历任中共广西省工委书记、中共广东省委组织部秘书长、中共北江特委书记、中共广东区委委员、中共广州市委书记等职。

[3] 左洪涛，湖南邵阳人。1927 年加入中国共产党。历任中共上海市江湾区委宣传部部长，全国互济会秘书长兼组织部部长，中共鄂豫边省委宣传部部长、军委委员。抗日战争期间，长期从事统一战线工作，任中共特支书记。解放战争期间，任中共港粤工委委员、粤桂边人民解放军参谋长。

[4] 黄文俞，广东番禺人。1941 年加入中国共产党。历任东江纵队青年干部训练班主任、东江纵队政治部宣传科科长等职。抗战胜利后，前往香港《正报》社工作。

以尹林平为书记，黄松坚为副书记。由于粤赣湘边区所属范围较广，通讯联络很不方便，不易于集中领导，因此香港分局决定，临时区党委委员直接到各地区领导工作，其中黄松坚、梁威林、严尚民负责五岭、瀚江、九连地区的领导工作。根据香港分局的指示精神和游击战争形势的发展，粤赣湘边区临时党委决定，在适当时候"公开党的旗帜，实行统一领导"，[①] 正式建立各区党委，并对武装部队进行整编。

1948 年春夏间，粤赣湘边临时党委成员黄松坚、梁威林先后进入九连地区指导工作。6 月，中共九连工委在河西船塘流石白竹坑召开会议，黄松坚、梁威林、严尚民及魏南金、钟俊贤、郑群、黄中强、吴毅（曾志云）、张华基、骆维强、卓扬、吴震乾等人出席会议。梁威林在会议上传达了中共中央关于《纠正土地改革宣传中的"左"倾错误》《新解放区土地改革要点》《集中优势兵力，各个歼灭敌人》等重要文件和香港分局关于纠正土地改革偏向问题的指示。严尚民代表中共九连工委作题为《目前的形势与我们的方针任务》的报告。会议就九连地区游击战争形势、加强党的领导、发展和巩固党的组织、军事斗争、群众工作、统一战线和土地改革运动等问题展开讨论和研究。关于目前形势问题，会议认为："九连区人民斗争与我党的武装斗争是全省高潮的主流之一。它的发展使得九连区一年来的形势起了空前的变化，特别是去年 12 月粉碎敌人第二次进攻，实行大搞以来，我武装力量连前期所发展的，比恢复武装斗争的初期扩大了数十倍。全区除敌人的县城及较大的市镇外，到处都有我部队活动，打击敌人，为人民服务；控制和活动的地区遍及紫（金）五（华）龙

---

① 中共惠阳地委党史办公室编，《目前形势与我们的方针任务》，载于《东江党史资料汇编》第四辑，1984 年 11 月印刷，第 190 页。

（川）河（源）连（平）和（平）横直三百里以上的广大地区；完全解放和半解放的乡镇达百余个，三百万人民受到我党深入的政治影响，建立了我党的强固信仰；而二十一个乡的十六万农民则如火如荼的卷入了分田废债的翻天覆地的斗争，并打垮了数千年的封建压迫翻了身；普遍组织农会、民兵和政权，作了统治的主人。我们敌人的士气则越打越弱，机动兵力越打越少，地主阶级威风全灭，胆战心惊，在阴谋计划着对人民的反噬。这是一个巨变，这是伟大的场面，九连区已创造了解放区的规模。"① 会议对反击国民党的第一期"清剿"的斗争，进行了认真的总结，认为未能彻底粉碎敌人的"清剿"，未能给敌人歼灭性的打击的主要原因在于："一些地区中一些部队在军事行动上采取了消极被动、怕战挨打、分散掩蔽的错误方针"；"部队扩大了而未巩固"，"没有及时地建立强大的主力"；"土地政策上有偏向，扩大了打击面"；"在大搞中未有充分地从思想上、政治上、组织上、物质上"做好反"清剿"斗争的准备。会议强调，"必须纠正过去的弱点，扭转战局，巩固部队与巩固地区"，因而要抓住"整训部队与集结主力""展开强烈的政治攻势，展开反自新运动"这两个重要环节，"采取主动积极打击敌人的军事斗争方针，彻底反对消极被动、怕战挨打、分散掩蔽的错误方针"，"迅速纠正在分田分粮分财清算等斗争所发生的过左过火的偏向"，"巩固与扩大我农村的统一战线"，"加强党的领导与发展党的组织"，"动员人力、物力、财力，保卫已解放地区和保证打击敌人取得胜利的群

① 中共惠阳地区党史办公室编，《目前形势与我们的方针任务》，载于《东江党史资料汇编》第四辑，1984 年 11 月印刷，第 187 页。

众基础与物质基础"，① 夺取反"清剿"斗争的胜利。会议作出《目前形势与我们的方针任务》《关于统一领导成立地委及支队司令部的决议》《为加强党的领导与发展党的决议》《关于建立主力的决议》《关于土改政策的决议》《关于主动积极打击敌人的军事斗争方针的决议》等重要决议。

根据粤赣湘边区临时党委的指示和会议的决议，将中共九连地方工作委员会，改组成立"中共九连地方委员会"（简称"中共九连地委"），由魏南金、钟俊贤、郑群、黄中强、吴毅、张华基、骆维强②、卓扬、吴震乾组成，魏南金、钟俊贤、郑群、黄中强、吴毅为常委，魏南金任书记，钟俊贤任副书记。中共九连工委书记严尚民，奉命担任粤赣湘边区临时党委委员，负责指导九连地区的工作。中共九连地委下辖：和东区工委，骆维强任书记；连和区工委，卓扬任书记；河西区工委，吴震乾任书记；河东区工委，张华基任书记。会议同时决定，将九连地区武装部队统一整编，成立"广东人民解放军粤赣边支队"。会议还就如何加强宣传工作、情报交通、后勤保障、干部培训、加强政治攻势，瓦解敌军等问题作出了决定和具体部署。

河西白竹坑会议是九连地区恢复武装斗争以来最为重要的一次会议。这次会议认清了形势，明确了斗争任务，总结了九连地区开展游击战争的经验与教训，纠正了"大搞"和反对国民党第一期"清剿"错误与偏向，制定了正确的军事斗争方针和策略，

---

① 中共惠阳地区党史办公室编，《目前形势与我们的方针任务》，载于《东江党史资料汇编》第四辑，1984 年 11 月印刷，第 187 页。

② 骆维强，广东和平人。1939 年加入中国共产党。任中共和平县委宣传部部长、组织部部长。1944 年参加桂北抗日游击战争。1946 年任中共香港"新界"区特派员。1948 年后，历任粤赣边支队第六团政治委员、中共和东工委书记、连和县人民政府县长、中共连和县工委书记。

为游击战争的发展和根据地的巩固与扩大指明了正确方向。它是九连地区人民游击战争发展的转折点，它为全面扭转九连地区的战局以及根据地的巩固、发展，从思想上、政治上、军事上和组织上奠定了基础。

在河西白竹坑会议期间，为了挫败国民党军进攻河西的阴谋，保证中共九连工委会议的顺利举行，保障九连地区领导机关的安全，打击敌人的气焰。6月30日，连和区桂林大队100余人，在大队长曾坤宜、副大队长曾坤延的率领下，在距船塘白竹坑仅10千米的大湖大田村，伏击连平县警中队一小分队，经2小时的激烈战斗，将敌全歼，缴获轻机枪1挺，长短枪10余支。桂林大队排长、服务员罗胡伟、曾荣资、曾王贵、曾招廉及战士曾亚广英勇牺牲。大田伏击战是反击国民党第一期"清剿"以来，集中优势兵力，主动打击敌人的开端，给连和、河西区军民很大的鼓舞。

### 四、粤赣边支队在上莞成立

河西船塘白竹坑会议之后，梁威林、严尚民、魏南金、钟俊贤、郑群、吴毅、黄中强、林镜秋等人先后到达上莞。至此，中共九连地委和部队领导机关由九连山腹地转移到上莞。

河西上莞位于河源县东北部。东依龙川，西邻漳溪，北靠船塘，南临曾田。全境为矮山盆地，四周层峦叠嶂，进可攻，退可守，为屯兵之战略要地。早在抗日战争时期，上莞就建立了坚强的党组织，并领导人民群众进行过抗日救亡运动和减租减息斗争，建立了抗日救国会等群众组织；同时通过开展统一战线工作争取一批开明人士的同情和支持，人民群众普遍支持和拥护革命。此外，上莞土地肥沃，物产丰富，素有"小米粮川"之称，为部队供给提供了条件。为此，中共九连地委确定以上莞为中心，建立巩固的根据地，集结主力，开展整训，为反击敌人的"清剿"，转入战略进攻创造条件。

7月，连和区、和东区、河东区、河西区的主力部队集结于河西，分别进行了为期20多天的整训。整训期间，部队首先学习了毛泽东关于《集中优势兵力，各个歼灭敌人》的指示和中共九连地委《关于主动积极打击敌人的军事斗争方针的决议》。通过学习，全体指战员对九连区游击战争形势有了正确的认识，认为反击国民党第一期"清剿"之所以陷入被动局面。在整训过程中，郑群亲自讲述华东野战军在山东孟良崮等地打歼灭战的战例。在此期间，主力部队抓住战斗空隙进行新式整军运动和实地作战训练，同时召开诉苦会，进行阶级教育，提高指战员的阶级觉悟，激发阶级感情和斗志。根据人民军队的建军原则，部队建立了一整套的政治工作制度，同时建立和健全部队党的基层组织，根据"支部建立在连上"的原则，积极加强连队党支部的组织建设和思想建设，发挥党支部的战斗堡垒作用；加强思想政治工作，教育指战员严格执行"三大纪律八项注意"，开展立功竞赛活动。通过整军训练，激发了全体指战员的阶级觉悟，鼓舞了斗志，提高了士气，为摆脱被动局面，扭转整个战局打下基础。

在部队整训的同时，根据粤赣湘边区临时党委和河西白竹坑会议决议，正式成立"广东人民解放军粤赣边支队"（简称"粤赣边支队"），以钟俊贤为司令员，魏南金为政治委员，郑群为副司令员，吴毅为参谋长，黄中强为政治部主任。支队下设4个主力团和2个独立（直属）大队。以连和区主力部队为基础，编为第三团，吴毅兼任团长，郑群兼任政治委员，章平为政治处副主任；河东区部队编为第四团，王彪为团长，张华基为政治委员，张惠民为副团长，张日和为政治处主任；和东区部队编为第六团，林镜秋为团长，骆维强为政治委员；河西区部队编为第七团，魏麟基为团长（因工作未到任），吴震乾为政治委员，黄日为副团长，郑风为政治处主任。川北部队编为独立第一大队，以魏洪涛为大队长兼政治委员，骆骁为副大队长；河东区的江防大队编为独立第五大队，以邹建为大队长兼政治委员，陈健为教导员。

随后，河东、河西区的所属部队进行了整编。河东区第四团包括主力大队、第一大队、第三大队、独立第五中队。主力大队（又称主力营），程佩舟任大队长，钟忠任教导员。下辖：青龙队，队长邓开，指导员钟斐；白虎队，队长黄友仔，指导员张杰；锦州队，队长甄锦尧，指导员张宏；四平队，队长程健，指导员李思奇（唐克）。第一大队，张惠民兼任大队长，陈华任政治委员。下辖：洛阳队，队长梁胜，指导员黄克；拓荒队，队长曾和廷，指导员钟忠（兼）；火光队，队长黄资，指导员黄邦；川南队，队长罗云，指导员张华。第三大队，李奇任大队长，钟忠任政治委员（后刘奋飞），李怀、李永清任副大队长。下辖：第一中队，队长甄锦尧，指导员张彦；第二中队，队长李怀（兼），指导员张正；第三中队，队长叶鸡鸣，指导员张声喜。独立第五大队，下辖：飞马队，队长孔祥安，指导员张力；飞鹏队，队长刘冠，指导员张彬；飞虎队，队长杨友安，指导员郑浩（后黄戈）；飞豹队，队长陈振华，指导员刘英才；前锋队，队长曾俊杰，指导员刘平（刘振光）。河西区第七团，下辖：铁流队，队长陈明，指导员陈丹；火球队，队长梁山，指导员洪钢（后郑行）；长江队，队长吴仲甫，指导员郑伯驹；捷克队，队长游良，指导员陈刚；猛龙队，队长邱仿，指导员洪钢；上莞队，副队长李汉杰，指导员田裕民；白狼队，队长欧阳骝，指导员曾宗；长虹队，队长欧阳梧，指导员许可为。属于河西区的独立第二大队，黄锐（黄仕标）任大队长，张其初任教导员，黄克强任副大队长。下辖：华东队，队长田青，指导员黄宏；华南队，队长刘周中，指导员蓝天。此时，紫金人民抗征大队归属广东人民解放军江南支部；新丰的江北人民自卫总队归属广东人民解放军粤赣先遣支队。

8月1日，中共九连地委在上莞举行广东人民解放军粤赣边支队成立动员大会，部队指战员1000多人参加大会。大会庄严宣告广东人民解放军粤赣边支队正式成立。8月7日，广东人民解放军粤赣边支队成立典礼在上莞隆重举行，参加成立典礼的军民3000余人。典礼由黄中强主持，黄松坚、严尚民及支队领导人先后发表讲话。大会回顾了九连地区恢复武装斗争的战斗历程，充分肯定了九连地区恢复武装斗争，发展武装队伍，建立游击根据地取得的成就，高度赞扬了九连地区、尤其是河西区人民群众对人民武装部队的全力支援，指出公开旗帜、统一指挥是斗争形势发展的需要，号召全体指战员在中国共产党中央和中国人民解放军总部的领导下，加强团结，英勇杀敌，为解放全九连、全中国而奋斗。大会通过了《广东人民解放军粤赣边支队成立宣言》和致中共中央、毛主席、朱总司令、各友军、各人民团体、各界同胞的《通电》。《广东人民解放军粤赣边支队成立宣言》宣布："我们是伟大光荣的中国人民解放军的一部分，我们是中国共产党和毛主席领导下的人民子弟兵，我们一定要执行三大纪律、八项注意，密切团结群众，严肃纪律，改造成为攻无不克、战无不胜的铁军。"《宣言》号召："全区人民与我们密切团结起来，为驱逐与消灭全区蒋匪土顽、打倒其腐败独裁的伪政权，建立全区民主政权，解放全区人民而斗争，进一步与友军协同作战，为打倒蒋介石，建立全国民主联合政府，解放中国人民与中华民族而斗争[①]！"

---

① 《广东人民解放军粤赣边支队成立宣言》，载于《粤赣报》1948年8月15日创刊号第一版，连平县档案馆藏。

广东人民解放军粤赣边支队的成立，是九连地区人民武装队伍发展壮大，跨入人民解放军战斗行列的重要标志。她有力地表明，九连地区人民武装队伍发展进入了新的阶段，部队的政治素质和军事素质得到提高，战斗力不断增强，成为从根本上扭转战局，建立和巩固根据地的坚强武装力量。

## 五、整顿与巩固河西区党组织

为适应游击战争形势的发展，整顿与巩固党的组织，发挥党组织战斗堡垒作用，成为必须尽快解决的突出问题。恢复武装斗争初期，香港分局就党组织的整顿巩固问题指出："加强党的巩固与发展，才能更有利完成我们当前的任务。以全党团结与群众观点两个中心问题去整风，以调查研究严肃谨慎去审干，以七大文献及区党委工作检讨初步总结和当地实际工作检查总结去教育干部，提高干部。同时，应从斗争发展中根据需要去发展党员，特别对于农村重要据点，城市重要部门，更必须有具体计划来布置。"[①] 与此同时，香港分局还就审干问题作出指示，对有自首和叛变行为，参加其他党派和失去关系的党员干部进行重点审查，根据具体情况作出不同的处理。从1947年初开始，河东、河西区所属党组织对党员和干部进行审查、恢复、整顿和教育工作。但是，由于河西党组织的关系比较复杂，恢复武装斗争后，党组织的恢复审查和整顿工作进展相当缓慢。自1943年河西区党组织停止组织活动之后，党组织一直没有完全恢复。1945年初，中共后东特委恢复组织活动后，由于相当一部分领导较长时间都在河东乃至紫（金）五（华）边区开展武装斗争，难于顾及河西区的党组织恢复工作。至东江纵队北撤前，河西区只有30多位党员恢复

---

① 《香港分局关于接受中央二月一日指示的决议》，广东省档案馆藏。

了组织关系。① 1945 年 11 月，东江纵队第三支队挺进九连山后，成立中共九连山区工委，除辖部队内的党组织外，连平、和平两县的党组织也属其辖下。恢复武装斗争不久，河西区党组织逐步恢复，首先在各乡建立支部，各村建立支部或小组。1947 年 7 月后，中共九连工委派吴震乾到河西区，负责党的工作，组成"中共河西分区工作委员会"。至 9 月，恢复组织关系的党员有 95 人。② 随后，河西区的绝大多数党员都恢复了组织关系，在斗争中经受了锻炼和考验，成为立场坚定的革命者。

1948 年 6 月，中共九连地委成立后，中共河西工委作了调整，增派余进文为工委委员，具体负责领导恢复地方党组织工作。河西工委所辖范围包括河源的船塘、三河、黄沙、上莞、漳溪、骆湖、曾田、灯塔、柳城、地运及龙川县的义都、佗城，和平县的礼士、公白、郎伦。除部队的党组织外，河西工委将所辖地区划为 3 个区，先后建立了船（塘）三（河）区委和上（莞）曾（田）漳（溪）区委。

河西区党组织虽然建立和健全了各级领导机构，但一些基层组织还存在不少问题，党的组织生活不健全，组织纪律涣散，有些支部、小组几个月都没有召开会议，一些党员组织观念薄弱，不交纳党费。这些问题严重影响党的威信，使党的基层组织失去战斗力，不能起到战斗堡垒作用。为健全党的组织，提高党组织的战斗力，发挥党员先锋模范作用，中共九连地委决定对河西区

---

① 《钟学贤关于后东一般工作报告》（1946 年 6 月 18 日），广东省档案馆藏。钟学贤，即中共后东特派员钟俊贤。

② 《油给达兄的信—汇报江南区工作情况》（1947 年 9 月 13 日），广东省档案馆藏。

党组织进行一次全面的整顿，并派刘波①、邹建为河西工委委员，加强河西区党组织的领导，刘波任组织部部长，并负责党组织的整顿工作。

河西区党组织整顿工作。河西区工委在船塘中学以举办教师学习班的名义，举办党的基层干部学习班，进行党组织的整顿工作。学习内容主要是如何完善入党手续，健全组织生活，强调吸收党员必须小组讨论，支部通过，区委批准；制订组织生活制度、会议汇报制度，强调按时交纳党费。对于那些在停止党组织生活期间政治立场表现尚不清楚，或以群众身份自新，且未恢复组织生活的党员，进行了认真的实事求是的审查。经审查后，对政治立场坚定，确无变节行为的党员恢复了组织关系；一些以群众身份集体自新的党员，则暂缓恢复组织关系，但仍接纳其参加革命工作，保持与其联系，并在党外组织"革命同志会"，定期组织学习参加会议，听取他们的思想汇报，提高其思想认识，政治立场表现清楚后一或恢复组织关系，一或重新吸收其入党。通过整顿和审查，党员的政治思想觉悟得到提高，加强了党的团结，改善了党群关系，发挥了党员的先锋模范作用，提高了党的战斗力，同时发展和壮大了党的组织。

## 六、战略反攻的开展与五大战役

1948 年夏，人民解放军全面转入外线作战，全国主要战场进入国民党统治区。从 8 月开始，九连地区武装部队以公开斗争旗帜为契机，召开誓师大会，集结主力，进行反击"清剿"的思想

---

① 刘波，广东龙川人。1938 年加入中国共产党。历任中共龙川涧洞支部书记、区委书记等职。1946 年前往香港，1948 年夏返回九连区参加武装斗争。

动员，士气逐步旺盛，部队求战情绪不断高涨。但是，由于河东、和东、连和区相继失陷，九连地区主力部队全部集结于河西一隅，回旋余地大大缩小，加之周边之敌正逐步形成对河西地区的包围态势，并不断驱兵对河西区进行"清剿"和袭扰，使九连地区局势日趋严峻。9 月 14 日，尹林平致函中共九连地委，传来了江南支队集中优势兵力，主动打击敌人，取得"三战三捷"的胜利消息，并介绍了江南地区反"清剿"的经验，要求中共九连地委一定要学习、领会和运用毛泽东的战略战术思想，建立超越地区的机动作战部队，集中优势兵力打歼灭战，消灭敌人有生力量，才能粉碎敌人的"清剿"。尹林平还特别强调，要做好"知己知彼的准备和动员工作"，"集中几个主力统一指挥和超越地区作战"，要主动出击"先发制人"，力争"集中优势兵力击其一路或一翼"。① 江南地区反"清剿"斗争的经验及尹林平的重要指示给九连地区的军事斗争指明了正确的方向。

### 白马伏击战

10 月，集结于河西上莞的九连地区武装部队主力达数千人之多，部队的给养相当困难。河西工委虽已竭尽全力动员地方党和人民群众支援部队，人民群众也已尽了最大的努力，几乎将能筹集的粮食全部都供给部队。但毕竟河西的财力物力有限，部队所需物资和生活必需品严重短缺，军民生活都相当困难。部队的指战员常常只能以虫蛀变质的番薯片和野菜充饥。时值初冬，指战员都没有御寒衣物。因而，尽快打破国民党的经济、军事封锁，扭转斗争局面解决部队的给养困难成为根据地军民的当务之急。

10 月中旬，国民党保安第十三团由惠阳移驻河源蓝口，企图

---

① 尹林平：《目前形势和工作意见》（1948 年 9 月 14 日），广东省档案馆藏。

配合保安第五团、保安第一团，再度组织对九连地区的进攻，以南北夹击之势，一鼓作气围歼处于河西一隅的九连地区武装部队主力。

面对强敌压境的严重形势，中共九连地委和粤赣边支队司令部决心集中优势兵力，内线外线相结合，打破敌人的进攻。为此，支队迅速从各地区调集主力连队，充实机动作战的主力团，进行战前的思想动员，激发指战员的阶级感情，提高思想政治觉悟，打破敌人的进攻计划，从思想上、组织上和军事力量上做好充分的准备。与此同时，支队司令部大力加强情报工作，命令各情报站和活动于东江边的独立第五大队加强情报侦察和搜集，以切实掌握敌情和正确判断敌情，主动寻找战机，歼灭敌人有生力量。

10月下旬，从独立第五大队侦察情报获悉，国民党东江税警护航大队将护送13艘走私船只，由河源溯江而上。粤赣边支队司令部抓住这一战机，决定于河源义合白马一带埋伏歼击此敌。粤赣湘边区临时党委委员严尚民及郑群、吴毅率主力第三团4个连队和第七团铁流队埋伏于东江西岸，第四团团长王彪、副团长张惠民率第四团主力及第一大队埋伏于东岸，邹建率独立第五大队（江防大队）一部埋伏于下游以断其后。24日下午1时许，敌进入伏击地段，粤赣边支队所部立即从东西两岸发起进攻，毫无防备之敌遭受突如其来的打击而惊慌失措，纷纷跳入江中逃命，部分敌人则依靠船体负隅顽抗。经两个小时的激战，打垮梁桂平护航队，歼敌一个连，毙敌35人，俘敌30多人，缴获迫击炮1门，轻机枪2挺，掷弹筒2支，长短枪数十支，子弹2000多发，同时缴获物资一大批。河西工委组织大批民工，将所缴获物资运回上莞、船塘。此战，是粤赣边支队成立后，集中优势兵力、主动积极打击敌人、外线出击的第一次胜利。

### 大湖诱伏战

大湖是连平县东南部的重镇，处于和平、忠信、船塘三角地带之中，与河源县的船塘、三河、黄沙紧紧相连，是通往九连山和中共九连地委、粤赣边支队司令部所在地河西上莞的重要门户。长期以来，国民党都有重兵驻扎于此。此时，驻扎于大湖的是国民党保安第一团第三营营部及其所辖的160多人的加强连，连长冯志强。此敌驻扎大湖以来，未受任何打击，横行无忌，欺压百姓，迫害地方党和游击队队员、农会、民兵及其亲属，造成不少人被捕遇害，百姓对其恨之入骨。由于此敌驻扎于大湖，长期严密封锁和控制通往河西的交通，人民群众支援河西区的道路被切断，使粤赣边支队得不到有力支援，给养困难难于解决。就在支队司令部找寻内线歼敌之机的时候，以大湖子弟兵为主体组成的粤赣边支队第三团桂林队提出了出击大湖驻敌的建议。如能歼灭此敌，既可截断忠信与和平的交通联系，又使进驻青州、热水之敌失去依托，成为孤军，九连地区的军事斗争将由被动变为主动。

经认真研究，支队司令部作出出击大湖之敌的决定。敌保安第一团第三营冯连驻扎于具有坚固碉楼的客家围寨内，四周尽为平原，强攻和偷袭都不易得手。为了歼灭大湖之敌，支队司令部决定采取诱敌出击，包围聚歼的战术。能否全歼此敌、确保战斗的胜利，对九连地区战局的根本转变关系极大。因此，中共九连地委和支队领导在战前进行了认真的研究和充分的准备，由参谋长吴毅亲自带领游良等人侦察敌情，绘制诱敌、设伏的作战地图，制定作战计划。由桂林队派出小分队诱敌，九江队、东岳队担任左翼迂回，云南队、飞鹏队担任右翼迂回，珠江队随支队指挥机关担任正面攻击。

支队司令部派员勘察地形后，决定将敌诱至大湖绣锻狮子脑山而歼击之。狮子脑山海拔约400米，周围都是丘陵，主峰前有两个小山头，小山头前有一片开阔地，整个地形有利于伏击。11月15日凌晨，粤赣边支队第三团四个连队及飞鹏队、东岳队秘密进入伏击地点。其中两个连队埋伏于狮子脑主峰前的两个小山头，另两个连队分别埋伏于左右两侧不远的山地，担负迂回侧击的任务。形成"U"字形阵势。与此同时，支队司令部派当地人、桂林队队长曾坤延率领一个小分队到敌驻地附近活动，诱敌出击。上午8时许，敌人发现曾坤延所率小分队，立即倾巢出动，企图追歼。小分队且战且走，佯装败退，按预定路线一步步诱敌深入，敌穷追不舍。9时许，追击之敌全部进入伏击圈内，暴露于狮子脑山前开阔地。第三团担任正面截击的两个连队，立即集中火力，迎头痛击敌人。装备精良之敌冯志强连以6挺机枪作掩护，向第三团正面主阵地发起猛攻，狮子脑主峰前的两个小山头很快被敌攻占，并逼近支队指挥部，战斗益加激烈，情势非常紧急。若主峰被敌攻占，形势必将急转直下，粤赣边支队所部将处于十分不利地位。担任正面作战的两个连队，斗志顽强，不惜一切代价固守主阵地。10时许，吴毅、陈苏①所率迂回侧击的两翼部队赶到，插入敌后两侧，将敌包围，使之成为瓮中之鳖。敌为夺路逃脱，不顾一切多次以猛烈火力向主阵地发起攻击，但均被击退。激战4小时后，敌仍无重大伤亡，而粤赣边支队第三团所部弹药已消耗大半，如不迅速结束战斗，形势难以预料。指挥员严尚民、郑群当机立断，下令缩小包围圈，封死"U"字形袋口。部队从四面向敌阵逼近，在近距离内，发挥手榴弹的作用，敌四面受击，伤亡增大，火力减弱。指挥部抓住战机，下令冲击，参战部队四

———————

① 陈苏，广东东莞人。1942年加入中国共产党，历任东江纵队第三大队小队长、东江纵队第三支队中队长。解放战争时期，任和平人民义勇队副大队长、粤赣边支队第三团参谋主任。

面包抄，与敌展开了白刃战，敌死伤惨重。下午 4 时，战斗结束。敌人除连长冯志强带领一班人逃脱外，其余全部被歼。此战，共毙伤敌 70 多人，俘敌 35 人，缴获轻机枪 5 挺，长短枪 50 余支，掷弹筒 5 支，子弹 2000 余发。粤赣边支队第三团珠江队文化教员朱振汉、班长张辉翼及黄维荫、吴干恒、凌海金、曾月忠、曾贞坤等 7 人牺牲。

大湖战斗后不久，驻扎于九连青州、热水之敌闻风丧胆，被迫撤到和平县城固守。大湖战斗是九连地区化被动为主动，扭转战局的首次歼灭战，开创了九连地区歼灭敌人整连兵力的战例，使粤赣边支队全军上下精神振奋，整个地区人民群众欢欣鼓舞，奔走相告。河西区及大湖人民群众捐献大批食品物资慰劳部队。

**鹤塘伏击战**

长期驻扎在九连地区的国民党保安第五团，因其对九连根据地的"清剿"屡屡得手，且从未受重创，当其获悉保安第一团第三营遭受打击后，扬言要"进剿"河西，与粤赣边支队决一死战，以报保安第一团第三营的一箭之仇。

国民党东江护航队在白马遭伏击之后，唯恐走私船队再次受袭，保安第五团派出重兵护航。11 月 25 日，粤赣边支队经十天休整后，探悉国民党保安第五团一个营和兴宁税警总队廖颂尧缉私队一个排，不日将由河源沿东江向柳城、老隆方向护航。敌自白马受打击后，护航之敌都于东江东西两岸溯江严密搜索，后登山沿途戒备，掩护其船队前进。粤赣边支队获此情报后立即派出小分队侦察地形，选择伏击地点。11 月 29 日拂晓前，郑群、吴毅率第三团、第七团进入鹤塘伏击地段，部署桂林队在上游江岸正面拦截阻击，其余各连队埋伏于敌搜索圈外的两侧山头。敌亦获悉前面有游击队埋伏的情报，但敌指挥官十分骄横，对其部下说："前面有红军，不要怕，歼灭他！"命令其搜索部队继续前进。同时急令其直属连由和平东水疾驰增援接应。敌进入埋伏圈后，桂林队正面阻击首先打响，给西岸前头之敌狠狠打击。西岸之敌因搜索前进，兵力分散，火力难于集中，弱点暴露无遗，遭突然打击而向南溃散，第三团珠江队、九江队、云南队奋力合围，包抄聚歼。东岸之敌以密集炮火向西岸轰击，企图解救西岸之敌突出重围。第三团、第七团各部迅速逼近敌阵，封死敌向下游逃窜的路口。敌无奈转向桂林队正面阵地突围。桂林队组织一次又一次的反击冲锋，配合兄弟连队，将敌紧紧压制在东江西岸边。在东岸之敌炮火掩护下，西岸少许敌得以跳入江中逃生。蓝口、地运反动联防队亦前来增援，被第三团阻击部队击退。9 时 30 分，战斗结束，西岸之敌保安第五团第十二连及税警总队一个排被歼灭。毙敌连长黄竞天以下官兵 35 人，俘敌 14 人，其余之敌淹没江中。此战，缴获迫击炮 1 门，轻机枪 2 挺，步枪 21 支，炮弹 6 箱，子弹 3000 余发。

国民党保安第五团在鹤塘遭受打击后，迁怒于百姓，于 12 月 23 日，驱兵进犯李田、企图抢掠粮食，洗劫百姓。李田二联村民兵不畏强暴，奋起抵抗进犯之敌。黄锐、欧阳梧率河西区主力部队神速驰援，同时组织华新村民兵 100 多人配合作战，在茂兰岗与进犯之敌展开激战，毙伤敌 10 余人，迫敌撤退，给敌保安第五团再一次有力的打击。

**骆湖大坪阻击战**

国民党保安第十三团进驻蓝口之后，河东区工委不断组织武装队伍对其进行袭击和骚扰。但此敌倚仗精良的美式装备和自组建以来未有败绩而骄横无忌。11 月 2 日，国民党保安第十三团一个营从紫金进犯康禾，粤赣边支队第四团获悉情报后，立即组织诸佛腾、黄佩麟率领的康禾民兵常备队在黄坑埋伏，打击进犯之敌，毙敌 4 人，伤敌数人。敌遭伏击后，撤至石屋坝抢占高地，集中炮火向康禾民兵常备队猛烈轰击。激战 3 小时后，康禾民兵常备队安全撤退。11 月 7 日，国民党保安第十三团、保安第八团各一部及地方反动武装近 1000 人从五华、紫金分数路向黄村进犯，图谋歼击河东工委领导机关。敌进至黄村后，分别在文秀塘、钟鼓岭、板仓、宁山等地遭第四团第一大队和民兵的抗击，多次进攻被打退。随后，第四团主力大队投入战斗，集中火力打击敌人，至黄昏迫敌狼狈逃窜。此战毙敌连长曾金水以下官兵 11 人，伤敌 10 多人。第四团所部毫无损失。不久，保安第十三团刘威营再次进犯康禾，分驻田心、若坝、仙坑等地，康禾锄奸委员会委员诸兆基、诸干先、诸水招被捕遇害；同时刘威营打家劫舍大肆抢掠，百姓深受其害。

国民党保安第十三团为实施其"清剿"计划，企图与保安第五团、保安第一团遥相呼应，向河西区步步进逼。12 月中旬，保安第十三团果然横渡东江，进占曾田、柳城，并多次与粤赣边支队第四团、独立第五大队接触摩擦。为防保安第十三团倾巢出动，向河西上莞、船塘进犯，粤赣边支队第四团及独立第五大队各一部构筑工事设防于上莞坳，第三团和第七团则在骆湖加强防御戒备。

12 月 24 日，保安第十三团一个营，深夜从曾田出发，图谋偷袭骆湖。驻守于骆湖的粤赣边支队第三团虽已有防备，不料敌人一反常态，提前于夜间出动，并改变进攻方向。第三团班哨发现敌情时，敌已抢占班哨前沿阵地，并占据制高点，居高临下，利用优势装备，集中火力向粤赣边支队第三团压来。危急中，第三团一部仓促应战。因地形极为不利，继续与敌保安第十三团对峙将造成重大伤亡。严尚民、郑群根据突变的敌情，当机立断，急令正面部队交替掩护，主动后撤十里，步步诱敌深入。与此同时，吴毅率第三团九江队、云南队及第六团一部秘密向左、右两侧运动，派副连长袁创率一个排的兵力绕道敌后。敌保安第十三团以为粤赣边支队所部败退，更加疯狂地向前猛扑。待包围态势形成之后，绕道敌后的部队首先还击，两翼部队紧接着侧击敌阵，正面部队发起猛烈反攻。当即打垮敌阵前沿一个排的兵力，夺得机枪。当保安第十三团一部援兵即将赶至解围时，又遭粤赣边支队第七团陈明、陈丹所率铁流队的阻击，迫敌溃退无法驰援。此时，粤赣边支队所部士气大振，斗志更旺。两翼部队再度逼近敌阵，四面火力交织扫射，敌终于无法招架。经过两个小时的激战，打垮敌保安第十三团一个加强连，毙敌 31 人，伤敌数十人，俘敌 16 人，缴获轻机枪 2 挺，长短枪 37 支。敌多为新兵，大部乘夜溃散。粤赣边支队第三团云南队班长黄忠牺牲，珠江队指导员麦启华、副连长袁创、云南队副排长彭观冲负伤。

骆湖大坪之战，粤赣边支队所部在敌情突变的不利形势下，指挥员处险不惊，临危不惧，化被动为主动，作战部队英勇顽强，能攻善守，取得歼灭装备精良的强敌的胜利，给国民党保安第十三团一个狠狠的打击。经此一战，九连地区军民大大增强了打破保安第十三团"清剿"计划、夺取反"清剿"胜利的信心。

### 义合大人岭阵地攻坚战

元旦过后不久，活动于东江水域一带的粤赣边支队独立第五大队获悉国民党保安第十三团第二营全部及第一营第三连共 700 余人，从河源护送载有一大批军火的船队沿东江到蓝口。支队司令部决定，在东江边给国民党保安第十三团以歼灭性的打击。随即，支队司令部派董世扬[①]率领第三团作战参谋梁钧、李九及侦

---

① 董世扬，又名董易，广州市人。1936 年参加革命。1937 年到延安抗日军政大学学习，同年加入中国共产党。1938 年回广东参加抗日游击队和地下党工作。1947 年到九连地区参加游击战争，先后任青干班指导员，部队教导员、特派员，东江公学教育长等职。

察小分队前往东江岸边侦察，选择伏击地段，决定在义合附近的大人岭截击此敌。

1月8日，严尚民、郑群率领第三团及第四团、第六团、第七团、独立第五大队各一部，共1500余人，从上莞等地分赴大人岭附近山地掩蔽待命。时值隆冬，寒风夹着雨雪，部队埋伏两天两夜仍不见敌人动静，指战员普遍衣服单薄，所带干粮亦已全部告罄。阵地指挥员下令撤伏。11日上午10时许，第四团、第七团已经撤离伏击地点。当第三团正准备撤退时，瞭望哨兵突然发出信号，发现敌保安第十三团船队溯江而上，护航之敌也正从西岸搜索前进。机不可失，指挥部立即下令，第四团、第七团后撤部队火速返回阵地，占领高地，截击下游，堵死敌军退路；第三团正面迎敌。第三团奉命首先向西岸之敌发起攻击。战斗打响后，敌占领山头阵地，利用有利地势进行反击。珠江队、九江队猛烈攻击敌阵地两侧，将敌阵斩成三段分割包围，随即集中局部优势兵力，歼其薄弱之右翼，缴获机枪两挺，士气备受鼓舞。第三团集结全力，围歼敌之主力。

晚7时许，指挥部发出总攻命令，"肉搏团"勇士趁夜黑逼近敌阵，后续部队紧随其后，经4次冲击，敌被迫收缩两翼高地兵力，固守大人岭主峰。此时，粤赣边支队所部占领两翼高地后，对大人岭主峰形成夹击态势。指挥部再次下令向主峰发起攻击。各连长、排长带领"肉搏团"勇士及后续部队向主峰合围。经近3个多小时的格斗厮杀，敌人溃败，纷纷缴械投降。此战，保安第十三团一个加强营被彻底打垮。其中，毙敌90余人，伤敌50余人，俘敌85人，坠入江中死伤者未计其数；缴获八二迫击炮2门，六〇炮4门，火箭筒10支，重机枪2挺，轻机枪8挺，步枪155支，手榴弹42枚，炮弹52发，子弹万余发，其他军用物资一大批。由于部队缺乏经验，打扫战场很不彻底，俘获战果欠丰。

粤赣边支队第三团云南队连长魏强及袁国祥、曾娘芬、叶剑辉、郑道坤、黄伯良、陈金为、曾简惠①、陈林增、李清、吴炳香、陈林、廖东果等 13 人壮烈牺牲，九江队连长叶日平等 37 人受伤。

1 月 13 日，河西根据地军民 2 万余人，在上莞隆重举行盛大的祝捷庆功和公祭烈士大会，粤赣湘边区党委、九连地委和粤赣边支队领导人严尚民、魏南金、钟俊贤、郑群、吴毅、黄中强出席大会，并与各团领导人及战士一起抬棺扶柩，在礼炮声中将 13 位烈士安葬于上莞。

从 1948 年 10 月 24 日至 1949 年 1 月 11 日，仅在两个多月的时间里，粤赣边支队集中优势兵力，歼灭敌人有生力量，连续取得了五战五捷的重大胜利，从根本上扭转了九连全区的局势，从而彻底粉碎了宋子文的所谓第二期"清剿"，为全面开展战略进攻，建立大块巩固的根据地创造了条件。

九连地区五战五捷的胜利，是中共九连地委和九连人民武装力量正确贯彻执行毛泽东军事战略战术方针的胜利，是正确贯彻执行中国共产党和毛泽东人民战争思想的胜利。在战斗过程中，人民武装紧紧地依靠人民群众，动员和发动人民群众，调动各方面的力量支持人民战争，大批民兵配合部队甚至直接参加作战，大批民工群众参加支前工作，筹措军粮物资，组成担架队、运输队，运物资、运弹药、护送伤员。没有广大人民群众的支持，就不可能取得战斗的胜利。

①　曾简惠，连平大湖人。

# 党的建设和解放区建设

## 一、党的组织建设和思想建设

东江纵队北撤后，河源县党组织发生了较大的变化，一些基层党组织失散，不少党员因暴露身份而撤退转移或隐蔽潜伏，一些党员则在国民党当局的威逼下以群众身份参加了集体自新，不少共产党员和革命分子被捕杀害。从抗日战争结束至1947年初恢复武装斗争前，由于国民党的"清乡"或被国民党当局逮捕杀害的共产党员及东江纵队战士、农会干部、民兵骨干就有薛弼珊、周立群、张金昌、黄卓茹、诸维卿、谢映光、丘裕统、丘裕添、丘裕龙、丘耀浓、欧阳璞、欧阳其昌、宋天生、刘祥、李炳兴、曾铁光、廖何石、诸观明、钟呈贵、赖景忠等人。尤其是河东区党的主要领导人薛弼珊、周立群牺牲后，使河源县党组织的恢复和发展受到很大的影响。

恢复武装斗争后，河东、河西区党组织经过初步的审查和整顿，逐步稳定下来，并建立了中共河东分工委和河西分工委，但分工委以下基层组织仍不健全，初期只建立了若干中心支部。由于基层组织不健全，难于发挥战斗堡垒作用，使武装队伍的发展壮大、群众组织的建立、根据地的开辟与扩大都受到不同程度的影响。为了加强党的建设、巩固和发展党的组织，1947年12月，香港分局发出《关于发展党的几个问题的指示》，指出"形势的

173

发展，需要大批真正为人民服务的干部到各岗位上去担任工作，发展党员就是培养干部与补充干部的泉源"，"目前从各种运动、各种斗争中涌现了大批的积极分子，这就给我们一个发展的机会"，强调发展党员的原则是"看需要而不是尽可能"，"着重质量而不是着重数量"，要求发展党员时采取"严肃谨慎与积极认真"的态度，对待发展党员的工作"必须小心谨慎，不能马虎；但另一方面又不能因此而关起门来，把积极分子、阶级优秀分子拒于门外"。①

1948 年 6 月，中共九连地委作出《关于加强党的领导与发展党的决议》，《决议》指出：为了粉碎敌人的进攻，扭转战局，巩固部队，巩固游击根据地，"必须大大加强党的领导"，"必须发展党的组织，使党在各单位、各部门中能够起其应有的作用"，"加强党的领导与发展党是当前一个重要任务"。《决议》认为："我们的军队、农会、民兵、政权的发展是很大的，成绩也是很大的，但是我们党的工作却完全落在后头。我们党的领导作用主要只是体现在党员干部的领导作用，而不是党支部及党员的模范与核心作用。地方党员的数量在我区三百万人中是微乎其微的，就是在军队中也仅占得百分之十，这是我们一切力量不能巩固，也是我们一切工作所以存在许多弱点的主要原因。"② 要求各地方党组织和部队从"公开旗帜与统一领导""加强支部作用和党员作用""展开'三查三整'运动""发展党员并从而发展党的组

---

① 《香港分局关于发展党的几个问题的指示》（1947 年 12 月 8 日），广东省档案馆藏。

② 中共惠阳地委党史办公室编，《关于加强党的领导与发展党的决议》，载于《东江党史资料汇编》第四辑，1984 年 11 月印刷，第 202 页。

织""提高党内民主""扩大党的政治影响与党的教育"① 六个方面加强党的领导和发展党的组织。同时要求各地"纠正过去各级负责干部在思想上不重视党的工作的偏向。在军队中、民兵中、农会中公开进行党的教育，公开党的活动，大胆放手发展贫雇农分子入党"。② 经过"大搞"和公开旗帜、统一领导，党的组织有了较大的发展。到 1948 年夏秋间，九连地区地方党党员人数由恢复武装斗争初期的 340 人发展到约 1500～2000 人③，部队党员336 人，占部队人数的 15% 左右④。从 1948 年 4 月至 6 月，由于国民党军对九连地区实行重点"清剿"，根据地大部失陷。国民党大肆杀害农会、民兵骨干，全区被杀害 1000 多人。党的力量也受到不同程度的损失。中共九连地委成立后，河东区工委和河西区工委都作了相应的调整，地方和部队的党员有了较大的发展，各地党组织普遍建立起来。中共河东工委由张华基、张日和、王彪、邹建、张惠民、潘祖岳、郭汉邦、魏麟基组成，张华基为书记。河东区地方党与部队统一成立党组织，设立第一大队党委，张惠民兼任书记，欧阳裕为副书记，欧阳诚为武装委员；第二大队党委（紫五龙河边），张日和兼任书记，甄锦尧、唐克、李作坚为委员；第三大队党委，李奇任书记，卢谋、张宏、李怀为委员；中共川中工委，郑忠任书记，曾毅夫、魏斯达为委员；中共

---

① 中共惠阳地委党史办公室编，《关于加强党的领导与发展党的决议》，载于《东江党史资料汇编》第四辑，1984 年 11 月印刷，第 202 页。

② 中共惠阳地委党史办公室编，《目前形势与我们的方针任务》，载于《东江党史资料汇编》第四辑，1984 年 11 月印刷，第 187 页。

③ 魏南金：《九连区党的发展概况》（1949 年 11 月 17 日），广东省档案馆藏。

④ 《吴震乾关于九连区工作情况报告》（1948 年 8 月 20 日），广东省档案馆藏。

川南工委，陈华（后为黄素）任书记，黄素、黄克、叶春标、黄靖为委员。由郭汉邦兼任特派员负责五华县及兴宁西部地区的地方党组织的领导工作，随后又派邓其玉负责五华地方党组织的领导。1949年1月31日，中共河东区工委组织举办五华县党组织干部训练班，以加强五华地方党组织建设和发展党的组织。学习班结束后，对五华县和兴宁西部地区党组织作了调整，恢复了四个区委和一个独立支部。五华西河区委，钟彬麟任书记，戴汉寰为组织委员，胡标兰为宣传委员；第二区委，陈群为书记，魏吉文为组织委员，谢华为宣传委员；南水区委，张俊乔为书记，张荣辉（又名张逸）为组织委员，张思光为宣传委员；兴宁区委，温华为书记，刘陶汉为组织委员，刘洪涛为宣传委员。

中共河西工委吴震乾任书记，余进文（后由刘波接任）、郑风（郑子明）、黄日、欧阳梧、黄民、欧阳霞、黄锐为委员。建立了船（塘）三（河）区委，由赖强任书记（后被撤职），欧阳梧为组织委员，欧阳轲为宣传委员，欧阳佛为保卫委员，张汉民为青年委员，梁瑜为妇女委员；上莞区委，魏秋环任书记，陈少卿为组织委员，陈浩明为宣传委员，潘冰为妇女委员。

从1948年10月开始，中共九连地区军事斗争形势开始逐步扭转，并连续取得五战五捷的重大胜利，在地方和部队中普遍进行整党整军和"三查三整"运动，展开思想教育，党员和战士觉悟有了很大提高。特别是在部队中，开展战前、战中、战后的政治宣传鼓动工作，组织党员冲锋班、火线立功入党班的活动，不但极大地鼓舞了士气，提高了战斗力，也培养出许多参党积极分子。战功突出的，在火线上立即被批准入党。战后进行总结评功，召开庆功会、祝捷会。战斗英雄、战斗模范披红挂彩，文工团队载歌载舞。战功显著的连队被授予"钢铁连"的光荣称号。对于牺牲的战士，举行隆重的追悼仪式，鸣枪奠祭。领导人亲自敛容致哀，抬棺扶柩，宣扬烈士的英雄事迹，号召军民踏着烈士的血迹，完成烈士未竟的事业。这样的追悼会、庆功祝捷会往往成为激励指战员再立战功，夺取更大胜利的动员会。这一系列生动、实际的政治思想教育和战前、战中、战后的宣传鼓动工作，不但提高了指战员的政治思想觉悟，提高了部队战斗力，为夺取战斗胜利创造了条件，而且在战斗中涌现了大批先进分子，为发展党组织，壮大党的力量，动员进步青年参军参战，壮大武装力量，提供了客观条件。

1949 年 7 月，除河源县城外，河源县广大农村全面解放，解放区进一步巩固，中共河东工委和河西工委撤销，正式成立中共河源县委员会（简称"中共河源县委"），由吴震乾、邹建、杨庆①、欧阳涛、欧阳梧、欧阳诚、李奇组成，吴震乾为书记，邹建为副书记，杨庆为宣传部部长。下辖河西区委，欧阳轲任书记；蓝口区委，欧阳裕任书记；灯塔区委，张一中任书记；回龙区委，曾志任书记。属于龙川、五华、兴宁各县统一的党组织也分别成立统一的党组织。此时河源县党员发展到 660 人（编入粤赣湘边纵队和东江第二支队部队的党员除外）。

在发展党的组织，加强组织建设的同时，根据香港分局和九连地委的指示，河东区、河西区党组织都十分重视党的思想建设，结合党在各个时期的中心任务和斗争实际，在黄村、叶潭、船塘、上莞、三河等地多次举行学习班、学习会、讨论会、庆功会，提高党员、干部的理论水平，提高执行党的政策的自觉性。各地党

---

① 杨庆，广东惠阳人。1938 年加入中国共产党。任中共支部书记、区委委员。1942 年参加广东人民抗日游击总队港九大队，任钢铁中队、元朗中队指导员。解放战争时期，历任中共香港新界区委书记、西贡区委书记、中共连和工委委员、中共河源县委组织部部长等职。

组织和部队党组织先后在全党全军普遍开展以查思想、查工作、查斗志，整顿组织、整顿思想、整顿作风为主要内容的"三查三整"运动，从而提高了广大党员和部队指战员的阶级觉悟、政治思想觉悟和组织纪律性，使党员的先锋模范作用得到了充分发挥，各地党组织战斗堡垒作用和部队的战斗力大大加强。此外，各地党组织还普遍开展反对无政府主义、无纪律的教育，从而增强了党员的组织观念和凝聚力，提高了党员执行党的方针、政策的自觉性。与此同时，各级党组织逐步建立和健全了党委制，制订和严格执行相关请示报告的各项制度，从而保证了党的方针、政策的贯彻执行，使党的各级组织在斗争中发挥领导核心的作用。

## 二、人民政权的建立

政权建设是随着游击战争的发展和解放区的建立、巩固而逐步发展的。恢复武装斗争初期，游击基地初步形成后，政权建设便成为各级党组织的一项重要任务。河东、河西区游击基地建立初期，一般以武工队结合民运工作队开展群众工作，组织农会和民兵组织，逐步由没有政权到建立政权。

1947 年冬，九连地区游击战争迅速发展，人民武装队伍不断壮大，各地游击基地已经初步形成，人民群众思想觉悟不断提高，迫切要求推翻反动政权，建立人民民主专政的政权。12 月 26 日，九连工委在《关于大搞方针与任务的决定》中，就提出了在游击根据地建立政权工作问题。《决定》指出，"政权工作方法，由广大群众组织与斗争起来的基础上去建立政权，由没有政权组织到政权建立，由两面政权到民主的一面政权"；政权的组织形式"在我控制区以一面政权为主"，"在我活动区而国民党政权仍有可能存在的则可建立两面政权"，"暂以乡为单位，名义仍不统一"。① 从 1947 年 12 月开始，河东、河西区贯彻"普遍发展，大胆进攻"的大搞方针之后，国民党乡村政权大多数被摧毁，乡村保甲制度被废除，以贫雇农为核心的农民协会以及民兵队、青年会、妇女会、儿童团等群众组织纷纷建立。河东区的蓝溪、能溪、康禾，河西区的船塘、三河、上莞、漳溪、骆湖、曾田及锡场、半江等乡都建立了农会。由于国民党乡村政权普遍被摧毁，游击区各乡、村农会实际成了农村政权机构，"一切权力归农会"。

1948 年 8 月，香港分局在《关于半年工作总结和今后方针任务》中强调，"经过减租减息之后的地区均着手进行建立政权"，"一种是完全一面的民主政权"，"一种是秘密的两面政权；而未实行减租减息的地区，一般仍以两面政权为主，但可委任县长，成立名义上的县政权"②。根据这一指示精神，中共九连地委结合实际，就如何建立解放区政权问题作出指示，要求各地在完全控制的地区，已开展减租减息的地方可建立县、乡、村民主政权，在一些尚不巩固的游击根据地以农会代行政权职能，在尚不稳定的游击区则仍然以建立两面政权为主。

1948 年 6 月后，中共九连地委决定，在"各区设立行政委员会，相当为县级行政机构，领导各区、乡政权、民兵及民众团体"③。随后，在河东区成立紫（金）五（华）龙（川）河（源）边行政委员会，以张华基为主席，温敬尧、张日和、钟雄亚为副

① 中共惠阳地委党史办公室编，《关于大搞方针与任务的决定》，载于《东江党史资料汇编》第四辑，1984 年 11 月印刷，第 173—174 页。

② 《香港分局关于半年工作总结和今后方针任务》（1948 年 8 月），广东省档案馆藏。

③ 中共惠阳地委党史办公室编，《关于统一领导成立地委及支队司令部决议》，载于《东江党史资料汇编》第四辑，1984 年 11 月印刷。

主席。在河西区，成立河西行政委员会，以余进文（又名余丁运）为主席，黄锐、欧阳梧为副主席。河西行政委员会下辖船塘、上莞、漳溪、三河、骆湖、曾田6个乡，各乡分别成立行政委员会。7月，在船塘乡举行人民代表大会，通过民主选举，推举欧阳轲为乡长，欧阳年、许秋胜为副乡长。这是河西区第一个正式选举产生的乡人民政府，下设民政、财政、乡保卫队等机构。上莞、漳溪、三河、骆湖、曾田等乡，也先后以民主选举的方式选出各乡的乡长、副乡长，成立乡人民政府。至此，各乡行政委员会撤销，完成其历史任务。

1948年冬，粤赣边支队连续取得内线、外线作战的重大胜利，河西区广大农村已全面解放，根据地进一步巩固，各乡政权已全面建立。为了统一河西区乡村政权的领导，12月7日，河西区各界人士3000多人，在上莞隆重举行河源县人民政府成立大会，会上发表了《河源县人民政府成立宣言》。《宣言》指出：河源县人民政府是"全县各阶层及一切反蒋反美人士联合的民主的人民政权"，它以代表河源全县人民利益、全县人民的意志、全心全意为全县人民服务为根本宗旨；"人民政府一定团结全县人民，坚决执行中国共产党的主张政策，坚决维护粤赣边人民解放军，尽一切力量巩固我人民地区，粉碎蒋军进攻和解放蒋管区人民，根本推翻国民党反动统治，以迅速解放全河源，建立全县人民政权"。《宣言》强调："全体政府工作人员，必须坚决为人民服务，执行人民法律，学习民主、清廉、负责、朴素的新作风，成为忠实的人民勤务员。"①《宣言》还明确规定了政府的施政方针和各项政策。河源县人民政府由黄中强任县长，吴震乾任副县长，叶惠南任县政府秘书，钟芸生（又名"钟靖寰"）任民政科

①　《河源县人民政府宣言》（1948年12月7日），连平县档案馆藏。

科长，钟恕任教育科科长，谢梅添任财政科科长，欧阳梧任军事科科长，欧阳涛任群运科科长。河源县人民政府下辖上莞乡、船塘乡、三河乡、漳溪乡、骆湖乡、曾田乡，分设两个行政督导区，第一行政督导区包括船塘、三河、漳溪，欧阳轲任行政督导员；第二行政督导区包括上莞、曾田、骆湖，田裕民任行政督导员。设立武装保卫队，由欧阳克忠任队长，许坤乾任指导员。河源县人民政府成立后，发动人民群众兴修水利、开荒造田，发展生产、多打粮食，支援前线；建立和健全乡村政权，根据税收和粮食征购条例，做好税收和粮食征购工作，保证人民武装队伍的经济给养；恢复和发展中、小学教育，举办夜校、识字班，组织文艺宣传队伍，活跃农村文化；同时发动青年参军参战，加强民兵训练，保卫人民政权。

随着春季攻势和夏季攻势作战的胜利，九连地区大部已经解放，新（丰）连（平）河（源）龙（川）边战略基地进一步巩固，新、连、河、龙解放区已达纵横数百里，人口已超过百万，九连区机动作战部队已达5000余人，人民群众团体普遍建立。从基本群众到上层民主人士都有建立民主政权的要求和愿望，无论是从主观还是客观上看，普遍建立各级人民政权不但时机成熟而且也具备了充分条件。

7月，东江人民行政委员会在龙川老隆正式成立，以谭天度为主任，叶锋为副主任。下设三个行政督导处，在九连地区设立东江第二行政督导处，以黄中强为主任。6月11日，河源县人民政府由上莞迁至蓝口。随后，由吴震乾接任河源县县长。7月，河源县河西区人民政府成立，由欧阳轲任区长，陈志英任副区长，陈仁斋任文书，欧阳南、欧阳佛负责公安保卫，欧阳仰负责民政，刘彬初任财粮助理。区政府下辖6个乡：船塘乡，廖哲华任乡长，欧阳年、许秋胜任副乡长；三河乡，林余三任乡长，张一中、张国华先后任副乡长；上莞乡，陈治民任乡长，李汉杰任副乡长；曾田乡，张启超、陈儒恒先后任乡长，潘绍兴任副乡长；漳溪乡，吴砚浓任乡长，蓝华甫任副乡长；骆湖乡，张永伦任乡长，刘宝俊任副乡长。

随着解放区的扩大，在建立河西区人民政府的同时，灯塔、顺天、桥头（双江）、黄洞、南湖等乡也分别设立行政委员会。灯塔乡人民行政委员会，冯兰彬为主任，赖道澄、赖席仕为副主任，欧阳才为指导员；顺天乡人民行政委员会，朱轩仪为主任，朱世希、朱贯中为副主任，刘建为指导员；桥头乡人民行政委员会，黄守仁为主任，黄振浓、黄振声为副主任，周炎为指导员；黄洞乡人民行政委员会，李观浓为主任，萧炳权、丘国保为副主任，萧伙养为指导员；南湖乡人民行政委员会，赖可东为主任，萧作仪、萧育珊为副主任，吕希浓为指导员。9 月，灯塔各乡人民行政委员会改称为乡人民政府，并对各乡干部作了调整，调任赖道澄为灯塔乡副乡长，刘育彬为黄洞乡指导员，刘兆辉为南湖乡乡长，肖炳权为南湖乡副乡长。8 月，蓝口、灯塔、黄田区人民政府先后成立。蓝口区人民政府，由刘瑞廷任区长，田裕民任副区长；灯塔区人民政府，由欧阳年任区长，欧阳成、肖俊强任副区长，张一中任指导员；黄田区人民政府，由曾光任区长，李怀、程佩勇任副区长。

此外，7 月底，平（陵）古（岭）洪（溪）鲤（鱼）高（埔）区人民政府成立，梁德任区长，洪佳、周坚任副区长，属博东县所辖。至 8 月间，河源县大部分区、乡、村的民主政权都已建立。只有个别区、乡仍保留两面政权。

河源县解放区各级人民政权的产生，一部分是由中共九连地委和中共河源县党组织批准并委派适当人员组成的，一部分乡、村民主政权是由选举产生的，而大部分乡、村民主政府组成人员都由地方基层组织、农会、民兵中挑选出经过斗争考验的、思想觉悟较高的积极分子担任。各级民主政权的组成人员一般是威信较高的共产党员、工农积极分子，也有地方民主人士、统战对象或国民党起义人员，侨乡则有归侨或侨属代表，体现了新民主主义政权的性质。

河源县各级民主政权的建立，其主要任务是支持革命战争，同时也是人民的行政机关，为人民群众办事，为人民群众服务，又是党的行政干部学校，通过建政的实践，培养一大批行政干部。这些政权的性质是无产阶级领导的，以工农联盟为基础的，联合各革命阶级的人民民主政权。它初步规定了县、区、乡人民政府的组织机构和组成人员，规定了各级政府工作人员的任务等，这些都成为后来建设政权和充实各级政权的依据，同时也为全县接管旧政权，建立新的人民政权积累了经验。

### 三、干部培训及东江公学的创办

随着游击战争的发展、根据地的日益扩大，需要大批从事宣传、文化、教育以及政权建设、财经工作等方面人才，因而培养干部便成为一项非常重要的工作任务，建立干部培训机构，对于推动根据地建设，支持解放战争，迎接革命胜利的到来，有着重要的意义。

从 1947 年初恢复武装斗争开始，香港分局及各地区党组织就非常重视对干部的培养。10 月，香港分局对干部培训发出指示，强调"必须经常有计划训练党内外干部"，"应特别着重帮助老干部，培养工农干部"[1]，以适应革命斗争的需求。1948 年 2 月，香

---

[1] 《香港分局为迎接大反攻加强农村斗争的指示信》（1947 年 10 月），广东省档案馆藏。

港分局再次强调，要"训练大批干部"，"为适应斗争展开的需要，地、县级必须多办干部训练班，培养干部"①。中共九连工委根据香港分局的指示，从 1947 年 6 月开始，先后举办四期青干班和五期基干班，在青干班接受训练的干部 500 多人，基干班 200 多人。1948 年 2 月举办的青干班结束后，河西区学员 57 人回到河西组成 4 个政治工作队到各区、乡开展工作。船塘政工队，刘建任队长；三河政工队，张一中任队长；漳溪政工队，张涛任队长；上莞政工队，欧阳涤任队长。政工队主要任务是参与土地改革运动的后期工作，建立民兵队伍，组织农会，建立乡村政权，巩固河西根据地。

中共河西分工委、河东分工委也非常重视干部培训工作，除派干部参加中共九连工委举办的干部训练班之外，河西区、特别是河东区也先后举办了多期干部培训班，培养了一大批干部。1947 年 3 月，为了全面恢复党的组织和武装斗争，河东分工委在康禾举办武装干部培训班，河东区的武装骨干张惠民、邹建、李奇、程佩舟、陈化、程佩勇、黄克、刘明章、刘冠、张彬、刘进、刘奋飞、钟灵、李英、刘铭才、李思奇等 10 多人参加训练学习。8 月间，河东分工委在黄村文秀塘举办基层武装干部训练班，参加训练的排长以上干部共 20 多人。魏南金、王彪、魏麟基等授课。10 月，河东分工委和东江人民抗征队总部在黄村梅陇石楼、热水、三洞举办军政干部学习班，共培训军事、政治干部和民运干部数百人，并在学习班上批准吸收一批干部加入中国共产党。1947 年冬至 1948 年初，在中共九连工委的协助指导下，河东分工委在黄村梅陇石楼、热水举办了多期民兵训练班，参加学习训

---

① 《关于粉碎蒋宋进攻计划，迎接南征大军的指示信》（1948 年 2 月），广东省档案馆藏。

练的民兵有 500 余人。经过训练，广大民兵成为解放区和胜利果实的保卫者，成为反击国民党军事进攻的重要力量。与此同时，地方党组织还在板仓黄竹沥举办了一期党员骨干学习班，参加学习的有 60 多人，由邓其玉负责组织和授课，学习的主要内容为土地改革的方针、政策，为河东区土地改革的开展培养干部。1948年 6 月下旬，河东分工委在康禾举办了有 100 多名军政干部参加的训练班。训练班以张日和为班主任，教导员陈华等授课。

1948 年 12 月，粤赣湘边区党委发出指示，要求各个根据地必须"保护文化教育机关、图书仪器、历史文物、名胜古迹、电影戏院、卫生机关、宗教团体，发展各种文化娱乐事业，普及并提高人民的文化、政治水平。保障文教人员的生活及工作，尽量给予失学青年以就学就业机会。加紧各种教育……（培养）大量战时工作及战后建设人才"。① 香港分局也要求"各地委都开办干部训练班、军政学校、教导队等。并在控制区接收中学，进行一般的民主教育"。② 根据香港分局和粤赣湘边区党委的指示和要求，中共九连地委于 1949 年 3 月在河源船塘创办东江公学，钟雄亚任校长，董世扬任教育长，郭明任教导员。东江公学设在船塘逸仙中学。

逸仙中学原名为"船塘中学"，由开明人士欧阳仲琴等人发起创办，1941 年 9 月正式开学，以原第八区第一小学为校址。1947 年 6 月，中共九连工委派欧阳涛接管，并出任校长。从 1948年春开始，中共九连工委先后派共产党员朱文、刘岐山、徐梓材、

---

① 《当前行动纲领》，载于《粤赣湘边革命史料》，广东人民出版社1989 年 10 月第 11 版，第 283 页。

② 《方方致毛主席并中央电》（1949 年 4 月 27 日），广东省档案馆藏。

张曼华、陈敏及吴敏天等到校任教师、职员，同时建立以欧阳涛为书记的中共支部，船塘中学成为九连地区第一所解放区中学。6月间，船塘中学改名为"逸仙中学"。

东江公学第一期招收学员有马鸣、黎明、刘亮、方征、许惠兰、黄月娥、林慕平等40人。学员多数来自河源县城、船塘、上莞、漳溪、骆湖，连平大湖、三角及龙川、五华等地，个别广州、香港的青年亦慕名前来报考东江公学。学员都是具有高中、初中毕业以上文化，通过语文、史地、政治知识考试合格者。3月7日，东江公学正式开学，并举行隆重的开学典礼。中共九连地委书记魏南金、副书记钟俊贤在开学典礼上讲话。东江公学的主要课程有：中国近现代革命史、世界近现代革命史、中国革命与中国共产党、革命人生观及时事、政策等内容。学习时间为两个月。第一期学员与东江第二支队文工团、逸仙中学联合排演了大型歌剧《白毛女》，在九连解放区引起了强烈的反响与轰动，给解放区军民以深刻的教育。第一期学员于5月12日结业。

5月，老隆解放后，东江公学迁至老隆师范学校，并增派李曼辉为副校长。第二期除设普通班之外，增设研究班，招收大学文化程度的学员；同时附设青训班，招收初中文化程度的学员。5月下旬开始招生，共招收学员545人，学员多数来自兴宁、五华两县。分别于5月29日和6月5日前到校报到入学。

东江公学第三期迁至龙川佗城龙川第一中学，共招收学员700多人，9月11日正式开学。这时，东江公学为东江行政委员会接管，由东江行政委员会主任谭天度兼任校长，黄中强、李曼辉任副校长。学员组成三个大队，分别由张韶、李雪峰（李迈）等任大队长。学员结业后一部分编入中共九连地委组织的迎军工作团，由陈东带领前往连平忠信、大湖参加支前迎军工作，一部分随南下野战军进入广州，参加城市接管。

八九月间，东江公学第四期在龙川佗城继续招生，因东江地区已全面解放，学员人数大增，共招收 2182 人。10 月 15 日，惠州解放，校址迁往惠州，与江南青年公学合并。11 月 17 日，东江公学第四期正式开学。学员分为三个部，第一部共 6 个班，800 多人，学员均为高中毕业以上文化程度；第二部、第三部共 10 个班，1300 多人，学员多为初中文化程度。学员结业后，分别派到深圳海关、广州公安部门和增城、东莞、宝安、博罗、海丰、陆丰等地工作。部分学员则进入南方大学继续深造。

1950 年 2 月，东江公学第五期迁到河源县城，招收学员约 1000 人。四五月间学员结业。东江公学结束，完成了她的历史任务。东江公学从创办到结束，仅一年时间先后培训学员 5000 余人，为建立人民政权、接管城市准备了干部。

## 四、统一战线工作

党组织对统一战线工作一贯高度重视，长期组织力量大力开展统一战线工作，推动统一战线的巩固和发展。1948 年，粤赣湘边区临时党委就游击区开展统一战线工作问题，作出了具体的指示，指出在农村中具有"广泛的统一战线的社会基础"，"这个基础包括工人、农民、学生、自由职业者、商人、华侨、地主、富农、开明绅士、失业军官、受打击的地方势力，其范围是异常广大的，如果我们能根据他们的各种要求，用各种不同的组织形式组织在反蒋、美的统一战线的范围之内，对于我们游击战争的发展的掩护与赞助，其力量是至为伟大的"。强调在开展统一战线工作时，"策略的运用必须十分灵活"，"某些地方实力派或乡长、警长，他们能与我们作某一点上利害相同的合作，有便利于我们组织群众或打破敌人对我经济封锁、军事包围的计划"，"统一战线必须有计划的去利用敌人的矛盾，扩大敌人的矛盾"。要求

"各地委必须有专管统战的同志，必须经常在地委会议布置与检查统战的工作"，必须认真开展党的政策的宣传工作，"以扩大党的影响，争取这些中间人物的同情与拥护我党主张"。"农村统一战线工作，重要是为着争取动摇分子，团结中间分子，扩大敌人矛盾，孤立敌人"，形成普遍的反蒋反美热潮，"使我们的斗争不孤立，使我们的下层工作有拥护而便利巩固发展"。[①]

早在抗日战争期间，河源县党组织就十分重视统一战线工作的开展，先后争取和团结了一大批爱国民主人士支持、参加抗日救亡工作。恢复武装斗争后，不少抗战时期的统战工作对象，仍然继续支持人民解放战争。恢复武装斗争初期，为建立农村反蒋统一战线，争取广泛的同情和支持，河西分工委根据中共九连工委的指示，积极开展统战工作，以建立"两面政权"为中心，争取了不少民主人士的支持和拥护。

船塘的欧阳仲琴在抗日战争时期就是河西党组织的统战对象，曾积极支持和掩护河西党组织开展抗日救亡宣传活动。恢复武装斗争后，欧阳仲琴又根据河西党组织的安排，出任国民党船塘乡乡长和"连（平）和（平）河（源）三县联防主任"。由于欧阳仲琴出任乡长，河源船塘乡公所实际上成为由河西分工委控制的"白皮红心"的两面政权。

此外，河东区的邹华卿、钟赞廷、欧阳子常、欧阳子衡、刘伟庭、刘植臣等进步人士，长期同情支持革命，为营救被捕的共产党员、进步人士和革命群众，为游击队收集传递情报做了大量的工作。在游击队给养困难时，他们不顾一切，以粮食、物资支持部队，解决部队的困难。

---

① 《粤赣湘边区半年工作总结和今后方针任务》（1948 年 8 月），广东省档案馆藏。

在建立两面政权的同时，河西分工委注重对国民党军政人员争取和团结工作。上莞的陈丽泉在抗战时期参加国民党军李汉魂部，曾多次参与对日军的作战，并曾救过负伤的李汉魂。后因李汉魂下台，陈丽泉也解甲归田。李汉魂为使陈丽泉生活有着落，将一批枪械运到陈丽泉家。陈丽泉靠卖枪械维持生活。河西分工委认为，陈丽泉虽属旧军人，但与日军多次交战属爱国人士，应该积极争取其对共产党和游击队的同情和支持，并先后派人与其取得联系，将其引领到游击队驻地，进行耐心的开导和劝告，鼓励其弃暗投明。陈丽泉接受教育后，将所存枪弹悉数交给游击队。随后，河西分工委和河西人民自卫队领导人吴震乾、黄日等亲自上门拜访陈丽泉，并以钱、粮接济其生活，使陈丽泉逐步同情支持革命，以其旧军人身份出面应付国民党当局对革命群众的责难，保释被捕的游击队队员家属和革命群众。

为了争取、团结开明人士对革命的支持，中共九连工委的一些重大活动，都邀请开明人士参与。粤赣边支队成立庆典、人民政府成立、迎军支前动员大会等大型活动，都邀请开明人士参加，并请他们在主席台就座。对一般没有反动言论行动的地主、富农，各级地方党组织都尽可能争取和团结。由于河西区统一战线工作开展卓有成效，当国民党军"清剿"时，完全失去"耳目"，得不到支持。

河西分工委在对国民党军政人员进行团结争取的同时，对国民党的地方武装也分别对待，进行分化瓦解和策反工作。骆湖乡刘宝俊，虽然曾任骆湖、曾田、柳城护路队队长，但其家庭出身中农，没有罪恶和民愤，属于争取、团结的对象。河西白狼队建立后，曾派刘乃松、刘罗月等对刘宝俊进行反复的教育和争取，刘宝俊虽未明确表示投向革命队伍，但也没有拒绝。随后，白狼队果断采取军事行动，迫使护路队队员缴械投降。不久刘宝俊主动投向白狼队参加革命行列。1948 年 10 月，刘宝俊参加了中国共产党，后来出任骆湖乡人民政府副乡长。国民党曾田乡自卫队队长叶德权，在中国共产党政策的感召下，弃暗投明，主动将自卫队全部武装人员交由曾田武工队接管，增强了人民武装力量。

在对敌斗争中，河西分工委对地方反动武装采取不同的斗争策略，以达到分化瓦解敌之目的。对一般性的地方武装以争取团结为主，对顽固不化的反动地方武装则给予坚决打击。在地方党组织的策动下，以罗泉英为队长的紫乐乡自卫队于 1947 年 11 月 26 日投诚起义，被编入川南中队，罗泉英被任命为川南中队副中队长。此外，在中国共产党政策的感召下，1948 年冬保安第十三团 12 名士兵、1949 年 1 月 6 日保安第十三团排长张惠先率全排战士 20 余人先后起义，投向东江第二支队。1949 年 6 月 9 日，驻河源城郊的国民党第一九六师五八八团两个连队官兵 250 多人，脱离敌营垒，宣布起义，由灯塔区特派员欧阳梧代表河源县人民政府接待起义官兵。

# 为河源全境解放而斗争

## 一、战略进攻及解放区的巩固与扩大

老隆解放后，整个九连地区共产党与国民党力量对比发生了根本的变化，人民武装力量超过了国民党军的力量，而且完全掌握了战争的主动权。为了迅速完成建立大块战略基地的任务，粤赣湘边区党委发出关于巩固已解放地区，主动重点出击，追歼各地残敌的指示，命令北线主力和东江第二支队所部主动出击，围歼残存之敌。

老隆解放后，东江第二支队所部，首先展开了扫清保安第五团残部的战斗。5月16日，东江第二支队第六团团长林镜秋、起义部队副团长刘勉率部前往东水，包围保安第五团列应佳残部，迫敌500余人接受和平改编。5月17日，驻五华之保安第十团第一营营长张润进、五华县保安营营长张桂开、警察局局长钟凯等部宣布起义，东江第二支队第四团进城接管，五华宣告解放。5月22日，林镜秋率部乘胜追击，追歼和平贝墩、长塘、下车一带残部，歼敌两个保安连。24日解放和平县城。6月13日，北江第一支队在东江第二支队第二团的配合下，解放新丰县城，俘获国民党新丰县长陈中瑞、自卫总队队长兼保安营长陈德卿以下官兵600余人。6月21日，东江第二支队第二团、第七团及东江第三支队一部在解放忠信、隆街之后，解放连平县城。

在东江北线部队取得一系列战斗胜利的同时，国民党保安第十二团团长魏汉新、广东省第九行政督察专员公署专员李洁之、闽西专员公署专员练惕生等也先后率部起义，兴宁、大埔、蕉岭、梅县、平远、丰顺及闽西南的龙岩、上杭、永定、长汀、连城、永安等县城相继解放，东江、韩江连成一片，形成了由龙岩至河源、由平远至海陆丰纵横千里的广大解放区。

在东江南线，粤赣湘边纵队司令员兼政治委员尹林平、政治部主任左洪涛率南线主力扫除陆丰之敌后，从陆丰河田挥师北进，直捣紫金。5月19日包围紫金县城。紫金县城之敌在待援绝望的情况下，国民党少将、紫金县长彭锐于5月23日率部500余人缴械投降，紫金县城遂告解放。

在南线主力解放紫金的同时，东江第一支队第七团连续出击，拔除蓝塘等敌据点，肃清地方反动武装。这时，国民党第一九六师又以五个营的兵力进占蓝口，以一个营的兵力进占柏埔。为迫使敌第一九六师退出蓝口、柏埔，尹林平命令东江第二支队、东江第三支队及起义部队配合东江纵队主力，分别向河源城外围之敌发起攻击，歼蓝口之敌60余人，迫其退守河源城。6月2日，东江纵队独立第一团独立第三团攻击柏埔之敌，因河源之敌一个团的兵力来援，纵队以一部继续攻击柏埔之敌的同时，派出另一部狙击河源来援之敌，歼其100多人，援敌告退。进占柏埔之敌也于6月5日退守河源城。随后，国民党第一九六师师部及两个团的兵力被迫移驻惠州。

至此，河源境内大部分乡村和圩镇均告解放，河源县相邻的东、西、北三面的所有县城和大部分乡村也先后解放。除河源、惠州及海陆丰仍驻有国民党第一九六师、第一五四师和保安第三师、保安第五师外，仍有部分残存之地方反动武装流窜于边境山区，继续负隅顽抗。7月初，兵败淮海的国民党军胡琏兵团残部由江西窜至粤东地区，企图在潮梅地区抓兵抢粮之后，由汕头出海外逃。7月14日，胡琏一部由兴宁县反动分子谢海筹引领进占兴宁城，其后分两路进犯五华和龙川北部地区。

据此，东江南线主力由尹林平率领进入海陆丰地区歼敌，北线主力一部扫除流窜于北部山区企图配合胡琏西进的东江之敌，另一部由曾天节、郑群率领相机歼击西进的胡琏部。江北地区部队则向龙门、河源方向移动，配合北线主力相机歼击从化、龙门之敌。

6月24日，江北地区的东江第三支队攻击良口，全歼从化保安营一部；7月14日攻击龙门正果，歼敌广州警备总队一部，俘副总队长江锡全以下官兵160多人。此后，江北地区之地方反动武装大部被肃清。8月27日，解放龙门县城，俘龙门县代理县长谢明轩、自卫总队队长兼县警大队长廖比石以下官兵200余人，至此河源西南部之敌基本被肃清。

在江北地区部队向龙门、河源靠拢相机歼敌的同时，北线主力一部和九连地区的东江第二支队也主动出击，围歼龙川北部残部。7月24日，纵队政治部组织科科长魏南金命令纵队独立第四团第一营及龙川县公安总队、地方民兵，围歼流窜于龙川北部之敌黄道仁及谢鸿恩部。由独立第四团参谋长陈苏和第一营营长麦启华率领第一营围歼龙母之敌谢鸿恩部，龙川县公安总队包围黄道仁部。黄道仁部被歼40余人后仓皇突围，率残部逃窜兴宁。与此同时，被纵队独立第四团包围的谢鸿恩部也曾多次突围，均被击退。但敌负隅顽抗，拒不投降。纵队独立第四团由连长庄锦洪、袁创等80余人组成突击队，展开强攻，将谢鸿恩部300余人全部歼灭，无一漏网。曾获"钢铁连"光荣称号的纵队独立第四团第一营机炮连连长欧阳珍、战斗英雄陈明等8人英勇牺牲，战斗英雄、副连长凌章等20余人负伤。经此一战，龙川之敌全部被扫清。

经粤赣湘边纵队东江南、北两线两个多月的出击，九连地区之残敌基本被肃清，南雄、始兴、曲江及河源、紫金、惠州虽仍有残存之敌，但经不断打击之后，数量有限且战斗力日趋低下，成为一触即溃之残敌。东江南线主力已由东面渡过东江，向河源、博罗进逼，北线主力由龙川向南推进，从南北两线对河源之敌形成夹击之势，盘踞于河源城之敌第一九六师，已成瓮中之鳖，河源城之解放已指日可待。为此，粤赣湘边区党委书记尹林平向中央建议，南下野战军可提前入粤作战。如南下野战军提前入粤，曲江、惠州等地将迅速解放。"前定赣州会议可改在河源或惠州举行"①。

## 二、迎军支前工作的展开

革命的战争是人民群众的战争，革命战争的胜利是在人民群众的支持下取得的。在解放战争中河源人民群众自始至终热情支持革命，人民群众不惜一切代价支援自己的子弟兵，克服困难，战胜敌人。无论是在东江纵队北撤后的困难时期，还是在敌人残酷"清剿"的险恶环境中，人民群众始终与自己的子弟兵血肉相连，从人力、物力、财力上大力支持革命斗争。

1949 年 5 月，为了支援、配合解放老隆的战斗，河西区工委组织 1000 多人的民工队，参加支前工作。5 月 10 日，河西工委在船塘老围召开河西区各乡干部会议，要求全区立即行动起来，组织民工支援解放老隆的战斗。会后，全区组成 6 个民工营，15 个连，共 1730 多人的河西民工团。民工团由欧阳年任团长，张一中任政治委员。16 日清晨，民工团分三路前往老隆。第一路，为船

---

① 《林平建议野战军迅速入粤作战》，载于《粤赣湘边区革命史料》，广东人民出版社 1989 年 10 月第 1 版，第 546 页。

塘、三河乡两个营 6 个连，经李田、义都抵达老隆；第二路，为上莞、漳溪两个营 5 个连队，经柳城、佗城前往老隆；第三路，为曾田、骆湖两个营 4 个连队，从曾田、柳城、佗城到达老隆。17 日上午，民工团将老隆战斗缴获的武器装备及粮食物资全部运回船塘，共有步枪 600 余支，地雷 300 颗，六〇炮部件、炮弹等枪械及粮食 1300 多担。

从 9 月 7 日至 24 日，华南分局第一书记叶剑英在赣州主持召开了以制定广东战役作战方案为主要内容的一系列会议（统称"赣州会议"）。会议通过了《关于过去华南及广东工作的决议》和《关于支前工作的决定》。会议决定由叶剑英、郭天民、刘志坚、黄松坚等组成支前小组，号召广东各地党政军民紧急动员起来，以支前工作作为当前最紧急的中心工作，以全力支援野战军入粤作战。

为了切实做好迎接野战军入粤作战的准备工作，华南分局早在 7 月 22 日就发出指示，要求各地党委"加紧准备大军南下的工作"，指出"野战军南下作战在即，必须动员全党与人民群众"，认真做好各方面的准备工作，"要健全区、乡政府，以便将群众编整为运输、担架、侦察、交通、宣传、慰劳的各种参加队伍，临时得以有组织的调动"，同时强调"坚决执行'二五'减租，迅速征收公粮，并存储于安全地区，一面在可能中用南方券购买粮食，一面鼓励地、富、商人向各粮产地区购粮，并秘密调查余粮地、富，以便大军到达时，以公债向其征借"。① 粤赣湘边区党委也于 7 月 29 日发出《做好准备工作迎接大军解放指示》，向全区军民发出迎军支前的总动员令，号召全区军民动员起来，组织

---

① 《关于迎接大军南下的工作指示》（1949 年 7 月 22 日），见《粤赣湘边区革命史料》广东人民出版社 1989 年 10 月第 1 版，第 506—508 页。

起来，"每家每户，人人准备为慰劳大军的柴草、粮米、猪及各种常用品，使大军所到之处，均得人民热烈的慰问与拥护"。① 为确保迎军支前工作的顺利开展，各级党组织和人民政府都成立了支前领导机构。粤赣湘边区党委成立了以梁威林为司令员、刘宣为副司令员的东江支前司令部。中共九连地委和东江第二支队也成立了以钟俊贤为司令员、黄中强为政治委员的"支前司令部"。

根据粤赣湘边区党委和中共九连地委的指示，河源县于8月11日成立了由11人组成的"河源县迎军支前动员委员会"，以邹建为主任，欧阳仲琴为副主任，下设秘书组、宣传组、民工组、招待组和联络组。在迎军支前委员会的号召下，河源县解放区迅速掀起了迎军支前的群众热潮。8月17日，中共河西区委和人民政府在船塘畲寮岗举行盛况空前的迎军支前大检阅，受检阅人数达34450人，其中民兵3200人，民工16541人，各种迎军团体9054人。各乡民兵、运输队、担架队、修路队、架桥队、茶水队、洗衣队、马草队、秧歌队，从四面八方拥向会场。整个会场人潮涌涌，红旗如海，歌声如潮，锣鼓喧天，盛况空前。叶潭、顺天、柳城等各区乡村也先后举行迎军支前大检阅。在各个解放区乡村掀起了一个学河西区、赶河西区，争当迎军支前模范的群众运动，在河源解放区形成了前所未有的迎军支前热潮。

迎军支前大检阅之后，河源解放区各地迎军支前运动迅速掀起，各区、乡都成立了领导机构。人民群众踊跃行动起来，有粮出粮，有物出物，有力出力。村与村、乡与乡、区与区之间都互相挂钩，开展竞赛。广大群众，敲锣打鼓，将牛、猪、鸡、鸭、鱼、蛋、花生、黄豆、蔬菜、军鞋、毛巾、牙刷等迎军慰劳品送

---

① 《做好准备工作迎接大军解放指示》，载于《粤赣湘边革命史料》，广东人民出版社1989年10月第1版，第516页。

到各村、乡、区政府。船塘老围、新寨两村相互竞赛，共捐献牛、猪47头，一家献一猪或一牛的就有10余户。河西区五个乡（缺三河乡）群众捐献的迎军慰劳品有：牛22头，猪88头，羊3只，鸡242只，蛋9770只，鱼362斤，花生205担，青菜315担，木柴842580斤，生油98斤，盐90斤，生果2100斤，毛巾24打，牙刷17打。此外，黄豆、豆腐、茶叶、烟、酒、油果、粉片、粉丝等食品不计其数。① 同时，各乡村还组织运输队、担架队、茶水队、洗衣队、理发队、向导队、炊事队、架桥队、修路队、马草队、秧歌队等。各乡村还组织帮耕队，帮助烈属、军属耕种田地、播种插秧。仅上莞乡就动员2000余人帮助烈、军属秋收。为让南下的野战军进入河源县各区、乡后，行军路途畅通无阻，中共河源县委发动群众，将南下野战军可能通过的县境内的大小道路，全部加宽修平。灯塔区处于官汕公路和广梅公路交会处，是南下野战军两广纵队入粤作战的必经之地。8月20日，以张一中、欧阳年为正、副主任的灯塔区迎军支前委员会召开了7000人参加的群众大会，号召人民群众有钱出钱，有力出力，做好迎接南下大军的工作。灯塔区动员了13000多人的劳动力，突击抢收从顺天二龙岗到南湖鲤鱼头的一段公路，仅用5天时间，修复公路43千米，修理和加固桥梁7座。南湖街口的一座木桥，因桥高、跨度大，损毁严重，一时难以修复。为保证南下大军安全通过，改搭建40多米长的便桥。为了抢修这段路的桥梁，群众献出杉木2000多条。灯塔迎军支前委员会组织各乡、村在南下大军通过的村旁，设立茶水供应站13处，派专人看管，保证南下大军通过期间日夜供应茶水。同时，还挑选了19名觉悟高、身体好、能听懂广州话或北方话、熟悉道路的积极分子为部队作向导。仅灯

---

① 《粤赣报》第144期，连平县档案馆藏。

塔区就准备粮食 1300 多担，草料 60000 多斤，木柴 300 担，食用油 8000 斤，牛、猪、鸡、鸭等物资一大批，随时准备给南下大军调用。

在河源县城，横渡东江或新丰江只有船渡。为使南下大军得于迅速通过，中共河源县委和迎军支前委员会组织和动员东江、新丰江上的大小船只和木排，架设了直接通往的便利浮桥。

河西区各乡青年，为了参加民工，争先恐后地到各乡人民政府报名，有的青年干脆带上行李，在乡政府等待批准。经过挑选，河西区选出民工共 1300 多人参加民工团。中共河源县委将各区委选送的民工组成民工团，由县委书记吴震乾兼任政治委员，县委委员欧阳梧任团长随野战军南下。

河西民工在河源城经过再一次精选，由 420 多名民工组成一个主力营，以河西区副区长陈志英为营长，区委委员张汉民任教导员兼营党委书记，陈昊为副官，欧阳振为文化教员。下属三个连，船塘连连长欧阳万，指导员欧阳厚；上莞连连长陈治民，副连长高云，指导员陈为；三河连连长叶香菊，指导员叶滋青。民工营组建后，立即随两广纵队第一师南进。随部队参加解放惠州后，接着随队直抵博罗龙华，国民党军第一五四师被迫接受和平改编后，由民工营将收缴的军用物资，挑运到樟木头。此时，两广纵队进军珠江三角洲，民工营随部队经东莞、虎门，越过珠江口进入顺德容奇镇，参加前山追歼残敌的战斗行动。支前工作结束后，两广纵队对支前民工进行了表彰，授予河西民工营"支前英雄""支前模范""支前功臣"的光荣称号，颁发了奖旗，奖给冲锋枪 1 支、步枪 20 支及弹药一批。民工营返回河源后，县、区、乡分别举行庆功会，对支前民工营进行再一次的表彰，同时吸收民工积极分子参加中国共产党和共产主义青年团。

### 三、河源全境解放

1949 年 8 月，人民解放军粉碎了国民党的所谓"华中局部反攻计划"，几路大军神速南下，进入湘、赣，越过五岭防线，追歼南逃残敌，解放广东全境之役即将打响。

在东江、韩江数十县获得解放，大块战略基地连成一片之后，东江北线主力打击胡琏残部和南线主力歼击海陆丰之敌又取得重大胜利。此时，驻守河源的国民党第一九六师受数度打击之后，已成惊弓之鸟。粤赣湘边纵队副政治委员梁威林、政治部主任左洪涛向华南分局提出了攻击河源守敌的建议。8 月 18 日，方方致电尹林平、梁威林等，要求粤赣湘边纵队南北两线主力"即可相机……西向攻击河源、惠州之保安师"①。为追歼残存于河源、埔前、龙门、博罗杨村一带之敌，尹林平率粤赣湘边纵队南线主力于 9 月初横渡东江，监视广州至惠阳、河源之水陆交通线。北线主力于 9 月中旬，由北向南直逼河源，从南北两线威胁夹击河源、博罗一带之敌。南线主力拟歼博罗一带之敌，北线主力追歼河源之敌第一九六师。

驻守博罗柏塘之敌仅一个营，纵队司令部决定首先以独立第二团、第三团围歼此敌。独立第一团则于博罗罗村十二岭一带戒备，阻击可能由惠州、泰美增援之敌。当敌得知南线主力横渡东江包围柏塘之敌后，立即纠集保安第三师第八团、第五师第十四团两个营、第十五团一个营共 2500 余人的兵力增援柏塘之敌。敌从惠州、泰美分进，于 9 月 9 日上午进至泰美罗村十二岭。粤赣湘边纵队独立第一团当即拦截阻击。战至下午 1 时，纵队独立第

---

① 《方方致林平、魏金水并报军委与华中局电》（1949 年 8 月 18 日），广东省档案馆藏。

二团奉命投入战斗，负责主攻柏塘之敌的纵队独立第三团也奉命转移兵力，派出第三营配合打击援敌，痛击敌指挥部，并切断敌之退路。纵队独立第一团、第二团正面展开反击，敌人阵地迅速崩溃，狼狈回逃。罗村之战，毙敌保安第十四团团长王亮儒以下官兵100多人，俘敌保安第十五团第三营营长何家球、第十五团第一营副营长谢昌志以下官兵105人；缴获重机枪5挺，轻机枪15挺，手提机5支，卡宾枪3支，长短枪100多支，子弹30000发，电台两部及其他军用物资一大批。粤赣湘边纵队南线主力8人牺牲，23人受伤。

罗村十二岭战斗后，纵队南线主力经公庄、平陵直逼龙门。国民党军第一五四师在龙门黄沙坳遭受打击退回龙城后，窜向博罗龙华。

在南线主力歼击柏塘、罗村十二岭之敌的同时，北线主力于9月12日向南挺进，于河源回龙歼击国民党河源县警一个中队及地方反动武装后，直逼河源县城。18日，当木京之敌第一九六师外围据点被痛击之后，敌第一九六师连夜撤出河源城向南逃遁。

敌第一九六师逃遁后，河源城地下工作队立即在中山旅店设立临时指挥部，一方面由李明球带领城镇自卫队维护治安，另一方面派员保护国民党当局机关财产，查封银行金铺和粮食仓库。地下工作队与参议员曾俊明、商会会长梁合勤取得联系，由他们出面动员商会店铺照常开门营业，以安定民心。

19日，北线主力部队进入河源城，河源宣告解放。20日，北线的纵队独立第四团、第六团和第四支队在纵队参谋长严尚民、政治部代主任魏南金的率领下向南直进，跟踪追击敌第一九六师。21日，在埔前三角岭与敌第一九六师激战三天后，尹林平率南线主力从龙门方向赶到，从敌侧翼插入，将敌击溃，敌第一九六师受两面夹击，企图突围逃窜。纵队南、北两线主力尾追逃敌，至黄麻陂、石坝一带。因这一地区尽为开阔平原、河汊地带，追击困难。敌保安第三师、第五师又从惠州北上救援，敌第一九六师大部得以逃脱。此战，毙敌副团长以下官兵 300 余人。粤赣湘边纵队独立第四团、第六团、第四支队排长李金焕、卫生员陈霞等 30 余人在战斗中牺牲，独立第六团第一营副营长陈明、班长叶慈林、通讯员陈勇坚等数十人受伤。至此，河源县全境解放。

9 月 23 日，中共河源县委、河源县人民政府奉命由蓝口迁至河源城，同时成立河源县军事管制委员会，张华基为主任，吴震乾为副主任。10 月，中共河源县委作出调整，由吴震乾、邹建、杨庆、欧阳涛、欧阳梧、欧阳诚、欧阳霞组成，吴震乾任书记，邹建任副书记；下辖河源城区、船塘、蓝口、灯塔、久社、回龙等 6 个区委，39 个支部，共有党员 755 人（部队党员除外）。河源县人民政府，由吴震乾任县长，邹建任副县长。全县划分为 6 个区，区设置人民政府。

在中国共产党的领导下，河源县党组织带领人民群众同帝国主义、封建主义和官僚资本主义进行了长期的浴血奋战，终于迎来了革命的胜利，迎来了人民的彻底翻身和解放。从此，河源人民与全国各族人民一道，走向一个和平、民主、自由、幸福的新中国。

1949 年 9 月 19 日河源城解放。为配合南下大军（两广纵队）解放全广东、全华南，河源县人民政府组织民工营，随军解放广州和珠江三角洲，受到两广纵队政治部的嘉奖。在历次革命战争中，河源县人民有 376 名志士献出宝贵生命，其光辉业绩，永载史册。

# 第五章

新中国建设发展时期

第
一
节 **在探索中曲折前进**

### 一、县委、县政府的建立

东源县是革命老区，早在土地革命战争初期就建立了中共地方组织。1927 年 6 月建立了以赖民为书记的东源县第一个共产党组织——中共曲龙支部。

1949 年 7 月，除河源县城外，河源县广大农村全面解放，解放区进一步巩固，中共九连地委决定撤销中共河东工委和河西工委，正式成立中共河源县委。9 月 19 日河源县城解放，9 月 23 日中共河源县委从蓝口移驻县城。

1949 年 11 月，中共九连地委撤销，成立以梁威林为书记的中共东江地委，中共河源县委也改属东江地委领导。这时，中共河源县委下设组织部、宣传部、军事科、保卫科和秘书室，下辖船塘、蓝口、灯塔、久社、回龙和县城等 6 个区委，并建立了 39 个支部，共有党员 755 人。从 1950 年 6 月开始，中共河源县委领导班子作了多次调整。1950 年 6 月，吴震乾调离河源，由林镜秋接任中共河源县委书记；1951 年 12 月，林镜秋调离河源，由陈李中接任中共河源县委书记；1953 年 3 月，陈李中调离河源，由李斌接任中共河源县委书记；1954 年 9 月，李斌调离河源，由王志接任中共河源县委第一书记，洪佳任第二书记；1956 年，王志调离河源，由洪佳接任中共河源县委第一书记，李永旺等任书记处书记。

河源县人民政府的建立。建立人民政权是人民革命战争的主要目的。人民政权建设是随着革命战争的发展和解放区的建立、巩固而逐步发展的，恢复武装斗争初期，游击基地初步形成后，河源县的河东、河西游击基地建立初期，一般以武工队结合民运队开展群众工作，组织农会和民兵组织，逐步由没有政权到建立政权。

23 日，县人民政府与县委同时从蓝口镇迁驻县城。河源县人民政府进驻县城后，立即着手准备城市接管和经济恢复工作。9月23 日，成立了河源县军事管制委员会（主任张华基、副主任李辉），负责县城接管工作。同时，县政府机构设置也作了调整。1950 年，全县直属机关党政群团等工作部门 21 个，行政编制 43人。全县划分 6 个区、28 个乡，定编人员 120 人。1950 至 1957年，县、区（镇）机构编制由地委专署统一管理。

青年团组织历来是党的有力助手。河源县最早的青年团组织——康禾曲龙青年团支部成立于 1929 年，由农会会长、共产党员赖民兼任团支部书记，共有团员 20 多人，隶属于中共紫河特委。在"白色恐怖"时期，赖民等一批党、团员惨遭杀害。此后，青年团组织转入秘密活动。1947 年，河源县的河东、河西地区获得解放，解放区的乡村普遍建立起青年团组织，大批青年加入了团组织，积极参与打土豪地主和分田废债斗争。1948 年国民党对解放区实行"扫荡""清乡"，青年团踊跃参军参战，投入反扫荡的斗争，全县有 400 多个团员和青年在解放战争中献出了生命。

新中国成立后，河源县青年团组织进一步发展壮大。1949 年11 月 20 日，在县城召开了全县第一次团员代表大会。大会选举产生了新民主主义青年团河源县第一届委员会，正式成立中国新民主主义青年团河源县工作委员会（简称"团工委"），下设组织、宣传、少儿等 3 个部。全县有基层团工委 6 个，团总支部 24 个，团支部 250 个，团员 3000 多人。青年团组织在县委的领导下，团结广大青年积极投入抗美援朝、土地改革和农业合作化运动。1950 年至 1953 年，响应党中央"抗美援朝、保家卫国"的号召，河源县有 975 名团员和青年应征入伍直接到朝鲜作战。在清匪反霸、土地改革中，全县组织青年民兵巡逻组 539 个，为保卫新生政权、防止敌特破坏而站岗放哨、昼夜巡逻。1956 年农业合作化运动中，广大团员、青年积极带头参加农业社，全县 80% 以上团员加入了农业社并成为社骨干。埔前河背乡青年陈松禄被评为办社模范，前往北京参加全国劳模代表大会。

1956 年 10 月，根据《中国共产主义青年团章程（草案）》，中国新民主主义青年团河源县工作委员会改名为中国共产主义青年团河源县委员会。当年，河源县共青团基层组织发展到 389 个，团员总人数发展到 13956 人，其中女团员 4954 人。

### 二、土地改革运动

1950 年 6 月，中国共产党第七届三中全会在北京召开。根据中共七届三中全会的部署，中央决定从 1950 年冬开始到 1953 年春，在全国 3 亿多人口的新解放区农村，开展土地改革运动。

为了搞好土地改革运动，中共中央在总结老解放区土改经验的基础上，根据新中国成立后的新形势新情况，制定了一系列新的政策。1950 年 6 月 28 日，根据政治协商会议的建议，中央人民政府委员会第八次会议讨论并通过了《中华人民共和国土地改革法》（简称《土地改革法》），并于 6 月 30 日由中央人民政府主席毛泽东公布施行。

《土地改革法》指出土地改革的基本目的是：废除地主阶级

封建剥削的土地所有制，实行农民的土地所有制，借以解放农村生产力，发展农业生产，为新中国的工业化开辟道路。中共中央强调，土地改革要有领导、有计划、有秩序地进行。指出土地改革是一场激烈的阶级斗争，必须贯彻党的群众路线，依靠贫农雇农、团结中农、中立富农，把广大农民充分发动起来，使他们在打倒地主阶级的斗争实践中提高觉悟程度和组织程度，直至相信自己的力量，实现当家做主。

1950 年 9 月，广东省土改团成立，下辖兴宁、揭阳、龙川 3 个分团。10 月中旬，中共东江地委根据中共中央华南分局的要求，发出了关于"各县应在今冬明春实行土地改革"的指示，并将东江地区所属的龙川县和惠阳县分别作为广东省的试点县和东江地区的试点县，开始了土改运动。不久，河源县也被新增为地区土改试点县。为了做好土改的准备工作，河源县召开了县委扩大干部会议，对即将开展的土改运动进行了专门的研究和部署，决定首先从组织上和思想上做好准备工作，建立和健全各种组织，开好各级党代会、农代会、妇代会和青代表，广泛开展思想动员和形势教育，为土改的顺利开展打好基础。

1950 年 12 月 25 日，河源县召开了第二届各界人民代表会议。会议的中心议题是讨论和决定土地改革问题。县长林镜秋在致开幕词中指出：在当前抗美援朝、保家卫国的大背景下进行土地改革，是全国人民目前的总任务。他说："土地改革，从政治观点来说，它是我国几千年来社会制度的一个最重大的改革。从经济观点来看，它是发展生产、繁荣经济的唯一有效条件"。他认为，河源县开展土地改革运动已具备了基本条件：第一，土匪已基本肃清，社会秩序已趋于稳定；第二，农民群众的阶级觉悟初步提高，有 55000 多农民已初步组织起来，土地改革已成为广大农民的迫切要求；第三，干部的条件已具备，本县现有干部 600 多名，而且工作能力在不断提高。因此，开展土地改革运动的条件已经成熟，当前最中心的工作就是胜利完成土改任务。这次会议，实际上就是全县土地改革的动员大会。在这次会议上，具体讨论和决定了土改工作计划和步骤，为分期分批完成全县土改工作进行了部署。

根据《中华人民共和国土地改革法》的规定和上级指示精神，1951年1月，成立了河源县土地改革委员会，以中共东江地委副书记、土改分团团长钟俊贤为主任，林镜秋为副主任。河源县土地改革委员会（简称"县土委会"）成立后，立即着手培训干部，举办土改干部培训班，抽调县属各区委书记、区长、乡干部、村干部共500多人集中培训半个月，学习中共中央有关文件和土改政策，掌握工作方法。2月，广东省土改第三分团在龙川县搞完试点后，抽调干部300多人支援河源县土改运动，加上河源县派往龙川参加土改试点返回的100多名农民干部，组成了一支900多人的土改工作队。

按照中共东江地委的决定和河源县委县政府的工作计划，河源县土改运动分两期进行。第一期安排5个乡为试点，即第二区的柳城乡、沙村乡、归淳乡和第四区的久社乡、黄田乡。其中又以柳城、沙村、久社3个乡为重点。时间从1951年1月16日至3月20日。其余未分田的14个乡、109个村为第二期土改区。

借鉴河南省和广东省土改试点及邻近龙川县试点乡的经验，河源县土改试点分四个步骤进行：第一步：宣传发动群众。土改工作队进村后，首先通过访贫问苦、扎根串联，与贫苦农民"三同"（即同吃、同住、同劳动），建立起阶级感情，在此基础上大力宣传发动群众。工作队以村为单位，召开贫雇中农大会，大张旗鼓地宣传《中华人民共和国土地改革法》和《广东省土地改革实施办法》。并结合形势召开各种会议，大讲开展土地改革运动的目的和意义，大讲依靠贫雇农、团结中农、孤立富农、打击反动地主等有关土地改革的政策，使广大贫下中农的革命积极性充分调动起来。其次，通过召开"诉苦会""追穷根挖苦底"等形式，使广大贫苦农民进一步认识过去受剥削受压迫的根源，激发对地主恶霸的阶级仇恨，唤起群众觉悟。在群众阶级觉悟提高的基础上，工作队按照上级指示，协助农民干部，整顿民兵组织和妇女组织。为了保证土改运动的顺利进行，正确执行土改法令，纠正过去老解放区土改的一些错误做法，根据中央人民政府政务院1950年7月20日发布的《人民法庭组织通则》，河源县成立了群众性的临时司法机构——人民法庭，并在每个区成立一个分庭，以巡回审判方式，到各个土改区去贯彻执行土改政策和法令，运用司法程序惩治危害国家和人民利益、阴谋暴乱、破坏社会治安的反革命分子以及违抗土改法令的罪犯，并处理有关土改的案件。

　　第二步：划分阶级成分。经过第一阶段的宣传发动和组织建设与整顿，农民群众已普遍动员起来，自觉协助工作队进行查田核产，并成立村评阶级主席团（即评议委员会），为土改的深入开展做好各种准备工作。划分阶级是土改运动最为关键的一个环节，政策性较强。为慎重起见，在划分阶级前，工作队组织农会会员和群众学习《中华人民共和国土地改革法》和《中央人民政府政务院关于划分农村阶级成分的决定》，传达省、地文件精神，讲解划分阶级的方法，选择实例进行分析，使群众对划分阶级有正确的认识。根据上级指示精神，工作队认真向群众进行宣传，提出把握区别各阶级的主要标准：一是根据劳动与不劳动、参加附带劳动与主要劳动，作为划分地主与富农的主要标准；二是根据剥削量超过百分之二十五与否，作为区别富农与富裕中农的主要标准；三是根据出卖劳动与否作为区别中农与贫农的主要标准。划分阶级首先要划出地主。通过全面调查摸底，在掌握基本情况的基础上，依据解放前三年土地占有、劳动、剥削程度等"三把尺子"，发动群众进行评议和划分。通过自报、公议和"三榜定案"（即张榜公布三次：地主用白榜、富农用黄榜、贫雇中农用红榜，以第三榜定案）的方式进行阶级划分，最终评定地主、富农、中农、贫农和雇农。

第三步：没收、征收和分配。经过三榜公布定案，阶级成分的划分已明确，各村将划定阶级的材料上报乡，经批准后，便成立没收征收委员会，着手进行没收征收工作。按照《中华人民共和国土地改革法》等政策，土改主要是没收地主的土地和财产以及其他封建财产，对富农经济暂不触动，目的在于孤立地主，中立富农，减少土改阻力。各村在农会和没收征收委员会带领下，组织群众进行接收土地及其他果实。在没收征收过程中，工作队反复强调应根据政策法令办事，没收征收要做到合理合法，防止瞒田虚报、贪污受贿。并要求做好统计工作，将涉及的人口、户数、土地面积、没收的生产资料等分项登记、造册、汇集，以便妥善处理。随后，各村以贫雇农及中农积极分子为基础，通过民主推选方法选出委员，成立分配委员会，将没收征收的土地、财产公平合理地分配给农民群众。具体分配时采取"自下而上地酝酿，自上而下地调整"的方法，分四个步骤进行，即自报公议、全面通过、农会批准，三榜定案。

第四步：善后布置与总结。分配结束后，各村召开了庆祝大会，农民群众敲锣打鼓，庆祝胜利。接着，工作队召开选模大会、总结大会，将试点乡各阶段的工作进行了详细的分析和评价，肯定成绩，表扬先进，找出问题和差距，形成经验教训，为全县进一步搞好土改工作做好准备。

河源全县解放后，在行政区域上划分为6个区、28个乡、1个区级镇、1个乡级镇、244个村、5个居民联组，总人口

28.0952 万人。由于老解放区河西、河东区 9 个乡已于 1948 年进行了土改，5 个联组在城区，因此，纳入土地改革运动的有 19 个乡、1 个镇、155 个村，约 17.7 万多农业人口。

第一期 5 个试点乡土改结束后，工作队经过短暂休整和总结经验，于 1951 年 5 月底 6 月初再次先后下乡，分赴其余未土改的 14 个乡 109 个村，开始第二期土改运动。在广东省土改总团、东江地委和土改东江分团的直接领导下，河源县土地改革运动全面铺开。

河源县土改运动，得到了上级党委和土改团的支持。中共东江地委不仅在思想上政策上给予直接指导，并派遣了 100 多名军分区干部和南下干部支援河源县土改工作，有力地推动了土改运动的进展。

### 三、抗美援朝运动

中共七届三中全会以后，正当中国人民从各方面为争取财政经济状况根本好转而斗争的时候，新中国又面临着外部侵略的威胁。1950 年 6 月 25 日，朝鲜内战爆发。而美帝国主义宣布武装援助南朝鲜，干涉朝鲜内政，并推波助澜将战火逼近中国。在此严重形势下，中国政府作出了"抗美援朝，保家卫国"的决策。10 月 8 日，中国人民革命军事委员会主席毛泽东发布命令，将东北边防军组成中国人民志愿军开赴朝鲜作战。

10 月 19 日，中国人民志愿军肩负祖国人民的重托，开赴朝鲜战场，与朝鲜人民军并肩作战，抗击美帝国主义。此时，国内大规模的土地改革运动刚刚开始，中共中央对国内外形势作出了正确的判断，提出了"边打、边稳、边建"的方针，决定在进行土地改革的同时，全国广泛开展轰轰烈烈的抗美援朝爱国运动。

中共河源县委积极响应中共中央的号召，成立了抗美援朝组织领导机构，并根据中共中央华南分局和东江地委的指示精神，及时调整了土改计划方案，在开展土地改革的同时，积极开展抗美援朝爱国运动。首先，召开各种会议，宣传抗美援朝的重要意义，激发广大干部群众的爱国主义热情。12 月 15 日，全县各圩镇召开了"抗美援朝、保家卫国"群众大会，会后举行了声势浩大的示威游行，游行队伍所到之处，都有不少群众自发地参与进来，表示坚决拥护中共中央的决策，誓将抗美援朝进行到底。接着，各中学抽调出一部分师生组成了宣传队，赶排各种文艺节目，利用山歌、话剧、快板等群众喜闻乐见的形式，采用巡回演出的方法，大力宣传抗美援朝爱国思想。在广大农村进行的土改运动中，结合抗美援朝，提出了"保田、保翻身、抗美援朝保祖国"的口号。东埔乡、南湖乡以及县城区，这些地区在抗战时期曾经沦陷，广大群众对日本鬼子的烧、杀、奸、抢等罪行记忆犹新。为掀起抗美援朝运动高潮，乡党委组织群众开展回忆对比、忆苦思甜活动，通过回忆和控诉日本军国主义的侵略行径，激起群众对当今美帝国主义罪行的痛恨，大家纷纷表示要积极投身到抗美援朝运动中去，鼓励能上前线的人报名参军，不能上前线的人在家乡搞好土地改革，多打粮食支援前线，以实际行动保家卫国。

各区乡在党、团员和积极分子的带动下迅速行动起来，很快就掀起了全县性的参军高潮。1950 年 12 月，河源县城乡 400 多名青年被批准参加中国人民志愿军，开赴朝鲜战场。

1951 年 7 月 13 日至 16 日，河源县第三届各界人民代表会议在县城召开。会议围绕抗美援朝、土地改革和镇压反革命三大运动主题进行了讨论商议，作出了四项决议。其中第一个决议是：各区乡普遍订立爱国公约，响应全国抗美援朝总会发起捐献飞机大炮的号召，保证半年内完成捐献"河源号战斗机"一架，同时做好拥军优属工作。在会议期间，代表们讨论热烈，河东区代表当即提出保证：散会回去后积极做好宣传发动工作，保证筹集捐款5亿元（旧币）。河西区的代表闻讯后不甘示弱，经商量讨论后，提出要捐献"河西号"飞机一架。其他各区乡也积极行动，成立了捐献收款临时工作委员会或小组，发动群众进行捐献活动。至7月底，全县捐到9亿元（旧币），并捐献粮食等支前物资一批。

7月下旬，河源县接到上级指示，为抗美援朝紧急征兵，全县须征集815名志愿兵送往朝鲜战场。由于时间紧、任务急，中共河源县委马上召集各区乡领导及有关部门布置征兵任务。正在进行土改的区乡，在工作队干部和党支部的组织下，分别召开了青年座谈会、家长会、母亲会、老婆会等大小会议，号召在土改运动中涌现出来的积极青年和民兵带头报名参军，并说服妇女支持儿子、丈夫当兵保家卫国。由于宣传工作及时有力，而且经过土改的广大群众阶级觉悟大大提高，因此，征兵扩军任务很快就得到落实。8月上旬，这批参军青年在父母或妻子等亲人的欢送下踏上了赴朝参战之途，全县举行了盛大的欢送仪式。随后，河源县又根据前线的需要，动员160名复退转业军人归队赴朝参战。在各方支持和努力下，归队170人，超额完成了任务。据统计，自1950年至1954年，河源县共征集志愿兵员2893人，为抗美援朝作出了应有的贡献。

1951年10月29日，奉中共东江地委和东江军分区支前工作命令，河源县成立了"支前委员会"及"支前司令部"，由副县长邹建任河源县支前委员会主任，欧阳诚为副主任，陈李中、欧阳年、欧阳裕、曾和、黄其裕、曾履冰、丘启文、欧阳石桂、陈集甫等为委员。并决定由邹建兼任河源县支前司令部司令员，欧阳诚为副司令员。按照支前委员会和支前司令部的工作计划，首先必须建立各级支前机构，各区乡立即成立了支前指挥所，县城则成立支前站。各支前指挥所及支前站由乡、镇长担任主任，农协主任为副主任，下设秘书办公室、供应股、动员组织股等机构。其主要任务是保证部队粮食、副食、柴火、马草等供应，保证民工的调动使用，做好物资的运输和保管以及维护交通道路等工作，为国防建设和支前工作服务。

1953 年 7 月，抗美援朝战争取得了胜利。经过抗美援朝运动，不但提高了新中国的国际地位，增强了民族自信心，而且大大增强了广大人民群众的爱国主义精神和劳动热情，推动了国内各项事业的发展。

## 四、新丰江水库建设

中共河源县委在努力消灭旱灾的同时，也十分重视防洪防涝工作。为解决雨季水浸问题，除大搞农田水利建设、修筑山塘水库外，还多次讨论研究对东江和新丰江的开发治理方案。由于东江流域广、支流多、水势大，防洪治理难度较大，因而对东江洪涝的防治主要是河道治理和修筑河堤，如沿江乡镇柳城、蓝口、久社、黄村，投入了大量人力、物力整治河道，减少了洪灾损失。对于新丰江（俗称"小江"）则采取拦河筑坝修水库的办法进行根治。

新丰江发源于广东省新丰县境内，流经河源县半江、治溪，与连平县的忠信河以及河源县的船塘河汇合后，又经锡场、回龙两镇，再绕河源县城注入东江，全长 163 千米。为了综合利用新丰江水力资源，在第一个五年计划中，建设新丰江水电站被列为国家重点工程之一。1956 年至 1957 年，国家水利部派出勘探队，对新丰江流域进行了全面的测量勘探，经过反复勘察论证，最终确定在新丰江下游，距河源县城 6 千米处的东埔镇双下村"亚婆庙"峡谷为水电站大坝坝址。1957 年，广东省水利设计院进行设计，从 1958 年 7 月起，由新丰江工程局正式施工，至 1959 年建成。

为了建设新丰江水电站，河源人民作出了巨大的努力，付出了沉重的代价。新丰江大坝建成蓄水发电后，新丰江流域变成了人工大湖泽，总水域面积达 363.8 平方千米，跨新丰、龙门、连平、河源等 4 个县部分山地和村庄，总集雨面积为 5734 平方千米。由于新丰江库区中心位于河源县，因此河源县受淹面积广阔。全部被淹没的山地和乡村有锡场、回龙、南湖、半江等 4 个人民公社，半淹区有涧头、双江、顺天、灯塔、船塘等 5 个人民公社以及 11 个圩镇和 389 个村庄，需要移民 2.56 万户、10.64 万人（包括一部分新丰县和连平县移民）。

按照广东省水利设计院勘测设计要求，库区 600 平方千米范围内，凡在水位 120 米高程以下的民房建筑、猪牛栏、厕所和树木、竹林、果树及坟墓等物体，应在 1959 年底蓄水发电前全面清除干净并进行消毒，为水库建成后发电、防洪、灌溉、航运、水产养殖等扫除障碍，并保证下游人民饮水卫生安全。1958 年 5 月，广东省人民政府成立了广东省新丰江清理水库工作委员会。同年 6 月，省、地、县三级抽调人员组成新丰江清理水库委员会办公室。县和有清库、移民任务的社、队亦层层成立清库领导机构。河源县成立了移民安置委员会，库区各公社由民兵、公安、青年、妇女等部门组成移民清库领导小组。1958 年 9 月，新丰江库区开始清库，河源县委根据中共惠阳地委指示，共安排 2.9 万多名社员参加清库工作。时值"大跃进"之际，各级清库领导机构遵照"行动军事化、作风战斗化、生活集体化"的要求，将所辖社、队按营、连、排、班和战斗小组军事建制进行编队，集中统一行动，带领广大社员群众投入清库大行动。清库过程分为拆除、砍伐、消毒三个方面。按照先清难后清易、先清低后清高、先清远后清近、先清河边后清山、先砍大树后砍小树等步骤和要求，每天出动 2 万人以上，开展了为期 9 个月的清库工作。至1959 年 5 月，清库工作基本结束，共拆除房屋 18.45 万间；猪牛栏、厕所 4.22 万间；清除坟墓 13.95 万座；清理山地 20.81 万亩；砍伐木材 10.71 万立方米；清除竹子 200 多万株、油茶树 185万株、枫栗 3.9 万株、其他果树 3.54 万株。总投工 450 万个工作日，支付清库费用 86.7 万元。水库蓄水后，淹没耕地 17.9 万亩，淹没山地林木 42.5 万亩。

1959 年 10 月新丰江水库建成蓄水，1960 年 8 月新丰江水电站第一台机组投产发电。

## 五、移民安置工作

清库结束后，紧接着进行移民外迁工作。移民安置是一项涉及面广、难度大的艰巨工作。为此，中共广东省委、省人民委员会和中共惠阳地委要求移民迁移时必须有领导、有组织、有计划、有步骤、分期分批进行。为使移民工作顺利进行并妥善安置好，中共河源县委、县人委成立了河源县移民工作领导小组，并要求库区内各公社成立移民工作委员会，各营、连成立工作小组，具体组织和落实移民迁移工作。

1958 年 11 月，新丰江水库开始截流蓄水。河源县被淹没的有回龙乡，墩头乡，治溪乡，桥头乡，古岭乡，南湖乡，锡场乡，立溪乡，东埔乡的窑下社，船塘黄沙的刘屋寨、李屋以及灯塔乡，涧头乡和顺天乡的部分地区。面对如此庞大的移民任务，河源县委予以高度重视，想方设法认真做好安置工作。根据中共惠阳地委提出的"移民工作只准搞好不准搞坏，只准提前不准推后"的指示精神，11 月 1 日，中共河源县委发出紧急指示，要求移民安置一律由公社负责包干，迅速选定基建点开展移民新房建设。按照中共惠阳地委批复的第一个移民方案，河源县内移民安置任务为 15680 户，67930 人。分别安排在埔前、东埔、县城镇、义合、蓝口、曾田、船塘、灯塔以及库区内等 9 个公社 93 个大队，设建房点 154 个。其余移民安置点则安排到博罗县、惠阳县及韶关等地。1958 年 8 月，新丰江水库 600 平方千米范围内开始移民大搬迁。

库区移民工作，自 1958 年冬至 1970 年底止，先后 3 次组织了移民外迁高潮。1958 年 11 月，经国务院批准，撤销中共惠阳地委、惠阳专员公署，原惠阳地区的龙川、连平（与和平合并）、河源等县划归韶关专区。1959 年 1 月，中共韶关地委和河源县委为掀起全民大炼钢铁高潮，针对劳力不足问题，将移民第一方案制定的"多移少留"计划修改为"多留少移"，库区移民迁移到各安置区后，由于受"左"的路线影响，生产发展缓慢，移民在住房、交通、医疗、子女就学等方面面临各种困难，加上移民经费不足，生产、生活条件差，安置后的移民群众出现思想被动，不安心在安置区，先后多次出现倒流回库风潮，陆续有 1 万多人倒流回库区生活。对移民安置和安置后出现的一系列问题，省、地、县三级党政领导十分重视，抽调了一批领导力量组成工作组，深入库区 101 个点进行慰问，关心移民的生活。同时，派出医疗队给有病的倒流移民诊治，发放了一批救济款，用于临时解决倒流移民的生活、生产、医疗等问题，并召开各种大、小会议，倾听他们的意见，反复表明国家对移民安置工作会负责到底。经过思想疏导和动员教育后，先后有 6600 人返回原安置区，或自行投亲靠友。但仍有 5000 多人需重新迁移安置，加上原有库区后靠安置的 3000 多人亦需重迁安置，共计 1918 户 8580 人。1961 年 5 月，中共广东省委、省人民委员会针对新丰江水库移民倒流问题，召开了有关省、地领导会议，再次成立广东省移民安置领导小组，并下设办公室开展具体工作。同年 6 月，省委组成工作组，到库区进行调查研究，最后决定根据"群众自愿和有利于发展生产、有利于团结"的原则，重新拟订安置方案。最终方案确定为：移民群众要求就地安置，人均能达到 4 分耕地以上并可开荒 5 亩左右，且人均有山林 10 亩以上的，准予就地安置。据此标准，可就地安置的有锡场、回龙、半江、涧头、双江等 5 个安置点，可安置 809 户 3533 人。其余既无生产条件、又无生活出路的倒流移民，经一再解释与动员，有 592 户 2570 人返回博罗、龙门、韶关等地安置。此后，移民倒流现象时有反复，产生不少矛盾和遗留问题。随着时间的推移和形势的发展，新丰江水库移民工作至今仍存在一些问题，有待今后逐一解决。

东源县移民安置办公室是新丰江水库库外移民管理机构，1988 年 6 月成立。管辖顺天、灯塔、仙塘、义合、蓝口、柳城、曾田、骆湖、漳溪、船塘、黄沙、三河 12 个乡镇的移民安置工作。下设 10 个镇的移民办公室，负责管理镇内的移民安置工作。曾田、三河两镇因移民人口较少由镇社会事务办代管移民工作。

第
二
节

## 发展时期的经济建设

### 一、总路线的宣传教育

新中国建立后，经过三年恢复国民经济的努力，到 1952 年，国家财政经济状况基本好转，国民经济得到恢复，并出现良好的发展势头；经过土地改革，人民生活逐步改善，工农联盟进一步加强，人民政权得到巩固；抗美援朝战局早已稳定，和谈的主要问题已经达成协议，战争有望结束。恢复国民经济的工作，尽管受战争影响，但由于全国人民的艰苦奋斗，进行得比较顺利，原来设想的"三年五年恢复"，经过三年就实现并超过预期的目标。在这样的形势下，中共中央对新中国何时向社会主义过渡的问题有了新的思考，逐渐改变了原来预定的先进行新民主主义建设十至十五年后再逐步过渡的设想。为此，中共中央决定从 1953 年开始实行发展国民经济的第一个五年计划。计划的主体是国家工业化。这是中国人民近百年来梦寐以求的目标，是改变中国落后状况而逐步走上富强道路的关键所在。

也就是在这个时候，社会上出现了一些新的必须逐步解决的矛盾。在农村，主要是土地改革后农民分散落后的个体经济难于满足城市和工业对粮食和农产品原料不断增长的需要，而贫富分化开始出现又使共产党人不能不去考虑个体经济发展方向的问题。在城市，工人阶级和国营经济同资产阶级之间限制和反限制的斗争愈来愈激烈，对国家经济发展也带来很大的影响，而工业化的大规模发展又引起这些矛盾的加剧。因而中共中央不能不考虑采取必要措施，加紧和扩大农村的互助合作运动和城市限制资本。正是在这样的背景下，中共中央经过近一年时间的酝酿，形成和提出了党在过渡时期的总路线，这就是："从中华人民共和国成立，到社会主义改造基本完成，这也是一个过渡时期。党在这个过渡时期的总路线和总任务，是要在一个相当长的时期内，逐步实现国家的社会主义工业化，并逐步实现国家对农业、手工业和资本主义工商业的社会主义改造。"同时强调，"这条总路线是照耀我们各项工作的灯塔，各项工作离开它，就要犯右倾或'左'倾的错误。"党的过渡时期的总路线，是"一化三改""一体两翼"的总路线。"一化"，即逐步实现国家的社会主义工业化，这是主体；"三改"，即逐步实现对农业、手工业的社会主义改造，逐步实现对资本主义工商业的社会主义改造，这也是"两翼"。它是一条社会主义建设和社会主义改造同时并举的总路线。1954年2月，中共七届四中全会正式批准确认了这条总路线。

过渡时期总路线公布后，为了使全党和全国人民迅速统一认识，共同为实现总路线总任务而奋斗，全党和全国上下广泛开展了宣传教育工作。1953年10月，中共河源县委召开了干部扩大会议，传达了党在过渡时期的总路线总任务，要求组织庞大的宣传队伍，自上而下培训宣传骨干，层层传达贯彻总路线精神。县委宣传部随即制订了全县党员干部学习贯彻总路线的宣传工作计划。按照县委部署，首先在县一级机关党员干部中开展学习宣传活动。1954年3月13日，河源县直机关党总支召开了机关党员干部大会。通过一系列的学习活动，大多数干部在思想觉悟和政治理论水平上进一步得到提高，明确了国家的发展前途和要走的道路，更深刻地体会到建设社会主义国家要通过全国人民艰苦奋斗来完成，从而增强了历史使命感和工作责任心。

在提高党员干部政治思想觉悟的基础上，中共河源县委继续深入开展总路线宣传教育工作，运用各种宣传工具，采取多种形式进行宣传造势，在全县上下形成了一个社会主义的宣传热潮。为了使广大农民群众受到深刻教育，中共河源县委宣传部根据上级指示，建立了报告制度，组织了一支由县委委员、区委书记、组织委员、宣传委员、区长等报告员组成的宣传队伍，分片包干，深入农村巡回进行宣传教育工作。由于报告员具有较好的政治思想素质和文化基础，对党的路线方针政策比较了解，并能掌握当地农村工作实际情况，因而宣传教育针对性较强，效果较好。县委宣传部充分利用这支宣传力量，通过制定报告员制度，逐期规定报告内容，定期召开报告员和宣传员会议，采取示范、传授方式，培养了一批乡村宣传员，并通过宣传员扩大了宣传范围，使党在过渡时期的总路线总任务影响深入到基层，达到家喻户晓、深入人心的效果，成为推动农村各项工作的动力。

在全县大张旗鼓的总路线总任务宣传教育运动中，中共河源县委紧紧围绕这一突出中心，结合各个时间段的具体任务和实际情况，先后进行了农业互助合作和发展农业生产方针政策的宣传、关于粮食统购统销与棉布统销政策的宣传、宪法草案宣传、普选宣传等一系列宣传教育工作。每当开展一项重要工作之前，首先都必须召开县、区、乡三级干部会议，采取自上而下、由党内到党外、由干部到群众、层层发动教育、层层打通思想的方法，在武装党员干部思想的基础上再召开群众大会，向群众展开宣传教育，因此取得了很好的效果。通过多种形式的宣传教育，解决了群众的思想认识问题，使农业互助合作迅速发展。通过宣传教育运动，鼓舞了群众的社会主义热情，激发了群众的生产干劲和建设祖国的决心与信心，巩固了党在农村中的思想阵地，推进了社会主义改造事业的发展。

## 二、农业合作化运动

土地改革后，农民分得了土地、耕牛及一部分农具，土地回了家，政治上也翻了身，因此土改结束后农民普遍要求发展生产，希望多打粮食过上好日子，生产积极性空前高涨。但土改后的农村经济仍然是小农经济，这种分散的、落后的小农经济十分脆弱，缺乏有效抵御自然灾害的能力，经不起"风吹雨打"，一旦遇到旱、涝、虫等自然灾害，农民就会因粮食欠收而陷入生活困难。有的农户还由于缺乏劳力和资金，不能很好地发展生产，有的人甚至因生活贫困卖掉了土地，重新又变成租佃户。这种情况如果发展下去，势必出现贫富差别的扩大和两极分化现象。故此，引导农民走互助合作道路，使广大农民由个体劳动向集体劳动方向发展，这是土改后农村工作基本的长期方向。

1951 年 9 月，中共中央召开了全国第一次农业互助合作会议后，农业互助合作运动在全国逐步展开。

1952 年春耕时节，河源县掀起了农业生产高潮。在土改工作队的启发帮助下，已完成土改的第八区（蓝口）秀水乡农民赖观林联合同村 8 户农民，率先组织了生产互助组。他们在插秧、耕作、收割等生产环节相互帮助、解决了劳力不足及耕牛、农具调剂使用等问题，并在当年取得了增产效益。首个生产互助组取得的成效，对周围农户影响极大，农民群众看到了生产互助带来的好处，纷纷仿效，积极组织和参加生产互助组。至年冬，全县共组织了 3304 个互助组，有力地促进了农业生产的发展。

农业生产互助组有季节性和常年性两种形式。季节性生产互助组又称"临时互助组"，是在农忙季节，农户之间相互帮助，通过用牛换工、以工换工等方式，以克服缺耕牛、缺农具、缺劳动力等生产方面困难的临时性劳动组织。另一种叫"常年性互助组"，即农户之间常年固定帮耕、换工的劳动组织，其规模少则3至5户，多则10多户。互助组成员在"自愿、互利、民主"三大原则基础上实行帮耕、换工，但土地所有权及每造收获归各户所有。

1953年，河源县土地改革运动胜利结束，全力转向生产发展，农村生产力已从封建剥削制度下解放出来，农民生产积极性大大提高。在八区农业生产互助组的示范带动下，各区乡农村互助合作运动已形成高潮，至年底，全县有临时互助组6928个，常年性互助组1425个，占总农户的42%。

按照《中共中央关于农业生产互助合作的决议（草案）》精神，中共河源县委认真贯彻"积极领导，稳步前进"的方针，积极引导农民组织起来，推动农业生产合作运动向前发展。为了使全体农民都能清楚地认识到组织起来的好处，县委、县政府抽调人员组成调查小组，到互助合作运动搞得较早较好的区乡去总结经验，然后加以推广。如八区（蓝口秀水）赖观林互助组在1953年战胜了种种自然灾害，使粮食早造比1952年增产25.3%，晚造增产9.2%，成为粤东地区的模范互助组。又如四区（南湖晋塘）组织起来的4个互助组，在旱灾年里也获得了大丰收，1953年比1952年平均增产26.4%，而同村的9户单干户平均增产仅8%，通过调查总结，事实证明互助组比单干农民更能抗拒自然灾害，更能增产。这些事实说明只有组织起来，才能更好地发展农业生产，才能帮助农民摆脱贫困，共同富裕，互助合作是发展农业生产的根本道路。经过对照比较和宣传发动，走互助合作道路不仅已为广大农民所了解和接受，而且成为大家的实际行动。至1954年秋，河源县农业生产互助组发展到10500个，其中常年互助组3152个，参加农户48456户，占全县总农户的65%。至

1955 年 6 月，组织面达到 90% 以上，大部分临时互助组已转为常年性互助组，同时发展成 970 个规模较大的联组。

### 初级农业生产合作社

初级农业生产互助组的兴起，对克服困难，发展生产起到了很大的促进作用。但互助组毕竟只是个体农户之间的简单合作，还不是真正社会主义性质的生产组织，尤其在发展生产方面存在较大缺陷。按照党在过渡时期总路线的精神以及对农业进行社会主义改造的方针，引导农民走合作化道路要经过由低级、中级到高级这三个阶段。

1954 年 1 月 4 日，中共河源县委决定在互助合作基础较好的二区和四区试办两个初级农业生产合作社。1 月 6 日至 11 日，县委召开了互助合作会议，着手培训办社干部。通过学习培训，使办社干部加深了对互助合作社的认识和了解。初级农业生产合作社是建立在个体农户私有财产基础上的半社会主义性质的互助合作组织。它采取土地、耕牛、农具评价入股，统一经营、集体使用的形式，实行社员集体分工劳动，计工取酬。对于劳动收益，除去生产成本，管理费用及农业税外，剩余部分按社员劳动工分的 60% 和入股土地的 40% 进行分配。这种互助合作组织，既有社会主义性质，也有私有成分。因为社员的土地、耕牛、农具入股后，仍保留其私有权。但在目前生产力条件下，它是过渡时期对农业进行改造的基本方法，互助合作道路是小农经济走向社会主义的必由之路。明确了办社意义和方针政策后，中共河源县委组织办社干部进行了详细的研究分析，最终确定了办社对象。

经过认真选择和规划组织，1954 年 1 月 12 日，二区（埔前）河背乡庆利农业初级合作社成立。紧接着，1 月 17 日在四区（南湖）晋塘乡，红星初级社也宣布成立。两个规划中的初级社顺利成立后，群众受到鼓舞，转社热情迅速提高。四区（南湖）陂头乡有 2 个常年性互助组联合起 4 个单干户也自发成立了光明初级社。1954 年春耕前，河源县建立起第一批 3 个初级农业生产合作社。

1954 年 5 月至 7 月上旬，在夏收期间，河源县第二批 10 个初级农业合作社相继成立。新建立的 10 个初级社是：一区的五一社；三区的东方红社；四区的东方红社；五区的光辉社；六区的新光社、新华社；七区的红旗社；八区的五星社；九区的联丰社和十区的前进社。这 10 个社是由 26 个常年性互助组并吸收了 11 个基础较好的临时互助组组成的，共 189 户，523 个社员。至 7 月上旬，河源县建成第一、二批农业社共 13 个，这 13 个社便成为河源县农业合作化运动的骨干力量。

1954 年下半年，随着全国农业合作化运动的迅速发展，河源县加快了办社步伐，初级合作社由试办进入了全面发展阶段。10 月 4 日，中共河源县委召开干部扩大会议，县委书记王志在总结报告中提出要集中力量尽快办好第三批 36 个重点农业社。会后各乡立即投入行动，至 10 月 14 日，有 10 个乡办社工作进入"三评"阶段。

1955 年 1 月，全县 13 个老社基本解决了分配遗留问题，清理了账目，公布全年收支情况，消除了社员的顾虑。由于在年终收益分配中做到公平合理，绝大多数社员提高了收入，体现了多劳多得，户户满意，因此社员生产积极性高涨，爱社热情上升，原来有退社念头的社员也改变了思想。年终分配后，有 9 个社进行了评功表模，评出劳动模范 30 名，功臣 44 名，受表扬的社员有 178 人（其中埔前乡庆利社的陈松禄被评为办社模范，上北京参加全国劳模代表大会）。办社一年取得的成绩，不仅激发了社员的劳动热情，在社内掀起了生产热潮，而且在社外也产生了很大的影响，"入社光荣"已成为一种时尚，不少群众都迫切要求入社。

按照中共广东省委提出的"到1956年广东全面达到合作化"的指示，中共河源县委发出号召，要求全体党员干部积极参加互助合作运动，要认清形势，武装思想，提高信心，迎接农业社的大发展。1955年河源县合作化运动速度明显加快。在1954年建立的49个初级社的基础上，1955年上半年建社73个，在秋收前后再建社754个。至年底全县建初级农业合作社922个。

### 高级农业社

高级社是集体经济组织。1956年元旦过后，中共河源县委决定在南湖区晋塘乡试办高级农业合作社。晋塘乡是合作化基础较好的一类乡。经过前一阶段合作化全面规划试点工作后，全乡已组织起10个初级社，入社农户达86%，基本上实现了半社会主义农业合作化，因此被确定为县农业合作运动重点乡。1月8日，在乡党支部的领导下，从全乡10个初级社中选择了红星初级社作为建立高级社的骨干基础，进行扩社和转社工作。经过15天的筹办，在原有红星初级社的基础上建立了红星高级农业社。晋塘乡总人口1929人，共548户，参加红星高级社的农户有548户。即全乡办高级社1个，百分之百农户都加入了红星高级农业社。全社分成14个队，51个小组，由社统一安排生产。

在整个办社过程中，除了县委加强指导外，主要依靠乡党支部开展具体的组织工作。在发展高级社的同时，各区乡继续组建初级社，新建社412个，老社扩社610个，掀起了新一轮办社高潮。经过全面宣传发动，广大农民群众要求走社会主义道路的积极性大大提高，占90%以上的农民都迫切要求参社，走社会主义合作化道路成为人心所向。

1956年，是合作化运动蓬勃发展的一年。在手工业社会主义改造和对资本主义工商业改造胜利结束的新形势下，农业合作化进入高速发展阶段。8 月份，中共惠阳地委布置了生产升级并社的任务，中共河源县委根据上级指示，于 9 月初抽调部分干部在 8 个区、12 个乡、13 个初级社进行试点转并工作，为秋前全面开展升级并社打下基础。13 个试点社转并工作经历 20 至 25 天，于 9 月下旬结束。经过试点转并后，全县已组织起来的高级社由上半年 36 个发展到 51 个，共 17435 户，占总农户 24.5%。试点转并工作结束后，9 月底河源县委召开了第四次县、区、乡三级干部扩大会议，全面布置开展以升级并社为中心，结合搞好生产的民主办社运动。至 11 月，经过秋前升级并社运动后，河源县建成高级社 289 个（包括已搭好架子的社在内），参社农户 69836 户，占总农户 89.79%。在高级社中规模最大的 708 户，最小的规模 36 户，平均每社 241.6 户。除高级社外，还有 10 个初级社，共 596 户（其中 50 户以下 6 个，50 户以上 4 个）。另外，仍有单干 718 户。至 1957 年 2 月，全县高级社发展到 353 个，入社农户 77226 户，占总农户的 98.8%；初级社 5 个，189 户，占总农户 0.24%。全县 99% 以上农户参加了农业合作社，基本完成了农业社会主义改造的任务。

1957 年 12 月，随着农业合作化的日益巩固和高级社的扩大，河源县根据上级要求进行了撤区并乡工作，由原来全县 11 个区、1 个区级镇、1 个乡级镇、179 个小乡、1 个水上办事处撤并为 28 个大乡、2 个镇、1 个水上办事处。每个大乡平均由 6.4 个小乡并成（其中最大的乡由原 11 个小乡并成，最小的由原 2 个小乡并成）。每个大乡平均农业人口 11108 人，最多人口的是船塘乡（21044 人），最少人口的是仙塘乡（6282 人）。

农业合作化运动，大大解放了农村生产力，使广大农民组织起来，增强了与自然作斗争的力量，促进了农业生产的发展。

### 三、对私营工商业和手工业的改造

河源县地处山区，是个传统的农业县，工商业发展比较落后。1949 年 10 月，河源县仅有私营小工厂 34 间，主要行业有松香、印刷、酿酒、烟丝、榨油、粮食加工等 10 个行业，由于基础差、产值有限，全县工业总产值 46.6 万元，占工农业总产值的 32.7%。商业方面也不发达，全县私营商户 770 家，（其中县城 253 家）。中、小圩场 34 处，商店 600 多间，商业从业人员约 2000 多人，主要经营日用品和土特产及农副产品的销售。

新中国成立初期，河源县根据中共中央对私营工商业"利用、限制、改造"的政策，采取加工订货、经销代销、统销包销、个别企业公私联营等办法，对私营工商业实行初级形式的社会主义改造。当时山区工业生产原料来源不足，产品销路不畅，私营工业经营艰难。经过政府的引导和协助，私营企业的生产才基本得到维持。面对现实情况，私营业主认识到只有听从政府号召，才有出路。1951 年 7 月，河源县城镇 6 间私营酒店和 7 间烟丝店响应政府号召，合并成立烟酒联营社，县政府委派公方代表前往进行协调工作。后来这个联营社经过发展，分别转为公私合营酿酒厂和烟丝厂。

1952 年，河源县开始引导私营商业者进行社会主义改造。由于河源县私营商业规模较小，资本不大而且零星分散，主要从事商品贩运、零批兼营，因此对私营商业的改造着重于引导其走合作化道路。为了保护民族工商业和加强对私营商业的管理，1952 年 8 月成立了河源县工商业联合会。县工商联的成立和运作，对于团结教育私营工商业者爱国守法、接受工人群众监督和参加社会主义各项建设等方面起到了积极的作用。1953 年，河源县私营商业开始逐步走合作化道路，至 1954 年，河源县工商联下设的同业公会有饮食服务、国药、百货、绸布、京果咸杂、烟酒、五金等13个同业公会。至1956年，个体私营商业户多数转为集体商业。

1954年，根据党在过渡时期总路线的要求，中共中央对私营工业改造提出了"巩固阵地、重点扩张"的工作方针，将公私合营作为改造私营工业的重点。9月份，中央人民政府政务院颁布了《公私合营工业企业暂行条例》。此后，全国加快了对私营工业改造的步伐。河源县遵照上级指示，在本县重点行业和规模稍大的15户私营企业中，开始着手进行公私合营工作。1954年底至1955年初，先后完成了新蓝粮食加工厂和蓝口松香厂2个重点企业的公私合营工作，其余13户私营企业也先后与国营企业加强了联系。通过加工、订货、包销等形式，使私营企业的生产经营和管理都有了初步的改善，产品的数量和质量有了较大的提高。

1955年下半年，随着国家计划经济的推行和农业合作化运动的快速发展，中央对私营工业的改造提出了新的要求，将原来初级形式的加工、订货、包销推进到国家资本主义的高级形式——公私合营。中共广东省委召开了各市镇书记会议，提出必须贯彻中央的"全面规划、统筹安排、经济改组、全行业合营"的方针，在1956年一年内基本完成公私合营任务。12月底，中共河源县委工业部按照省委指示，作出了《河源县私营工业改造规划》，计划从1956年1月开始，按季度分行业、分批对本县私营工业实行全行业公私合营。

1956年1月15日，粤东区党委工业部制订了《粤东区1956年对私营工业改造规划方案》，要求加快公私合营步伐。在规划方案中，将粤东地区各市县划分为两种地区，第一种地区为私营工业较发达的地区，要求汕头、惠阳等12个市、县于1956年底全部合营完毕；第二种地区属于私营工业较落后的地区，包括丰顺、龙川、河源等 10 个县，因私营工业较少，要求 1956 年第一季度内全部合营完毕。接到上级指示后，河源县于 1956 年 1 月迅速开展工作。按照粤东区党委要求，按行业分期分批进行。在步骤做法上分三步走：第一步，召开私营工业代表会议和各种形式的会议，大张旗鼓进行社会主义宣传教育，促使私营业主转变思想，自愿进行全行业申请合营，结合统筹安排生产，解决供销问题。第二步：通过"联""并""带""转""淘"等不同方式进行全行业的经济改组、清产核资、人事安排等具体工作。由于这些问题比较复杂，因而需集中力量重点解决，其他如工资制度和经营管理等问题留待合营后，再结合生产逐步处理。第三步：经过协商，成立董事会，修订组织章程和成立企业民主管理委员会，建立各种必要制度。公私合营后，即改变企业生产关系，做好协商定息、签订合同和总结工作，搞好生产，巩固成果，从而转入经常性的改造工作。为加快公私合营进度，采取了分批交叉进行的方法：在第一批全面铺开工作时，第二批即着手做好准备工作，各批各步骤交叉进行。

经过第二步联营并厂，河源县私营工业形成了 5 个纯工业厂，即烟丝厂、酒厂、肥皂厂、印刷厂和木屐厂。加上非工业厂粮食加工厂 1 个和松香厂 2 个，共有 8 个厂。实行公私合营后，这些厂原企业人员被全部接收过来，适当安排了工作，其中安排了资方人员 30 人（副厂长 8 人，一般管理人员 22 人），并保留其原来工资水平。通过劳动、工作和学习，私营业主和资方人员逐步改造了思想，继续在生产和管理上发挥专长，得到量才使用。由于改变了生产关系，工人的生产积极性大大提高，除厂内开展劳动竞赛外，还提出向同业厂开展厂际竞赛。

1956 年上半年，在社会主义改造高潮中，河源县按时完成了对私营工商业社会主义改造的任务。全部私营工业进行了公私合营，共计新合营厂 5 个，职工 94 人。新成立了工业综合公司，改善了合营厂的产、供、销条件，促进了生产的发展，其中 4 个合营厂当年总产值比上年增长 25% 以上。

**手工业的合作化**

解放初期，河源县手工业有铁业、木器、竹器、船篷、车衣、制鞋等 12 个部门（按中央统计局划分的行业标准内部初划），18 个行业，1120 户，从业人数 1900 多人，分布于全县各区镇和县城镇。由于个体手工业独立、分散生产，规模小、技术低、资金不足，而且各区与县城交通不便。因此，除个别区个别行业（如三区竹箩）的手工业产品能推销到邻县外，绝大部分手工业产品自产自销，且产销很不平衡，季节性明显，全县手工业处于落后状态。

经过三年国民经济的恢复，河源县手工业有了一定的发展，成为满足城乡人民生产和生活需要的不可缺少的一种经济形式。但个体手工业是小商品经济，属私有制经济范畴，因而被列入"三大改造"之一。按照中共中央的决策，对手工业改造的方向是走合作化道路。1953 年，随着我国进入国民经济建设的第一个五年计划时期，有计划的经济建设开始实施。为了使手工业成为国营工业不可缺少的助手，中央对手工业改造的政策更加明确。就是采取类似农业社会主义改造的方法，把手工业者的个人所有制改造为集体所有制。11 月，全国合作总社召开了第三次全国手工业生产合作会议。会议提出，对手工业的改造，应采取灵活多样的形式，由小到大，由低级到高级。合作的组织形式可以有三种：第一种是手工业生产小组。这是组织手工业者的低级形式，即原有的生产关系不改变，仍然是分散生产，只是从供销方面将手工业者组织起来。第二种是手工业供销生产合作社。这是一种对手工业者进行社会主义改造的过渡形式，即生产资料仍为私有，一般也是分散生产，在供销环节上组织起来，但在一些生产环节上开始集中生产，并购置公有生产工具。第三种是手工业生产合作社。这是手工业社会主义改造的高级形式，也是主要形式，即生产由分散变为集中，收益上实行按劳分配。按照上级指示精神，1953年11月30日，河源县合作总社召开了第一届全县手工业代表大会。代表们通过学习讨论，消除了顾虑，稳定了生产情绪，表示回去后要大力发展生产，不做偷工减料、粗制滥造的亏心事，要通过加强生产管理来减轻成本，提高质量和效益。代表们都赞同组织生产合作社，或与合作社加工订货，一致认为，只有组织起来，走互助合作道路，才能适应国家建设的需要，迅速走向社会主义。

1954年，河源县手工业在县委工业部和手工业科的直接领导下，开始走合作化道路。10月初，中共河源县委、县政府在调查研究的基础上，结合本县实际，制订了《河源县手工业互助合作组织发展计划》，对全县手工业今后3年的发展作了初步规划。按照发展计划安排，将对不同类型的手工业行业采取分别对待的方针。首先，对与国家建设、农业、交通运输业和满足城乡人民生产生活需求有较密切联系的手工业行业，应有计划地领导和扶植，并作为互助合作的重点，这类行业初步确定为铁业、木器、竹器、船篷、车衣等5个行业，共776户，从业人数1363人，占全县手工业从业人数的71.1%。其次，对目前可以维护生产，但与国营工业争夺原料的行业，或原料与销路有一定困难的行业，应以原料（销路）定产，在可能情况下，适当地试办手工业生产小组或生产合作社。这类行业初步定为鞋业、皮革、肥皂、织席、石灰、印刷、糕饼、修理、纺织等11个行业，313户，从业人员537人，占全县手工业从业人数的28%。再次，对已不合时代需要，或原料和销量问题无法解决的行业，引导其转业，不发展互助合作，如洋锡、迷信品业等 11 户。在发展计划中还拟定了 1954 年至 1957 年组织发展指标。

1955 年，由于大规模经济建设的开展，加上国家实行计划经济，对主要农产品和某些工业产品实行统购统销或统购包销，手工业面临原料供应不足、产品推销困难等问题，个体手工业生产更受到影响。中共中央根据实际情况，提出了"统筹兼顾、全面安排、积极领导、稳步前进"的方针，确定 1955 年手工业社会主义改造的中心任务是：继续摸清主要行业的基本情况，整顿、巩固、提高现有合作组织。在此基础上，从供销入手适当发展新社。在党和政府的大力扶持和引导下，手工业逐渐摆脱了困境，互助合作组织也得到了巩固和发展。1955 年，河源县建立起手工业生产合作社 6 个，有社员 197 人；供销生产社 1 个，社员 49 人；生产小组 21 个，组员 247 人。组织起来的共有 493 人，占全县手工业从业人员的 20.8%。

1955 年 6 月，中共中央召开了政治局会议，认为 1955 年至 1956 年合作化工作应当大发展，预期在 1956 年秋收前全国要达到 100 万个农业生产合作社，有的甚至主张增加到 130 万个农业合作社，由此引发了一场关于农业生产合作社发展速度问题的党内争论。这次争论，导致整个社会主义改造运动的全面加速和提前完成。1955 年 12 月，中央手工业管理局和全国手工业合作总社召开了第五次全国手工业生产合作会议，在会议中着重批判了怕背供销包袱而不敢加快手工业合作化步伐的"右倾保守"思想。中共中央在批转这次会议报告的批语中指出：加快手工业合作化的发展速度，是当前一项迫切的任务。

1956 年初，在农业合作化高潮的影响下，全国迅速掀起了私营工商业全行业公私合营高潮。1 月底，全国 50 多个大中城市实现了全行业公私合营。广东省手工业管理局根据全国形势的发展要求，提出争取在上半年完成手工业合作化。2 月，中共河源县委根据中共惠阳地区指示，在全县范围内广泛开展了反"右倾保守思想"的斗争，加快了社会主义"三大改造"的步伐。为了统一部署做好思想教育和发动工作，2 月下旬，中共河源县委工业科召开了全县合作社主任会议，会议传达了中央、省、地、县各级领导的指示精神，对当前合作化运动形势作了全面分析，提出了加快发展的具体要求。

由于从上至下各级党委和政府的全力支持与领导，手工业合作化运动快速发展。至 1956 年 3 月，河源县组织起来的手工业生产合作社、生产供销社和生产小组共有 79 个，全县手工业从业人员 2367 人中，有 2132 人报名参加合作社。至 1956 年 6 月底，全国绝大部分手工业者已组织起来，广东也在 6 月初宣布全省基本完成了手工业合作化。至此，河源县建成手工业合作社 78 个，合作工厂 8 个，有社员 2085 人，占全县手工业从业人数的 88.35%，基本完成了对手工业的社会主义改造任务。

河源县手工业完成社会主义改造后，通过走集体化道路，调动了社员的劳动积极性，生产有了较大的发展。1957 年，全县手工业总产值 280.6 万元，比 1954 年的 93.12 万元，增长 2 倍。个体手工业经济变为集体经济后，与国营经济加强了联系，经济实力不断增强。如县城镇原由 8 个制鞋店组建的鞋业生产小组转为鞋业合作社后，生产工人由原来的 31 人发展到 120 人，扩大了工场，更新了设备，生产产品也由原来的 4 种扩大到 10 多种。一些行业景气较好的手工业生产合作社，获得了较大的发展机会，后来发展成为本县地方工业的重要企业：如木业社发展成为县城镇木器家具厂；竹器社后来发展成为二轻拉丝制钉厂；铁业社分出一部分人员成立了地方国营河源县农业机械厂，另一部分人员与锅业社合并组建成河源县铁工厂；白金生产小组发展成为县五金厂；造船组成立造船合作社后，1958 年改为地方国营河源县造船厂等等。在 1958 年大办工业，开展升级过渡高潮中，县城镇饼食社、豆腐社、雕刻社、造棉社、绳扇社、服装社等合作社，全部转为地方国营工厂，从集体所有制过渡到人民公社全民所有制。

### 供销合作与信用合作

1951 年 3 月，河源县人民政府设立了合作指导科，专门负责合作组织的管理工作。5 月，为了加强对供销合作事业的领导，成立了河源县供销合作总社。机构的建立和完善为供销社的发展奠定了基础。供销合作社通过开展供销业务，一方面为国家完成收购茶叶、烟叶、黄麻、木炭、蒜头、羽毛等土特产品任务，另一方面，面向农村直接为群众提供商品服务，减少了中间剥削。由于供销社商品按国家统一零售价格销售，物美价廉，土特产收购价格合理，服务信誉较好，深受群众欢迎。为了促进供销合作事业的发展，河源县人民政府对供销合作商业大力扶持，在商品分配上优先照顾，积极组织货源，廉价配售。在货款方面给予优惠，贷款利率比国营商业贷款低 10%，纳税低于 20%。对新成立的供销合作社，一年内免征所得税。宽松的政策环境，使供销合作商业迅速发展。1952 年，各区陆续成立了区供销合作社，并健全了组织领导管理机构，将原有的乡村合作社改为分站或分销站，在区供销社和县供销合作总社的领导下开展工作。至 1952 年底，全县 10 个区成立了区供销合作社，共建有 161 个销售网点，干部职工 386 人。当年商品采购额 185 万元，销售额 180 万元，占全县商品销售额的 14.6%，比 1950 年增加 32 倍。

1953 年，随着农业合作化运动的开展，供销合作社的业务范围逐步扩大，除原有的收购土特产品和经销日用品外，还增加了收购废旧物资和采购供应化肥、耕牛等农业生产资料的业务。为支援农业生产，解决本县畜力不足的问题，河源县供销合作总社按照省、地区分配计划，到河南、福建、江西等产区采购，并组织当地市场进行调剂，同时配合畜牧管理部门兴办"牛场"，较好地解决了耕牛不足的问题。1954年下半年，为了加快对私营工商业的改造，粤东区党委指示各地供销社加强农业生产资料的供应，以抵制私商和限制农村资本主义自发势力的发展。化肥、农药等农业生产资料属省管商品，按照计划经济要求，全省统一计划、统一调拨，统一价格，定向由供销合作社经营。为适应业务发展的需要，1954年，河源县供销合作社商业销售网点发展到226个，干部职工676人。入股社员9.33万人，股金134.30万元。有了供销合作社，农民买卖的东西大部分可以不经过私商，使农民不受私商的剥削，也使农村集镇供销合作商业得到逐步发展。1955年，全县供销合作社商业销售额1120万元，占全县市场比重32.2%，商品销售额比1954年增长15%，农业生产资料销售量增加77.95%。在满足人民群众生活资料和生产资料需求方面起到了重要的作用。

1956年，在合作化高潮中，河源县基本完成了对私营工商业的社会主义改造，通过公私合营，组织和发展了集体商业。至1956年底，供销合作社遍布全县各区乡，实现了一乡一社的目标，个体商业户大多数都组织起来走合作化道路，经过对私营商业的改造，组织成立了合作商店95间，共588户，从业人员2787人。合作商店归口当地供销社领导，由供销社负责安排其营业并加强管理。随着供销系统的建立和扩大，集体商业经济占领了农村阵地，供销合作商业的销售额占整个农村市场的比重达80%。

随着农业生产合作和供销合作运动的发展，建立信用合作已成为广大农民群众的迫切要求。由于解放初期农民的生活还比较贫穷，农村仍存在高利贷，因此一些急需资金解决生活或生产需要的农民深受高利贷的剥削。为抵制高利贷，消除农村资本主义自发势力，根据中央提出的"实行农业、供销、信用三个方面的合作化"的指示，1954 年 4 月，河源县在南湖区西溪乡建立了第一个农村信用合作社。信用合作社是群众性的集体的经济组织。它在农业社会主义改造中担负着积累农村闲散资金、支持农业生产和互助合作发展的资金需要以及与农村资本主义作斗争等重任。

河源县农村信用合作社成立后，由中国人民银行河源支行管理。为加强领导和保障建社股金的安全使用，此项工作分工由副行长和农金股专管。1954 年底，全县建立信用合作社 61 个，有 3.76 万入股社员，股金 5.53 万元，当年存款累计 49 万元。随着农业合作化运动的蓬勃发展，信用社业务一年比一年增长。1956 年春，实现了乡乡有社的要求，全县有信用合作社 179 个，有 5.8 万户入股，占全县总户数 75%，股金 21.56 万元，比 1954 年增加 2.9 倍；存款累计 325.59 万元，比 1954 年增加 5.65 倍；发放贷款累计 142.34 万元，比 1954 年增加 3.16 倍。此外，在社干配备上，有全脱产干部 179 人，半脱产 17 人，合计 196 人，还有业务员 1675 人，从而形成了农村金融业的一支强大的农金队伍。

由于信用合作社具有组织上的群众性、管理上的民主性、经营上的灵活性等特点，与农业合作社在发展生产方面既相互分工又相互配合，因而得到广大农民群众的支持和拥护。在未建立信用社之前，不少农民因无钱发展生产，生活难以改善，有的人甚至因借高利贷而贫困潦倒。1953 年，仅灯塔区因借高利贷无力偿还的农民，有 18 户卖了田，12 户卖了房屋，还有 19 户卖柿青以维持生活。建立信用合作社后，有效地组织了农村闲散资金，帮助贫困农民解决了农副生产和生活的困难，有力地打击和消灭了高利贷的剥削及投机行为。同时，发挥了银行助手的作用，利用聚集的游资，通过发放各种贷款的形式支持了农业合作社，从而节约了银行资金，使国家能更好地集中财力搞工业建设。

### 四、文教卫事业的发展

新中国成立后，随着国民经济的恢复和发展，河源县教育事业也随之得到发展。1950年上半年，全县有中、小学校400所。其中，中学有4所：河源中学（即县立中学）、逸仙中学（今船塘中学）、蓝口中学、三联中学（今黄村中学，1950年初创办）。全县共有中学教师58人（男教师55人，女教师3人），中学生703人（男生637人，女生66人）。全县小学校共396所（高级小学64所，初级小学332所），比1949年前多119所。小学生2.28万人（男生18631人，女生4159），小学生人数比1949年前多8000多人。小学教职工1700多人。

由于小学校有公办和私办，在管理上不够规范，教学班名额编制标准不一，还存在教师严重不足的问题。因此，为了规范管理，1950年冬河源县小学校实行合校并班，一些条件较差、生源不足的学校停办，小学所数减少，但学生人数反而增加。1951年，全县174所小学校，共有学生3.25万人，比1949年增加1.14倍。1953年，河源县人民政府贯彻中央提出的"整顿巩固、重点发展、提高质量、稳步前进"的方针，开展整顿小学，调整学校布局和规模，合并班额不足的学校。1956年，根据生源发展的需要以及原有小学校的实际情况，开始发展民办小学（或在公办小学附设民办班），促进了小学教育的发展。

中学教育则以巩固为主，并适当增办高中。河源县1949年前原有5所中学，新中国成立后因三江中学和简易师范学校停办以及学生流失，1950年中学生由原来的900多人减为700多人，减少218人。而当年4所中学（包括新创办的三联中学）只有河源中学设有高中部，其他3所是初中。为加强中学教育，1950年秋，蓝口中学设立了高中部，但因生源不足，1952年高中部停办。河源县简易师范学校于 1951 年秋开始恢复向社会和教育界招生，几经曲折，最终发展成为专业教育学校。1952 年，三联中学由民办转为公办。全县 4 所中学按照顺序统一命名为河源第一中学（河源中学）、河源第二中学（船塘中学）、河源第三中学（蓝口中学）、河源第四中学（三联中学，即今黄村中学）。

中学教育在巩固的基础上进一步得到发展。为改善办学条件，1954 年，在县委、县政府的关心支持下，河源中学着手新建校舍，选址于城南凉帽山下，占地面积 10 多万平方米，建校工作计划分期逐年完成。经过多方努力，建校工作进展顺利，第一期工程于次年秋完工。1955 年下学期河源中学开始搬迁，先高中后初中陆续从上城北直街搬进凉帽山新校舍。其余 3 所中学也在原址基础上进行修缮，逐步增建课室和添置教学设备，教学环境有了较大的改善，学生人数不断增加。1955 年，在全县 4 所中学就读的中学生有 1971 人。1956 年，根据教育形势的需要，河源第二中学、第三中学、第四中学兴办（或复办）高中。灯塔、义合、上莞、回龙等圩镇中心小学开始附设初中班。至此，河源县有中学 8 所（含小学附设初中班），其中完全中学 4 所，高、初中学生 3157 人，比 1949 年增加2.4 倍。

在发展基础教育的同时，中共河源县委、县政府还重视农民教育、职工教育、干部教育等成人业余教育。由于河源县 1949 年前经济比较落后，群众生活困难，广大贫困工农子女普遍无法读书，因而文盲占有很大比例。解放后，响应人民政府的号召，广大群众积极要求读书识字，河源县掀起了"扫盲"运动。根据"政府领导，群众办学，结合生产，灵活多样，各方配合"的方针，县政府设立了专门机构，配备专职人员开展农民文化教育工作。1950 年，全县广泛开展冬学，大办农民夜校，各区乡办有夜校 702 所，开设初小班、"扫盲班"共 1522 个，参加学习人数

3.97 万人。1951 年春，成立河源县业余教育委员会，各区相应成立社会教育委员会。同年，县城区成立了职工业余教育委员会，开展职工文化教育，在城区举办职工业余学校 2 所，开设"扫盲班"、小学班、中学班等不同班次，参加学习人数 420 人。至年底，全县办起职工业余文化学校 6 所，参加学习人数 785 人。1952 年，全县推广"速成识字法"，收到良好效果，民众学文化热情不断提高。1954 年，河源县成立"扫盲"工作队，配备专职干部 12 人，加强对成人教育的领导和管理。1956 年，全县掀起了向文化大进军的"扫盲"运动高潮。由于"扫盲"工作量大，必须广泛动员社会力量进行协作，因此，除县成立"扫盲"协会，各区也成立了"扫盲"协会分会，县区两级还分别开办民师骨干训练班，培训"扫盲"师资力量。当年，全县共有"扫盲"协会组织 176 个，拥有会员 2068 人，培训民众教师 1300 人，形成了一支强大的"扫盲"大军。参加各种扫盲班学习的有 7.62 万人，占当时文盲、半文盲人数的 60.2%。

与此同时，根据当时干部队伍中工农干部比例大、文化低的特点，为提高干部文化水平和执行政策的能力，河源县委开展了对机关干部的文化补习教育。1951 年，县城镇开办了 1 所干部业余补习夜校，设扫盲班、初小班、高小班等三个班次，组织文化水平较低和文盲、半文盲的干部进行学习，规划参加学习的干部有 125 人。此后，中共河源县委县政府坚持"结合工作，统一安排，因材施教，灵活多样"的原则，有计划有步骤地培训干部，提高干部的文化水平。1954 年，在县城镇原三江中学校址，开办了县直属机关业余文化学校，配备专职文化教员 2 名，开设高小班和初中班，学制分别为两年和三年。凡高小文化水平以下的干部，都必须参加学习，学习时间每周 3 个上午。参加学习人数 480 人，（其中，有局级干部 12 名，股级干部 65 名）。1956 年，在提高干部文化水平的基础上，中共河源县委成立政治学校，对干部进行政治教育。配备专职教员4名，开设政治经济学、哲学课程，每周3个上午上课，半年为1期。机关干部轮流参加学习，每期50名学员。

在大力抓好文化教育的同时，河源县还贯彻落实党对知识分子"团结、教育、改造"的方针，按照党的有关政策，解决教师任用、工资待遇、政治待遇等方面问题，既加强对教师的思想改造和业务培训，又关心和尊重教师。从1952年下半年起，教育经费由地方财政拨款，纳入地方财政预算计划。小学教师实行固定工资，中学教师则实行工资分制。1953年全县中小学教师普遍实行公费医疗。1956年实行工资改革，中、小学教职员工按职务、学历、教龄、能力评定工资级别。改革后，全县教职工人均每月工资为40元，比原工资增长11%。在政治待遇上，从1952年下半年起，将教师列入国家干部编制，享受与国家机关行政干部同等待遇。河源县教育系统成立工会后，中、小学、幼儿园教师先后参加工会组织，成为工人阶级的一员。随着教师地位的提高，他们的能力和作用也得以发挥。在各项社会主义改造运动中，中共河源县委都组织中、小学教师参与宣传和发动工作，使他们在社会改革和建设中既能作出贡献，又能得到锻炼、提高，受到社会尊重。

此外，中共河源县委还抓了扫盲工作。据统计，当时全县12至40周岁的少青壮年共有166738人，其中有55856人分别为文盲或半文盲，占总数的33.5%。为了使这一大批文盲或半文盲的青壮年尽快脱盲，以适应农村社会主义革命和建设的需要，县社两级党委都成立了由分管教育工作的常委及武装部、政工组、生产组、教办、群工办、农林水办等单位负责人组成的扫盲工作领导小组，各大队也成立由贫管会、共青团、民兵、妇女等组织负责人组成的扫盲委员会，具体负责发动群众开展扫盲运动。县教育办公室组织人力专门编写了扫盲课本。在县社队三级扫盲工作领导机构的共同努力下，各大队或生产队均办起了政治夜校，并坚持每年在秋收冬种大忙结束之后，组织动员文盲半文盲者入学。为使扫盲工作抓出成效，黄村、曾田等公社还建立了一支由青年民兵和回乡中学生组成的扫盲骨干队伍，分别担负各个政治夜校的教学工作。全日制学校则利用假日为担负扫盲工作的教师举办培训班，使扫盲业余教育走向正规化。经过三四年的努力，全县扫盲工作取得了显著的成效，脱盲或半脱盲率达到了60%以上。

在科技领域方面，从1972年下半年开始，科技系统的广大干部和技术人员，提高了为革命钻研技术，钻研业务，坚持"实践第一"的自觉性。为了加速工农业生产的发展，促进技术革新的开展，根据县委的指示要求，各公社及大队、县直工矿企业还普遍建立了科研小组或科技攻关小组。到1973年底，全县先后建立各种类型的科技小组共有605个，总人数达61785人。这支队伍的建立，有力地推动了全县科技兴工和科技兴农工作的迅速发展。

**医疗卫生事业的发展**

新中国成立前，河源县卫生事业十分落后。全县仅有中西医生146人（其中中医96人，西医50人）。全县西医只有1间公立卫生院以及1间基督教仁济医院，有病床100张。平均每万人拥有医务人员5.3人，拥有病床位4张。广大农村缺医少药，卫生条件很差，经常流行鼠疫、霍乱、天花、疟疾等传染病和地方病，民众生活在贫病之中。

新中国成立后，党和政府关心人民群众的健康，积极预防和医治疾病，河源县医疗卫生事业不断发展。为贯彻"面向工农兵，以防为主"的医疗方针，1951年4月，建立了河源县防疫委员会，开展爱国卫生运动，整治卫生环境。在县城镇，组织了卫生清洁队，打扫街道和公共场所，同时还大力开展除"四害"
（老鼠、麻雀、蚊子、苍蝇）活动，改干厕为水厕，治理蚊、蝇
滋生地，城镇卫生面貌大为改观。1951 年 11 月，河源县人民政
府设立卫生科，主管全县卫生行政工作并加强对医药的管理。当
时河源县医药门市大部分是私人开办，县城有中西药店 20 多间，
农村则有中药铺 50 多户，分布在各个乡镇或个别乡村。为了规范
医药管理秩序，1952 年初，河源县政府卫生科根据中央人民政府
卫生部《医师暂行条例》的规定，对全县个体医务人员进行调查
登记，在经过县医务人员甄考委员会和县人民卫生院考核后，给
考核及格的医务人员发放了证书。至 1953 年，由县人民政府发证
认可的西医师有 5 人、医士 8 人、中医师 41 人、中医士 29 人、
护士 7 人、助产士 2 人。为加强对药店的管理，在县城镇成立了
国药经理部，隶属县供销总社管理，在圩镇则成立联合诊所。

　　随着卫生保健事业的发展，河源县卫生队伍不断壮大，医疗
条件不断改善。1952 年 12 月，县人民政府接管了基督教仁济医
院。为了整合技术设备资源，提高医疗技术水平，1953 年 3 月，
河源县人民卫生院与仁济医院合并，组建成立河源县人民医院，
全院共计 49 人（其中卫生技术人员 38 人、牧师 2 人、行政管理
人员 9 人）。医院内设医务、妇幼、公卫、总务等 4 个组，分设门
诊部和住院部，有病床 80 张。门诊部设男、女诊室、五官科诊
室、检验室、西药房和消毒室等。住院部分为内科、外科、妇产
科、手术室等科室。县人民医院能进行一般外科手术，如剖腹产、
全宫摘除及割白内障，成为全县医疗系统的骨干力量。同月，成
立了河源县卫生防疫站，但由于人员、设备、技术等原因，两个
月后县卫生防疫站撤销，改为在县人民医院内设立公共卫生组，
有工作人员 4 人。经过重整组合，县人民医院增添了医疗设备，
充实了技术人员，医疗水平有了较大的提高。与此同时，县人民

医院妇产科积极进行"改造旧接生婆,实行新法接生"的宣传活动,大力培训新法接生员,妇幼保健工作得到重视和加强。1954年,新法接生在河源县城乡普遍推行,当年新法接生5089人,有效地控制了新生儿破伤风,减少了产妇和新生儿的死亡率。1955年,经过大力宣传和培训,全县已有新法接生员385人,助产士8人,使产妇及新生儿的安全和健康有了基本保障。

此外,工业劳动卫生和学校卫生工作也得到加强。1952年,河源县工交、财贸等企业单位参照供给制工作人员公费医疗规定,与县人民医院签订《劳保医疗合同》,所属企业单位职工凭合同卡就诊,按月结账,医药费在本单位福利基金内开支。县属4间中学,即河源中学、船塘中学、蓝口中学、黄村中学等校内设立医务室,免费为在校学生看病治病。在财政上,国家对县人民医院等全民所有制医疗单位的事业经费实行差额补助,对爱国卫生运动委员会等事业单位实行全额供给。据资料统计,1953年县财政公费医疗经费支出为4.02万元;1954年为5.76万元;1955年为3.49万元;1956年为4.55万元,全县享受公费医疗人数约2500余人。

针对农村缺医少药和群众经济条件较差等实际情况,中医受到人民政府的重视。1952年,河源县人民政府对全县中医人员进行医疗业务考核,经考试合格者发给行医证书,并鼓励老中医带徒。根据山区中草药资源丰富的特点,组织草药验方收集编辑小组,编写《河源县民间草药验方》,并推广利用中草药为群众治病,受到广大群众欢迎。为了改善农村的医疗卫生条件,从1952年起,各乡组建了集体所有制性质的联诊所,使农民群众能就近治病,减少远途奔波和经济负担。1956年全县建立了6个卫生所,10个联诊所,7个联诊分所,有医务人员134人。为适应农业生产发展的需要,在325个农业合作社中建立了保健组织,训练农业社保健员 575 人，对保障广大劳动人民的身体健康起到了很大作用。1958 年农村成立人民公社后，联诊所合并为公社卫生院。

1988—2004 年，县、镇、村三级卫生服务网络逐步健全，医疗、预防、保健等综合服务的功能进一步增强，全县卫生事业稳步发展。1996 年，全县有 4 所卫生院被国家卫生部授予"一级甲等医院"，有 12 所卫生院授予"一级乙等医院"。2004 年，全县有 10 个乡镇实现初级卫生达标镇目标。

**体育工作的开展**

各级政府和有关部门认真贯彻执行"发展体育运动，增强人民体质"的方针，积极组织城乡群众开展各种形式的体育活动，职工体育和农民体育同样受到重视。1955 年夏季，在河源县城东门塘举行了龙舟比赛，参赛者来自县城各企业以及机关、团体和学校。开展龙舟比赛，不但提高了广大职工参加体育锻炼的兴趣，而且增进了企业之间的友谊，增强了企业内部的凝聚力，对企业管理和生产发展都起到了促进作用。1956 年 8 月，河源县总工会组织体育教师篮球队到龙川、五华、兴宁等县进行友谊比赛，带动了城乡体育活动日趋活跃。各乡镇、自然村自筹资金开辟了篮球场和排球场，组织农民篮球队、排球队和拔河队，经常开展村与村、社与社之间的友谊比赛。1956 年 6 月，河源县成立了县体育运动委员会，由副县长曹少明兼任主任委员，下设干事 2 人。不久又设立体委办公室，加强对体育事业的领导和日常管理工作，推动了城乡体育运动的进一步发展。

## 第三节 国民经济在曲折中发展

### 一、"大跃进"至"文化大革命"前时期

#### "大跃进"和人民公社运动

1957 年 9 月召开的党的八届三中全会通过了《1956 年到 1967 年全国农业发展纲要（修正草案)》（后简称为《四十条》或《农业发展纲要》），并作出了《关于今冬明春大规模地开展兴修农田水利和积肥运动的决定》，在全国掀起了一个冬季农田水利建设高潮。11 月 13 日，《人民日报》发表社论，号召"在生产战线上来一个大跃进"。经过一段时间的酝酿，1958 年 5 月，党的八大二次会议正式提出了"鼓足干劲，力争上游，多快好省地建设社会主义"的总路线。随后。"大跃进"运动在全国范围内迅速开展。

1958 年 4 月 15 日，中共惠阳地委作出了《苦战三年，提前实现四十条，改变东江地区面貌》的规划。遵照中共惠阳地委指示精神，1958 年 4 月 30 日，河源县委召开了第二次三级干部扩大会议。在各级党委的领导下，粮食生产"大跃进"声势浩大、发展迅速。1958 年，经过全县广大干部群众的努力奋斗，粮食生产获得丰收。全县粮食生产总产量核实为 236 万担，比 1957 年粮食总产量 193 万担增加 22.2%，全年平均亩产 655 斤，比 1957 年亩产 488 斤增长 34.4%。

　　1959 年，按照上级指示精神，中共河源县委提出了争取粮食更大跃进的新要求。1959 年晚造虽然取得了丰收，但仅比 1958 年同期增产 8.3%，全年平均亩产 770 多斤。

　　与全国各地一样，河源县在农业"大跃进"中，狠抓了水利建设、深翻改土、高产密植、养猪积肥、工具改革等措施，尤其在水利建设方面声势浩大。根据有关资料显示，河源县第一个五年计划期间，由于兴修水利获得增产的稻谷，至少有 300 万斤。1957 年冬至 1958 年春，河源县响应中共中央的号召，开展了大规模农田水利建设运动。1958 年春节后，中共河源县委对去冬今春兴修水利运动进行了总结。县委认为，在各级党委的领导下，水利建设取得了巨大成绩。全县 345 个农业社中，有 219 个社消灭了旱灾，过了水利关。

　　全民大炼钢铁运动。根据中共中央的指示，全国各地认真学习和贯彻党的八大二次会议精神，全民大办钢铁运动迅速发展。全国参与大炼钢铁运动的既有大中型企业，但更多的是小型企业（主要是手工操作，即"土法"生产）。河源县主要采取"小、土、群"的形式，组织发动 10 万多人投入"大炼钢铁"运动。在 1958 年大炼钢铁运动中，河源县发动群众建成大小炼铁炉 842 座（其中小高炉 430 座）；炼钢炉 1151 座。至 1958 年 12 月 5 日止，炼铁 5906 吨，产钢 1380 吨，提前一个月完成了全年的钢铁任务。

　　在交通运输"大跃进"的高潮中，河源县积极修筑县道乡道，不断完善交通条件。1958 年至 1960 年，先后修建了石古大王—黄村线、船塘—洋潭线、简头—仙塘线以及埔前—双头线、风光—三凤塘等县道或乡道，使县内公路干线连接贯通，基本形成了交通网络，初步改变了山区道路不通的状况。

　　人民公社的兴起。在"大跃进"高潮中，全国各地掀起了办人民公社的热潮。为了迅速开展建立人民公社的运动,9月17日,中共河源县委召开全县乡党委书记会议。经讨论研究,作出了《关于建立人民公社第一、二步工作具体做法意见》。公社化后,在公社的统一领导下,广大农村全面开展了农、林、牧、副、渔生产,并贯彻"工农并举"的方针,逐步发展了公社工业。根据河源县矿产资源丰富的特点,在全民大炼钢铁运动中,除了各公社搞小高炉外,河源县还在半江公社蕉园生产队范围内建立了钢铁生产基地。

**国民经济的调整**

1959年至1961年,是我国历史上的三年困难时期。1961年,经过整风整社运动,调动了群众生产积极性,农业生产掀起新的高潮。经过纠偏、调整,河源县经济形势有了明显好转,工农业生产逐步得到恢复和发展。1962年,粮食生产和多种经营都有很大的恢复和发展,物资供应逐渐丰富。单从粮食生产来看,全县农村23个公社5665个生产队中,有1158个生产队的粮食生产已超过1957年的水平,842个生产队基本达到了1957年的水平。在粮食增产的同时,为减轻农民负担,公社和大队减少了机动粮提取,加上城市人口压缩减少了粮食供应,使农民的口粮实际上比1961年每人平均增加了20斤,约每人平均430斤。从其他农业产品来看,经济作物,畜牧业生产也得到恢复。据1962年9月检查统计,花生种植面积25000亩,收获1335000公斤,比上一年同期增产52.3%;生猪库存量达28497头,比上一年增加28.4%;"三鸟"库存量615323只,比上一年增加28.6%;耕牛已停止下降,9月底库存量29535头,比上一年增加1.3%;还有其他如黄豆、甘蔗等作物生产面积也比上一年扩大,总产量增加。由于政策放宽,积极性提高,生产得到恢复发展,农民收益增多,从而带动了农村集市贸易的发展,全县几个大圩镇圩日赶集人数不断增多，市场交易的商品也日渐丰富。经济形势的好转，增强了广大群众克服困难的信心和决心，大大调动了生产积极性。1961 年 12 月，河源县共有 24 个公社、445 个大队、4795 个生产队。

在搞好劳动粮分配的同时，为体现社会主义优越性，对"五保户""军烈属"的口粮问题也给予照顾。一般标准是："五保户"、困难户的口粮，相当于生产队平均口粮水平；军、烈属的口粮标准，按本生产队平均口粮水平提高 10%。不足部分由生产队补足，生活有困难的，在公益金内适当照顾。

## 二、"文化大革命"至改革开放前时期

### "文化大革命"初期的经济状况

1966 年 8 月，中共中央发出《中国共产党中央委员会关于无产阶级文化大革命的决定》后，文化大革命在全国全面开展。据有关资料表明，"文化大革命"爆发前，经过多年贯彻"调整、巩固、充实、提高"的方针，全县已逐步摆脱了严重经济困难的局面，国民经济开始全面回升。1963 年至 1965 年，全县工农业生产总值连续 3 年都以年均 15.5% 的速度增长。与 1962 年相比，其中工业增长了 51.1%，农业增长了 12.1%。从 1966 年下半年开始，虽然农业生产从总体上看增长速度有所下降，但是影响不大。而工业生产总值却持续大幅度下滑。1966 年至 1968 年，全县工业生产总值每年都以平均 13.3% 的速度下降。财政税收则下降得更严重，1965 年全县财政总收入为 886 万元，至 1968 年同期下降到 643.2 万元，下降率为 27.1%，其中本级财政收入下降率为 39.3%，工商税收下降率为 12.5%，企业税收下降率为 49%，但农业税收则上升了 1.08%。

### 工农业经济生产的恢复发展

1969 年 9 月中旬，河源县革委会作出决定，在全县范围内迅

速掀起以"抓革命、促生产、促工作、促战备"为中心内容的社会主义革命竞赛热潮。要求各级各单位要一手抓革命大批判，一手抓战备形势教育，一手抓战备促生产。

在这次社会主义革命竞赛中，河源县工业战线生产出现新的气象。河源县造纸厂在 10 月中旬开始动工兴建，河源县松香厂电热歧化松香试验成功，并达到国际先进水平。11 月，河源县农械厂试制出第一台"工农 10 型"手扶拖拉机，成为惠阳地区第一家生产这种型号的手扶拖拉机企业，被广东省划定为定点生产厂家，并于 1970 年开始进入批量生产。与此同时，河源县铸造厂创造出第一台卧式开横机和酸洗配套设备。年底，河源县工业局在黄村祝岗创办河源铜矿厂（后改为"选矿厂"）。1969 年全县工业总产值为 8612 万元，同比 1968 年工业生产总值 5564 万元，增长了 63.5%。其中全民所有制企业生产总值为 8181 万元，同比 1968 年生产总值 5171 万元，增长了 60%。集体所有制企业生产总值为 431 万元，同比 1968 年生产总值 393 万元，增长了 10% 左右。

在农业生产方面，全县各地贯彻落实毛泽东提出的"以粮为纲，多种经营，全面发展"方针，以大寨精神为榜样，广泛发动群众移山造田，开荒扩种，改造山坑低产田，在种好粮的前提下，积极发展种植经济作物。同时注重封山育林，鼓励推广栽种，发展林木经济。为促进农业增产增收，1969 年冬至 1970 年春，在全县又掀起了大规模的大搞农田水利建设的热潮。

在大搞水利建设的同时，1969 年下半年，河源县革委会作出了在全县开展群众性的农业科学实验运动的决定，县革委会为此成立了由生产组、工交战线、农林水战线和财贸战线等单位组成的科学实验领导小组。县属各农场、林场，各公社、大队乃至生产队也分别成立了相应的科学实验小组。在科学实验活动中，各地各单位因地制宜，从实际出发，开展繁育良种、高产栽培、植物保护、除虫灭病、牲畜防疫、合理轮种、改良耕作、提高土地利用率等方面的科学实验，并取得了一些成效，促进了生产的发展。

1970 年，河源县经济领域进一步掀起"抓革命、促生产、促工作、促战备"的高潮。农村各地以大寨为榜样，继续大搞农田水利建设，开荒造田，完成中小型水利工程 783 宗，完成土石方400 万立方米，建设渡槽 6300 多米，凿山洞 870 多米，建成小型发电站 58 宗，装机容量 2382 千瓦，搞好土建工程 34 宗，可装机容量 3242 千瓦。增加灌溉面积 7 万多亩，使 70% 以上的农田有了水利设施。同时，全县开荒造田 73599 亩，占总耕地面积的18.4%，其中有 45744 亩在当年种上水稻、番薯或其他农作物。1970 年，全县粮食总产量达 2.6967 亿斤，比丰收的 1969 年增长11%，第一次实现了全年粮食亩产跨纲要的目标，摘掉了"吃统销粮"的帽子。特别是长期缺粮的双江、涧头、回龙、锡场、半江等 5 个公社及高埔岗农场，初步达到粮食自给。另外，生猪生产也大发展，全县生猪饲养量达 21 万头，比 1969 年增加 2 万头，增长了 10%。

工业方面，以大庆为榜样，自力更生，扩建了氮肥厂、胶革厂、纺织厂；新建了炼铜厂、炼铁厂、制糖厂、农机修造厂、水泥预制构件厂、小煤窑等。同时破除迷信，解放思想，大搞技术革新，一年来试制成功多晶硅、固体化肥、手扶拖拉机、水轮机、发电机、变压器等，全县技术革新项目达 410 多项，加速了农业生产的发展，全县工业生产总值达 1200 多万元，比 1969 年增长 33%。

财贸工作取得新成绩，农副产品收购种类比 1969 年有大幅度增加，增加了社员群众的副业收入，供应农村的生产资料销售额达 340 多万元，比 1969 年增加了 40 多万元，增长了 13.3%。

1969 年 8 月，为了进一步发展大好形势，坚持继续革命，加强和巩固无产阶级专政。根据广东省和惠阳专区革委会的指示，决定分期分批建立公社一级的新党委。至 1970 年下半年，河源县属各公社先后建立了新的党委。1969 年 10 月 15 日，经惠阳专区革命委员会党的核心领导小组批准，河源县革命委员会党的核心领导小组正式成立。

1970 年 11 月 21 日至 27 日，中共河源县第三次代表大会在河源县城召开。在整党建党，重建和恢复各级党组织的同时，从 1970 年下半年开始，河源县各级各单位又开展了整团建团工作。到 1971 年下半年，全县 23 个公社（农场）及县直各战线都建立了新团委，405 个基层单位都重建了新团支部。经过整团建团，全县共吸收了新团员 4419 名，占全县团员总数 14800 余名的 29%。

**经济生产的恢复发展**

随着党的各项方针政策的落实，各级党政机构及群团组织的建立和健全，如何进一步运用政策，调整国民经济，切实解决经济工作中存在的问题，迅速恢复工农业生产及经济工作的快速发展，已成为各级党委领导班子一项重要的工作。

在农业生产方面，中共河源县委进一步加强对农业工作的领导。1973 年 6 月，围绕农业如何大上快上的问题，中共河源县委召开了全县三级（扩大）干部会议，研究农业发展问题。为了促进农业的发展，县委狠抓薄弱环节，首先广泛发动群众，掀起挖沟改土，改造山坑低产田的农田基本建设运动。1973 年 10 月，中共河源县委举行三届五次全委（扩大）会议，决定在动员广大群众搞好挖沟改土的同时，掀起大搞开荒造田的群众热潮。1973 年至 1974 年春，在挖沟改土和开荒造田的群众运动中，全县共挖沟212.37万米，完成土方129.5万立方米，改土扩大面积407亩，挖沟改土受益面积多达64690多亩，开荒造田扩大面积达8779亩，其中扩大水田面积1160多亩，同时完成水利工程建设土石方98.2万立方米，为农业生产发展创造了较好的条件。

在工业生产方面，据统计，1973年全县工业生产总值达3304万元，完成生产计划达95%，同比1972年增长了5.9%。其中手扶拖拉机、电器、农机具、水电、矿冶、轻工、纺织等工业生产完成或超额完成了国家下达的计划任务。县印刷厂、矿冶站、木工厂等企业还提前一个月完成了国家下达的年度生产计划。

河源县财贸系统各单位，认真落实党的各项经济政策，大力整顿工作作风，努力提高服务质量，有力地促进了各项经济计划的落实和完成。1973年财政收入完成年度计划达102.2%，其中有15个所（股）完成和超额完成了年度计划。财政支出完成年度计划达100.6%，比1972年减少5.27%。商业纯购进完成年度计划达107.5%，比1972年增长14.7%。其中农采完成年度计划达102.5%，比1972年增长7.2%，超历史最高水平。其中有12个供销社，3个食品站完成和超额完成了农采计划，商业纯销售完成年度计划达100.2%，比1972年增长6.9%。其中农业生产资料完成年度计划的77.2%。粮食征购入库完成年度计划达119.8%，比1972年增长10.2%。农村社员存款比1972年增加92.1%。

### 全面整顿工作的艰难推进

经过一系列的整顿，1975年的形势明显好转。河源县与全国各地一样，形势也逐渐有了好转，国民经济开始摆脱停滞倒退的局面。1976年冬收前，全县社队企业（主要指农场和林场），已完成炼山开荒达7万多亩，并种上杉树5万亩，油茶2万多亩。集体和社员家庭养猪达30多万头，平均每户约1头多。机关干部和学校的师生也积极参加多种经营的义务劳动，其他各行各业也从实际出发，坚持为农业服务，大力支援农业生产发展。

在这个时期，河源县国民经济在广大干部群众的共同努力下仍取得了一些进展。在工业方面，河源农械厂生产的手扶拖拉机和电动打禾机等农机产品，处在当时全省同行业的领先地位，并能成批生产和销售到省内各地，有力地支援了农业生产。全县的制糖业和水泥生产也颇具规模，产品的质量和数量都有新的突破，并且新建起了河源开关厂、河源水泥厂、河源造纸厂和河源造船厂等一批中小型企业。在工交建筑行业中，在此间建起了县城东江大桥，整修和扩建了县城人民路和中山路及一些较大的建筑物。在水利电力建设方面，全县先后建成了七礤、赤径和红星等 60 多座中小型水库或电站，有效地解决了全县农村用电和抵御旱涝灾害的问题。1965 年（按当年现价计），全县社会生产总值为 10343 万元，至 1975 年全县社会生产总值达 17215 万元，同比 1965 年增长 66.44%，每年递增 6.64%。1965 年全县工农业生产总值为 6556 万元，到 1975 年全县工农业生产总值为 13847 万元，同比 1965 年增长 111.21%，每年平均递增 11.12%。1975 年（按当年现价计）全县国民收入为 40100 万元，按当年全县总人口 50.14 万人计，平均每人收入 80 元左右，比 1965 年人均年收入 68 元，增长了 17.6%。

# 第六章

在改革中稳步发展

第一节 现代化建设初创时期

## 一、贯彻党的十一届三中全会精神

1978 年 12 月，共和国历史上具有重大转折意义的中国共产党第十一届三中全会在北京召开。在此之前，从 11 月 10 日开始，中共中央召开了历时 36 天的中央工作会议，为十一届三中全会的召开做准备。

12 月 18 日至 22 日，中共十一届三中全会在北京举行。会议的中心议题是讨论把全党工作的重点转移到社会主义现代化建设上来。全会果断地停止使用"以阶级斗争为纲""在无产阶级专政下继续革命"等错误口号，坚决地批判了"两个凡是"的错误方针，充分肯定必须完整地、准确地掌握毛泽东思想的科学体系，高度评价了关于真理标准问题的讨论，确定了解放思想、开动脑筋、实事求是、团结一致向前看的指导方针。全会开始全面地、认真地纠正"文化大革命"及其之前"左"倾错误，及时地作出了从 1979 年起，把全党工作重点转移到社会主义现代化建设上来的战略决策。全会指出，在经济建设问题上，要纠正急于求成的错误倾向，调整比例关系失调的国民经济，着手改革权力过于集中的经济管理体制，在自力更生的基础上积极发展同世界各国平等互利的经济合作，努力采用世界先进技术和先进设备，加强实现现代化所必需的科学教育工作。全会制定了发展农业生产的一系列改革措施，决定集中主要精力把农业搞上去。全会遵循实事求是、有错必纠的原则，审查和解决了党的历史上一批重大冤、假、错案和一些重要领导人功过是非的问题。全会着重提出了健全党规党纪和民主集中制，加强社会主义民主与法制的任务。这些在领导工作中具有重大意义的转变，标志着党从思想上、政治上和组织上全面恢复和发展了马克思主义的正确路线，结束了从1976年10月以来党的工作在徘徊中前进的局面，将党领导的中国社会主义事业引向健康发展的道路。十一届三中全会是新中国成立以来，中国共产党历史上具有深远意义的伟大转折。

党的十一届三中全会公报发表后，在全国上下立即引起了强烈的反响。从中央到地方各级党的组织和广大干部群众，无不对党的十一届三中全会作出的一系列重大的路线、方针、决策表示欢欣鼓舞，衷心拥护。1979年1月3日，中共河源县委举行常委扩大会议，集中学习讨论党的十一届三中全会公报，县委常委、宣传部部长郎佐林在会议上做中心发言，与会全体常委对党的十一届三中全会所做出的一系列重大的方针决策展开了认真广泛的讨论。

1月上中旬，中共广东省委常委扩大会议和中共惠阳地委常委扩大会议及全区县委书记会议，也先后组织学习贯彻党的十一届三中全会精神。2月10日，中共河源县委举行第三次常委扩大会议，新任中共河源县委书记刘斌在会议上传达全区县委书记会议精神，并组织集中学习中共中央文件以及中共广东省委第一书记习仲勋在省委常委扩大会议上的讲话精神，深入讨论总结20多年来社会主义革命和建设的经验教训。与会者一致认为，党的十一届三中全会作出的把全党工作的重点转移到社会主义现代化建设上来的决策，非常英明正确，它不仅符合目前我国现阶段发展的实际情况，反映了全党、全军、全国各族人民的强烈要求和愿望，而且对于实现四个现代化，增强社会主义物质基础，改善和提高人民群众的生活水平都具有十分重要的现实意义。20多年来，由于受极"左"错误路线的指导，反复搞政治运动和阶级斗争，造成干群关系紧张，不敢大胆抓经济建设，抓工农业生产，以致造成目前群众连温饱问题还未解决的严重事实。大家认为，这是一个非常深刻而又十分沉痛的教训。中共中央作出结束全国范围内的揭批林彪、"四人帮"的群众运动，把全党工作的重点转移到社会主义现代化建设上来的决策，我们一定要积极响应党中央的号召，排除一切"左"的干扰，解放思想，实事求是，发扬党内民主集中制的优良传统和作风，团结和带领广大人民群众，一心一意搞生产，把"文化大革命"内乱而耽误的时间和损失尽早地夺回来，为建设现代化的社会主义强国而努力奋斗。

为了把党的十一届三中全会精神贯彻到基层，落实到行动中，2月12日至20日，中共河源县委在县城召开全县三级干部会议。会议的主题是传达贯彻中央工作会议和十一届三中全会以及省委、地委常委扩大会议精神，解放思想，鼓舞斗志，调动一切积极因素，加快河源社会主义经济建设步伐，为实现四个现代化作出新贡献。参加会议的有县委、县革委会、公社党委、革委会以及大队党支部、革委会负责人共1200多人。会议主要学习中央工作会议和十一届三中全会公报，学习《中共中央关于加快农业发展若干问题的决定（草案）》、《农村人民公社工作条例（修正草案）》及《中共中央关于地主、富农分子摘帽问题和地、富子女成分问题的决定》等3个文件，传达贯彻中共广东省委和惠阳地委常委扩大会议精神，联系实际总结历史经验教训，批判林彪、"四人帮"极"左"错误路线，解放思想，提高认识，提高执行各项政策的自觉性，把各方面的政策落到实处，调动一切积极因素，促进各项工作，发展大好形势。

通过会议充分讨论，中共河源县委要求全县各级领导班子和广大干部群众，要坚决贯彻落实中央关于工作重点转移的重大决策方针，迅速从过去以阶级斗争为中心，以政治运动代替一切的精神枷锁中解放出来，确立以生产斗争和科学技术革命为中心的思想，大力促进工农业生产的发展；坚决从过去怕"资"、怕"富"的恐"右"症中彻底地解放出来，理直气壮地抓好党的各项方针政策的落实，关心群众的物质利益，积极调动广大群众的生产积极性；坚决从过去的本本主义和陈规陋习中解放出来，敢于坚持实事求是，从实际出发，尊重群众的创造精神，扎扎实实带领群众把农业生产搞上去。同时，要切实抓好农村各项经济政策的落实：一是要尊重和保护生产队的所有权和自主权的政策落实，要按照新"六十条"的规定，保证生产队有"五大权"（即有权因地因时制宜地进行种植；有权决定增产措施；有权决定经营管理方法；有权分配自己的产品和现金；有权抵制任何领导机关和领导人的瞎指挥）；二是要抓好"以粮为纲，全面发展，因地制宜，适当集中"这十六字方针的贯彻落实，做到农林牧相结合，大力发展畜牧业、林业和渔业，彻底克服"以粮唯一"、丢掉多种经营的倾向；三是要抓好减轻生产队负担政策的落实，充分调动生产队的积极性，同时做好调整公购粮任务的工作，按规定严格减少征购粮的任务；四是抓好"按劳分配，多劳多得"政策和生产责任制的落实，只要不搞包产到户，不分田单干，各种不同的计酬办法及管理形式都可以试行；五是要积极扶助社员群众搞好正当家庭副业，开展正常的集市贸易，促进农副产品的流通，活跃城乡经济，凡是有条件、群众有要求的地方，都可恢复原来的圩场和圩期。此外，还要尽快落实新时期党的各项新政策，切实处理和解决好一些历史遗留问题：一是要尽快落实好农村基层干部的政策，把过去历次政治运动中，农村一些基层干部被错误扣上"走资派""老保守""老好人"或"对抗领导"等帽子而被赶下台，但事实上又受群众拥护，且工作有能力、有魄力的老党员、老干部重新请回来，充实加强到大队或生产队的领导班子中去，并按干部管理范围管理，今后不得随意撤换；二是认真做好"四类分子"摘帽工作和"地富子女"新订成分的工作，调动一切积极因素，加速实现社会主义四个现代化；三是切实解决好历次政治运动中遗留下的一些其他问题，凡在这些运动中被诬陷、被横加扣上的各种罪名，一律推翻，恢复原貌。

会议要求，县三级干部会议结束之后，各公社各单位必须立即组织安排好春耕生产工作，同时认真做好公社三级干部会议召开的各项筹备工作，力争把党的十一届三中全会精神以及全县三级干部会议精神迅速贯彻落实到广大人民群众中去，为全党工作重点转移到社会主义现代化建设上来而努力。

2月下旬至3月上旬，按照中共河源县委的布置，各公社都分别先后召开了三级干部会议，参加会议的干部总人数达到13135人。各公社三级干部会议的议程，除学习传达中央工作会议和党的十一届三中全会精神以及省委、地委常委扩大会议精神外，都重点地传达贯彻全县三级干部会议精神，学习贯彻中共中央有关文件的精神，各公社的三级干部会议都开得生动活泼，人人心情舒畅，思想达到了大解放。会后各公社、各大队及生产队按照县、社三级干部会议的精神要求，认真抓行动、抓落实，整个社会政治形势和人的思想观念开始发生深刻变化。

## 二、农村经济和社会关系的调整

1979年1月，中共河源县委根据中共中央下发的《新六十条》的精神，结合本县农村工作的具体实际，做出《关于农村几项经济政策的试行意见》，规定在坚持"三级所有、队为基础"

的前提下，在稳定生产规模的基础上，要尊重生产队的自主权，改善经营管理，健全生产责任制及财务、物资管理制度。这在一定程度上给了生产队以松绑。同年 4 月，中央工作会议正式提出对国民经济实行"调整、改革、整顿、提高"的八字方针之后，中共河源县委就如何加快河源农业生产的发展问题多次举行常委扩大会议，统一思想，确定以粮为主，多种经营并举的发展方针，并要求全县各地应根据自己的实际，因地制宜，宜农则农，宜林则林，宜渔则渔，宜牧则牧的办法发展生产，搞活经济，壮大集体收入，提高社员分配水平。同时，根据河源水土气候的特点，努力提倡扩种花生、黄豆、甘蔗等农作物，大力造种用材林、经济林及油茶，有条件的要发展种果、养猪、养鱼等生产。

在贯彻落实党的十一届三中全会和中央工作会议精神中，强调调整和落实农村各项政策，努力把农业生产搞上去的同时，河源县各级党组织和领导班子还特别注意解决一些历史遗留问题——除"文化大革命"中的一些重大事件和问题外，尤其特别注重对"文革"前历次政治运动中所遗留下来的一些问题分别做出复查、纠正或处理的意见，澄清历史，调整社会政治关系，团结和调动广大干部群众热爱共产党，拥护社会主义，积极投身到各项工作中去的热情。

中共河源县委还根据中共广东省委指示精神，认真贯彻落实党对民族资产阶级工商业者的政策，除了进一步复查处理了一批民族资产阶级工商业者在"文化大革命"期间蒙受的冤假错案，给予平反、摘帽，重新认定成分并偿还被查抄的财物损失，还为1962 年前后，由于压缩城镇居民人口，将原公私合营户应包下来的资方从业人员不应压缩的被压缩，有的甚至被强令劝退或被用高压手段精简出企业的人员，给予落实政策，重新调回原单位另行安排工作。对于一时确实不能安置的人员，在停止工作等候安置期间，其工资减发办法及口粮标准与职工一视同仁。对于一些年老、体弱、多病符合退休条件的，或者虽然未到退休年龄，但本人已丧失劳动力的，则分别做退休安置。至此，河源县拨乱反正，落实党的各项政策工作基本完成。

## 三、经济体制改革的完善与发展

党的十一届三中全会以后，在国民经济调整和全面拨乱反正的同时，改革开放事业也开始迈出坚定的步伐。

我国社会主义制度自1956年基本确立以来，已经显示出它的生命力和优越性。但是，它的经济、政治、文化体制和某些具体制度还不够完善，从而阻碍着生产力的进一步发展。在农村自合作化以后，农业生产力有了相当的提高。但是，政社合一的人民公社，经营管理过于集中，分配上存在着严重的平均主义倾向，这种体制不仅不利于调动广大农民的生产积极性，而且在很大程度上抵消了国家对农业的巨大投入，导致农业生产的发展和农民生活的提高都比较缓慢。相当部分农民温饱问题未能解决。为了克服农民生产和生活上的困难，安徽和四川率先实行"放宽政策""休养生息"的方针，在农村试行包产到组，包产到户或包干到户的农业生产责任制在全国产生强烈的反响。1978年底，河源县农村各地也开始出现了自发分小生产队，包产到户，甚至分田到户或搞单干包上交的情况，而且这种生产形式大有发展的趋势，其中最强势的有漳溪、骆湖、灯塔、新天、东埔等公社。到1979年4月，漳溪公社原有生产队112个，后分成410个，其中单干户183户；骆湖公社原有生产队112个，后分成388个，其中单干户有225个；灯塔公社原有生产队184个，后分成435个，其中单干户61户；新天公社原有生产队129个，后分成299个，其中单干户26户；东埔公社原有生产队263个，后分成313个，其中单干户有 481 户。此外，其他公社都有数量不少的自发形成的小生产队，搞分田到户或单干包上交生产形式。对于广大农民群众这种自发地冲破旧的生产体制，试行自己选择的新的生产体制和管理方式的行为，当时，从中共河源县委到下面基层各级干部大都认为这是"开历史倒车"，"是不符合社会主义公有制原则的"，应该加以制止，防止其继续发展蔓延。为此，中共河源县委决定，由县委和县革委会联合作出《关于维护人民公社公有制，坚决制止单干的通知》，要求各地坚决贯彻执行。《通知》指出，这是一股否定"四项基本原则"，背离社会主义方向，复辟私有制的右倾逆流，它不仅破坏了生产队多年的公共积累和集体家档，而且削弱了党在农村基层的领导……因此，必须坚决抵制，以稳定生产秩序，发展农村的大好形势。与此同时，中共河源县委还召开公社书记会议，传达贯彻中共惠阳地委领导关于迅速纠正分田单干的指示意见，并针对全县的实际情况作出了具体的部署。从县城机关抽调出 231 名干部，组成农村经济建设工作队，由县委常委带队，分别进驻东埔、船塘、灯塔、蓝口、黄田、义合、漳溪、仙塘、曾田等 9 个公社，帮助这些公社纠正单干，组织春耕生产。但是，这样也无济于事。相反，干群关系却因此而逐渐紧张起来，各种矛盾骤然突起。如在灯塔公社新大塘大队，就有社员群众与工作队员当场顶撞起来，双方情绪十分激烈。有个别社员群众甚至公开扬言表态："你们工作队就是把机关枪架起来，拿刀架在我们颈上，我们也不会再归队。"人民群众要求彻底改变农村现有的生产体制，寻求新的生活出路的决心，到了无所畏惧与义无反顾的地步。此时，全党和全国通过学习贯彻党的十一届三中全会精神后，人们的思想观念开始逐步解放，"文化大革命"时期的极"左"思想已经清除，政治环境也开始日益宽松。因此，干群关系虽然有些紧张，但是始终没有形成对立的状态。其时从中央到地方省级党委对于农村这种闹分队搞包产到户的做法，均没有明确的表态或指示规定，导致基层各级干部在思想认识上也就不一致。因此，当时在县社工作队的压力下，各地便有不少的小小队被迫重新并队，不少的单干户被迫重新归队。但是，当工作队撤离后，不少农户又恢复了自己选择的生产责任制，继续分小队，或分田到户搞包干。

1980年4月2日，邓小平在同中央负责人的谈话中，就农业问题指出，对地广人稀、经济落后、生活穷困的地区，政策要放宽，使他们真正做到因地制宜，发展自己的特点。要使每家每户都自己想办法，多找门路，增加生产，增加收入。有的可包给组，有的可包给个人。这个不用怕，这不会影响我们制度的社会主义性质。在这个问题上要解放思想，不要怕。在这些地区要靠政策，整个农业近几年也要靠政策。随后，中共中央召开工作会议，制定文件，做出要求各地应发挥自己的优势，放宽政策，搞活生产和经济的重要指示。根据中央文件精神和《人民日报》评论员文章，中共广东省委召开会议就农村工作问题进行讨论，于5月12日发出《关于当前农村几个问题的讨论纪要》，提出要全面建立生产责任制，强调推广"五定一奖平产到组责任制"（即对作业组实行定劳力、定地段、定产量、定成本、定工分、超产奖励的责任制），"三靠（生产靠贷款、吃粮靠返销、生产靠救济）队"可以允许"包产到户"，但坚决制止分田单干。7月3日，中共广东省委在批转《农村工作会议纪要》时，仍然强调要切实搞好人民公社的经营管理，稳定生产关系，坚决制止分田单干。

6月16日，中共惠阳地委召开县、市委书记会议。会议主要议题是贯彻广东省农村工作会议精神，研究如何使农村尽快富起来，如何加强和改善党的领导，搞好人民公社经营管理，完善和健全农村生产责任制等方面的问题，会议再次强调，要根据中共广东省委的要求，坚决纠正"分田单干"。8 月 12 日，中共惠阳地委又再次召开县、市委书记会议，对如何整顿和改善经营管理，贯彻按劳分配政策等问题进行了研究和讨论。同时指出，"农村实行生产责任制采取何种形式，应由群众讨论决定。"这一表述，改正了在此之前，中共惠阳地委提出的不准包产到户，要坚决制止和纠正包产到户的做法。

为贯彻落实中央及省地委一系列会议和文件的精神，8 月中旬，中共河源县委先后召开公社书记和县直部、委、办、局主要负责人会议及全县三级干部会议。在这些会议中，与会者紧密结合本地具体实际，始终围绕如何发挥河源山区优势，扬长避短，调整布局，落实各种形式的生产责任制，搞好联合经营，把河源经济搞活，使农村尽快富裕起来这一中心议题展开广泛深入的讨论。在讨论中，与会者敞开思想，各抒己见，统一思想认识。此外，全县三级干部会议还积极介绍推广了蓝口、叶潭、柳城、义合、久社、黄田等公社及一些大队实行"大包干"或"四专一联"（即专业队、专业组、专业户、专业工，联系产量计算报酬）等形式生产责任制的做法和经验，使与会者受到启发。同时树立了信心，明确了方向。但是全县三级干部会议在推行"大包干"或"四专一联"等生产责任制时，思想指导仍有局限，仍强调要态度鲜明地反对分田单干，维护集体公有制的原则，因而在一定程度上继续束缚了广大干部和群众的思想。

9 月 29 日，中共中央发出关于《进一步加强和完善农村责任制的几个问题的通知》（即中共中央〔1980〕75 号文件，以下简称《通知》），《通知》明确指出，党的十一届三中全会以来，全国各地清除极"左"路线的影响，落实中央两个文件，普遍建立各种形式的生产责任制，纠正了平均主义，调动了农民的积极性，今后，将仍然坚持下去。《通知》要求各地要从实际出发，允许多种形式的生产责任制同时存在，包括允许"包产到户"，并在一个较长的时间内保持稳定。这样便完全解决了近年来农业是否可以实行"包产到户"的争论。

中共中央关于《进一步加强和完善农村责任制的几个问题的通知》下发后，10月间，中共河源县委根据中共惠阳地委的指示，迅速撤回了派驻各公社"纠正单干"的工作队，并组织119名干部，由县委常委和革委会副主任带领，前往全县各公社协助基层传达贯彻中央指示精神，同时要求各公社培训一批学习辅导骨干，抓好学习试点，召开社员代表大会，通过社员代表大会，贯彻中央75号文件精神。各地通过反复学习宣讲中央75号文件精神后，广大干部群众一致认为，"中央75号文件实事求是，真正体现了民意，顺应了民心。学了文件，真好像吃了定心丸，心里踏实多了，不必思前顾后了"。那些早已分队或搞包干到户的社员群众更高兴地说："党中央确实英明正确，明白我们心里所想的事，我们自从搞了包干到户后，不仅每户有了生产自主权，更重要的是我们的生产丰收了，比在生产队打大捞时，一季割出一年粮！现在中央政策允许我们继续这样搞，证明我们以前走的路子是对的，我们非常感谢党中央的英明决策！"

随着农村经济体制的变更和各种生产责任制的逐步建立，然而原有的大小队班子设置的管理岗位和干部职数，与改变后的经济体制已显得不相适应，因而必须实行精简、撤并和裁员。为此，中共惠阳地委发出指示，要求各县抓好大小队班子的建设工作，使大小队班子迅速稳定下来。河源县委根据惠阳地委的指示要求，认真结合本县的具体实际，采取因地制宜的办法，迅速开展了狠抓大小队班子建设的工作。要求各公社首先必须从解决大小队班子的干部定员、岗位职责及报酬办法入手，做好具体的实施方案，然后充分运用民主协商或全面选举的办法，重新调整或组建大小队班子。

在全县各地生产队迅速掀起包产到户或分田到户生产责任制的同时，还对集体财产、山林资源和现有的集体经营的经济项目等作了合理的分摊或由个人承包的做法，并且落实承包生产责任制。这样，既保护了集体财产和山林资源等不受破坏和损失，又使集体经营的项目继续发挥其应有的效益。至1980年底，除个别生产队外，全县农村实行大包干，分田到户的生产责任制基本上全面铺开。

河源县农村实行多种生产责任制和经营形式，实际上与安徽省凤阳县小岗村一样，也是由部分社员群众首创，大胆尝试而搞起来的。河源县各级干部一开始思想比较保守，怕出乱子，这固然出于政策界限模糊不清的原因，更主要的还是由于各级领导干部仍受"左"的错误思想影响，思想得不到彻底解放。因此，农村经济体制改革的路子，可以说完全是由最基层的群众，自下而上一步步艰难地走出来的，并且经过了反复曲折的过程。

## 四、在改革开放中搞活经济

为了发展广东经济，1978年10月，在中央工作会议期间，中共广东省委第一书记习仲勋以题为《广东的建设如何大干快上》的书面工作汇报形式，向中央提出，希望能给广东更大的支持，同时多给地方处理问题的机动余地，比如农业机械化，允许广东吸收港澳同胞、海外华侨的资金，从香港引进一批先进设备技术，购进电力，进口部分饲料等物资。

党的十一届三中全会结束后，中共广东省委立即召开省委扩大会议，针对广东具体实际，在研究讨论如何实现党的工作重点转移时，省委就明确提出广东应充分利用毗邻港澳的区域优势，利用外资，引进先进技术设备，搞补偿贸易，搞加工装配，搞合作经营。

1979年4月，在中央工作会议召开期间，习仲勋再次向中央提出建议，希望中央给点权，让广东能够充分利用自己的有利条件在现代化建设中先走一步，习仲勋代表中共广东省委向中央政治局常委做了专门汇报，邓小平指出：广东、福建实行特殊政策，利用华侨资金、技术，包括设厂，这样搞不会变成资本主义。他还说：如果广东、福建两省8000万人先富起来，没有什么坏处。在中央工作会议期间，邓小平对习仲勋等提出的在邻近香港、澳门的深圳、珠海以及汕头兴办出口加工区的意见表示赞同，并说："还是叫特区好，陕甘宁开始就叫特区嘛！中央没有钱，可以给政策，你们自己去搞，杀出一条血路来。"根据邓小平的提议，中央工作会议讨论了广东省的提议。随后，中共中央明确提出："出口特区"，先在深圳、珠海两地试办，待取得经验后，再考虑在汕头、厦门设置。从此，广东改革开放先走一步的做法正式迈开。

在中共广东省委和惠阳地委及有关部门的大力支持下，1979年6月，河源县城三轮车运输站首先在全县率先吸收港澳同胞梁志能、黄俊龙、刘盛荣和吴丙忠等投资，并与他们合股开办港联华汽车股份有限公司。接着，河源县水泥厂（上莞水泥厂）与香港九龙港联华贸易公司合作，双方同意以"对外补偿贸易"的方式，由港方负责投资300万港元，引进部分先进机械设备，帮助河源县水泥厂扩大小立窑400号火山灰质硅酸盐水泥年产量1.5万吨，供港方试销。同时，为了解决河源县水泥厂生产中的运输困难问题，港方向河源县水泥厂提供进口汽车，所需款项由河源县水泥厂拨付，以补偿货款和机械设备等材料。随后，河源县造纸厂也与香港九龙联华贸易公司达成了同样的合作协议，由港方负责引进机械设备等材料，合办一间日产为30吨至50吨的新造纸厂。除此之外，河源县二轻系统铁工厂与广东省二轻工业公司签立合作协议，并经省地县有部门立项审批，双方共同投资创办合作股份有限公司。从此，河源县外引内联，对外经济合作便开展起来。

为了更好地开拓河源县对外经济技术引进工作，充分发挥河源自然资源、劳动力资源及现有的生产条件和设施的作用，发展经济、扩大出口，增加财源，加速四化建设的步伐。1979 年 5 月和 6 月，河源县加工装配和技术引进领导小组及河源县对外经济技术引进办公室先后成立。9 月，河源县革委会批转县对外经济技术引进办公室《关于开展对外经济技术引进工作的意见》，要求各公社、县直各单位和新丰江林管局贯彻实施。《意见》强调，全县各级各部门应充分利用河源自然资源和劳动力资源的优势，积极开展来料加工装配和补偿贸易等对外经济合作业务，紧密依靠当地外出人员、港澳同胞、海外侨胞，并通过他们架桥搭线，广开对外贸易门路，或通过他们动员亲友回乡投资办厂，为发展和繁荣家乡的经济作出贡献。《意见》还要求县直各主管局、银行、统战及侨务部门必须紧密配合，在县委的统一领导下，开展外引内联工作。县工业、二轻、交通系统及社企局、城镇等单位应分工 1 名领导兼管此项工作，并指定 1 至 2 名干部负责具体业务，县外贸局要把外引内联工作当做本部门的主要业务来抓，深入实际，调查了解，经常分析研究情况，总结经验，推动全县对外经济技术引进工作的深入发展。《意见》发出后，河源县外引内联对外经济合作工作从此纳入正轨。从 1979 年 6 月至 1980 年 6 月，仅 1 年时间，河源县工矿企业单位就与港商签订引进设备装配来料加工协议共 11 宗，合同金额约 139 万美元（人民币约 418 万元），引进机构设备 165 台，工厂通风设备 56 件（套），掌握生产以及工厂所需要的电器设备和生活资料一大批。为全县发展工农业生产和学习技术创造了有利条件。

随着经济管理体制改革的初步实现，为了发挥这一优势，保护竞争，推动联合。1980 年 7 月，国务院作出《关于推动经济联合的暂行规定》。在国务院《关于推动经济联合的暂行规定》的精神指引下，河源县各地方部门开展经济联合的工作很快就打开了局面。河源县松香厂率先出台新规定，决定将超计划的松香生产所得的利润，同生产松脂的单位或个人进行比例分成，并且给边远山区的社队运输松脂提高路程补助标准。接着县木材公司、县副食品公司等单位也相继出台了新的生产合作规程，这些都大大刺激了生产单位或个人的积极性，并使这些单位的生产利润迅速得到提高。县供销系统积极开展农商联营活动，一是鼓励各地因地制宜发展商品生产，打牢农商联营的发展基础。为此，县供销总社先后投入 20 多万元资金，帮助扶持一些社队发展柑、桔、橙、红瓜、蒜头的生产和毛竹、油桐的种植及养牛、养蜂。船塘供销社则大力扶持群众发展蓖麻生产，经济效益明显增加。二是利用多种形式和坚持自愿互利原则，积极创办农工商联合企业。如涧头供销社采取农商合办、产品补偿、利润比例分成的办法，与一些大队、生产队及社员个人共同发展养牛业，后来还在大往大队办起了一个养牛场。康禾供销社采取大队负责原料，向企业投资，供销社负责技术、厂房设备和产品推销的办法，与红旗大队联合经营竹制品加工业，生产所得利润除去原材料成本和其他费用外，按比例返还给大小队及社员个人。县供销总社与黄田公社联营合办养蜂场，蜂种及劳力等由公社负责，县供销总社负责生产巢蜜过程中的设备费用和技术力量，以及产品销售等，生产所得利润实行单项核算，利润比例分成。这样，大大地调动了社队和社员个人等各方面的生产积极性，达到扶农促富、农商两利的目的。

　　此外，河源县城镇充分利用优势，大力发展多种经济成分的工商业生产，很快地搞活了经济。"文化大革命"期间，由于受林彪、"四人帮"极"左"错误路线的干扰和破坏，人们不敢发展多种经济，特别是个体经济，怕被扣上"发展资本主义"和搞"复辟倒退"的帽子。党的十一届三中全会做出了改革开放、搞活经济的决策之后，城镇党委紧密联系实际，解放思想，积极引导支持复户回城的待业知青及闲散无业居民，大办街道工商业及饮食服务业，先后在各个管理区内建起了竹木制品加工厂或农具机械维修、铸铜、铸铁、蓄电池片及纸箱生产点。办起了城镇招待所、槎城茶室、上城茶室、司机招待所、上角旅店、上城旅店及卫星车辆保管站等饮食服务业，解决就业人员达 1600 多人。同时还鼓励发展个体私营经济共 600 多户，这些个体户主要经营糕点、水果、蔬菜、凉茶、糍粄、烧味等副食品的摆卖，利润收入也十分可观。以上这些集体或个体经济的创办，都有力地推动了河源县流通领域和商品经济的发展，促进了社会稳定和经济繁荣。

## 第二节 实现经济社会持续健康发展

### 一、经济体制的建立与发展

1988 年后，计划工作继续贯彻"以计划经济为主，市场调节为辅"的方针，计划物资供应进一步放开，指令性计划的范围进一步缩小，市场调节范围不断扩大。1990 年，贯彻国家治理整顿和深化改革的方针，集中资金，保证重点，压缩投资规模，调整投资方向，计划工作的重点由年度计划转到中长期计划的研究与制定。

1988 年河源市郊区财政总收入 870 万元。1989 年以后，郊区经济逐年发展，财政收入和支出保持逐年增加。至 1995 年，东源县本级收入增至 1616 万元，约为 1988 年的 2 倍。2003 年，县本级收入上升至 4901 万元，比 1988 年增长 4.6 倍，年均递增 12.2%。2004 年，本级财政一般预算收入增加至 6833 万元，比上年增加 39.42%，比 1988 年增长 6.9 倍，年均递增超过 13.7%。

1991 年，贯彻中央提出的"调整、改革、提高、发展"的方针，坚持计划经济与市场调节相结合的原则。计划安排主要有工业品 22 种，预分配计划物资包括钢材、水泥、生铁、焦炭、钢、铝、铅、锌、铜材、铝材、烧碱、元钉、镀锌丝等 13 种。继续控制固定资产投资规模，调整投资结构，控制一般建设，保证重点项目，优先安排农业、交通、能源、通信和重要原材料建设。

1992 年，指令性计划和平价物资供应量继续减少或取消。计划内钢材、生铁、焦炭、烧碱、有色金属等物资，石油、成品油、农用柴油等专项供应指标一律放开价格。实行计划内计划外一个价，差价由郊区计划委员会掌握，集中用于调整产业结构，支持重点建设。

1993 年，按照建立社会主义市场经济体制的目标要求，计划工作突出宏观性、战略性和政策性，对"八五"计划和"十年"规划进行调整，组织编制第三产业发展规划。1994 年，25 种主要农产品的指令性计划全部取消，工业指令性计划产品下降到4.5%，分配的物资减少到 11 种，收购和调拨的商品减少到 10种。1995 年后，随着社会主义市场经济体制的初步建立，计划物资全部放开，取消计划物资的供应，计划工作职能由微观经济管理转向宏观经济管理。计划管理职能转到主要加强对经济运行动态的预警、监测、分析和经济信息的发布，编制全县国民经济和社会发展的年度计划和中长期计划，综合协调财政、信贷等经济杠杆作用，培育、发展和完善市场体系。

1988 年后，河源市郊区在实行家庭联产承包责任制的基础上，实行统分结合的双层经营体制，以农业增产、农民增收为目标，进行土地延包、农村税费改革、产业结构调整，逐步建立和完善社会化服务体系，加大农业生产投入，引进新技术，推广良种良法，农、林、牧、副、渔全面发展，各类农产品产量大幅增加。至 2004 年，全县有耕地面积27.8 万亩，实现农业总产值5.28 亿元，比 1988 年的 1.27 亿元增长 3.2 倍，平均每年递增9.3%；粮食总产量 18.67 万吨，比 1988 年的 13.04 万吨增加5.63 万吨，年均递增2.3%。

1988 年，河源市郊区以农业为主体，一、二、三产业比重为

73.9：17.1：9。随着社会经济的发展，农村产业结构不断调整，农村富余劳动力逐渐转向第二、第三产业，促使农村的工业、建筑业、运输业、商业饮食业较快发展。2003 年，东源县实施"工业立县"战略，以招商引资为突破口，以工业园区建设为载体，走新型工业发展路子，全年完成工业产值 10.2 亿元，首次超过农业总产值（9.5 亿元）。2004 年，全县三大产业比例发展到35.5：34.9：29.6。同时，农业生产内部的种植业、林业、畜牧业、副业、渔业的比重由 1988 年的 44.2：15.5：14.7：24.5：1.1 调整到 55.3：10.4：24.3：1.9：8.0。

至 2004 年，东源县有中国人民银行、中国农业银行、农村信用合作联社 3 家金融机构，从业人员 390 人，各项存款余额 86462 万元，各项贷款余额 56635 万元。县内金融事业的稳健发展，为社会经济发展起着重要作用。

## 二、行政区划调整与政治建设

1988 年 1 月，根据《国务院关于同意广东省调整部分行政区划给广东省人民政府的批复》文件，撤销河源县，成立河源市并组建河源市源城区、郊区。同年 4 月，经中共河源市委批准，成立中共河源市郊区委员会（中共郊区委领导班子由河源市委任命）。1993 年 11 月，根据民政部《关于广东省撤销河源市郊区设立东源县的批复》，撤销河源市郊区建立东源县，11 月成立中共东源县委。

1990—2004 年，东源县（郊区）先后召开中共河源市郊区第一、第二次党代会，中共东源县第三、第四次党代会，选举产生四届县（区）委员会。县（区）委全面贯彻中央路线、方针、政策和省、市委的各项部署，实施思想政治领导和组织领导，加强民主政治建设，发挥各级党组织的战斗堡垒作用和共产党员的先锋模范作用，团结带领全县人民艰苦奋斗、共同创业，全县经济社会面貌发生显著变化。

1988 年后，东源县（郊区）思想教育工作，把握"团结、稳定、鼓劲和正面宣传为主"的方针，把工作重点放在促进全民解放思想，转变观念，服从、服务于经济建设上，充分利用节庆或重大纪念意义时间，开展丰富多彩的文化娱乐活动，有针对性地进行思想教育。

2003 年后，中共东源县委坚持以经济建设为中心，抢抓机遇，坚定走新型工业化道路，坚持"六个创新，六个促进"，大力推进"三化"进程，全县经济呈现良好的发展势头。2003 年，实现国内生产总值 19.17 亿元，比 2002 年增长 17.02%；本级财政收入 4901 万元，比增 28.8%；农民人均纯收入 3381 元，比增 5%；实际利用外资 4923 万美元，比增 159%，居全市各县区之首；固定资产投资 10.5 亿元，增长 29.1%。2003 年，在全市 6 项经济指标考核中，东源县名列第二。实施十项民生工程，努力改善民生。加强社会治安综合治理，打击非法"六合彩"赌博、毒品犯罪和"两抢一盗"活动。认真落实信访工作领导包案责任制，维护社会稳定。深入学习贯彻"三个代表"重要思想、中共十六大精神和胡锦涛视察广东重要讲话精神，引导全县党员干部进一步解放思想，增强加快发展的危机意识和紧迫感。实施以加强农村基层党组织建设为重点的固本强基工程，抓好企业、非公有制经济组织党建工作和流动党员的管理；抓好反腐败工作，严格落实党风廉政建设责任制，增强党员领导干部的拒腐防变能力。

2004 年，中共东源县委认真贯彻"三个代表"重要思想，落实科学发展观，以全面建设小康社会为总目标统揽工作全局，团结带领全县人民解放思想，发奋图强，全县经济和社会各项事业快速、健康、协调发展，党的建设得到进一步加强。开展以科学发展观为主要内容的政治理论学习，发展思路进一步明晰。一年间，县委先后组织各级理论学习中心组开展树立和落实科学发展观、《宪法》、《行政许可法》等内容的专题学习；先后举办县域经济研讨会，编制《东源县域经济发展规划》，邀请专家授课等，为县委科学决策提供依据。2003 年 9 月以后，全县开展贯彻中共十六届四中全会、省委九届五次全会、市委四届二次全会精神，加强执政能力建设活动。全县党员干部进一步树立"大发展才是硬道理"的思想，进一步明确走新型工业化道路的发展思路，全县上下形成聚精会神搞建设、一心一意谋发展的良好局面。以构建和谐社会为目标，加强精神文明和民主法制建设，各项社会事业全面发展。认真贯彻《公民道德建设实施纲要》，组织开展"爱国、守法、诚信、知礼"教育，加强和改进未成年人思想道德建设工作，群众性精神文明创建活动取得新成效。开展贯彻《行政许可法》的学习培训，全面推进依法治县工作。进一步完善村民自治，扩大基层民主。认真落实信访工作责任制和领导包案责任制，妥善解决群众反映的热点难点问题和信访遗留案件，维护全县社会的稳定。以提高执政能力为根本推进固本强基，党的建设进一步加强。坚持从严治党的方针，切实加强各级党组织的思想、作风和党风廉政建设。加大干部培训力度，进一步增强为群众服务、带领群众加快发展的能力。坚持用好的作风选作风好的人，调整优化乡镇和县直单位领导班子结构，进一步提高领导班子的战斗力。学习贯彻党内两个《条例》，强化对领导干部特别是主要领导干部的监督；认真吸取市、县腐败案例的深刻教训，深入开展警示教育，抓好党风廉政建设责任制的落实，严肃查处各种违法违纪案件，增强党员领导干部的拒腐防变能力。2004 年，全县实现生产总值 24.24 亿元，比上年增长 17.1%；本级财政收入 7063 万元，比增 44.1%。实施"十项民心工程"，统筹城乡发展，脱贫奔康取得成效。

自1988年起，中共东源县（郊区）委按照新时期党建的总目标和要求，把党员队伍建设作为经常性的基础工作，贯彻执行《中国共产党发展党员工作细则》，严格按照"坚持标准、保证质量、改善结构、慎重发展"的十六字方针和有关程序，有计划、有步骤地发展党员。至2004年，全县发展党员11218名。

2003年3月，县委组织部下发《东源县发展党员公示制度》，此后，全县实行发展党员公示制。2004年，全县新发展党员856名，党员总人数增至22119名，党员队伍进一步扩大。

1988年后，中共东源县（郊区）委加强对干部队伍年轻化、知识化、专业化的建设，干部结构发生较大变化。2002年统计，全县8131名干部（含机关干部、企事业单位管理人员和专业技术人员）中，大专以上文化程度3034人（其中研究生学历10人，本科学历393人，大专学历2631人），占37%。年龄构成趋向合理。

### 三、日趋繁荣的文化事业

东源县（区）文化事业坚持"为社会主义服务、为人民服务"方向，坚持"百家争鸣、百花齐放"方针，贴近群众，面向市场，促进文艺创作的繁荣。1988—2004年，县（区）创作队伍逐步扩大，文学、美术、书法、音乐、摄影等创作及文艺人才培养等均取得进展。

1988年6月，设立河源市郊区广播文化体育局，负责管理郊区文化、广播、体育事务。1989年，相继成立河源市郊区文化馆、图书馆、博物馆和山歌剧团等直属文化事业单位。群众性文化活动经常开展，形式多样。1999年，东源县建成广播电视发射塔。档案馆藏逐年充实，党史研究取得一批研究成果，2003年启动《东源县志》编纂工作。文物保护及考古工作有新的进展。

东源县（区）群众文化活动主要由各级文化部门牵头组织，机关、企业、学校、社会共同参与进行。东源县（区）文化部门每年组织 1～2 次的大型文艺演出，同时，根据实际开展送戏、送电影下乡活动。乡镇文化站在春节、中秋节等主要传统节日，组织开展形式多样的文体活动。

1989 年 6 月，郊区文化局与教育局举办全区小学生文艺汇演，观众 4500 人次。是年 9 月，举办庆祝国庆 40 周年全区业余作者书画展，展出作品 78 幅。

1990 年 5 月，在河源（上莞）水泥厂举办首届"仙石杯"全县业余歌舞比赛。

1992 年 5 月，郊区文化局与团区委联合举办"百歌颂中华"全区青年卡拉 OK 歌手比赛。是年 12 月，区文化局与区工会等单位联合举办庆祝元旦文艺演唱会。1995 年 4 月，县文化局组织举办庆祝"五一"暨纪念"五四"全县优秀歌手比赛。

20 世纪 80 年代末，郊区文化市场经营项目主要以桌球室、录像放映室、书报摊为主，分布在河源市区和一些乡镇大圩镇。1992 年开始，文化娱乐市场发展最快的是卡拉 OK、电子游戏机室和音像制品出售（租）店。开办者大多是个体户。随后几年，文化市场出现一些大型、高档、多功能文化娱乐设施，文化市场日趋繁荣。为加强文化市场的领导和管理，1993 年后，东源县文化管理部门先后制订文化市场管理规定和实施细则，每年组织经营业主参加法律、法规培训。县文化局与工商、公安等部门联合，每年均组织 2 至 3 次专项治理整顿行动，同时还配合河源市有关部门在市区开展检查。

东源自 1993 年撤区建县，至 2004 年，县委、县政府积极实施"旅游旺县"战略，充分利用丰富的文化资源、生态资源和人文资源，先后开发一系列旅游景区景点，成为河源市"中国优秀旅游城市"核心区域，各方游客、文人雅士络绎不绝来此游览采风，留下了很多诗词，提高了东源的知名度，和旅游景区（点）的文化品位。

## 四、社会主义精神文明建设

1988 年，河源市郊区精神文明建设领导小组成立。1991 年 5 月，河源市郊区社会主义精神文明建设委员会成立。1993 年 12 月，河源市郊区社会主义精神文明建设委员会更名为"东源县社会主义精神文明建设委员会"。1997 年 1 月，中共东源县委二届六次会议审议并通过《东源县社会主义精神文明建设"九五"规划》。

1989 年，河源市郊区按照郊区委《关于加强精神文明建设的意见》，提高全区人民的思想道德素质和科学文化素质，培养"四有"（即有理想、有道德、有文化、有纪律）的新型劳动者。树立好学进取、团结友爱、诚实礼貌、健康娱乐、卫生美化、勤俭办事、遵纪守法的良好风尚。广泛开展创建文明圩镇、文明街、文明楼院、五好家庭、文明居民、文明企业、文明村等活动。1990 年，河源市郊区按照郊区委《关于进一步开展精神文明建设的意见》，以稳定社会、提高公民素质、培养"四有"新人、树立社会文明新风为目标。用社会主义精神文明覆盖全社会，创造良好的学习、生产、工作和生活环境。在中小学开展德育教育、学雷锋活动，从小培养美好心灵和高尚情操。

1998 年，为贯彻落实省政府确定五年内改变山区文化事业落后状况的任务目标，按照《广东省山区文化建设工程实施方案》的要求，东源县制订《东源县文化建设工程实施方案》（1998—2002 年），计划五年内新建县图书馆 1 个、县文化馆 1 个、县博物馆 1 个、专业剧团排练场 1 个、镇文化站 21 个，总预算投资为 955 万元。

2000 年，中共东源县委制订《东源县 2000—2001 年群众性精神文明创建活动实施方案》《东源县 2001—2005 年文明小康村创建活动实施方案》等，对文明村户的创建工作目标、任务、内容要求、时间安排及主要措施，以及文明村户的创建标准和评选表彰程序、方法等都作出明确要求；并确定船塘镇新寨村、船塘村、居委会，顺天镇金史村，仙塘镇新洋潭村作为县文明村创建示范点。是年 10 月，县委、县政府在船塘镇召开文明村创建工作经验交流会，全面总结这 5 个村（居委会）创建文明小康村的做法与经验，部署开展创建文明村户、文明镇的工作。县文体局通过各种途径筹集资金，继续完善县图书馆；广播电视部门筹集资金建起办公大楼，建起并完善新县城广播电视发射塔。一些单位建起健身室、阅览室、图书室和文化娱乐设施。

2001 年，中共东源县委制订《东源县 2002—2003 年文明小康村创建活动实施方案》，进一步明确县创建文明小康村的指导思想、基本内容、基本要求和方法步骤等。各乡镇、村按照县文明委的文件精神，各自制订规划。

2002 年起，东源县认真贯彻落实省委《公民道德建设实施纲要的意见》，提高公民思想道德水平。2003 年，围绕 9 月 20 日全国第一个"公民道德宣传日"，在全县中小学生中开展"告别不文明言行，倡导健康生活方式"的宣誓活动；举办公民道德宣传教育知识竞赛；举办"公民道德宣传日"文艺演出；慰问孤寡老人等。

2004 年，中共东源县委批转县文明委制定的《东源县乡镇精神文明建设量化考核方案》和《东源县县直单位精神文明建设量化考核方案》，初步建立起一套具体的量化考核指标，为指导、检查、考核各级各单位开展精神文明建设情况提供依据。同时出台实施《东源县文明单位评选考核办法》、《东源县创建文明村镇考核标准和评选办法》及《东源县文明行业评选考核办法》。

## 五、保护生态环境

1988 年以后,新丰江库区各级党政和群众始终坚持保护生态环境,在环境保护特别是水资源的保护方面投入大量的人力、物力和财力,采取多方面的措施。

万绿湖旅游业自 1995 年开始即在全省率先实施"环保至上"的理念,景区景点的规划和建设均以生态环保型为标准的自然观赏为主,尽量减少因旅游带来的污染。1996 年,根据河源市委、市政府要求,严格控制库区内有可能造成污染的项目建设。此外,市县政府出于保护生态环境的目的,于 1996 年 11 月关停水库边唯一可能造成污染的工业项目——新丰江水泥厂,安排该厂 400多名工人转岗,为此负债 5000 多万元。

2001 年 4 月,东源县委、县政府批准新港圩镇的规划、建设和管理工作由万绿湖管委会、新丰江林管局负责后,万绿湖管委会组织编制新港圩镇总体规划。计划将新港圩镇建成一个集游览、休闲度假于一体的旅游城镇,在规划中重点突出旅游服务功能,依托新港圩镇自身的资源和环境,充分利用现有的旅游资源,大力发展生态旅游和环保产业,建立以环保示范、生态教育为主要特色的旅游产业,使新港镇成为全市首个旅游小镇。

2002 年,根据省政府对河源旅游要大力发展"库外游、进山游"的要求,结合实际情况,为实现风景区的可持续发展,解决库区群众的脱贫奔康问题,同时保护生态环境,确保新丰江水库水质不受污染,万绿湖风景区调整发展思路,即继续以"生态环保旅游"为主题,大力发展万绿湖风景区周边旅游新景点和新项目，将新港打造成为旅游城镇，带动区域经济发展。

根据省政府的要求，库区撤掉新丰江水泥厂、奇松岛、伏鹿岛、网箱养鱼、燃油小快艇、水月湾部分机动游乐项目等共 6 个有可能对生态环境特别是水质造成污染的项目。2000 年投资 200 万元建设新港垃圾处理场；是年 5 月，以液化气为动力的环保交通船替换 100 多艘燃油小快艇。2002 年，投资 600 万元在新港镇建设 4 个大型污水处理池。

# 建好"首善之区　幸福东源"

## 一、经济建设增长

2015 年东源县全社会工业总产值 175 亿元，同比增长 7.1%，在河源市中排名第三；全社会工业增加值 48.62 亿元，同比增长 8%；规模以上工业总产值 160.59 亿元，同比增长 7.2%，全市排名第二；完成规上工业增加值 40.48 亿元，同比增长 8.2%，全市排名第三。减产企业 31 家，减产面为 33.33%。新增规模以上企业 9 家。建有工业园区。

东源县工业园区位于东源县城东北部，粤赣、河梅高速公路县城出口处，在 205 国道两侧，包括徐洞工业区、仙塘工业区、汇通工业园、蝴蝶岭工业城，规划面积 15 平方千米，已建成面积 9 平方千米。2011 年 10 月，该园区被省政府认定为省级产业转移工业园，统称为深圳盐田（东源）产业转移工业园。至 2015 年，该园区基础设施配套完成，初步形成以新电子、新材料及机械制造业为主导的产业局。入园项目 136 个，合同投资总额 195.37 亿元，实际到位资金 145 亿元。已建成投产项目 102 个，在建项目 25 个，企业用工 3.08 万人。

2015 年，开展"园区建设加强年"活动，扩园 1.2 平方千米，投入园区建设资金 3 亿元，完成征地 1500 亩，完成开发土方平整 80%；加快园区基础配套设施建设，推动园区扩能增效。是

年，完成基础设施建设资金投入 1.4 亿元；实现工业总产值
119.24 亿元，同比增长 11.4%；工业增加值 31.08 亿元，同比增
长 12.2%；实现税收 3.4 亿元，同比增长 10.1%；新增规上企业
9 家，总数 60 家。其中 2015 年新入园企业 12 家。

### 二、机构改革实施

1988 年 4 月，中共河源市郊区委员会成立，设工作部门 6
个，即纪律检查委员会、区委办公室、组织部（老干部局）、宣
传部、统战部（台湾工作办公室）、直属机关党委。1990 年 6 月，
设立中共河源市郊区委政法委员会。1991 年 6 月，郊区委办公室
内设保密办。1992 年 7 月，成立郊区社会治安综合治理委员会办
公室，与政法委员会合署办公。1992 年 11 月，原河源县委党校
由源城区委划归郊区委管理。1993 年区纪委与监察局合署办公。

1996 年东源县机构改革，县委工作机构设置做了较大调整。
调整后，县委工作部门有 7 个，即县纪律检查委员会、县委办公
室（保密局）、组织部（老干部局）、宣传部（史志办公室）、统
战部（台湾工作办公室、民族宗教事务局、工商业联合会）、政
法委员会（社会治安综合治理委员会办公室、防范和处理邪教问
题办公室）、直属机关党委。

2001 年机构改革，按照《中共广东省委办公厅、广东省人民
政府办公厅关于印发〈广东省市县乡镇机构改革实施意见〉的通
知》的要求，11 月东源县委、县政府对县镇两级机构进行改革。
改革后，县委工作机构设置如下：县纪律检查委员会（监察局）、
县委办公室（机要局、保密局、政策研究室）、组织部（老干部
局）、宣传部（社会主义精神文明建设委员会办公室、史志办公
室）、统战部（对台办、民族事务办、工商联）、政法委员会（社
会治安综合治理办公室与其合署办公）、编委办（与人事局合署

办公）。

## 三、文化设施建设

### 文化设施建设

2015 年，东源县完善公共文化基础设施，县"四馆一宫"（文化馆、图书馆、博物馆、科技馆、青少年宫）等公共文化设施建设加快推进，完成全县 20 个乡镇综合文化站和 258 个行政村文化室的达标建设，其中仙塘镇文化站评定为特级文化站，船塘、漳溪、上莞、柳城、锡场镇共 5 个文化站评定为二级文化站，顺天镇等 14 个文化站评定为三级文化站，蓝口镇文化站筹建中。县文化馆、图书馆按照国家一级馆标准建设，博物馆按照国家小型馆标准完成规划设计以及工程招投标，年底前完成"三馆"主体工程建设。

### 群众文化活动

2015 年，县文广新局牵头组织各系统党委、部门进行了较大规模广场文艺演出 14 场，观众 2.5 万人次。指导县直部门、乡镇、学校、企业、公益演出机构等开展各类文艺演出 33 场，全年参与文艺晚会的观众 6.3 万人次，城乡居民观看文艺演出达到一场以上。在县城文化广场放映电影 100 多场，观众 1.5 万人次，农村放映 3096 场次，完成省、市、县级下达的放映任务；先后组织参加省、市举办的广场舞大赛、客家山歌大赛等各类竞赛活动 6 次，组织举办暑期少年儿童美术、舞蹈培训班 4 期，培训 120 多人次。组织辖区非遗单位参加中国（深圳）文博会及广东（云浮）"文化遗产日"系列活动。

### 文艺创作

2015 年，东源县文广新局主办的文艺刊物《四季文学》于秋刊起进行改版升级。升级后的《四季文学》杂志，设有《刊首语》《古韵浮香》《纵横诗海》《小说天地》《散文雅韵》《艺苑繁花》《谈文析艺》等栏目，同时还为广大艺术爱好者和青少年学生增设《艺术长廊》和《小荷初露》栏目，全年发行 4 期，总发行 91 期，每期 1.2 万多字，每期发行 700 多册，发行至各乡镇、县直机关企事业各单位、学校，为广大文学爱好者提供平台。

**文化遗产保护**

2015 年，东源县加强文化遗产保护工作。由县文广新局申报的省级非遗项目《康禾贡茶制作技艺》的 1 个传承人通过省专家组评审，公布为第四批省级非物质文化遗产项目传承人；申报的《上莞新轮追龙》1 个传承人通过市专家组评审，公布为第四批市级非物质文化遗产项目传承人。至此，全县获批的省级非物质文化遗产项目有 2 个：《康禾贡茶制作技艺》《客家糯米酒传统酿制作技艺》；市级非物质文化遗产项目 12 个：《客家山歌》《畲族蓝大将军出巡节》《龙舞》《漳溪畲族乡汶水塘"捉鱼节"》《漳溪畲族乡"蹴球"》《漳溪畲族乡"陀螺"》《漳溪畲族乡"射弩"》《仙塘镇南园古村柳溪书院"开笔礼"》《灯塔高车"香火龙"》《黄村熟米酒》《上莞新轮追龙》《中联村周姓六月六显烈宫巡游》。同时，落实非遗名录传承人 14 人，其中省级非遗传承人 2 人，市级非遗传承人 12 人。

## 四、社会协调发展建设

**全民安居工程**

2002 年，东源县未进行农房改造的农户有 4.1 万户，占总农户数 8.9 万户的 46%，其中人均年纯收入 1500 元以下的贫困户 2.6 万户。至 2004 年年底，全县投入农房改造扶持资金 1300 万元（不含移民房改经费），创建农房改造示范村 38 个，完成农房改造 1.3 万户。其中，2003 年完成 5200 户，2004 年完成 7810 户

（其中原有农户 3648 户，移民 4162 户）。

2003 年，东源县根据省委、省政府要求，为解决群众生产生活的实际问题，全面实施"十项民心（生）工程"。为此，制定详细的实施方案，成立由县委书记、县长为总负责，每项民心工程由分管领导负责的领导小组，以实施十项民生工程为载体，推动全县经济社会协调发展。至 2004 年，各项工程进展顺利，并取得成效。

**扩大与促进就业工程**

2004 年，东源县新增就业岗位 8444 个，安置下岗失业人员 3367 人。先后在仙塘和灯塔镇举行大型招聘活动，接待群众 2000 人次，提供公益岗位 135 个，分别落实 40 岁、50 岁（简称"4050"）人员社会保障和岗位补贴金 194 人、21.34 万元；加大农村富余劳动力培训转移就业力度，先后在县劳动就业服务中心及船塘、上莞、涧头镇等地举办学习培训班，免费培训农村青年 812 人，全部实现自主创业；积极与深圳零售商业协会、盐田区及东莞市、佛山市南海区和顺德区等劳动部门联系，扩大劳务输出，输出 1241 人。与湖南省常德市桃源县劳动就业服务管理中心、河南省商丘市南方技工学校结成劳务合作伙伴，设立河南省商丘南方技工东源县劳务输入接收基地。接受两地劳动力 427 人，分别安置在县内明鸿灯饰厂、力升树灯灯饰有限公司、源达塑胶五金制品厂，解决县内企业招用工不足问题。2003—2004 年，接受 134 名师范类毕业生；同时，从江西师大、赣南师院、华南师大、湖南科大等高校先后引进全日制本科生 136 名，解决高中教师紧缺问题。

**农民减负增收工程**

2003 年，各级各部门进一步落实减负政策，减负工作与农村税费改革结合，严格执行"五取消（即取消乡镇统筹、村提留、农村教育集资等专门向农民征收的行政事业性收费和政府性基金；取消屠宰税；取消对农民征收的农业特产税；取消农业税附加；取消劳动积累工和义务工）、一改革（即改革村级经费筹集和管理）、一种税（即对农民只征收农业税）"制度，制定、实施涉农收费项目、农村中小学校收费一费制、农村订阅报刊限额制、违反农民负担政策责任追究制，同时严格执行行政事业性收费，确保农民负担不反弹。全县农民人均负担降至 16 元，2004 年人均负担再降至 8 元。2004 年，全县农民人均纯收入 3666 元，同比增长 8.4%。

**教育扶贫工程**

2001 年秋起，省政府每年安排专项资金，解决农村特困家庭子女义务教育阶段书杂费。其中，2001 年东源县扶助 7954 人，扶助资金 426.68 万元；2002 至 2004 年，每年扶助 1.92 万人，年扶助资金 1027.87 万元，至 2004 年，四年累计扶助资金 4538.14 万元。少数民族乡村每年都按照省下拨经费解决，2001—2004 年给予专项补助 45 万元。同时，争取省政府老区建设资金支持县内老区小学建设，2002—2004 年安排专项资金 1530 万元，改造学校 51 所；同期安排专项资金 2200 万元，进行学校布局调整，调整学校 33 所，总建筑面积 2.9 万平方米。

**济困助残工程**

东源县委、县政府有计划地做好济困助残工程，进一步完善城乡居民最低生活保障制度。至 2004 年年底，全县符合最低生活保障条件的城乡居民约 2.8 万人，实际纳入低保 6225 人；全县有五保对象 2711 人，纳入财政预算安排 1980 人。做好残疾人康复和救助工作，引进香港荃湾商会设立县残疾人康复训练中心，创办县特殊学校，安排残疾儿童接受康复训练，至 2004 年年底，已安排 90 名残疾儿童接受训练；争取上级支持帮助蓝口镇土陂村的残疾人纳入农村医疗保险，帮助 30 名有劳动力的残疾人就业。同时扶持涧头镇大往村 25 户、双江镇桥头村 8 户、其他镇 6 户贫困残疾人解决住房问题。

**全民安康工程**

开展薄弱农村卫生院改造工作，改善农村医疗卫生条件，全县有 15 所卫生院列入改造范围，落实改造资金 675 万元。加快农村合作医疗进程，全县 21 个乡镇实施新型农村合作医疗制度，提高住院患者报销的上限。2004 年，全县参加合作医疗 147910 人，占农村人口的 33.5%，有 2471 人得到医疗救助，累计报销金额 187.3 万元。加强公共卫生体系建设。新建 4 间标准化的计划免疫接种门诊楼，省扶持 500 万元用于县疾控中心仪器设备购置和办公楼、传染病综合楼的建设。全县卫生单位建立传染病疫情与突发公共卫生事件直报网络，健全突发公共卫生事件处理机构，制定《东源县突发公共卫生事件应急预案》，成立公共卫生事件应急指挥中心，组建两支突发公共卫生应急救护队，应对公共卫生事件综合能力得到加强。巩固和发展农村初级卫生保健成果，至 2004 年年底，蓝口、船塘、骆湖、灯塔等 10 个乡镇通过河源市初级卫生保健委员会的评审验收，新港镇被评为省级卫生先进镇，仙塘镇红光村、双江镇桥头村被评为省级卫生村。

**治污保洁工程**

至 2004 年年底，东源县完成治污保洁重点工程 4 项，动工建设 8 项，筹建 2 项。东源县城日处理 100 吨的中洞生活垃圾处理场建成使用；蓝口、灯塔、船塘、义合等镇的生活垃圾处理场动工建设；县城生活污水处理工程筹建中。加大环境保护执法力度，2004 年依法关闭一间钢铁公司。组织开展农村生态示范村的创建工作，将治污保洁工作列入环境保护责任考核内容，增强各级领导干部和群众的环保意识。

**农村饮水工程**

1998 至 2004 年，实施农村饮水解困工程，全县解决农村饮水困难人口 7 万人。其中 2003 年解决上莞、漳溪、船塘、黄村、锡场、新回龙等乡镇农村饮水难人口 2.05 万人；2004 年，由当地自筹建设为主，解决漳溪、双江、涧头、蓝口、叶潭、义合等乡镇农村人口 1.75 万人的饮水问题。

**城乡防灾减灾工程**

2003 年，河源市政府颁发《河源市城乡水利防灾减灾工程建设实施方案的通知》，东源县城防洪堤工程被列为城乡水利防灾减灾工程首期项目。东源县成立县城乡水利防灾减灾工程建设领导小组，由县长任组长，分管农口线的副县长任副组长。至 2004 年，投资 2000 万元（其中地方自筹 1000 万元），建设东江干流木京电站上游防洪堤和木京河防洪堤 8.4 千米，东江干流防洪堤防洪标准达到 20 年一遇的防洪标准，东江支流防洪堤达到 10 年一遇的防洪标准，东源县城 3 万人受益，保护农田 0.4 万亩。

**社会创新项目**

2015 年，东源县社工委继续抓好社会创新项目，在 2014 年创建工作的基础上，是年完成第二批 12 个社区的"社区幸福文化公共服务中心"创建。至年底，全县 21 个乡镇有 24 个社区（包括 2 个村委社区）完成各项创建任务并通过考评验收，为社区群众提供"一站式"公共服务平台；开设 12 个服务岗，建立为群众办事工作台账，为群众提供八大方面的公共服务，提高社区的办事效率。是年，社区幸福文化公共服务中心升格为第三批"河源市社会创新示范项目"。

## 五、生态文明建设

东源县是广东省重要生态屏障和饮用水源地，华南第一大水库——新丰江水库（万绿湖）位于境内，绝大部分水域面积以及40%集雨面积在辖区范围内，肩负着为珠江三角洲和香港地区4000万人口提供饮用水源的重任。"十二五"期间，东源县被广东省委、省政府划定为"生态发展区"。近年来，东源县把生态环境保护放在更加突出的重要位置来抓，深入贯彻落实中央和省、市关于生态文明建设的政策和要求，坚定不移地走生态文明之路，贯彻实施绿色发展理念，牢牢守住环保底线，全县环境质量总体保持优良，生态文明建设与社会经济协调发展。

**认真贯彻环保法规**

2015年，东源县认真贯彻落实中共十八大提出的"五位一体"总体布局，把生态文明建设放在更加突出的地位，贯彻落实十八届五中全会提出"创新、协调、绿色、开放、共享"的发展理念，牢固树立保护生态环境就是保护生产力、改善生态环境就是发展生产力的思想观念，努力建立环境友好型、资源节约型社会。认真贯彻落实《中华人民共和国环境保护法》《广东省环境保护条例》等法律法规和《中共中央国务院关于加快推进生态文明建设的意见》等环保重大决策部署，坚决落实环保工作党委、政府一把手负责制，坚持党政同责、一岗双责制度，县委、县政府实行对本地区生态环境和资源保护负总责，县委、县政府主要领导成员承担主要责任，其他有关领导成员在职责范围内承担相应责任，县直有关部门及其领导人员按职责分别承担责任；镇委、镇政府及相关领导、部门承担相应责任。加强环保责任落实考核问责，形成级级有责任、层层有责任、一级抓一级、层层抓落实的环保责任机制。开展环保责任、污染减排、水和大气污染防治及"三赛"考核，坚持严格的考核问责和环保"一票否决"制度。加大对各级党委、政府及有关部门环保不作为、乱作为查处力度。

## 把好项目准入关

东源县环保部门严格执行环境影响评价制度和"三同时"（建设项目中防治污染的设施，必须与主体工程同时设计、同时施工、同时投产使用）制度，坚持"四个不批，三个严格"（对于国家明令淘汰、禁止建设、不符合国家产业政策的项目，一律不批；对于环境污染严重，产品质量低劣，高能耗、高物耗且污染物不能达标排放的项目，一律不批等）。县政府于 2014 年 9 月印发《东源县人民政府关于印发深圳盐田（东源）产业转移工业园项目入园进区实施细则》和有关招商引资政策规定，明确产业准入条件和目录。坚持源头控污、实行总量前置审核制度，禁止发展制浆造纸、印染、电镀、鞣革、酸洗、喷涂、钝化、磷化、化工、稀土冶炼分离等重污染行业，引导发展低污染、低能耗、低排放的生态工业。2015 年全县审批项目 70 多个，否决不符合产业政策和环保要求的项目 5 个。

## 加强水环境和大气污染防治

2015 年，东源县深入开展东江和新丰江库区生态环境综合整治专项行动，组织清拆禁养区养殖场、推进生活污水和垃圾处理设施建设，组织对东江支流曾田河、康禾河、叶潭河、黄村河、柳城河、久社河、徐洞河、木京河、新丰江，及新丰江水库（东源水域）及其入库支流骆湖河、上莞河、灯塔河、船塘河、南坑溪、林石河共 15 条河流水质实施河流考核，划定集中式饮用水水源保护区等，强化责任，标本兼治，确保水质安全。

开展大气环境综合整治"百日行动"，不断促进产业结构调整优化、加强工业锅炉整治、"黄标车"淘汰、工业大气污染治理、城市扬尘管控、油品供应和清洁生产等治理措施。2015 年，东源县空气质量达标天数为 333 天，其中优的天数为 174 天，良的天数为 159 天，达标率为 98.8%。

**加大环境执法力度**

近年来，东源县常态化开展环保专项执法行动，对污染物排放不达标的企业主进行约谈，对各类环境违法行为依法查处。2015 年，共检查企业 1100 多家次，立案 16 宗，取缔非法企业 3 家，限期整改企业 43 家。环保执法力度明显加强。

**加大环保基础建设投入**

东源县积极推进环保基础设施建设。2015 年全面启动船塘、蓝口、灯塔、骆湖、顺天等镇 5 个污水处理厂的建设，推进县城、库区 6 个镇生活污水处理设施管网扩建工程。同年，在省环保厅支持和推动下，东源县启动了新丰江水库上游固定拦截漂浮物工程规划建设。工程建成后将大大地减轻新丰江库支流水浮莲、垃圾等漂浮物对新丰江水库水质的影响，有效保护新丰江水质的安全。

**林业生态建设**

2015 年，东源县林业局根据年度林业生态建设任务，坚持质量第一，落实责任，对工程建设的责任进行分解，做好工程建设进度质量的督查和技术指导。在加快造林进度的同时，把好作业设计、种苗选用、施工作业、后续抚育等四个质量关。全年，完成碳汇造林种植任务 2.3 万亩，封山育林 5 万亩；完成新丰江集雨区森林生态提升工程（2014 年 0.4 万亩，2015 年 4.6 万亩）作业设计；完成生态景观林带套种补植建设任务 46 千米 2760 亩，生态景观林带完善提升工程已开工建设；完成县级森林公园 1 个，镇级森林公园 4 个；完成东江国家湿地公园的整体规划设计；完成乡村绿化美化工程示范点建设 33 个；完成火烧迹地更新造林1.25 万亩。

至 2015 年，东源县已建成营业大小景区（点）15 个（万绿湖、桂山、镜花缘、水月湾、龙凤岛、镜花岭、送水观音、客家风情馆、苏家围·东江画廊、南园古村、阮啸仙故居、东江野战俱乐部、黄龙岩、万绿谷和叶园温泉旅游区）。仙塘镇东江源国际旅游度假区和康禾镇康泉十八国际生态健康旅游城项目正在建设中。有旅行社 3 家（万绿湖旅行社、新丰江旅行社和万绿湖东方国际旅行社）；按五星级标准建设的酒店 2 家（万绿湖美思威尔顿酒店和叶园温泉度假酒店），星级酒店 2 家（金利大酒店、诚丰酒店）；旅游推荐单位 9 家（金利大酒店、诚丰酒店、林香酒楼、三和酒楼、万绿渔港、绿湖酒楼、锦香酒楼、怡然酒楼和恒丰酒楼）。

2015 年，东源县接待游客 644.56 万人次，创旅游收入 42.18 亿元，旅游业直接和间接带动就业 5 万多人，推动东源县经济效益、社会效益和环保效益的提升，促进东源县第三产业持续发展。

## 精准扶贫　对口帮扶

### 一、创建文明城市、小康示范村

创建东源县城为文明城市。

1988 年设市分区后，东源县（区）下辖286 个行政村。

依据东源县城布局结构，2010 年县城由木京、站北、观塘、仙塘、洋潭五个综合区组成，其用地规模、人口规模如下：

木京，用地7.0 平方千米，居住人口5.0 万人。

观塘，用地3.5 平方千米，居住人口3.0 万人。

站北，用地4.0 平方千米，居住人口3.5 万人。

仙塘，用地3.0 平方千米，居住人口2.5 万人。

洋潭，用地2.5 平方千米，居住人口2.0 万人。

2010 年县城发展总用地20 平方千米，人口16 万人，人均用地125 平方米。

各行政村村庄建设有领导、有规划地进行。1989 年农房中砖木房占99%，混合楼房基本为零；2004 年砖木房占75%，混合楼房占21%，农民居住条件发生明显的变化。村庄供水、供电、道路等基础设施以及文化卫生设施建设发展较快，农村环境质量改善，促进了农村的精神文明建设。农民住房有较大改善。至2004 年年底，农民人均住房面积23.05 平方米。

### 建设小康示范村

2002—2004 年，东源县建成涧头镇大往村、仙塘镇东方红村、双江镇桥头村、柳城镇柳星村、上莞镇两礤村、新港镇李田村、锡场镇水库村、漳溪畲族乡群星村共 8 个小康示范村。其中，仙塘镇东方红村被列为省级小康示范村，双江镇桥头村、涧头镇大往村是市委主要领导的挂钩扶贫点。桥头示范村 2003 年创建，完成"八个一"工程：建设农房改造示范村，农房改造农户 93 户；新建一条 6 米宽、全长 3 千米的水泥路；改造一座库容 12 万立方米的鸡牙石水库；新建一间学校；新建一座建筑面积 450 平方米的 3 层钢筋混凝土结构的村办公楼，以及抓好村一级集体经济脱贫项目；帮助农民找到一条脱贫奔康路子；建设一条使用沼气示范村。

其他 5 个示范村分别由省科技厅、省卫生厅、省旅游局、省中旅集团、国家电力公司南方公司 5 个省直单位帮扶建设，发展一批种果、种茶、种蔬菜、养猪、养鸡等项目，农民住房、基础设施和村容村貌有较大变化。

## 二、建设红色教育基地

**东源县中共东江（后东）特委旧址修复庆典**

1997 年 10 月 5 日，在东源县黄村镇永新村文秀塘举行庆典活动。200 多名省市领导及来自各地的离退休干部和近千名干部群众参加。该旧址后被市委定为河源市革命传统教育基地。

**东源县"纪念阮啸仙诞辰 100 周年暨阮啸仙故居纪念馆开馆仪式"**

1998 年 8 月 17 日，在东源县举行开馆仪式。阮啸仙亲属及 1000 多名干部群众参加。2002 年，阮啸仙故居被省政府评为省级文物保护单位，亦是东源县革命传统教育和爱国主义教育基地。

**东源县"黄村地区革命烈士陵园重建竣工庆典"**

2002 年 3 月 31 日，在东源县黄村镇举行竣工庆典活动。林若、郑群等近 200 多名来自广州、深圳、惠州、东莞、紫金等地曾在黄村地区战斗过的老战士以及东源县黄村地区 1600 多名干部群众参加。该陵园是在 1957 年由原河源县修建的烈士纪念碑旧址上，于 2000 年下半年起集资 30 余万元重建，被中共东源县委定为革命传统教育基地。

**东源县"革命烈士陵园扩建竣工暨中共九连地委、粤赣边支队、河源县人民政府成立 54 周年纪念亭揭幕典礼"**

2002 年 12 月 6 日，在东源县上莞镇举行纪念亭揭幕典礼。200 多位来自广州、深圳、惠州、东莞、佛山、五华等地曾在河西地区战斗过的老战士和河源市及各县区党政领导及当地干部群众、师生共 1600 多人参加。上莞人民烈士纪念碑 1959 年初建在短岗（地名），1991 年迁建黄龙岗。2001 年秋，上莞镇老干部倡议重修烈士陵园及兴建中共九连地委、粤赣边支队、河源县人民政府成立（简称"三成立"）纪念亭，集资近 30 万元在烈士碑旧址扩建陵园，并在上莞圩镇文化广场兴建纪念亭。任仲夷、林若等 20 多位老前辈为陵园题词。该陵园及纪念亭被定为东源县革命传统教育基地。

**主要党史书籍**

**《东源县党史资料》（上集）**

由东源县史志办公室组织黄村地区部分东纵、边纵老战士编写。主要反映河源东江河以东地区（包括黄村、叶潭、康禾、蓝口、黄田、义合）人民在大革命时期、抗日战争时期和解放战争时期的革命史实，1999 年 4 月出版。书名由林若题写。全书 27 万字，印刷 5000 册。

**《东源县党史资料汇编》（第二集）**

由东源县史志办公室组织河西地区原东纵、边纵老战士编写。主要反映河源东江河以西地区（包括船塘、三河、上莞、曾田、骆湖、漳溪以及新丰、连平、和平、龙川边区和桂山西北区的锡场、半江等地）人民，开展抗日战争、解放战争及解放初期群众运动的革命历史。分为 5 篇（党的建设篇、武装斗争篇、统一战线篇、农运建政篇、革命英烈篇，附革命英烈名录）。初稿编出后，请曾在河西地区战斗过的革命老前辈林若、郑群、郑风、郑大东、陈刚、程光等审阅、定稿。原中共广东省委书记、省人大常委会主任林若题写书名；原广东省政协副主席、中共广东省委统战部部长郑群作序。2001 年 7 月出版，全书 38.5 万字，印刷 3000 册。

### 《中国共产党河源县组织史资料》（1926—1987）

收录自 1926 年河源县建立中共党组织直至 1987 年底河源县撤县时党组织史资料，同时收录河源县自新中国成立以后政权系统、武装系统、群团系统及副科建制以上企事业单位的组织史资料。该书按 1986 年中共中央召开《中国共产党组织史资料》第一次全国编纂工作座谈会要求开始编写。原中共河源县党史研究室 1986 年秋开始征集资料（主要征集新中国成立前的资料）。1990 年，郊区地方志办、组织部、档案局又组织编写新中国成立后的资料。2001 年 6 月，中共东源县委党史研究室联合源城区宣传部共同出资印刷。该书为 16 开精装，全书 35 万字，印刷 3000 册。

### 《中共东源县（河源市郊区）组织史资料》（1988.1—2005.3）

该书收录东源县（河源市郊区）17 年来中共党的组织史资料以及政权、军事、群团系统、副科以上企事业单位的组织史资料。16 开精装，35 万字，2005 年 3 月出版，印刷 2000 册。

### 《中国共产党河源县地方史》

根据 2003 年 4 月省委召开的全省党史工作会议精神，同年，中共东源县委党史研究室与源城区史志办联合成立编辑部，聘请离退休老干部核实史料，组织编写《中共河源县地方史》，2004年底基本完成初稿组稿及编写。2006年由中共党史出版社出版。

**《黄村地区革命烈士陵园——东源县革命传统教育基地（一）》**

中共东源县委党史研究室编，全书12万字，2002年8月出版，印刷3000册。

**《革命老区上莞——东源县革命传统教育基地（二）》**

中共东源县委党史研究室编，全书13万字，2003年9月出版，印刷2000册。

**儒步丰碑——东源县革命传统教育基地（三）》**

中共东源县委党史研究室编，全书18万字，2004年3月出版，印刷3000册。

**《涛声——欧阳涛如歌人生》**

原中共惠州市委党校校长、副厅级离休干部欧阳涛的生平及个人诗文集。中共东源县委党史研究室编，全书18万字，2004年7月出版，印刷1200册。

### 三、扶贫开发工作

东源县农村扶贫工作自1995年开始。1995—1997年，县委县政府按照中央、省委、市委要求，落实多层次挂钩责任制，实行"领导挂镇，单位挂村，干部挂户"，开展"一帮一"的"千干扶千户"活动，扶贫攻坚工作取得阶段成效。1998—2004年，有省直单位，及深圳、东莞、中山和河源市直单位挂钩东源扶贫。东源县围绕脱贫奔康目标，通过"公司＋基地＋农户"的模式，创办4家扶贫龙头企业。2000年下半年，全县开展以村村通机动车、通电话、通邮、通广播电视的"四通"大会战和以解决贫困户人均拥有半亩"保命田"为主的"四个一"（即每户输出一个劳动力、挂上一个龙头企业、掌握一门实用技术、人均拥有一块半亩"保命田")大会战。1999—2004 年，全县开展大规模农房改造工作。

东源县农村基层组织建设和扶贫攻坚工作，主要分两个阶段：第一阶段 1995—1997 年为加强发展阶段，第二阶段 1998—2000 年为巩固发展阶段。

1994 年 12 月 5 日中共广东省委发出《关于进一步加强农村基层组织建设的决定》，提出用三年时间，即 1995—1997 年，农村基层组织建设要努力实现"五个好"（即，建设一个好的党支部班子、培养锻炼一个好队伍、选准一条发展经济的好路子、创造一个好的社会环境、健全一套好的管理制度）目标。同年 8 月 1 日中共广东省委、广东省人民政府作出《关于加快我省扶贫开发步伐的决定》，提出力争在 1997 年全省贫困地区实现"四级"（即县、镇、村、户）脱贫目标。

1997 年 1 月 22 日，省委省政府召开全省扶贫攻坚工作会议，提出"竭尽全力，决战一年，确保我省基本消除绝对贫困"的号召。为全面落实中央和省委、市委的要求，围绕农村基层组织建设"五个好"和"四级"脱贫目标，1995 年 1 月，东源县委、县政府成立以县党群副书记为组长，常委组织部部长、常务副县长为副组长的农村基层组织建设领导小组，下设办公室（即扶贫办）。1997 年成立扶贫攻坚指挥部，县委书记挂帅，常务副县长亲自抓。同时，认真落实多层次的挂钩责任制度。实行"领导挂镇、单位挂村、干部挂户"责任制，开展"一帮一"的"千干扶千户"活动。在各级各单位的共同努力下，东源县农村基层组织建设和扶贫攻坚工作取得阶段性成效。1995—1997 年，全县实现"五个好"目标的管理区有 231 个，占管理区总数的 81.9%。其中黄沙、三河、船塘、漳溪、灯塔、顺天、柳城、康禾、半江等 9 个乡镇全面实现农村基层组织建设"五个好"目标。全县 1996

年底的绝对贫困人口2992户、12477人中，有2891户、11997人解决了温饱，未解决温饱的有101户，480人，占全县总人口50.5万人的0.1%。黄沙、新港两个特困乡镇实现脱贫。

在河源市1995—1997年加强农村基层组织建设和扶贫开发工作评比中，东源县政府办、县农办、县科技局、县人大办、顺天镇、蓝口镇、船塘镇、涧头镇、曾田镇、新港镇共10个单位被评为扶贫先进单位，11人被评为加强农村基层组织建设和扶贫先进个人。仙塘镇徐洞管理区党支部被评为"五个好"先进管理区党支部。仙塘镇党委被评为加强农村基层组织建设先进镇党委。1人被评为加强农村基层组织建设先进镇党委书记。东源县农业办公室被评为加强农村基层组织建设先进挂钩包干单位。1人被评为加强农村基层组织建设先进工作者。

1998年后，转入农村基层组织建设和扶贫攻坚的巩固发展阶段。东源县继续采取"领导办点，工作队驻点，单位包点，干部挂户"的办法，一手抓基层组织建设，一手抓扶贫开发工作。对仍未达标的贫困村继续组派工作队进驻帮助扶持；对已经达标的管理区和已经解决温饱的贫困户，抓巩固提高，防止返贫滑坡。继续实施"三到位、二保证"（即人员到位、资金到位、项目到位，保证驻点时间，保证年底达标验收），至2004年，农村基层组织建设和农民贫困状况得到了较大改善。

东源县是全省第二轮扶贫开发工作重点县之一，下辖21个乡镇258个行政村。2015年，第二轮扶贫"双到"工作规划重点帮扶村53个（以下简称"重点村"），贫困人口5371户2.29万人。重点村分别安排省直单位帮扶11个村、市直单位帮扶9个村、深圳市盐田区帮扶19个村、深圳市大鹏新区帮扶3个村和县直单位帮扶11个村。

2015年，按照省、市扶贫开发工作统一部署，全县第二轮扶贫"双到"工作全面铺开，各帮扶单位按照上级要求，成立领导机构，选派干部常驻贫困村。全县重点村安排帮扶单位 121 个，结对帮扶干部 4189 人，派出驻村干部 116 人。全年统计，重点村投入帮扶资金 4.37 亿元，平均每村 824.37 万元，用于扶持贫困村发展项目 1583 个，扶持贫困户项目 37417 个。资金来源包括帮扶单位自筹资金 1.59 亿元，各级财政资金 1.27 亿元，行业扶贫资金 0.96 亿元，社会扶贫资金 0.37 亿元，其他扶贫资金 0.18 亿元。是年，在东源县第二轮扶贫"双到"工作中，53 个贫困村全部被省考核评定为"优秀"等次，其中 23 个帮扶单位、26 名驻村干部分别被评为"优秀帮扶单位"和"优秀驻村干部"称号。

中共广东省委、省人民政府对新丰江水库移民工作高度重视。1987 年省六届人大五次会议提出的《关于要求彻底解决水电站移民问题的议案》和《要求从根本上解决新丰江水电站移民安置遗留问题的议案》，经省领导多次批示和专题研究后，同年省人民政府印发《关于省六届人大五次会议第 26、32 号议案的办理情况报告》的通知，制定"大力扶助发展，大搞种养，增加收入，先图温饱，逐步改善"的移民扶持工作方针。提出移民安置必须改变过去单纯安置补偿的传统做法，改消极补偿为积极创业，变救济生活为扶助生产，调动移民的生产积极性，广开生产门路，因地制宜，多种经营，大力发展商品生产，力争用 8 至 10 年时间，使新丰江水库移民人均收入达到全省山区县平均收入水平。

1987 年起，省政府每年下拨河源移民安置经费 1600 万元，其中库外移民 520 万元。在扶助经费总额中，要求不少于 50% 的资金用于发展移民生产，并且采取无息有偿的扶助办法，偿还的资金收回不用交省，由县区移民办统筹安排给移民扩大生产；后五年安排配额资金用于移民危房改造。

1987 年省政府下发的文件使广大移民群众深受鼓舞，随着扶持力度的加大，移民生产积极性进一步提高。移民群众根据实际，大力发展种植业、养殖业和第二、第三产业。部分移民的就业问题得到解决，移民生产持续快速发展。1987—1993 年，河源市郊区移民安置办公室下拨扶持各镇生产经费 2187.6 万元，其中扶持种植业 747.4 万元，扶助移民造林 3 万亩，种植板栗、柑橘、茶叶、合柿、沙梨、李子和其他杂果 3.15 万亩，扶助移民兴办沙田柚场 33 个，种植沙田柚 31.8 万株；扶持养殖业 432 万元，新增养牛 0.4 万头，猪 3 万头，三鸟 53 万只，鱼塘养鱼 2.8 万亩；养蜂千群；投放农田水利建设资金 516.3 万元，修筑大小水利工程 318 宗；扶持兴办第二、第三产业 340 万元，办起小水电 2 宗，厂矿 26 宗，服务业 14 宗，加工业 29 宗；投入技术培训经费 124.6 万元，举办各类技术培训班 24 期，接受培训的移民 1678 人。同时，无偿投入生产补助款 27.3 万元。

2004 年，新一轮扶持移民政策全面实施。县移民办以及当地政府着重引导移民调整农业生产结构，因地制宜发展生产，使粮食生产在受旱情等不利因素影响下，取得粮食总产 28574 吨，人均粮食 440 公斤的较好收成。顺天、灯塔、仙塘、船塘等镇移民在抓好种植业发展的同时，巩固和加强对板栗、绿竹、合柿、李等两万多亩特色水果的管理。船塘等镇移民靠发展种植板栗、合柿、李子等林果，成为家庭重要的经济来源。与此同时，部分移民不断转变观念，加大养殖业扶持力度。据统计，2004 年，有 4000 多户移民靠技术引导兴办起以私营养鸡场、养猪场、养鱼场为主，周边以种植为辅的家庭"小庄园"，提高经济收入；部分移民靠从事饮食、运输、维修、商贸等第二、第三产业走上致富的道路。

加强移民富余劳动力培训工作。2004 年，县移民办采取多渠道多形式发动移民富余劳动力参加培训，全年举办摩托车维修、电子电工、计算机、酒店管理、种植、养殖、商贸等实用技能培训班 9 期，参加培训人数共 1060 人。这些经培训的移民，绝大部分结业后顺利就业，达到"培训一人，脱贫一户"的目的。

2004 年，省财政加大扶持力度，移民区群众房屋改造进入新的阶段。东源县根据上级文件精神，以村为单位，采取试点先行、以点带面、逐步推进、全面铺开的方法，引导移民积极参与房屋改造。县移民办认真编制移民房改 5 年规划（2004—2008 年）和 2004 年度实施计划。总体目标是至 2008 年，5 年完成 13498 户、64601 人的房改任务，计划投入资金 11628 万元，完成住房面积 1162818 平方米。2004 年，投入正常房屋改造资金 1957.18 万元，完成房屋改造 1898 户、9015 人；投入"两缺"房改资金 700 万元，完成房屋改造 260 户、1170 人。

同年，在此基础上，东源移民办根据上级关于建设移民小康村的要求，对移民小康村示范点建设作了全面部署，确定蓝口镇长江头对面墩村，义合镇中洞红星村，仙塘镇龙利村与东方红村，船塘镇许村、青丰村共 6 个自然村为房屋改造示范点。2004 年底，6 个房屋改造示范点的建设基本完成，提高了移民的建房积极性，充分体现出移民村既有新楼，又有新村新貌的特色。

**扶持发展茶果竹生产**

茶、果、竹种植是库区各镇移民群众的主要经济来源。自 1981 年贯彻省府《新丰江水库移民遗留问题工作纪要》精神至 1998 年实施省人大 26 号、32 号议案结束，新丰江库区移民转变了过去单一营造用材林的观念，树立营造用材林和经济林相结合，发展绿色商品基地的观念，围绕"绿起来、活起来、富起来"的指导思想，对山地进行全面规划，因地制宜，立体经营，坚持多林种、多形式、多层次经营山地。贯彻"国营、集体、联合体、个体一齐上"的方针，发动群众大办绿色商品基地。至 1998 年，累计种植茶、果、竹164526亩，其中茶叶25943亩，柑橘3.5万亩，板栗5万亩，杂果3.4万亩，竹子19583亩。由于移民外迁和品种结构及市场等原因，失管严重，至1998年，只剩下39193亩，其中柑橘2811亩，茶叶5257亩，杂果11218亩，板栗9518亩，竹子10389亩。1999年开始，库区移民调整农业产业结构，大力发展"三高"农业。2000年试种青榄、笋竹获得成功。2001年东源县委、县政府决定在库区实施"五个一"移民脱贫奔康工程，计划用三年时间在库区种植青榄、茶叶、板栗、杂果各1万亩，绿竹10万亩。至2003年，已种下青榄9598亩，茶叶7365亩，杂果12729亩，板栗9402亩，竹子63651亩，油茶6801亩，初步建成青榄、茶叶、绿竹、板栗、杂果五大绿色商品基地。至2004年，新丰江库区有青榄面积10442亩，杂果23971亩，茶叶9678亩，板栗11001亩，绿竹112367亩。其中锡场镇、新回龙镇两个千亩笋竹基地起点高、长势好，经济效益可观，带动和辐射两镇群众种植笋竹2万多亩。涧头镇万亩石坪茶基地，新港镇双田、龙镇、斗背片共1万多亩板栗基地的规模化、集约化经营，为涧头、新港两镇移民脱贫奔康打下坚实基础。

省扶持库区移民生产从1999—2005年安排专项扶贫资金，扶持新丰江水库缺乏生产生活基本条件的移民和"淹田不淹屋"的贫困农民脱贫奔康，并制定坚持"就地扶持，就地开发，就地脱贫奔康；立足本地资源，以大力发展生产为主，扶持资金以到村到户为主；公共福利建设以政府扶助与群众投工投劳相结合"的扶持方针。为此，中共河源市委、河源市人民政府于2000年印发《关于扶持新丰江水库"两缺"移民和"淹田不淹屋"贫困农民脱贫奔康的实施意见》，对扶持对象作出明确规定：新丰江水库"两缺"移民是指东源县（灯塔镇、顺天镇、黄沙镇）的库边队；源城区库区安置村，连平县库边队缺乏基本生产条件和基本生活条件的"两缺"移民。新丰江水库"淹田不淹屋"贫困农民是指建库时房屋处于116米水位线以上,没有搬迁,耕地全部或部分被水淹没,没有享受库区移民待遇,缺乏基本生产条件和基本生活条件的水库农民。

在省政府的大力扶持下,经过移民群众的艰苦创业,"两缺"地区群众生活发生可喜变化。1999—2003年,新种板栗、合柿、茶叶、"布朗"李、笋竹、青榄、枇杷、李子等果树21484亩,有1396户农户办起5亩以上小庄园。移民区还实现"村村通"公路,且有相当部分村道铺设水泥路面,交通条件大改善;水利设施不断完善,基本实现旱涝保收;文教卫生面貌一新,村级小学全部新建或维修,消灭砖瓦结构的校舍。顺天中学、顺天卫生院在移民资金的扶持下建成。

产业扶贫 2015年,东源县在扶贫工作中突出产业扶贫,发展特色优势种养业。按照"一镇一业、一村一品"生产模式,集中扶持重点村建设农业生产基地。全县建设2个以上有一定辐射带动能力的产业示范园(村),帮助贫困户发展传统种养项目,种植优质水果、珍贵树木,建立长效收益来源。大力引进农业龙头企业,帮助指导重点村建立农民专业合作社、协会等带动贫困户发展生产,确保每个重点村至少有1个主导产业、1个合作社。筹集资金帮助重点村建立村级互助金(每个村不少于15万元),帮助贫困户解决生产启动资金。开发当地优势资源,扶持有条件的重点村开发利用小水电、山地、旅游等资源,发展农家乐、农业观光等旅游项目,增加村集体和贫困户收入。发展村级集体经济,扶持指导重点村盘活现有资产,推广建设"工业园+村、水电站+村、农业产业园+村"等易地扶贫项目,实现每个重点村有稳定的收入来源。

## 四、精准扶贫

1998 年 11 月 12 日，中共广东省委八届二次全会决定，用五年时间即到 2003 年全省贫困县基本实现脱贫奔康目标。同年 11 月 28 日，中共广东省委、省政府又召开全省贫困县脱贫奔康工作会议，印发《关于加大扶贫力度，加快贫困县脱贫奔康步伐的意见》，对贫困县兴办扶贫农业龙头企业实施挂钩扶持政策。

东源县根据省、市的部署和要求，围绕脱贫奔康总体目标，成立东源县脱贫奔康工作领导小组，落实脱贫奔康工作责任制，抓好各项工作落实。

根据《广东省贫困县兴办扶贫农业龙头企业实施方案》的要求，1999 年 4 月，东源县创办东源县绿竹发展有限公司、东源县茶果发展有限公司、东源县板栗发展有限公司和东源县三元杂交生猪生产服务有限公司等 4 家扶贫农业龙头企业。县板栗发展有限公司成立于 1997 年，是县科技局下属企业，1999 年转为县扶贫农业龙头企业。其他 3 家为新组建企业。县委县政府要求各农业龙头企业用五年时间，通过"公司＋基地＋农户"的模式，为贫困户提供资金、种子（种苗）、肥料（饲料）、技术和产品收购的"四提供、一收购"服务，确保挂扶的贫困农户到 2003 年基本达到小康水平。同时，确保国有资产的保值、增值。1999—2003 年，县财政累计扶持农业龙头企业 300 万元，并安排深圳市盐田区、省直和市直单位帮扶资金扶持各龙头企业共 2000 万元。同时，在县城工业区免费提供 1.3 万平方米地皮给企业建厂使用。为加强对县重点农业龙头企业的管理，2002 年，县政府专门制发有关文件，使农业龙头企业管理走上正轨。2002 年起，各重点农业龙头企业开始产生利润。2004 年，4 家企业共实现产值 1206 万元，利税 285 万元。2004 年，企业直接扶持的 4213 户贫困户户均增收 2500 多元，人均增收 500 多元。

**东源县绿竹发展有限公司**

深圳市盐田区扶持的龙头企业。1999—2003 年，深圳市盐田区扶持企业资金 870 万元（含深圳市扶贫基金会扶持资金）。绿竹公司与东江沿岸仙塘、义合、黄田、蓝口、柳城 5 个镇 1200 户农户签订挂扶合同，扶持资金给农户种植绿竹。该公司在县工业区 205 国道边建有东源县竹业制品厂。该厂 2001 年 4 月建成投产。厂区占地面积 6500 平方米，厂房面积 3800 平方米，年耗原竹 5 万吨，生产竹制品 5000 吨，主要加工竹签、牙签、卫生筷等产品，产品主销河源、广州、深圳及中国香港、台湾地区，远销澳大利亚。2004 年，绿竹公司实现销售收入 1120 万元，利润 160 万元，带动挂扶的 1200 户农户户均增收 1010 元。在绿竹公司的辐射带动下，全县绿竹种植较快发展，竹子种植面积 18 万亩。2001 年，该公司被定为"省级扶贫农业龙头企业"。

**东源县茶果发展有限公司**

省科技厅、卫生厅、旅游局、国家电力公司南方公司、省中旅集团公司等 5 个省直单位扶持的龙头企业。茶果公司挂扶带动 1008 户农户，在上莞镇仙湖村海拔 1080 米的仙湖山开发种植仙湖茶 2100 多亩，辐射带动开发整个仙湖茶基地 6000 多亩。2000 年仙湖茶基地被列为"广东省名优茶示范基地"，2004 年，该基地又被列为省健康农业示范基地。2001 年 11 月，该公司在仙湖基地建有占地面积 7000 多平方米、建筑面积 2300 平方米、设计年加工量 500 吨的仙湖茶叶加工厂。1999 年以前，仙湖茶每公斤售价 180 元以下，2002 年后，每公斤售价增至 500 至 600 元，精品仙湖茶达 1200 元。2003 年仙湖茶通过国家有机茶发展中心的鉴定，取得"有机食品"称号，在全省是第二家，填补了河源市空白。2004 年，仙湖茶被评为"广东省名牌产品（农业类）"。

同年，茶果公司实现税利60多万元，在上湖村挂钩的158户农户茶叶单项收入均在万元以上，收入超10万元的有13户，家家户户基本实现小康。2001年，该公司被定为省级扶贫农业龙头企业培育对象。2004年，被定为"省扶贫农业龙头企业"。

**东源县板栗发展有限公司**

成立于1997年，1999年转为省科技厅、卫生厅、旅游局、国家电力公司南方公司、省中旅集团公司等5个省直单位扶持的龙头企业。板栗公司挂钩农户820户，建立8个板栗生产基地，总面积5500亩，帮助农户改造低产板栗8000多亩，辐射带动全县新种板栗1.5万亩。2001年8月，在205国道边的县城工业区内，建成库容60吨的冷冻库，建筑面积500平方米的板栗食品加工厂，开发生产出"风味炒栗"产品。2003年9月，板栗食品加工厂扩建成建筑面积1400平方米，库容560吨，是全市最大的冷冻库。东源板栗2000年在全国第四届名特优果品展销会上被评为"中华名果"，2002年5月经国家绿色食品发展中心认可取得绿色食品使用标志，填补全省板栗品种的空白。2003年8月，"望郎回"牌风味炒栗被评为"广东省名牌产品（农业类）"。2003年，板栗公司实现税利上百万元，是县内首家税利上百万元的扶贫农业龙头企业。2004年8月，板栗公司被认定为"广东省民营科技企业"。是年，公司实现销售收入2251万元，利润327万元，上缴税收158万元，带动挂扶的820户农户人均增收781元，兑付栗农产品货款近1000万元。

**东源县三元杂交生猪生产服务有限公司**

市直单位扶持的龙头企业，挂钩农户1337户。1999—2004年，全县共更换瘦肉型二元杂交种猪9200头，品改率达到70%。2001年在灯塔建成一个占地面积100多亩的瘦肉型良种猪繁殖场，常年饲养纯种猪群300头，年出产种猪苗2000头，商品猪苗

4000 头。同时，生猪公司利用生猪存栏量大、瘦肉率高的优势，积极联系外销。2003 年，在深圳盐田区的帮助下，与深圳市活沅实业有限公司签订销售合同，由东源县定期提供商品猪运往深圳市场，帮助农户销售。2004 年，公司实现销售收入 150 万元，利润 18 万元，上缴税收 3 万元，带动挂扶贫困农户人均增收 550元。2001—2003 年，该公司连续 3 年被市评为先进单位。

## 五、对口帮扶

2001 年底，东源县有 114 个村集体经济年收入 3 万元以下，全村 40% 以上农户年均纯收入在 1500 元以下的村是省定贫困村。为帮助这批扶贫开发重点村发展集体经济，实现脱贫，2002 年起，省实施"千村扶贫工程"，分期分批对全省扶贫开发重点村进行重点帮扶。是年，东源县有 28 个年收入不足 3 万元的行政村被省定为首批"千村扶贫工程"对象，省共扶持资金 127 万元。2003 年，有 14 个年收入不足 3 万元的行政村被省定为"千村扶贫工程"对象，省共扶持资金 56 万元。2004 年，有 11 个村被定为省"千村扶贫工程"村，争取省扶贫资金 44 万元，发展生产项目。通过开展"千村扶贫工程"，至 2004 年底，全县有 36 个省定贫困村脱贫。

### 河源市直单位挂钩扶贫

1994 至 1998 年，市直部门安排 33 个单位或企业挂扶到东源县，开展农村基层组织建设和扶贫工作。以每半年为一期，先后派出 8 批 32 个农村基层组织建设扶贫工作队分别挂扶到东源县双江镇、漳溪乡、黄沙镇和黄田镇，帮助 4 个乡镇 41 个管理区实现"五个好"目标。

1998 年 12 月 10 日，中共河源市委印发《关于市党政领导班子成员和单位挂钩县脱贫奔康工作的通知》，1999 年开始市委、市政府领导挂扶东源县，牵头单位是市移民办，成员单位有市水利局、市直工委、市广播电视局、市计委、市体改委、市经协办、市灯塔（盆地）办、市总工会、市物价局、广东发展银行河源办事处、市法制局、市接待处、市物资总公司、市灯塔盆地开发有限公司、市路桥公司、河源日报社、河源海关、市邮政局等18个单位。市直单位每年抽调人员组成扶贫工作队，对东源县开展脱贫奔康工作及扶贫活动。

2002年3月5日，为了2003年基本实现小康目标，进一步做好挂钩扶贫工作，加大扶贫力度，市委办印发《关于进一步做好挂钩扶贫工作的通知》，调整了河源市党政领导班子成员和市直挂钩扶贫单位。调整后，挂扶东源县的牵头单位是市水利局，成员有市委办、市人大办、市直工委、市农业局、市林业局、市计划局、市移民办、市物价局、广东发展银行河源办事处、市法制局、市接待处、市工商行、河源海关、市粮食局、市邮政局、市旅游局、市驻广州办事处、市环卫局、市药监局、市人民医院、新丰江电厂、市机械工业总公司、市水业集团、市物资总公司、市灯塔公司、省水电检修中心、市档案局、河源日报社等29个单位。后来改由市林业局牵头，增加市财政局、市水业集团发展有限公司、市国有资产经营公司、中储粮河源直属库、市医药集团、市粮食集团公司、市粮食购销公司、市旅游总公司等8个单位，市水利局和市委办两个单位调到其他县挂扶，挂扶东源县的市直单位共35个。2002年开始，市直挂扶单位分成8个工作组，分别挂扶到东源县的涧头镇涧新村、双江镇黄陂村、漳溪乡下蓝村、曾田镇上坑村、新港镇杨梅村、顺天镇横塘村、骆湖镇枫木村和义合镇超阳村对口扶贫。

从1999年开始，市直扶贫工作队每年筹集资金100多万元，扶持东源县三元杂交生猪扶贫农业龙头企业、顺天万亩水果基地、乡镇农房改造点和脱贫奔康示范村建设。

**深圳市对口扶持**

1999—2004 年，深圳市扶贫基金会和盐田区扶持东源县资金3700 多万元，重点扶持东源县绿竹生产与加工，发展板栗、茶叶、生猪，扶持农户建房，帮助学校、村道、电视台、医院、文明村的建设和船塘河的整治，帮助开展以村村通机动车和贫困农户人均拥有半亩"保命田"为主的扶贫"两大会战"，并为东源县捐赠一大批电器、学习用具、书籍、日常生活用品等物资，赠送《深圳特区报》《深圳商报》。所有省、市单位的对口扶持，对东源县脱贫奔康和经济社会的发展起到重大作用。

2015 年，东源县获得深圳市盐田区对口扶持资金 1500 万元，重点扶持东源县产业园项目建设。同时，在第二轮扶贫"双到"工作中，盐田区挂钩帮扶的 19 个村共投入资金 1.48 亿元（含行业资金与社会资金），其中区财政资金 1900 万元，帮扶单位自筹资金 5239 万元，平均向每个村投入 781 万元。新增扶持发展村集体项目 649 个，修建村道 60.86 千米，新增农田水利"三面光"水渠 91.28 千米，修建文体场所项目 62 个，修建卫生站 13 个。

2015 年，东源县扶贫办通过多渠道、多层次，以集中培训与现场技术指导相结合的形式，投入专项资金 15 万元，先后举办板栗、蓝梅、水晶梨、茶叶、茨菇等种植技术培训班，共培训 4800人次。同时，在深圳市帮助下培训劳动技能人才 5484 人次，帮助贫困农户掌握科学技术，提高农民致富本领，提高农民科学种养水平，增加农民收入。

**东莞市扶持**

1995 年，根据省的安排，东莞市对口扶持东源县，扶持县财政 300 万元贴息贷款。

### 中山市扶持

1996 年，省第十次山区工作会议决定中山市对口扶持东源县。1996—1997 年，中山市委市府领导多次率团到东源县进行扶贫考察活动，指导扶贫工作，先后动员 7 个镇区和 10 个市直单位与东源县 17 个镇对口扶贫，并从中山市的 17 个镇区中动员 20 个管理区（行政村）与东源县的 17 个镇的 20 个管理区（行政村）实行结对子。中山市共帮扶东源县上项目 93 个，其中属"造血"经济项目 51 个，社会福利事业项目 42 个；共帮扶资金 2597.5 万元（其中无偿扶持资金 1397.5 万元），其中"造血"型经济项目资金 1930 万元，社会福利事业资金 667.5 万元。

1. 中山市政府直接扶持东源县生产性项目 9 个，福利事业项目 1 个。解决资金 1350 万元，其中无偿资金 350 万元，主要用于扶持东源县石大电站建设 1000 万元，解决县直 8 个企业流动资金贴息贷款 300 万元，支持蓝口大桥建设 50 万元。

2. 中山市直单位帮扶东源县的县直机关单位项目 12 个，资金 223 万元。其中中山市邮电局扶持东源县邮电局蓝口中心局建设 100 万元，中山市农委与县农办合作建立 100 亩罗氏沼虾养殖场投资 46 万元；中山市环保局支持东源县环保局建设 10 万元；中山市民政局支持东源县社会福利基金 10 万元。此外，中山市国税局、广播电视局等分别给予东源县的对口单位扶持。

3. 中山市直单位和有关镇区与东源县的 17 个镇进行对口挂钩扶贫，共落实项目 35 个，其中"造血"型经济项目 22 个，社会福利事业项目 13 个；共扶持资金 763.5 万元，其中"造血"型经济项目资金 444.5 万元，社会福利事业项目资金 319 万元。主要项目有中山市农委扶持仙塘镇饮水项目 100 万元，小榄镇扶持涧头镇"三高"农业、电站建设 53 万元，三乡镇扶持久社镇小溪电站和水果基地建设 30 万元，工商局扶持漳溪镇黏土厂生产资金 30 万元，东凤镇扶持黄村镇乔子坑电站建设 24 万元，中山市供销总社扶持船塘镇制剂中心生产资金 23 万元，中山市科委扶持新回龙镇电站、鸡场建设 20 万元等。社会福利事业项目主要有中山市小榄镇扶持涧头镇光明小学建设 70 万元，镇中心小学教学楼建设 35 万元，镇特困户、特困生资金 20 万元，东升镇扶持三河镇 40 万元，三乡镇扶持久社镇街道、久社医院建设及教育、卫生设施资金共 20 万元，中山市团委扶持久社镇中山希望小学 22 万元等。

4. 中山市的 20 个管理区与东源县的 20 个贫困管理区结对子扶持生产性项目 18 个，社会福利事业项目 14 个；扶持资金 224.5 万元，其中生产性项目资金 139.5 万元，社会福利事业项目资金 85 万元。其中，扶持办果场 7 个，电站 2 个，腐竹厂 2 个，鱼塘 1 口，石场 1 个，红砖厂 1 个，牛场 1 个，牙签厂 1 个，酒厂 1 个，蔬菜基地 1 个。主要项目有中山南头镇穗西、将军管理区扶持蓝口镇乐村、秀水管理区合建电站 30 万元；中山西区后山管理区扶持康禾镇大禾管理区建电站 15 万元；黄圃镇文明、新地管理区扶持顺天镇牛潭、大坪管理区扩建腐竹厂 20 万元；中山东区起湾管理区扶持新回龙镇南山管理区办果场 17 万元；东凤镇同安管理区扶持曾田镇新东管理区办红砖厂 10.5 万元；坦洲镇合胜管理区扶持漳溪镇中联管理区办果场 10 万元；东升镇东方管理区扶持三河镇积良管理区办牛场 8 万元等。社会福利事业主要项目有中山东区起湾管理区解决新回龙镇南山管理区的小学饮水工程资金 40 万元；中山火炬区江尾头管理区扶持灯塔镇新光管理区修缮办事处、小学资金 15 万元；小榄镇积东管理区扶持涧头镇乐平管理区的小学、饮水工程项目 6 万元；古镇镇古一管理区扶持黄村镇欧屋管理区小学建设 6 万元。

5. 中山市港澳地区政协委员等各界人士捐资扶持东源县社会

福利事业项目 4 个，扶持资金 36.5 万元，其中扶持锡场镇水库小学 25 万元。此外，中山各级扶持东源县的卫生、教育等各项事业设施、物资一大批。

**省直单位扶持**

1999—2004 年，省科技厅、省卫生厅、省旅游局、省中旅集团、国家电力公司南方公司 5 个省直单位扶持东源县，共扶持资金 2600 多万元，重点扶持东源县茶果发展有限公司、东源县板栗发展有限公司建设，柳城镇柳星村、上莞镇两礤村、漳溪乡群星村、新港镇李田村和锡场镇水库村 5 个村建设脱贫奔康示范村和科教文卫及旅游事业的发展。

## 六、双拥工作

按照省、市的要求，东源县开展创建双拥模范县（城）工作。自 1998 年以后，东源县对照创建标准和要求，加强双拥工作的软硬件建设，认真进行查漏补缺。通过多年的努力，各项制度得到健全，优待抚恤标准不断提高，经费到位，工作到位，双拥环境与氛围优良，为河源市 1998 年、2001 年、2004 年三次连创"双拥模范城"出力。

拥军优属，是东源人民的传统，1988 年郊区成立后，每逢春节和八一建军节，区（县）委、政府均组织拥军慰问团，慰问河源军分区、河源市武警支队、河源市消防大队、源城区消防大队、广东省军区河源通信连、东源县（区）人武部和东源县消防大队等驻地部队，送上慰问金和慰问品，共叙军地鱼水之情。同时，县、乡镇各级领导带头参加拥军活动，走访重点优抚对象，尽力解决他们的困难和问题。村拥军优属服务小组也开展"一帮一"的帮扶活动，组织中、小学生为军烈属、伤残军人做好事。

1999 年，在对口扶贫单位中山市民政局及社会各界的共同支持下，在灯塔镇建成东源县光荣院占地 1500 平方米，建筑面积 3000 平方米，投资 200 万元，有工作人员 6 人。当年入住 12 位孤老烈属和孤老复退军人等重点优抚对象。该院是东源县唯一的县级光荣院及唯一优抚事业单位，2000 年，被省民政厅评为"省一级光荣院"。

1999 年 7 月，为解决东源县重点优抚对象，特别是二等乙级以上伤残军人、孤老"三属"和孤老复退军人的住房难、生活难和医疗难（简称"三难"）问题，按照上级部署，东源县开展"爱心献功臣行动"。7 月 28 日，县委宣传部、县直属机关工委、县教育局、县民政局、县双拥办、县团委和县总工会七个单位联合下发文件，要求各乡镇党委、政府、中小学及县直各有关单位广泛发动各单位的广大党员、干部、职工、中小学生掀起"人人献爱心"的捐款行动。该项活动全县共接收社会各界捐款 23 万多元。补助解决 16 户重点优抚对象的建房资金，合计款项 8 万多元；补助解决 27 户重点优抚对象的修房资金，合计款项 8 万多元；补助解决存在生活和医疗难的重点优抚对象 113 人，合计款项 7 万多元。东源县因"爱心献功臣行动"被省市评为"爱心献功臣行动"先进单位。1999 至 2004 年，"爱心献功臣行动"常年开展，历年都争取上级和各界支持 10 万多元，逐步解决东源重点优抚对象的"三难"问题。

2002 年 10 月，为解决下岗、失业伤残军人的生活困难，根据中华人民共和国民政部和省民政厅的部署，东源县开展"在职改在乡"工作。经审查、核准，省民政厅于 2003 年 4 月份正式批准东源县 58 名在职、失业伤残军人改为按在乡伤残军人领取抚恤金。

1988—2004 年，东源县（郊区）年均享受优抚人数约为 1602 人，其中义务兵家属 400 人；伤残军人 126 人；"三属"（烈属、因公牺牲军人家属、病故军人家属）186 人；孤老复退军人 53 人；复员军人 675 人，带病回乡退伍军人 162 人。按政策规定，义务兵家属和烈属优抚标准按该县上年农村人均收入的 70% 发给，在乡伤残军人、孤老复退军人按 50% 发给。1997 年前优抚金由各镇村统筹，以农民公粮征购代征等方法征收；此后，东源县的优抚金筹集改由县统筹，提高发放标准。优抚金标准按不同类别的对象补贴 500—1150 元不等，其中 1998 年冬入伍的 45 位在西藏服役的高原兵家属的优抚金按该规定加倍发给，每户每年 2300 元。2000—2002 年优抚金收取发放工作，转由各乡镇收取发放，因此发放标准不一，高的有 2000 元，低的只有 400 多元。2003 年，实行税费改革后，优抚金的来源由东源县财政负担，全县统一发放标准，直接下拨到镇财政，再支付给优抚对象，义务兵家属优抚金为每人每年 2200 元。

1988—2004 年，东源县（区）平均享受定恤定补的重点优抚对象有 1163 人，其中伤残军人 126 人（在乡 46 人，在职 21 人，在职改在乡 59 人），"三属"（烈属、因公牺牲军人家属、病故军人家属）186 人，复员军人 675 人，带病回乡退伍军人 162 人。

定恤定补的资金来源一是上级拨款，二由县财政负责。伤残军人和"三属"的抚恤金和复员军人的部分抚恤金由中央和省下拨；在乡伤残军人的生活补贴、复员军人定补的部分经费和病退军人的定补经费由县财政负责。2000 年 9 月起，建立重点优抚对象定恤定补标准自然增长机制，伤残军人的抚恤补助标准每年都有提高，生活补贴调整提高多次。"三属"的定恤标准和复员、病退军人的定补标准先后 4 次调整提高，其中"三属"的定恤标准从 1998 年的每人每月 20 元提高到 2004 年的 255 元；复员、病退军人的定补标准由原来每人每月 20 元提高到 2002 年的 132 元。2002 年起，东源县重点优抚对象的定恤定补标准达到省规定的标准发放。对二等乙级以上的伤残军人、孤老"三属"和孤老复退军人的医疗费实行全额报销,对其他对象则视实际情况给予临时补助。据统计,上级下拨东源县的抚恤经费由 1998 年的 110 万元提高到 2004 年的 260 万元。县财政负担的抚恤经费也由 1998 年的 30 万元提高到 2004 年的 56 万元。

1998—2004 年,郊区(东源县)先后无偿划拨地皮给县人民武装部和县消防大队兴建办公大楼等设施,支持县人民武装部建设资金 50 多万元;拨款 10 万多元帮助县人民武装部购买交通车辆和办公用计算机;安排 5 名军嫂到县属单位上班,并妥善安排部队官兵的子女上学,解决驻地部队官兵的后顾之忧。

东源县还积极开展军民共建点活动。2000—2004 年,县科技教育局、东源中学、公路局、"霸王花"米面食品有限公司等 10 多个单位先后与县人民武装部结成军民共建点,互办实事,互相促进。同时还购书赠给部队,为战士补习文化,为部队开办计算机培训班等,开展智力拥军活动。

# 第七章

以习近平新时代中国特色社会主义思想为指导，引领东源振兴发展

## 第一节 总体思路和发展目标

2016 年，全县完成固定资产投资 91.76 亿元，同比增长 22%，完成全年任务的 101.6%。是年，全县列入省、市重点项目计划 21 项（含共建及跨区域项目），年度计划投资 40.23 亿元。其中：东源县域 17 项（含共建），年度计划投资 24.9 亿元，年度完成投资 17.44 万元，完成投资计划比例 70%；跨区域项目 4 项，年度计划投资 15.32 亿元，年度完成投资 16.9 万元，完成投资计划比例 110.3%。此后的总体思路和发展目标是：

### 一、着力扩园增效，工业发展稳中有进

产业园区扩园加快。扩园工程和园区基础设施建设加快推进，县产业转移工业园至县城的东源大道二期、广东硅产业基地（蓝口）污水处理厂、旋窑水泥聚集区物流大道等基础设施加快推进；启动县产业转移工业园二期建设。2015 年，全县产业园区投入建设资金 5.49 亿元，五个扩园点共完成征地拆迁和土地平整 3000 亩。转型升级成效初显。出台《关于加快工业经济发展的决定》，完善推进工业转型升级发展的目标、思路和举措，并取得阶段性成效。2015 年 10 月以来，在产业结构调整上，大力培育电子信息产业，共新引进电子信息项目 5 个，新动工电子信息项目 4 个；大力引导企业升级改造，共支持 20 家企业完成增资扩产、技术改造项目。招商引资掀起新一轮高潮。制定《关于进一

步加强招商引资工作的意见》，修订《东源县招商引资奖励暂行规定》，进一步强化工业发展的规划引导和政策激励；组建 2 个招商队，开展专业招商；成功举办元旦经贸系列活动，推动 25 个项目签约落户，合同投资总额 67.9 亿元。项目建设顺利推进。建立重点项目领导联系制度，大力推进项目建设，对 48 个重点项目实行"亮灯"管理，党政领导定期督办和帮助项目建设，为企业提供最优质服务。全年实现工业项目开工 32 个，投产 21 个。

## 二、着力扩容提质，城镇化进程加快

县城扩容提质成效明显。全面完成《县城总体规划（2014—2030）》修编，大力推进县城市政道路、医院学校、商场超市、体育文化场馆等城市配套设施建设；东源大道二期全线贯通，实现产城融合，城园互动；"双创"工作全面启动，县城综合整治专项行动成效明显，城市管理水平逐步提高；县城房地产业稳步增长，商贸服务业发展提速。城镇建设稳步推进。进一步加大对乡镇基础设施建设投入和支持力度，在用地指标等政策上对乡镇城镇建设予以倾斜，乡镇圩镇规模不断扩大、基础设施不断完善，中心镇商住、商贸和物流业发展进一步提速。

## 三、着力强化支撑，基础设施建设成效明显

积极实施"大交通"战略，加快谋划建设"七大交通体系"，交通事业步入快速发展轨道。灯官线公路建设全面完成，旋窑水泥聚集区物流大道建设完成大部分工程；汕昆高速征地拆迁任务及河惠莞高速公路前期工作基本完成；205 国道东移工程加快推进；东江跨江通道建设加快，柳城东江大桥动工建设，蓝口工业大桥、义合阮啸仙纪念大桥基本完成前期筹建工作；蓝口土陂至柳城东江大桥东岸公路（硅产业基地专用公路）、骆湖至道格拉

斯陶瓷基地公路建设进展顺利。

## 四、着力提升层级，旅游发展开始提速

《康泉旅游产业带规划》《灯塔盆地生态农业旅游产业带规划》全面完成，《东江湿地旅游产业带规划》正在编制。重点旅游项目加快建设，康泉十八国际生态健康旅游城首期正式营业，东江源国际旅游度假区完成年度建设任务，长源恐龙国际旅游度假区启动建设，黄村生态旅游休闲度假山庄、万绿谷和黄龙岩二期等新项目正在筹建。黄龙岩畲家餐厅、苏家围公社食堂、东江野战俱乐部农家乐餐厅、万绿谷休闲度假旅游区餐厅被国家旅游局评为"中国乡村旅游金牌农家乐"。全年接待游客 644.56 万人次，实现旅游收入 42.18 亿元，同比分别增长 15.9% 和 19.8%。

## 五、着力优化结构，农业现代化步伐加快

农村土地承包经营权确权登记颁证工作完成年度目标任务。重点培育板栗、茶叶、蓝莓、火龙果、蔬菜等特色主导产品，特色农产品示范基地进一步巩固扩大。加大力度推进农田标准化、农村经济组织化和品牌建设，组织 10 家企业申报三品认证。全年实现农业总产值 25.26 亿元，比增 4.4%；农民人均纯收入 11100 元，比增 12%。

## 六、着力"三大工程"，生态文明巩固提高

"保水工程"深入开展。加大东江水环境综合整治力度，推进中小河流治理和小流域综合治理，开展环境法治年和大检查执法专项行动，加强农业污染面源整治。万绿湖水质得到全面保护，被评为首批五大"中国好水"水源地。"造绿工程"大力推进。完成碳汇造林种植 7.3 万亩、封山育林 6 万亩，完成高速沿线绿

化工程5160亩。积极推进33个省级乡村绿化美化工程示范点建设。"清洁工程"有效巩固。农村生活垃圾处理能力不断提高，船塘、蓝口、灯塔等中心镇生活污水处理厂建设和库区已建成生活污水处理厂主干管及支管的扩建工程顺利推进。

## 七、着力改善民生，发展成果普惠群众

"十件实事"基本完成。东源大道全线贯通，滨江大道、行政大道完成年度建设任务；滨江公园、电视塔公园基本建成；"四馆一宫"、幸福小区保障房及县城中心农贸市场按时间节点推进；水利示范县工程加快建设，一大批水利设施竣工使用；农村改造砖瓦危房年度建设任务全面完成；县一幼改建扩建及县三小筹建完成前期工程；县人民医院、县公安武警基地建设稳步推进；创业培训、劳动力技能培训、新增农村劳动力转移就业任务超额完成。社会事业全面发展。"全省文明县城""全省卫生县城"创建活动扎实推进。文化惠民政策全面落实，20个乡镇文化站完成建设并免费开放。加快政府事权规范化，制定公布政府权责清单，推进政务公开。"平安东源"建设深入推进，"3+2"专项行动扎实开展，严厉打击各类违法犯罪活动，全县经济社会发展大局保持稳定。较好完成第二轮扶贫开发"双到"攻坚任务。

## 八、着力深化改革，经济社会活力增强

体制改革稳步推进。推进行政机构改革，完成食品药品监管、卫生和计生部门、县司法局、县经济商务和信息化局、县发展与改革局、县市场监督管理局等行政机构改革任务。减少199项行政审批事项，公车改革、财税体制改革基本完成。民主法治建设相辅相成。充分发挥党委领导核心作用，积极支持人大、政府、政协依法履职。统战工作进一步加强，五大关系和谐发展。工会、

共青团、妇联等群团组织有效发挥作用，充分调动了社会各方面的积极性。全面完成"六五"普法活动，落实一村一法律顾问制度，法律服务持续向基层、向农村延伸。

## 九、着力转变作风，党的建设不断加强

专题教育进一步深化。"三严三实"专题教育深入开展，"民情恳谈会"、"五个一"制度、"六个一"活动等"自选动作"亮点纷呈，党的创造力凝聚力战斗力进一步增强。机关作风进一步转变。深入贯彻执行中央"八项规定"，加强对"四风"突出问题的监督检查和专项整治。严明政治纪律和政治规矩，查处一批违反党的纪律案件。严格实行县、乡镇机关"双休日"值班制度，提高服务群众水平。基层组织进一步强化，开展专题述职，强化基层党建责任，实施"五强书记"工程，加强基层党组织带头人建设。实施"双向公开"制度，进一步完善村级财务监督管理机制。队伍建设进一步加强，严格执行新修订的《党政领导干部选拔任用工作条例》，坚持正确用人导向。坚持从严管理干部，举办各类专题培训班，深入开展干部网络培训工作。反腐倡廉进一步深入。层层落实党风廉政建设目标管理责任制，深入开展述责述廉述德活动。2015 年主要目标任务的顺利完成，标志着"十二五"规划胜利收官。"十二五"期间是东源经济发展极不平凡的五年，也是取得重大成就的五年。五年来，全县上下抢抓中央深化改革、省振兴粤东西北、市"三赛"活动等机遇，充分发挥资源优势和后发优势，不断开拓创新，积极有效应对困难挑战，全力稳增长、促改革、调结构、惠民生、防风险，经济社会发展取得显著成效。

## 十、争当广东绿谷先锋，确保如期全面建成小康社会

"十三五"时期，我国经济发展的显著特征就是进入新常态。这是我国经济向形态更高级、分工更优化、结构更合理阶段演进的必经过程。谋划和推动"十三五"时期经济社会发展，要深刻认识新常态、主动适应新常态、准确把握新常态。习近平总书记强调，新常态是一个客观状态，是我国经济发展到现在这个阶段必然出现的一种状态，是一种内在必然性，我们要因势而谋，因势而动，因势而进。面对新常态，我们要清醒地认识到，发展的道路并不平坦，在深刻复杂变化的国际国内新形势下，我们面临的困难和压力不可忽视。从国际看，世界经济仍将延续疲弱复苏，不确定、不稳定因素比较多，经济和贸易增长呈现"双低"态势，经济发展的外需拉动力明显不足。从国内看，在"三期叠加"的大背景下，经济增速趋势性周期性放缓，各种风险因素积聚交织，将会传导和影响经济发展。从东源自身情况看，国内外大宗商品和资源价格低迷对东源以资源型为主的工业经济影响较大，稳增长的压力大增；东源经济结构以传统资源型加工产业和代工产业为主，缺乏资本、技术和人才，企业投资意愿下降，转型升级难度大；受房地产市场不景气影响，县城发展步伐不够快；旅游大项目受宏观经济影响建设进度较慢，旅游产业规模不够大、效益比较低。近年来东源经济增长速度较快，但是基数小，要在2018年率先全面建成小康社会压力非常大。尽管我们面临许多困难问题和风险挑战，但是我们也面临诸多重大机遇和有利条件。十八届五中全会深入推进各项重大改革，改革红利逐步释放，是推动各项事业向前发展的强大动力。省委、省政府提出广东在2018年率先建成小康社会的宏伟目标、在2017年实现公共服务均等化目标，将进一步加大对粤东西北地区的扶持力度。县城基

础设施逐步完善，城市功能齐备，城市经济将成为新的经济增长点。东源有良好的生态环境，发展生态旅游、健康产业大有作为。更重要的，东源有开放包容、团结干事的良好传统，干部群众谋发展热情高涨，干事创业氛围浓厚，这是推动东源加快发展最强大的力量，东源人民有信心、有能力把东源建设好，和全省同步率先全面建成小康社会。

"十三五"期间东源经济社会发展的总体要求是：高举中国特色社会主义伟大旗帜，以马列主义、毛泽东思想、邓小平理论、"三个代表"重要思想、科学发展观为指导，深入学习贯彻习近平总书记系列重要讲话精神，全面贯彻党的十八大和十八届三中、四中、五中全会，以及省委十一届六次全会、市委六届九次全会精神，按照"绿色引领、生态支撑、创新发展、实绩为基"的发展理念，坚定走生态文明发展道路和新型工业化道路，大力发展电子信息、智能制造、绿色能源、物流电商、生物保健、生态旅游和新材料产业，加快新型工业化、信息化、城镇化和农业现代化，争当广东绿谷先锋，建设东方健康之源，和全省同步率先全面建成小康社会。

必须坚持绿色引领这一发展方向。绿色发展是新的文明形态即生态文明在发展路径上的必然选择，是讲究人与自然和谐相处的可持续发展道路。党的十八届五中全会首次提出了绿色发展理念，标志着生态文明建设被提高到了前所未有的高度。发展是第一要义。东源是广东经济欠发达地区，经济总量小，怎样发展是核心问题。东源是省确定的生态发展区，是广东重要的生态屏障和重要饮用水源地，从维护东源长远发展和东源人民福祉出发，东源不能再走传统工业发展的道路。绿色引领，本质要求是发挥好东源良好的生态资源、水资源、土地资源优势，大力发展绿色产业，创造绿色地区生产总值，把丰富的资源优势转化成绿色发展力。

必须深化生态支撑这一发展内涵。保护生态环境，不是放弃发展，而是要利用生态优势发展生态产业，以良好的生态支撑发展，促进更长远、更协调、更持续、更高质量的发展。以生态为支撑，首先要保护好生态环境，在发展中守住生态底线。必须坚定不移保护生态环境，永葆蓝天绿水，实现绿富双赢。必须坚持主体功能区建设，完善考核制度，明确不同发展区的功能定位和发展方向，生态保护区重点保护生态环境，实行面上严格保护、点上快速发展的科学发展格局。以生态为支撑，还要利用好生态资源，化生态优势为发展优势。必须依托东源丰富的生态资源优势，把东源的"绿水青山"变成"金山银山"。要坚定不移走新型工业化道路，调整产业结构，大力发展对生态要求较高、破坏较少的电子信息、物流电商、生物保健、绿色有机、绿色能源、饮用水等新兴产业。要坚定不移实施旅游强县战略，把生态旅游当做东源的战略支柱产业，打造大旅游发展格局，加快旅游产业转型升级，大力发展生态观光、休闲养生产业，把东源建设成为广东乃至全国著名的生态旅游度假胜地。

必须激活创新发展这一发展动力。党的十八届五中全会提出必须把创新摆在国家发展全局的核心位置，不断推进理论创新、制度创新、科技创新、文化创新等各方面创新，让创新贯穿党和国家一切工作，让创新在全社会蔚然成风。创新发展，要体现在理念创新上。要把握经济发展新趋势，以更广阔的视野审视东源的发展，以全新的理念谋划东源发展。要以加快转变经济发展方式为主线，以质量和效益为中心，通过调整、优化、提升、转型等措施，加快推进经济转型升级。创新发展，要体现在科技创新上。要顺应形势发展需要，推动大众创业、万众创新，推动新技术、新产业、新业态蓬勃发展。要确立人才发展战略，制订人才培养引进使用机制，让人才推动科技发展，推动经济社会发展。要大力支持企业开展科技研发，引进高端人才和高端设备，加快产业升级改造，提高东源企业竞争力。创新发展，要体现在管理创新上。要深化行政管理体制改革，转变政府职能，推进简政放权，提升服务质量，提高政府效能，优化投资环境。要强化依法施政和依法行政，建立公平公正有序竞争的市场环境，激发市场活力和社会创造力。创新发展，要体现在对接国家和省的新战略上。要牢牢抓住河源成为"粤苏皖赣四省物流大通道"重要节点城市的机遇，加快编制物流业发展规划，在仙塘、船塘、骆湖等镇谋划建设物流园区，同时谋划建设灯塔盆地国家现代农业示范区物流园区，着力打造粤苏皖赣四省物流大通道"入粤第一站"，推动商贸物流业发展。要主动融入深莞惠经济圈，加强与深圳、东莞、惠州，特别是盐田区的对接联系，抢抓发达地区产业、资金、人才、科技等外溢的机遇，对接交通等基础设施建设，积极承接发展机遇。

必须强化实绩为基这一发展保障。空谈误国，实干兴邦。实绩为基的核心要义是谋事要实，作风要实，业绩要实。要坚持从实际出发谋事创业。我们在谋划推进东源发展的时候要立足于东源的实际，埋头苦干，真抓实干，坚持有所为，有所不为，做力所能及的事，做打基础、利长远的事。要结合东源实际，坚持开放发展，深入推进改革，最大程度释放发展活力和动力。要着力践行以人民为中心的发展思想。以人民为中心的发展思想，不是一个抽象的概念，不能只停留在口头上、止步于思想环节，而是要实实在在体现在我们的经济社会各个环节中。要真正按照"共享"发展的要求，把民生发展当做工作实绩的重要内容，引导干部多干实事，不断增强老百姓的获得感，充分共享发展成果。要坚持不懈强党建转作风，严守政治纪律和政治规矩，做好意识形态和宣传工作，切实加强干部队伍和基层党组织建设，坚定不移推进党风廉政建设和反腐败斗争。以学习遵守党内"两项法规"为主要内容，扎实推进作风建设，建设廉洁高效的干部队伍和清正廉明的政务环境，以良好的作风推动和保障发展。要把工作实绩作为检验干部的重要标准。树立正确的选人用人导向，坚持以德为先，以绩为准，以工作业绩考核评价干部，通过正确的选人用人导向调动干部工作积极性，营造干事创业的良好氛围。"绿色引领、生态支撑、创新发展、实绩为基"是"创新、协调、绿色、开放、共享"五大发展理念在东源的具体化，是上承中央决策部署、下接东源县情地气的科学谋划，是东源实施"十三五"规划、全面建成小康社会的行动指南。在未来的征程上，全县上下一定要以绿色引领为方向、以生态支撑为内涵、以创新发展为动力、以实绩为基为保障，团结一致、开拓进取、真抓实干、勇创佳绩，争当广东绿谷先锋，建设东方健康之源，确保和全省同步全面建成小康社会。

## 十一、加快转型升级发展，奋力开创"十三五"良好开局

2016 年既是实施"十三五"规划的开局之年，又是全面建成小康社会决胜阶段的起步之年，也是东源经济转型发展爬坡越坎的关键之年。2016 年全县经济社会发展的预期目标是：全县生产总值增长 9.0%～9.5%；全社会工业总产值增长 10.7%；地方一般公共预算收入增长 11%；固定资产投资增长 20%；社会消费品零售总额增长 11%；实际利用外商直接投资总额增长 3%；外贸出口总额增长 3%；城镇登记失业率控制在 2.5%左右；农村居民人均纯收入增长 8%；人口自然增长率控制在 13‰以下；完成节能减排任务。

2016 年，全县重点抓好的六方面工作。

### （一）坚持创新驱动，加快工业转型升级

努力打造全县工业经济核心区。抓紧完成工业园区二期扩园的征地拆迁收尾工作和"三通一平"，确保已落户项目有地用、能用地。多渠道筹集资金，抓好园区道路、文体等基础设施建设。加大招商引资和项目建设力度，融入河源"千亿级电子产业集群"发展战略，抓住中兴通讯落户河源的机遇，开展精准招商，实施上下游"全链条"招商引资，着力培育东源"百亿级电子信息产业园"，努力把县工业开发区打造成带动能力强、主导产业突出、发展效益好的全县工业经济核心区，以核心区带动辐射其他产业聚集区发展，促进产城融合发展。切实加快工业转型升级。全面贯彻落实省、市工业转型升级攻坚战三年行动计划，促使转型发展有关政策真正落地，按年度投入 3000 万元专项扶持资金，支持企业技术改造。搭建企业服务"大联动"平台，形成县、镇、园区服务企业三级联动体系，大力引进和培育检测、研发、融资等公共服务平台，为企业提供专业服务。引导重点产业转型升级，增强市场竞争力。推进建筑陶瓷、水泥、钢铁等行业企业进行节能改造，鼓励企业改进生产工艺，提高产品科技含量。着力推进工业科技创新。以科技企业孵化器和科技创新中心为平台，鼓励和引导企业加大研发投入，走自主创新道路。引导中小企业走"专精特新"和科技小巨人的发展路线，鼓励企业成长为高新技术企业、知识产权优势企业和专利试点（示范）企业，提高核心竞争力。加强区校联动，鼓励企业加强与高校和科研院所的科研合作，引导产业与科研技术的对接。积极探索政产学研联络合作机制，有效整合利用各类资源，提升企业自主和协同创新能力。积极推动信息化与各行业融合发展。完善信息化管理机制，加强信息化队伍建设。加快"智慧东源"建设，推进新一代信息基础设施共建共享，加快宽带提速普及，积极推广"三网融合"应

用；实施信息惠民工程，抓好 4G 网络、光纤到户和公共 WiFi 建设；实施"互联网＋"行动计划，扩大网络经济空间。鼓励企业进行信息化改造，支持产品设计开发、管理水平提升、供应链管理和客户关系管理等方面的信息化改造项目，推动信息化、工业化深度融合。

**（二）坚持绿色引领，加快发展健康产业**

大力发展生态旅游产业。加快打造大旅游发展格局。把旅游产业作为战略支柱产业来打造，强化县旅游工作领导机构，统筹推进旅游资源挖掘、保护、规划、建设和行业管理、旅游执法、市场推介、配套服务，打造一流的旅游产业环境；成立一支专门的旅游执法队伍，强化旅游质监执法工作；在旅游用地、规划、财政、金融、基础设施和人才培养等方面出台配套政策，全方位支持旅游产业。深度开发旅游产业。以市建设万绿生态旅游产业园为契机，以"精、特、优"为目标，深入开发"一湖三带"深层次旅游，打响东源绿色生态、温泉养生和乡村休闲三大旅游品牌。加快推进万绿湖风景区创建国家 5A 级旅游景区，推进长源恐龙国际旅游度假区等高端生态、温泉旅游项目开发建设；积极探索"景区＋农家乐"联动发展模式，优化乡村旅游发展环境。深度发掘东源历史文化名人古成之、"东江三杰"阮啸仙等的文化内涵，发展文化旅游和红色旅游。

丰富旅游小镇内涵。围绕打造"客家名镇""旅游名镇"，注重挖掘生态文化、水文化、客家文化、红色文化、少数民族文化等特色文化资源，逐步推进新港客家风情小镇、义合、黄田、康禾等旅游小镇升级改造，建设一批具有历史、地域、民族特点的特色旅游村镇。大力发展"旅游＋"产业，推进"旅游＋"，发展生态游、温泉游、乡村游等旅游产业体系。与互联网产业深度融合，通过信息化推动旅游产业发展，建设集旅游资讯查询、电子商务、微信微博、电子导览、虚拟旅游于一体的东源智慧旅游公共服务信息平台。

大力发展水健康产业。大力发展饮用水、矿泉水和保健饮料、酿造等生产行业，开发水主题综合休闲旅游业。加快涧头水健康产业基地道路、用电等基础设施建设，鼓励万绿湖、更古潭、举溪山泉、龙之源等饮用水项目加快建设、增资扩产。制定实行最严格的水资源管理制度、源头保护制度、损害赔偿制度、责任追究制度，切实保护好水源。进一步完善招商政策，在用地、财政、金融等方面给予一定扶持，筹划举办水资源招商推介会，努力引进一批技术先进、资源雄厚、销售渠道广的大型水产品企业，逐步把东源水资源产业打造成为在全国占据一定市场份额、有较大影响力的优势产业。

大力发展绿色有机产业。大力推进灯塔盆地国家级现代农业示范区核心区建设，依托生态优势和特色农产品产业基础，加大有机食品、绿色食品、无公害农产品和农产品地理标志产品开发力度，重点发展蔬菜、特色水果、茶叶、板栗等绿色有机农产品。推行农产品全程标准化生产，提高产品质量安全标准。开展无公害农产品、绿色食品、有机食品和名牌产品认证，年创有机农业产品品牌3个以上，建设一批特色有机农产品生产基地，打响具有东源特色的有机农产品品牌。

大力发展绿色能源产业。充分利用光照资源条件良好、地形地貌相适应、水资源优势明显的特点，出台鼓励扶持政策，大力发展绿色清洁能源产业。加快建设风力、光伏发电产业基地，加快推进天华农光互补、中兴绿丰等光伏发电项目和岑田抽水蓄能电站建设。加强天然气管网建设，重点推进县重点用能企业和县城天然气置换工作，推进天然气主管网建设工作。

大力提升绿色生态优势。集约节约利用资源。抓紧划定并严格落实生态保护红线和生态控制线。坚持走园区式集约式工业发展路子，严格实施项目建设投资强度标准，提倡多层式厂房，提高土地资源利用效率。严格实行耕地保护制度，落实耕地占补平衡。继续实施"保水工程"。大力整治畜禽养殖、水浮莲、沿岸餐饮场所，加快环境保护项目建设，建立水面漂浮物打捞清理机制，保护万绿湖、东江水环境。加快县城生活污水处理设施管网扩建工程和灯塔、骆湖、顺天等镇污水处理厂建设。加强农业面源污染治理，推广生态养殖。继续实施"造绿工程"。大力推进"四大生态重点工程"，加快万绿湖国家湿地公园、东江湿地公园建设。加大森林资源管护力度，实行最严格的森林采伐限制和森林防火责任考核追究机制。强力推进高速公路沿线、东江两岸"治采复绿"，严厉打击偷伐滥砍、违规用火、违法采矿行为。继续实施"清洁工程"。严格执行环境影响评价制度和环保"三同时"制度，加强重点减排工程、重点污染源、重点区域范围的环境监管。深入推进大气污染防治工作，进一步推进水泥、玻璃、陶瓷等重点行业污染防治，加快推进企业"煤改气""煤改电"。加快工业园区污水、垃圾等环保处理设施建设，提高集中治污能力。加大投入，推进县城垃圾中转站建设，加快实施农村环境综合整治项目，全面完成乡镇垃圾填埋场改造工程。继续抓好绿色示范创建工作。

**（三）坚持协调推进，加快城镇化进程**

加快县城扩容提质步伐。完善城市功能，加快县城基础设施建设，构建县城"九纵七横"市政骨干路网，实现"产城融合、城园互动、与市区同城化"发展。大力推进"四馆一宫二中心"、公安武警基地、人民医院新院、学校等重点项目和木京河、城区雨污分流、美化亮化等市政基础设施工程建设。落实房地产"去库存"措施，加大购房激励政策力度，增强县城置业吸引力。实施跨江战略，启动滨江新城建设，启动奥林匹克体育中心前期工程，加快扩大城容步伐。加快发展，提升县城发展效益。大力推进小城镇建设。坚持规划先行，完善全县小城镇规划修编。充分发挥产业对乡镇的支撑带动作用，大力发展商住、商贸和物流业。加大乡镇建设发展支持力度，安排用地指标及补助资金定向用于乡镇城镇建设。加快仙塘、灯塔、船塘、蓝口等中心镇发展，增强带动辐射作用。坚持保护与发展并重，进一步提升库区乡镇绿色发展水平。不断美化农村乡村。强化乡村规划实施，规范乡村建设，保护乡村自然景观和生态环境。坚持把美丽乡村建设与产业发展、农民增收、民生改善紧密结合起来，加快农村危房改造，推进农田水利建设，加强人居环境综合整治，深入开展城乡清洁工程，完善文化体育休闲设施，全面建设宜居、宜业、宜游的美丽乡村，提高村民生活品质，提升群众幸福感。

**（四）坚持"大交通"战略，加快建设七大交通体系**

科学规划交通运输体系。交通建设是县域经济发展的重大抓手，要立足于构建便捷、通畅、高效、安全的交通和运输网络，规划好"七大"交通体系，加快构建立体化"大交通"格局，加速融入市区、深莞惠城市新型都市圈，实现交通服务全县经济社会发展由基本适应向总体适应的转变。积极参与全市交通建设"大会战"。主动作为，密切配合，大力推进汕昆高速公路、河惠莞高速公路、赣深高铁、杭广高铁、东环高速公路、205国道东移工程建设，推动全县路网的优化升级和交通运输业蓬勃发展。谋划建设一批重点交通项目。积极推进调整后省道改造工程，加快 S230 线胜利至蓝口乐村段、S253 线双江至仙塘段前期准备工作。加快旅游景区连接道路建设，谋划推进县城至东江源旅游度假村公路、义合阮啸仙纪念大桥及其故居连接线、黄田至康禾旅游公路（二期）建设。加快县重点交通项目建设，推进蓝口工业大桥建设和县道 X155 蓝口段改建工程、国道 G205 线热水至埔前段改线工程、汕昆高速公路船塘出口至河惠莞高速公路康禾出口连接线公路、粤赣高速灯塔出口至灯塔中心城镇经济网络公路（一期）工程、新港客货码头升级改造等项目建设。加大在建项目建设力度，抓好 S229 线至县旋窑水泥集聚区经济专用公路、骆湖道格拉斯陶瓷基地公路、柳城东江大桥等项目建设；加快改造一批渡船渡口，完善库区交通设施。

**（五）坚持调优调特，加快农业现代化产业化**

持续改善农业发展条件。巩固水利示范县建设成果，加快以农田水利为重点的农业基础设施建设，大力发展节水灌溉，加强耕地保护和土壤改良，抓紧实施病险水库除险加固。着力建设好骆湖旱涝保收标准农田示范区、灯塔镇高标准农田示范区，不断改善农村生产条件。大力发展农业特色产业。巩固扩大十大特色农业产业基地，继续实施示范镇村战略。大力推进特色农业产业化、标准化、品牌化，大幅增加农产品"三品一标"认证，提升发展效益。大力实施板栗等产业发展规划，提高东源农产品知名度。大力发展特色林业经济，鼓励发展苗木花卉、名贵树种、森林食品、中草药材等特色产业。推进农业与互联网和其他产业融合发展，以"互联网＋农业""互联网＋农村"推进现代农业发展。进一步增强粮食生产能力。着力加强农业供给侧结构性改革，提高农业供给体系质量和效率。提升农业科技应用和农业机械化水平，促进农业持续稳产增产。积极开展粮油高产示范创建活动，在各乡镇建立水稻、花生高产示范区，实现全县政策性水稻保险工作全覆盖。推进名特优品种引进、示范和推广，培育知名品牌。加强"米袋子""菜篮子"建设和农产品标准化示范园建设，确保粮食安全。

## （六）坚持成果共享，加快实现公共服务均等化

继续办好"十件实事"。一是完成新丰江水库拦漂工程和灯塔、骆湖、顺天污水处理设施建设；二是完成县第一幼儿园改造工程，动工建设县崇文中学和县第三小学；三是完成中小河流综合治理工程年度目标任务；四是实施县城环境整治和美化亮化整体提升工程；五是完成建设公租房（含廉租房）96 套；完成农村危房改造年度任务；六是完成基层综合服务平台建设；七是动工建设新丰江水库移民纪念馆、县人民医院新院、县公安武警基地；八是推进市级幸福村居示范线和县级幸福村居示范线建设；九是进一步提高城乡低保、农村五保补助标准；十是完成创业培训 200 人，创业带动就业 1000 人，城乡劳动力技能培训 5000 人，新增城镇就业岗位 6000 个，新增农村劳动力转移就业 6000 人，创建充分就业村（居）覆盖率不低于 80%。大力推进公共服务均等化。全面推进教育提质升级，建立普惠性学前教育体系，推进九年义务教育均衡发展，促进普通高中和中等职业教育协调发展，不断发展特殊教育。加强医疗卫生服务体系建设，全面实施基本药物制度，提升城乡医疗卫生资源均等化水平。创新人口服务管理，提升计划生育服务水平。加快基础文化设施建设，提高公共文化产品和服务供给能力。实现城乡居民养老保险全覆盖、养老保险待遇水平逐步提高，形成城乡统筹、覆盖城乡居民的生活保障体系。扎实推进文明创建活动。切实抓好创建广东省文明卫生县城各项工作，深入开展文明单位、文明村镇、文明行业、文明窗口、文明家庭、文明社区等系列创建活动。巩固和加强社会主义核心价值体系和主流文化建设，凝聚社会共识。加强未成年人思想道德建设，净化社会文化环境，实施全民科学素质行动，不断提高全民文明素质和城市文明程度。力争 2016 年成功创建广东省卫生县城，2017 年获得"广东省文明县城提名资格"，2019 年

成功创建"广东省文明县城"。积极精准扶贫补齐短板。健全精准扶贫开发工作机制，精确摸查贫困村、贫困户和贫困人口，摸清底子，做好规划，坚决打赢脱贫攻坚战。加强扶贫资源的整合，精准实施产业扶贫、转移就业、易地搬迁、教育培训、旅游扶贫、电商扶贫、生态扶贫、金融扶贫等扶贫行动，因地制宜、因人因户施策，确保扶贫精准有效。加强贫困村基础设施建设，提高基本公共服务水平。探索对贫困人口实行资金收益扶持制度，增加贫困人群收入。落实县镇村三级书记抓扶贫责任制，实行领导挂钩联系、干部驻村帮扶、机关企业事业单位定点扶贫等制度，确保扶贫各项工作顺利推进。

## 十二、深入推进改革法治，努力营造更优发展环境，激发发展动力

要全面推进深化改革，坚决落实中央和省、市的部署要求，紧密结合东源实际，积极抓好各项具体工作，推动改革更好地落地。要全面推进依法治县，坚决维护宪法法律权威，依法维护人民权益、维护社会公平正义、维护东源和谐稳定。

### （一）推进重点领域改革，营造更优营商环境

深化行政体制改革。深入推进行政审批制度改革，实施政府部门权责清单管理，进一步精简行政许可事项，清理规范行政许可中介服务，加快实施行政审批、行政许可标准化；深化商事制度改革，健全事中事后监管体系。深化事业单位分类改革，推进事业单位法人治理和信用体系建设。全面实施不动产统一登记制度。拓展完善网上办事大厅，提高行政审批事项网上全流程办理率和网上办结率。推进乡镇行政体制改革。深化财税体制改革。启动实施跨年度预算平衡机制和中期财政规划管理，扩大预算绩效管理范围。清理整合财政专项资金，盘活财政存量资金，优化

财政支出结构。完善地方政府债务限额管理、风险预警和监督考核制度，控制和化解政府债务风险。全面铺开权责发生制政府综合财务报告试编，全面开展乡镇国库集中支付制度改革。落实营改增扩围等税改政策，推进国地税征管体制改革。深化农村综合改革。稳步推进农村土地承包经营权确权登记颁证工作，完善农村产权流转管理平台建设，规范引导农村土地承包经营权有序流转。大力推进农村集体"三资"清理核资，加强农村集体资产规范化管理，加快农村集体资产产权管理服务交易平台体系建设。发展农业保险。培育和规范发展自然村（村民小组）村民理事会。深化其他领域改革。着力推进供给侧结构性改革，落实好去库存、去杠杆、降成本、补短板措施，推动经济持续健康发展。分类推进国企改革，加快建立现代企业制度，健全国有资产管理体制。深化交通运输管理体制改革，理顺交通部门管理体制，理顺国省道、农村公路建设管理养护体制，推动公路养护市场化改革。深化交通运输综合执法改革，理顺综合执法机构与行业管理机构的关系。

**（二）推进法治东源建设，营造更优法治环境**

不断提升依法行政水平。推进政府及其部门职责法定化，落实重大行政决策程序合法性审查，建立重大决策终身责任追究制度及责任倒查机制，完善政府法律顾问制度。深化行政执法体制改革，完成农业、劳动保障等领域专项执法体制改革；推动执法重心下移和执法事项属地化管理；强化行政执法监督和执法过错责任追究。进一步加强社会信用体系和市场监管体系建设。坚持问题导向，着力破解重点人群服务管理、重点行业安全监管、重点领域矛盾化解等三大难题，补齐基层基础、社会共治、科技运用和法治保障等四方面存在的短板。不断提升司法公信力。深化司法体制改革，实现司法人员分类管理，健全司法人员职业保障制度，按照上级部署要求推进法院、检察院人财物省级统一管理等四项司法体制改革。推进以审判为中心的诉讼制度改革，推动审判权运行机制改革，落实确保依法独立行使审判权和检察权的制度。建立办案质量终身负责制，建立健全错案防止、纠正及责任追究和人民群众参与司法的机制。深入贯彻落实"1+3"意见方案，聚焦能力建设，创新体制机制，提高公安工作整体效能。不断提升社会化法治水平。制定和实施"七五"普法规划，扎实推进法治惠民工程建设。推进公共法律服务实体平台建设，完善一村（居）一法律顾问、法律援助和司法救助制度。全面开展按法治框架解决基层矛盾的工作，建立健全依法化解基层矛盾的基础性框架。推进创建法治乡镇，加强依法治镇工作，全面提高社会治理法治水平。

**（三）推进平安东源建设，营造更优社会环境**

切实维护和谐稳定局面。把防控风险摆在更加突出的位置，为经济发展提供有力保障。强化属地维稳责任，完善区域协作处置机制，把矛盾化解、人员稳控在当地，防止发生群体性事件。全面推行初信初访事项首办责任制，应用全国网上信访信息系统，深化涉法涉诉信访改革，继续推进诉访分离，提高运用法治思维和方式解决社会矛盾的能力。坚持滚动排查化解社会矛盾，重视排查和化解陈年积案及反复上访的案件，有效落实化解稳控措施。重点做好反对暴力恐怖和维护政治安全、金融安全、网络安全、公共安全等五大领域风险预警、预控工作，增强群众风险意识和防范能力，从源头上遏制非法集资。提升重大舆情应对能力，扩大政务微博微信覆盖面，确保正确舆论导向。深入推进社会治理创新，推动工青妇等群团组织建设枢纽型社会组织，推动社工队伍专业化、规范化建设，推动社区、社会组织、专业社会工作"三社联动"，发展社区社会工作。切实加强平安东源建设。进一步加强社会治安防控体系建设，加快建设智能化社会治安视频监控、社会治安基础要素信息化管理系统，全面提升维护公共安全的能力和水平。创新惩防犯罪工作机制和警务合作机制，依法严厉打击暴力恐怖、"两抢一盗"和涉赌涉黄等违法犯罪活动。深入开展禁毒人民战争，确保实现"四无"目标。深入推进"平安细胞"培育工作，完成基层人民调解委员会规范化建设。完善和落实党政同责、一岗双责、齐抓共管、失职追责的安全生产责任体系，强化企业安全生产主体责任，坚决有效遏制重特大安全事故发生。认真贯彻落实民族宗教政策，促进民族关系和宗教关系和谐。

**（四）推进民主政治建设，营造更优政治环境**

充分发挥人大及其常委会职能作用，强化对"一府两院"监督，加强和改进县乡人大工作；深入开展"两个联系"行动，推动代表联络室建设。完善协商民主制度和工作机制，支持政协更好地履行政治协商、民主监督、参政议政职能。加强与民主党派、工商联、无党派人士的团结合作，提高党外代表人士参政议政能力。继续抓好基层统战网络建设，进一步完善"大统战"工作格局。健全基层民主制度，保障人民享有更多的民主权利。

**十三、坚持全面从严治党，为全面建成小康社会提供坚强组织保障**

全面从严治党是全面建成小康社会的根本保障。要树牢抓好党建是最大政绩的理念，切实把从严治党的各项措施落实到位，推动形成从严管党治党的新常态和自觉廉洁自律的新风尚。

**（一）强化理论武装，增强执政能力**

完善和落实党员干部学习培训制度，组织开展"学党章党规，学系列讲话，做合格共产党员"学习教育，坚持武装头脑、指导实践、推动工作。强化看齐意识，自觉向党中央看齐，向党的理论和路线方针政策看齐，深入学习领会和贯彻落实五大发展理念，注重对发展经验的总结和发展规律的研究，加强对中央和省、市系列改革举措和重大政策的研究分析，及时研究解决发展的重大问题，准确把握新常态，牢牢把握发展方向，充分发挥党委在经济社会发展中总揽全局、协调各方的领导核心作用。

**（二）强化舆论宣传，维护意识形态**

意识形态和宣传工作一刻也不能放松。要认真落实党委（党组）意识形态工作责任制，坚持党管媒体原则，牢牢把握宣传舆论主动权，突出加强网络宣传舆论引导和网络生态治理，巩固壮大积极健康向上的主流舆论。大力宣传阐释中国特色社会主义道路、理论、制度的鲜明特色和显著优势，用以习近平同志为总书记的党中央治国理政新理念新思想新战略鼓舞人心、凝聚力量，不断巩固马克思主义在意识形态领域的主导地位。弘扬客家优秀传统文化，大力推进社会主义核心价值观体系建设。

**（三）强化主业意识，抓好基层党建**

继续实行党委书记抓基层党建工作述职制度，切实强化"主业"责任。实施"五强书记建设工程"，加强基层党组织带头人建设。进一步增强各级班子凝聚力和战斗力，努力实现建设"五好"领导班子目标。深入开展党建示范镇、村和机关单位创建活动，以点带面推进各级党组织建设。加强"两新"组织党组织建设，提升党建工作整体水平。把好发展党员质量关，完善流动党员动态管理机制，做好党员发展、教育、管理和服务工作。

**（四）强化基层治理，巩固执政根基**

继续抓好软弱涣散基层党组织的整顿转化，确保全部如期转化。推进乡镇领导干部驻点普遍直接联系群众工作，真正打通联系服务群众"最后一千米"。以推行"两个联席会议"、财务"双向公开"制度为抓手,推进基层治理法治化。深入开展农村基层党员干部违纪违法集中排查活动,围绕农村土地"三乱"、涉农资金、违法违规征地拆迁等问题,严肃查处侵害群众切身利益的腐败行为。

**(五)强化队伍建设,倡导实绩为基**

按照德才兼备的用人标准,倡导实绩为基的用人导向,营造风清气正的换届氛围,认真抓好各级领导班子集中换届工作。加强和改进优秀年轻干部、女干部、党外干部、少数民族干部培养选拔工作。从严管理和监督干部,落实好领导干部能上能下若干规定,继续抓好违反干部任用标准程序、档案造假等重点整治,切实做好超职数配备干部清理整治及后续工作。

**(六)强化监督执纪,严守两项法规**

认真贯彻执行《中国共产党廉洁自律准则》《中国共产党纪律处分条例》,加强廉洁从政和党纪法规教育。把严明政治纪律和政治规矩放在首位,加强对落实全面从严治党责任、执行"六大纪律"情况的监督检查,严肃查处违反党的纪律和规矩的行为,坚决维护纪律的严肃性和权威性。深入开展农村基层党员干部违纪违法线索排查工作,着力解决群众身边的不正之风和腐败问题,严肃查处换届选举选人用人上的不正之风和腐败问题,坚决遏制腐败现象蔓延势头。强化监督执纪问责,持之以恒落实中央八项规定精神,推动党风民风向善向上。深入推进"三严三实"专题教育,聚焦"不严不实"问题,强化整改落实和立规执纪。全面建成小康社会是中央的重大决策部署,也是东源人民的热切期盼。扎实做好改革、发展、稳定各项工作,实现"十三五"良好开局,意义重大,使命光荣,任务艰巨,需要全县人民振奋精神,全力以赴为之奋斗。

# 发展环境和形势

## 一、投资管理与重点项目建设

东源县产业转移园坚持产业开发、基础设施、城镇建设、生态环境和产城融合"五位一体"的开发建设路子，经过 10 多年的发展，产业发展体系、基础设施、新城功能框架和区域联动格局基本形成。其建设发展经历三个阶段：

建园初期，2002 年 3 月至 2005 年 2 月。产业转移园前身是仙塘镇徐洞工业区，规划面积 10 平方千米，"三通一平" 1 平方千米，市政等基础设施投入 7000 多万元，主要引进"低污染、高税收、技术含量高、辐射带动能力强"的工业企业。徐洞工业区共引进 20 个项目，合同投资总额 5.76 亿元，实际到位资金 3.56 亿元。

第二阶段，2005 年 3 月至 2011 年底。随着东源县城工业开发区的兴起，东源县成立东源县工业开发区及开发区管委会，统一管辖徐洞工业区、仙塘工业区、县工业一区、县工业二区、蝴蝶岭工业区。开发区规划面积 15 平方千米，至 2011 年底，已开发面积 4.5 平方千米，基础建设投入 9 亿多元，建成投产企业 90 多个；合同投资总额 139.3 亿元，实际到位资金 64.9 亿元。

第三阶段，2012 年起至今。东源县工业开发区改称深圳盐田（东源）产业转移工业园，并被省政府认定为省级产业转移工业园。2012年至2015年，东源县以建设工业大县为目标，实施工业富县工程。开发区管委会根据县委《关于加快园区发展推进工业大县建设的决定》开展"园区建设加强年活动"；按照县的部署，推进扩园3.5平方千米，完成基础建设投入6.08亿元。至2015年底，全园区累计建成投产企业106个，规模以上企业达到60家；总规划用地面积15平方千米，累计投入建设资金15亿元，完成开发8平方千米。2011年起，东源产业转移园连续4年获评省级产业园"优秀园区"，连续3年获评省"环保园区"优秀奖，连续4年获评河源市"三赛""优秀园区"。2012至2015年，共获得省市奖励资金3.55亿元。

## 2016年东源县产业转移工业园区主要企业情况表

单位：平方米、万元、人

| 序号 | 企业名称 | 资产性质 | 转出地 | 项目建设情况 | | | | | 主导产品 | 本年度累计完成产值 | 本年度累计利税额 | 企业用工就业总人数 |
| | | | | 在建或竣工投产 | 投产时间 | 占地面积 m² | 计划投资额 | 已完成投资额 | | | | |
|---|---|---|---|---|---|---|---|---|---|---|---|---|
| 1 | 河源市森源实业发展有限公司 | 民营 | 深圳 | 投产 | 2011.2 | 66000 | 5000 | 9500 | 厂房出租 | 1574.3 | 43.0 | 30 |
| 2 | 陆宇皇金建材（河源）实业有限公司 | 港资 | 深圳 | 投产 | 2008.1 | 36000 | 27000 | 15500 | 蛭石及制品 | 55289.5 | 28.7 | 145 |
| 3 | 河源市金时达实业有限公司 | 民营 | 深圳 | 投产 | 2008.6 | 21000 | 1900 | 2800 | 钟表及配件 | 2017.7 | 41.8 | 273 |
| 4 | 鸿晋实业（河源有限公司） | 港资 | 深圳 | 投资 | 2009.12 | 100000 | 20000 | 20000 | 五金金属制品 | 30916.9 | 924.9 | 1500 |
| 5 | 广东霸王花食品有限公司 | 民营 | 河源 | 投资 | 2008.4 | 30000 | 1680 | 4500 | 食品 | 12019.7 | 225.4 | 232 |
| 6 | 河源凯景皮包厂有限公司 | 外资 | 深圳 | 投产 | 2008.12 | 46000 | 6800 | 10000 | 手袋皮具 | 1138.9 | 261.1 | 1311 |
| 7 | 广州金霸建材有限公司东源分公司 | 民营 | 广州 | 投产 | 2008.2 | 68000 | 15000 | 17000 | 铝合金材料 | 26352.7 | 853.9 | 585 |
| 8 | 东源县康富鞋业有限公司 | 港资 | 深圳 | 投产 | 2008.1 | 26700 | 3500 | 6000 | 鞋业 | 985.2 | 120.9 | 332 |
| 9 | 东源鹰牌陶瓷有限公司 | 民营 | 深圳 | 投产 | 2013.3 | 60000 | 8000 | 6000 | 陶瓷 | 50523.1 | 655.0 | 321 |
| 10 | 河源市鑫达科技有限公司 | 民营 | 广州 | 投产 | 2008.5 | 20000 | 2500 | 2500 | 电子塑料 | 8516.3 | 119.5 | 207 |

（续上表）

| 序号 | 企业名称 | 资产性质 | 转出地 | 项目建设情况 | | | | | 主导产品 | 本年度累计完成产值 | 本年度累计利税额 | 企业用工就业总人数 |
|---|---|---|---|---|---|---|---|---|---|---|---|---|
| | | | | 在建或竣工投产 | 投产时间 | 占地面积 m² | 计划投资额 | 已完成投资额 | | | | |
| 11 | 河源市罗曼缔克实业有限公司 | 民营 | 深圳 | 投产 | 2010.8 | 54000 | 10000 | 10000 | 陶瓷 | 34364.1 | 762.0 | 210 |
| 12 | 广东保和堂制药有限公司 | 民营 | 广州 | 投产 | 2012.5 | 33333 | 12000 | 12000 | 珠泊猴枣散 | 7268.8 | 581.0 | 170 |
| 13 | 河源和兴水泥有限公司 | 民营 | 深圳 | 投产 | 2013.1 | 53333 | 42000 | 42000 | 水泥 | 2599.0 | 192.0 | 250 |
| 14 | 河源市瑞昌饲料有限公司 | 民营 | 东莞 | 投产 | 2012.11 | 85000 | 5000 | 3000 | 食品饲料 | 39928.6 | 55.1 | 285 |
| 15 | 河源瑞坚塑胶制品有限公司 | 合资 | 惠州 | 投产 | 2004.12 | 14000 | 1660 | 2500 | 塑料制品 | 2181.7 | 147.6 | 117 |
| 16 | 河源保利卡塑胶科技有限公司 | 港资 | 东莞 | 投产 | 2007.11 | 10000 | 4560 | 5500 | 电子产品 | 10352.9 | 559.2 | 150 |
| 17 | 河源市华翔服装有限公司 | 民营 | 东莞 | 投产 | 2007.11 | 13000 | 3000 | 7650 | 服装 | 52567.2 | 212.7 | 630 |
| 18 | 华康塑胶电子制品（东源）有限公司 | 外资 | 深圳 | 投产 | 2010.4 | 60000 | 8000 | 7000 | 电子 | 15700.0 | 1362.1 | 700 |
| 19 | 东源板栗发展有限公司 | 民营 | 深圳 | 投产 | 2003.9 | 16500 | 1500 | 2200 | 板栗加工 | 2466.1 | 53.2 | 50 |
| 20 | 东源飞达矿业有限公司 | 民营 | 深圳 | 投产 | 2003.3 | 32000 | 10500 | 12000 | 多晶硅产品 | 10044.5 | 82.0 | 300 |
| 21 | 广东香雪制药有限公司 | 民营 | 深圳 | 投产 | 2004.5 | 40000 | 12000 | 13000 | 药品 | 2243.9 | 426.0 | 470 |
| 22 | 东源县源达塑胶有限公司 | 民营 | 深圳 | 投产 | 2004.6 | 10000 | 1200 | 1500 | 塑胶合金 | 3954.0 | 231.9 | 70 |
| 23 | 河源富马硬质合金股份有限公司 | 民营 | 深圳 | 投产 | 2003.1 | 25000 | 6000 | 6000 | 硬质合金 | 4325.4 | 917.3 | 310 |
| 24 | 河源旋力水泥有限公司 | 外资 | 深圳 | 投产 | 2001.5 | 46800 | 3000 | 4000 | 水泥 | 14863.5 | 125.4 | 390 |
| 25 | 达鼎塑胶（河源）有限公司 | 台合资 | 深圳 | 投产 | 2000.1 | 34600 | 5000 | 5000 | 塑胶制品 | 16833.8 | 1016.3 | 510 |
| 26 | 东源华溢陶瓷有限公司 | 合资 | 深圳 | 投产 | 2001.3 | 30000 | 6000 | 9200 | 高档日用陶瓷 | 24096.5 | 1111.8 | 940 |
| 27 | 广东高微晶科技有限公司 | 外资 | 深圳 | 投产 | 2002.9 | 60072 | 48000 | 38000 | 建筑陶瓷 | 23999.0 | 1060.0 | 1900 |
| 28 | 河源新奇源纸品有限公司 | 港资 | 深圳 | 投产 | 2002.1 | 10020 | 2000 | 1000 | 纸品包装 | 2098.9 | 83.5 | 460 |
| 29 | 联星玻璃马赛克有限公司 | 民营 | 深圳 | 投产 | 2004.3 | 20000 | 1000 | 1000 | 玻璃马赛克制品 | 785.0 | 66.4 | 290 |
| 30 | 亚洲创建木业有限公司 | 外资 | 深圳 | 投产 | 2004.6 | 66366 | 40000 | 40000 | 高密度胶合板 | 68974.1 | 1433.0 | 300 |

（续上表）

| 序号 | 企业名称 | 资产性质 | 转出地 | 项目建设情况 | | | | | 主导产品 | 本年度累计完成产值 | 本年度累计利税额 | 企业用工就业总人数 |
|---|---|---|---|---|---|---|---|---|---|---|---|---|
| | | | | 在建或竣工投产 | 投产时间 | 占地面积 m² | 计划投资额 | 已完成投资额 | | | | |
| 31 | 东源辉煌陶瓷原料有限公司 | 民营 | 深圳 | 投产 | 2006.5 | 17000 | 1200 | 800 | 销售加工瓷土原料 | 7541.3 | 94.8 | 70 |
| 32 | 力升树灯（河源）有限公司 | 外资 | 深圳 | 投产 | 2004.5 | 50000 | 13000 | 17200 | 圣诞树 | 170771.5 | 7702.4 | 8000 |
| 33 | 亚洲创建瀚林化工（河源）有限公司 | 外资 | 深圳 | 投产 | 2005.1 | 25000 | 3000 | 2800 | 化工材料 | 7061.5 | 622.4 | 100 |
| 34 | 建科混凝土搅拌站 | 民营 | 深圳 | 投产 | 2007.1 | 15000 | 3800 | 3500 | 商品混凝土 | 1124.0 | 39.2 | 41 |
| 35 | 河源市金杰混凝土有限公司 | 民营 | 深圳 | 投产 | 2007.5 | 70000 | 2880 | 1400 | 商品混凝土 | 9415.0 | 32.4 | 171 |
| 36 | 河源市金杰旋窑水泥有限公司 | 民营 | 深圳 | 投产 | 2011.3 | 19000 | 4500 | 5000 | 商品水泥 | 10501.3 | 130.8 | 98 |
| 37 | 东源县威达龙电子有限公司 | 民营 | 深圳 | 投产 | 73500 | 4000 | 400 | 633.2 | 电子加工 | 36.3 | 3400 | |
| 38 | 福联实业（河源）有限公司 | 合资 | 深圳 | 投产 | 75000 | 8000 | 5000 | 13562.2 | 化纤拉链 | 89.2 | 600 | |
| 39 | 东源县和兴水泥制品有限公司 | 民营 | 深圳 | 投产 | 2007.3 | 29000 | 2100 | 1000 | 商品混凝土 | 4512.3 | 32.1 | 230 |
| 40 | 保利纸品（河源）有限公司 | 外资 | 深圳 | 投产 | 2008.6 | 79000 | 7000 | 1000 | 纸箱 | 8256.6 | 725.9 | 800 |
| 41 | 河源华润鹏源混凝土有限公司 | 民营 | 深圳 | 投产 | 2007.6 | 65000 | 2880 | 2100 | 混凝土 | 10787.4 | 157.8 | 130 |
| 42 | 河源市金杰环保建材有限公司 | 民营 | 深圳 | 投产 | | 13333 | 50000 | 66983 | 环保建材 | 5621.3 | 112.0 | 156 |
| 43 | 河源双胞胎饲料有限公司 | 民营 | 东莞 | 投产 | 2012.8 | 56000 | 20000 | 6500 | 饲料 | 32674.1 | 51.6 | 167 |
| 44 | 东源县鸿鑫电子有限公司 | 民营 | 深圳 | 投产 | 2014.8 | 6660 | 5000 | 5000 | 电子 | 1536.0 | 280.0 | 30 |
| 45 | 东源县新奥燃气有限公司 | 民营 | 河源 | 投产 | 2013.12 | 15000 | 50000 | 3790 | 燃气 | 1235.3 | 31.7 | 21 |
| 46 | 河源旗滨硅业有限公司 | 民营 | 福建 | 投产 | 266660 | 220000 | 150000 | 88649.7 | TCO玻璃 | 3143.3 | 575 | |
| 47 | 河源市天亿服饰实业有限公司 | 民营 | 汕头 | 投产 | 2014.7 | 3000 | 6800 | 3500 | 服饰 | 9381.9 | 403.0 | 150 |
| 48 | 广东惠通汽车有限公司 | 民营 | 惠州 | 在建 | | 300000 | 220000 | 16500 | 客车 | | | 40 |
| 49 | 河源市道格斯陶瓷有限公司 | 民营 | 中山 | 在建 | | 200000 | 220000 | 29518 | 建材 | | | |

注：表格空白处为没有历史记录。

## 二、产业转移园定位及政策

东源产业转移园致力创建"生态园区、高新园区、效益园区、和谐园区"，引进电子信息、机械制造、新材料为主的产业集聚发展，探索走绿色生态环保的新型工业化道路，建设宜居宜商的工贸新城。2015年，东源县委、县政府抓住省实施粤东西北振兴发展的战略机遇，提出"绿色引领、生态支撑、创新发展、实绩为基"的发展理念。为此，产业转移园管委会大力推进以下工作：加快培育新兴产业。融入河源"千亿级电子产业集群"发展战略，在深圳盐田（东源）产业转移工业园建设电子信息专业园，引进配套企业和项目，规划建设东源"百亿级电子信息产业园"。同时，改造提升传统产业。东源县委、县政府先后制发《中共东源县委、东源县人民政府关于加快工业经济发展的决定》《中共东源县委办公室、东源县人民政府办公室关于修订〈东源县招商引资奖励暂行规定〉的通知》《东源县人民政府关于进一步加强招商引资工作的意见》《东源县人民政府关于加快县工业园区建设和发展的意见》《东源县人民政府关于实施"三大工程"的意见》等5个文件，在配套政策等方面打出"组合拳"。县财政每年安排3000万元，引导传统企业开展技术改造、设备更新和智能化改造，引导劳动密集型企业实施"机器换人"等。与此同时，大力实施创新驱动发展战略。以科技创新支撑引领产业发展，加快经济发展方式转变和经济结构调整。园区成立东源县科技创新中心、东源县科技企业孵化器。创造优良政务环境。与暨南大学合作推进人才驿站建设，建立健全人才服务体系；建立配套平台服务，及时更新招商信息，加大对东源招商引资政策、项目信息的推介力度。至2015年底，东源产业转移园初步形成电子信息、机械制造、新材料为主的产业集聚发展区。

### 三、深圳盐田区与东源县产业共建

深圳市盐田区在东源产业转移园扩容提质、交通基础设施建设、产业引进、企业帮扶等多个领域对产业转移园实施对口帮扶，提高帮扶成效，加快东源振兴发展步伐，要求至 2018 年，东源与全省同步全面建成小康社会、人均地区生产总值达到全国同期平均水平。

全力帮扶，重点推进。以产业园区共建为重点，以大幅提升第二产业总量和效益为核心，以引进大项目好项目为抓手，全面承接深圳在经济发展、基础设施、产业引进、企业帮扶等多领域的对口帮扶，不断增强产业转移园自我发展能力。

政府引导，市场运作。充分发挥市场配置资源的决定性作用，通过股权投资等方式，引导国企及社会资本参与开发建设，通过市场机制实现帮扶工作成效和社会效应的最大化。

优势互补，互利共赢。遵循经济规律和市场规律，将深圳的先进理念、资金、项目、技术、人才、管理经验等优势与东源的资源、生态、劳动力、市场等优势结合起来，将深圳加快产业转型升级的溢出效应转变为东源加快新型工业化进程的现实需要，推进优势互补、互利共赢，实现投入资本保值增值。

完善机制，明确职责。深圳市盐田区和东源县是对口帮扶工作的共同责任主体，盐田区对东源县进行全面帮扶，对主导建设开发的产业园区负主要责任。东源县对本地振兴发展负主体责任。两地区创新对口帮扶方式，完善合作机制，拓宽合作领域，提升合作层次，促进东源加快发展。

上下联动，全面对接。建立双方区、县之间和对口部门之间的帮扶结对关系。双方共同制订对口帮扶工作总体方案和年度工作计划，明确年度帮扶具体实施内容。

## 四、产业转移园企业选介

广东霸王花食品有限公司是广东霸王花集团核心企业之一，民营企业。该公司成立于 1978 年，位于东源县蝴蝶岭工业园，注册资金 1680 万元，法人代表朱日扬。厂房占地面积 5.6 万平方米，建筑面积 3.8 万平方米。公司主要产品包括"霸王花"牌普通米排粉、营养米排粉、精品米排粉、杂粮米排粉、即食米粉等五大系列 30 个品种，2015 年，实现总产值 12019 万元、利税 225 万元。

力升树灯（河源）有限公司是一家大型港资企业，位于仙塘镇中心区 205 国道旁，占地面积 70 万平方米，总投资 2 亿元港币，用工近 1 万人。公司主要生产圣诞树、圣诞彩灯、圣诞工艺装饰品、户外游泳池等系列产品，产品销往欧美地区，属全球最大的圣诞树生产企业。2015 年实现总产值 170771 万元、利税 7702 万元。

鸿晋实业（河源）有限公司是一家集开发、设计、生产、销售各种相框、相架、相册于一体的港资企业。由香港朱均记五金制品有限公司投资建设，于 2005 年落户深圳盐田（东源）产业转移工业园，总投资 2 亿元人民币，用地面积 20 万平方米，于 2009 年投产。公司拥有先进生产设备与标准厂房、写字楼等设施；年生产能力达 4800 多万件，产品在国际市场上享有良好声誉，远销欧美及东南亚等国家或地区。2015 年实现总产值 30916 万元、利税 924 万元。

广州市金霸装饰材料东源分厂是一家民营企业，于 2008 年投产，用地 12.8 万平方米，已完成投资 1.3 亿元。为设计、制造、销售金属天花、铝幕墙、铝包柱、蜂窝板等装饰材料的专业厂家。该厂产品为室内外装修工程提供定型产品和各种非标产品，销往全国各地及港、澳、台地区。2015 年实现总产值 26352 万元、利税 853 万元。

河源富马硬质合金股份有限公司是 2003 年经广东省人民政府批准设立的股份制企业，其前身创始于 1993 年的河源富马硬质合金开发公司。公司位于东源仙塘经济开发区，至 2012 年底，注册资金 4200 万元，总资产 1.76 亿元，净资产 1.09 亿元，属于国家级高新技术企业和广东省民营科技企业，是国内专业化生产中高档硬质合金制品生产厂家。公司除高档圆锯片用硬质合金刀头、硬质合金锯片铣刀和木工刀片三大主导产品系列占据国内乃至亚洲市场的主导地位外，产品还远销日韩、欧美、东南亚等 30 多个国家和地区。2015 年实现总产值 11299 万元、利税 1244 万元。

河源万峰陶瓷有限公司是广东新中源（集团）投资兴建的大型陶瓷生产基地，外商独资企业。公司位于东源县仙塘工业区，占地面积 1000 余亩，拥有 14 条现代化生产线，2002 年建成投产。主要生产高档仿古砖、抛光砖、微晶石等系列优质瓷砖。万峰陶瓷产品远销海内外 70 多个国家和地区。公司总资产 4.19 亿元，在岗职工 3000 人，年产瓷砖 1800 多万平方米。公司每年上缴税金 3000 万元左右，是河源市的重点纳税企业。

## 五、节能减排考核

2016 年，县发改局组织县经商信局、县机关事务局、县建设局、县交通局等部门完成市对县节能减排考核工作，全面完成 2015 年市政府下达东源县国内生产总值能耗下降任务（实际下降 5.11%），取得了在全市考核中排名第二的好成绩。固定资产投资节能评估和节能审查 2016 年，县发改局根据上级要求，结合东源县实际，制定《关于东源县固定资产投资项目节能评审办法和相关工作的通知》，规范环境、能源、节能减排等项目的审批、备案流程，包括审批依据、申报资料、受理方式、审查条件、审批程序、办理时限等。严把项目节能准入关。对达不到合理用能标准和节能设计规范要求的项目不予办立项手续，从源头上控制能源消耗及污染物排放量的上升，确保市下达东源县地区生产总值能耗目标顺利完成。全年，出具节能审查意见 5 个，办理固定资产投资项目节能登记备案 25 个，各类项目节能评估能源消耗年综合能源消耗量 8805.518 吨标准煤，年耗电量 5834.65 万千瓦时。大气环境综合整治"百日行动"。2016 年，县发改局开展油品供应情况的执法检查，加强煤炭质量监管，开展煤炭销售、使用的专项执法检查，共出动执法人员 123 人次，出动执法车辆 42 辆次，检查市场主体 81 户，其中油品经营户 57 户，煤炭经营户 14 户，未发现受检单位存在违法行为。同时抓好 2017 年资源节约和环境保护中央预算内投资备选项目储备工作。共筛选 15 个储备项目，其中生活污水处理设施及配套管网建设项目 10 个，城镇生活垃圾处理设施建设项目 4 个，资源节约循环利用项目 1 个。推动电动汽车、充电基础设施预留建设工作。

项目审批与资金争取。2016 年，县发改局加强与建设单位的协调，做好项目审批、核准、备案及资金争取工作。全年，共办理各类立项 105 个，总投资 698750.39 万元，同比增长 16.8%。其中：审批项目 55 个，投资额 125204.39 万元，同比下降 20.8%；核准项目 7 个，投资额 8033.33 万元，同比下降 4.5%；备案项目 43 个，投资额 65512.67 万元，同比增长 5.5%，备案项目均为民企投资，投资额占全县总投资的 1%。同时协同卫生和计划生育、教育、县工业开发区管理委员会、环保、民政等部门做好医疗、学校、环保、医药、高新技术、健康养老等项目建设资金申报工作。全年共向上级申报东源县人民医院、东源县第三小学建设项目 28 个，总投资 33 亿元，拟申报争取 8.9 亿元 2017

年中央预算内投资资金。2016 年获得上级资金支持的有：东源县新城实验学校争取到中央预算内投资资金 1000 万元；广东省康泉十八国际生态健康旅游有限公司河源康乐邨养老建设项目获得国家开发银行年利率 1.2%，贷款期限 15 年的政府贴息贷款 5000 万元。

## 六、投资管理与重点项目建设

2016 年，全县完成固定资产投资 91.76 亿元，同比增长 22%，完成全年任务的 101.6%。是年，全县列入省、市重点项目计划 21 项（含共建及跨区域项目），年度计划投资 40.23 亿元。其中：东源县域 17 项（含共建），年度计划投资 24.9 亿元，年度完成投资 17.44 万元，完成投资计划比例 70%；跨区域项目 4 项，年度计划投资 15.32 亿元，年度完成投资 16.9 万元，完成投资计划比例 110.3%。

第三节

# 经济社会发展主要任务

## 一、继续完成重点项目建设

2016 年，东源县设立驻深招商联络办，强化招商专业队作用，成功举办系列经贸活动，新签约项目 13 个，合同投资总额 45.3 亿元。强化"三赛"责任，落实领导挂钩联系责任制，破解"卡壳"问题，项目建设顺利推进，新开工项目 23 个，投产项目 11 个，完成投资 15.9 亿元。

**园区竞争力持续提升**

深圳盐田（东源）产业转移工业园加快推进建设，投入 3.3 亿元，完成扩园 1.3 平方千米，"三通一平"1800 亩，"三路一小河"投入使用，文体广场主体工程基本建成，连接园区、县城和市区的主干道全线通车，产业共建承载力进一步增强。实现规模以上工业增加值 34.15 亿元，税收收入 3.21 亿元，分别占全县规模以上工业增加值和税收收入的 77.76% 和 25.95%。信息产业、智能制造、新型材料、健康等产业和县城工业园核心区、深东共建物流产业园、水库移民"双转移"示范基地建设扎实推进。

工业转型升级成效明显，加快培育主导产业、新兴产业，引进电子信息产业项目 4 个，新开工项目 4 个，完成投资 17.5 亿元，电子信息产业集群加快形成；正能量山泉等健康水产业项目加快建设；智能制造、新材料、绿色能源等新兴产业发展取得实

353

效。新增规模以上工业企业 13 家。

**持续实施工业转型升级三年攻坚战，完成技改**

投资 15.2 亿元，推动 19 家企业开展技术改造，其中实施"机器换人"和智能化改造企业 12 家。

### 2016 年东源县国民经济和社会发展主要指标

| 项目 | 单位 | 数量 |
|---|---|---|
| 一、年底总人口（户籍） | 万人 | 58.55 |
| 　　非农业人口 | 万人 | 9.67 |
| 二、年末社会从业人员 | 万人 | 19.31 |
| 三、地区生产总值（当年价） | 亿元 | 104.38 |
| 　　人均地区生产总值 | 元 | 22746 |
| 四、农业总产值（当年价） | 亿元 | 27.15 |
| 　　工业总产值（当年价） | 亿元 | 181.20 |
| 五、财政收入 | 亿元 | 8.31 |
| 　　财政支出 | 亿元 | 39.32 |
| 六、城乡居民储蓄存款金额 | 亿元 | 78.46 |
| 七、全社会固定资产投资 | 亿元 | 91.76 |
| 八、货物周转量 | 亿吨千米 | 13.86 |
| 九、社会消费品零售总额 | 亿元 | 69.82 |
| 十、外资出口总额 | 亿美元 | 29.3 |
| 　　实际利用外资 | 亿美元 | 0.11 |
| 十一、居民消费价格总指数 | 上年＝100 | —— |
| 十二、在岗职工年平均工资 | 元 | 52116 |
| 　　农民人均可支配收入 | 元 | 12290.02 |
| 十三、旅游接待总人数 | 万人次 | 727.94 |
| 十四、高中在校学生数 | 万人 | 1.02 |
| 　　初中在校学生数 | 万人 | 1.21 |
| 　　小学在校学生数 | 万人 | 2.95 |
| 十五、医院、卫生院床位数 | 张 | 1287 |
| 　　卫生技术人员数 | 人 | 1403 |

说明：以上部分数据为快报数据。

## 2016 年东源县主要农作物播种面积、产量

单位：亩、吨

| 项目 | 面积 | 总产 |
|---|---|---|
| 总播种面积 | 707940 | — |
| 一、谷物 | 393779 | 155855 |
| 　1. 稻谷 | 384800 | 153505 |
| 二、薯类 | 37133 | 47319 |
| 三、豆类 | 39397 | 47319 |
| 四、经济作物 | 126563 | — |
| 　1. 甘蔗 | 3753 | 10172 |
| 　2. 油料作物 | 111451 | 21470 |
| 　（1）花生 | 111451 | 21470 |
| 　3. 木薯 | 10104 | 5096 |
| 五、其他作物 | 111068 | — |
| 　1. 蔬菜 | 103648 | 92243 |
| 　2. 瓜类 | 1433 | 2318 |
| 　3. 青饲料 | 2176 | 1323 |

## 2016 年东源县畜牧、渔业生产情况

| | 项目 | 单位 | 数量 |
|---|---|---|---|
| 畜牧业情况 | 牛年末存栏量 | 头 | 25283 |
| | 　其中：肉用牛 | 头 | 131212 |
| | 山羊年末存栏量 | 头 | 1996 |
| | 肉猪出栏量 | 头 | 166200 |
| | 生猪年末存栏量 | 头 | 76977 |
| | 当年出售和自宰家禽 | 只 | 4920553 |
| | 　其中：鸡 | 只 | 4252580 |
| | 　　　　鸭 | 只 | 638953 |
| | 　　　　鹅 | 只 | 29020 |

355

（续上表）

| 项目 | | 单位 | 数量 |
|---|---|---|---|
| 渔业情况 | 淡水产品总产量 | 吨 | 9232 |
| | 鱼类 | 吨 | 8815 |
| | 　优质鱼 | 吨 | 3512 |
| | 　其他鱼类 | 吨 | 5303 |
| | 虾蟹类 | 吨 | 414 |
| | 其他类 | 吨 | 3 |

## 2016 年东源县工业企业数和总产值

| 项目 | 企业单位数（个） | 工业总产值（万元） |
|---|---|---|
| 总计 | 642 | 1812031 |
| 一、规模以上企业 | 99 | 1679342 |
| 　1. 按经济类型分 | | |
| 　　①独资企业 | 45 | 783181 |
| 　　②合作、合伙企业 | 25 | 461408 |
| 　　③股份有限公司 | 27 | 429654 |
| 　　④有限责任公司 | 2 | 5098 |
| 　2. 按企业规模分 | | |
| 　　①大型企业 | 1 | 160908 |
| 　　②中型企业 | 11 | 362667 |
| 　　③小型企业 | 81 | 1126049 |
| 　　④微型企业 | 6 | 29717 |
| 二、规模以下及个体企业 | 543 | 132689 |

说明：产值按当年价格计算。

## 二、加大民生投入

2016 年，东源县加大民生投入，民生支出力度不减，全县投入民生支出 26.5 亿元。三农方面，落实县委县政府《关于加快农业现代化发展的实施意见》，设立促进农业融合发展专项资金，扶持现代农业发展；争取茶叶产业带项目中央三年扶持资金 1500 万元，拨付东江上游油茶产业带项目 600 万元；落实农业补贴政策改革，将农作物良种补贴、种粮农民直接补贴和农资综合补贴等三项农业补贴合并为"农业支持保护补贴"，累计发放补贴 3653 万元。落实中小河流治理县级配套资金 1.95 亿元。进一步提高村级组织保障经费及退休村干部待遇，村级组织公用经费达到每年 6 万元以上。拨付"一事一议"财政奖补资金 1075 万元、农村危房改造和渔民上岸安居工程补助 4500 万元。支持打赢精准扶贫三年攻坚战，筹措扶贫资金 8354 万元。

幸福村示范线建设。2016 年，县委县政府将幸福村居示范线建设工作列入县的"十件实事"。是年，全县幸福示范线建设投入 1957.35 万元，其中市级 1293.63 万元、县级 663.72 万元。市级幸福村居示范线建设 2016 年，市级幸福村居示范线建设项目，完成乐平村建设新村和老屋小组的污水处理设施，村道路面改造、建设（老屋、锡塘、罗鼓地）1.2 千米，农田护坡 60 米；洋潭村种植绿化树约 10000 棵，安装太阳能路灯 180 盏，铺设新村自来水管网 3 千米及完善边塘小组的排水排污管道等；涧新村种植绿化树 400 多棵，建设路口桥涵洞 80 米，建设"三面光"水利渠道 5 千米及建设新村健身场；长新村建设村文化广场及完成广场绿化（广场占地面积 1000 多平方米，其中有羽毛球场、健身区），建设梅坑桥引道 200 米，并打井抽水解决新村自来水的水源问题；大往村建设村文化广场及完成绿化（广场占地面积 2000 多平方米），建设陂头 1 座和水圳 150 米，平整宅基地 28 户及做好山体护坡、自来水、排水排污等基础工程。

县级幸福村居示范线建设。2016 年，县级幸福村居示范线建设项目：红光村完成清理淤泥 2 千米，种植绿化树 200 多棵，拓宽神下路路面 80 米，建设小沥路硬底化 50 米；热水村建设磜下桥（长 27.5 米，宽 5 米），建设"三面光"水利排灌渠道 0.4 千米及建设村文化广场（包括篮球场、健身区）；禾溪村建设禾溪龙至赵屋"三面光"水利排灌渠道 1.15 千米，安装太阳能路灯75 盏及加固配孕塘蓄水灌溉工程；义合村绿化和建设村道 190米，建设机耕道 2 千米及解决拍布小组村民食水问题；下屯村建设"三面光"灌溉渠道 5.5 千米，维修路灯 76 盏，建设村道 6 千米。

2016 年，县委农办按照上级主管部门和县委县政府的工作部署，组织人员深入农村，开展"三农"问题的专题调研，撰写《东源县农村集体经济发展情况调研报告》《东源县"政经分开"情况调研报告》《东源县开展农村人居环境综合整治调研报告》等 3 个专题调研报告上报市农办和县委县政府，为市农办和县委县政府提供决策依据。

### 三、教育文化事业

全面落实城乡义务教育"两免一补"政策，进一步完善助学金制度，免除普通高中建档立卡家庭经济困难学生学杂费，发放义务教育学生困难补助、普通高中、中职以及少数民族大学生助学金补助近 1800 万元；进一步加大学前教育扶持力度，学前儿童家庭经济困难资助由每人每年 300 元提高到 1000 元。安排新增债券资金 6500 万元支持县一幼、县三小、崇文中学等学校建设，优化县城教育板块布局。安排"四馆一宫"建设资金近 4000 万元，拨付乡镇文化站改造及免费开放资金 448 万元；落实送戏送电影下乡、文化消费补贴等文化惠民政策资金 257 万元；安排档案馆新馆和数字档案馆建设资金 626 万元。

### 四、社会保障

实施更加积极的就业政策。继续提高城乡低保、农村五保、城乡居民养老、残疾人、孤儿等底线民生保障标准，全年发放补助资金约1.8亿元。为3100多人发放医疗救助资金1596万元，人均救助标准提高到5000元；为全县1.4万名80岁以上老人发放高龄津贴679万元；为全县500名2016年高考录取生发放一次性临时补助，其中低保户每人5000元，非低保户每人3000元。医疗卫生，基本公共卫生服务项目年人均财政补助标准提高到45元；城乡居民基本医疗保险财政补助标准提高到每人每月420元，个人缴费标准相应提高到150元。为城乡低保、五保、优抚对象、一二级重度残疾人垫缴城乡医保个人缴费450万元；全面推开城乡居民大病保险。投入2500万元改善县中医院、县人民医院医疗硬件。

## 五、生态保护

全年节能保护支出6000多万元，保障了万绿湖、东江水环境综合整治、拦截漂浮物工程、乡镇污水处理设施以及大气污染防治等生态保护工程的资金需求。安排近3000万元支持碳汇林、生态景观林带、乡村绿化美化等新一轮绿化东源大行动，争取上级补助600万元加快推进万绿湖国家湿地公园和东江国家湿地公园创建和保护工作。

## 六、扶贫开发，精准扶贫

2016年，东源县是全省新时期精准扶贫工作重点县之一，下辖21个乡镇，258个行政村，26个居委会，扶贫重点帮扶相对贫困村50个、分散人口村（居）211个，贫困人口10376户30533人。50个相对贫困村，分别由省直单位帮扶7个村、深圳市及盐田区帮扶39个村、市县单位帮扶4个村；对其他有贫困人口的211个分散人口村（居），分别由市直单位帮扶19个村，县直单位帮扶 97 个村,乡镇政府自身帮扶 95 个村。实现挂钩帮扶贫困人口全面覆盖。各贫困村(居)安排帮扶单位 194 个,结对帮扶干部 7225 人,派出驻村干部 522 人。驻村工作组按新时期精准扶贫工作统一部署,开展调查摸底、建档立卡、制定帮扶规划等基础性工作。是年 9 月 18 – 19 日,中共中央政治局委员、省委书记胡春华到该县视察工作时对新时期精准扶贫工作作了充分肯定。是年,全县 261 个村(居)总投入帮扶资金 5020.63 万元,其中到户资金 1324.34 万元,实施贫困户脱贫增收、教育医疗、社会保障等到户项目 66329 个;到村资金 3696.29 万元,实施产业化发展、水利、道路、安全饮水、人居环境整治等村级项目 405 个。落实贫困人口"三保障"(义务教育、基本医疗和住房安全有保障)政策的县住建、教育、民政、社保等部门按奖、贷、助、减、补等政策给予全面倾斜。是年,全县完成脱贫 4920 户 10531 人,脱贫率 36.8%,其中贫困户 837 户 3340 人,低保扶贫户 1651 户 4669 人,五保贫困户 2432 户 2522 人,脱贫人口落实"两不愁(到 2018 年,稳定实现农村人口不愁吃、不愁穿)、三保障"。在全市县区扶贫考核工作中排名第二,市级抽查的镇、村考核结果全部为"优秀"等次,贫困户的各项考核指标达标,群众满意度全部为"满意"。

**(一)革命老区建设**

2016 年度,省市扶持老区建设资金 35 万元,其中省级老区建设专项扶持资金 23 万元,市级老区建设专项扶持资金 12 万元。主要用于全县老区村桥梁、村道、文化广场等基础设施建设。

深圳市对口扶持。2016 年,东源县争取深圳市及盐田区对口扶持资金 3.128 亿元,其中盐田区扶持 2 亿元用于县产业园项目建设;深圳市及盐田区 1.128 亿元重点帮扶 39 个村(深圳市直单位挂钩帮扶 18 个、盐田区挂钩帮扶 21 个)。

### （二）新时期精准扶贫工作

**大禹杯项目**

2016 年，东源县按照中央《关于我国农业和农村经济发展进入新阶段的论断及基本要求》，大规模开展以水利为重点的农业基础设施建设、生态环境建设，促进农业和农村经济结构战略性调整，稳定提高农业综合生产能力，确保农民增收，农业增效，农村社会稳定。是年，省级财政投入"大禹杯"项目资金 90 万元，在黄田镇陈村村、船塘镇小水村、叶潭镇山下村实施水利设施、道路建设等农村基础设施建设项目。

**扶贫培训**

2016 年，县扶贫办帮助东源县贫困农户掌握科学技术，提高农民致富本领，提高农民科学种养水平，增加农民收入，是年，结合新时期精准扶贫工作，通过多渠道多层次，以集中培训与现场技术指导相结合的形式，投入专项资金 37 万元开展板栗、蓝梅、水晶梨、茶叶、水稻、灵芝、柠檬、慈姑等种植技术培训，培训人员 13650 人次。

## 七、县域经济发展

2016 年，全县实现地区生产总值 104.69 亿元，比 2015 年增长（下同）9.5%；实现规模以上工业增加值 43.93 亿元，增长 11.6%；地方一般公共预算收入 8.31 亿元，增长 4.1%；固定资产投资 91.76 亿元，增长 22%；税收收入 12.37 亿元，增长 8.7%；外贸进出口总额 33.5 亿元，增长 5.6%；社会消费品零售总额 69.82 亿元，增长 11.1%；城镇居民人均可支配收入 21569 元，增长 7.9%；农村居民人均可支配收入 12290 元，增长 11.7%。税收超千万元乡镇 13 个。

## 八、创新驱动发展

2016 年，东源县在全省率先启动粤东西北创新发展示范县建设。出台深化科技体制改革、加强高层次人才队伍建设等系列政策，"十三五"期间每年安排 2000 万元专项基金用于人才建设和科技创新奖励。实施"扬帆计划"，与暨南大学合作共建全市首家"人才驿站"。县科技创新中心、县知识产权服务中心挂牌成立，县科技创新中心成为全市唯一的省级众创空间试点单位。东源一广工大现代产业协同创新研究院启动建设，建立科技企业孵化器 2 个，在孵企业 11 家，科技创新成果育成体系基本形成。新增国家高新技术企业 5 家，省、市级企业研发机构 10 家，申请专利 386 件，获省市级科学进步奖 4 项。

## 九、农业产业

2016 年，东源县出台加快农业现代化发展的实施意见，启动国家农业可持续发展试验示范区、省级农业科技示范园区创建工作。严守 25.7 万亩基本农田红线，完成基本农田标准化建设 8080 亩，粮食作物实现五连增，总产量 21.12 万吨。打造"一镇一特色""一村一品"，创建特色农产品专业镇 9 个，特色农业生态园区 4 个，十大特色农产品基地巩固扩大。新增市级以上农业龙头企业 6 家、农民专业合作社 38 家、家庭农场 160 家。

## 十、服务产业

2016 年，东源县加快现代服务业发展，绿色生态、温泉养生、乡村休闲三大旅游品牌建设持续推进。万绿湖创建国家 5A 级景区和省知名品牌示范区工作扎实推进，叶园温泉通过国家 4A 级景区质量复核，黄龙岩成功创建国家 3A 级景区。康泉十八国际生态健康旅游城正式营业，万绿生态村等旅游项目建设有序推进。旅游产业与养老、文化等产业加速融合，广东畲族宫、金桃源养老产业园等项目启动建设。全年接待游客727.94万人次，实现旅游总收入48.2亿元，分别增长12.9%和14.3%。金融机构年末存、贷款余额分别为125.83亿元、117.24亿元，分别增长18.1%和23.9%。广东省普惠金融试点县建设通过省验收。现代物流业发展迅速，"深东"现代综合物流园项目基本完成前期工作，绿然农产品物流园等项目启动建设。商贸体系持续完善，新增商贸主体1659家，限额以上商贸企业5家。

## 十一、宜居城乡建设

2016年，东源县完成近期建设规划和滨江新城、仙塘新区控制性详细规划编制。东源大道全线通车，完成新河大道一期、行政大道升级改造工程，县城路网与市区、园区路网实现无缝对接。县文化科技中心、滨江公园、临江亲水河堤景观、木京河湿地公园等公共设施基本建成或投入使用。完成县中心集贸市场建设，县崇文实验中学、县第三小学、县第一幼儿园、县人民医院新院、县公安武警基地等项目建设扎实推进，城市功能不断完善。实施购房优惠政策，销售商品房6450套，销售额增长91.57%，建成商住小区11个，建筑面积121.8万平方米。"大润发"购物广场建成使用，县城中心商圈加速形成。"创文""创卫"工作扎实推进，实施绿化美化亮化工程，开展七大专项整治行动，严厉打击"三违四抢"，县城宜居宜业宜游的水平进一步提升。是年，完成新港、灯塔、蓝口及顺天镇总体规划编制。"特色小镇、美丽乡村"创建扎实推进，基本完成5个特色小镇、6个美丽乡村规划编制。完成圩镇水泥路面改造7.16千米，农村公路硬底化改造145.9千米，农村危房改造1299户。创建市级宜居城镇1个、宜居村庄 11 个。完成县生活垃圾无害化处理场渗漏液处理系统建设，建成乡镇生活垃圾转运设施 21 座，村级污水处理设施 35 个。

## 十二、基础设施建设

2016 年，东源县完成交通建设投资 20 亿元。赣深高铁东源段启动建设，汕昆高速公路东源段完成路面总工程量的 80%，河惠莞高速公路东源段征地拆迁基本完成。省道 S230 线蓝口乐村至源城胜利段、S253 线灯塔至源西段、S229 线船塘至骆湖段、S243 线康禾曲龙至长芨段等路面改造工程前期工作顺利推进。柳城东江大桥完成总工程量的 75%，蓝口工业大桥启动建设，义合阮啸仙纪念大桥、古云东江大桥完成前期工作。投入水利建设资金 3.3 亿元，完成中小河流治理 102.8 千米，省级水利建设示范县工程 43 宗，小型病险水库除险加固工程 10 宗，实施村村通自来水工程 5 宗。完成电网建设投资 3.42 亿元，扩建 500 千伏变电站 1 座，220 千伏上寨至塔岭输电线路建成投产，完成 71 个中心村农网改造升级。实施信息基础设施建设三年行动计划，实现光纤入户 3.36 万户，新建 4G 基站 1251 个。

## 十三、生态文明建设

2016 年，东源县实施主体功能区差别化考核机制，对新丰江库区锡场、半江、新回龙、双江四镇强化生态环保质量考核。率先在粤东西北启动创建国家生态文明建设示范县，建成省级生态示范镇 3 个，省、市级生态示范村 50 个。万绿湖国家湿地公园通过国家验收，成为全市首个国家湿地公园，入选"广东十大最美湿地"，东江国家湿地公园建设稳步推进。新丰江国家森林公园入选"广东十大最美森林"，启动康禾温泉国家森林公园申报工作。康禾、新港省级自然保护区保护管理得到加强。东江、新丰江水治理　2016 年，东源县深入实施"南粤水更清"行动计划，开展东江水环境综合整治，清理关闭禁养区养殖场 690 家，打捞水浮莲 10.3 万吨。基本完成 5 个乡镇污水处理设施主体工程和配套管网建设。完成新丰江水库上游拦截漂浮物工程一期建设，建立清漂长效机制。全面落实河长制和段长制，14 条考核河流水质总体好转。新丰江水库水质保持在 Ⅰ 类标准，辖区内东江干流水质保持在 Ⅱ 类标准。深入推进绿化东源大行动，完成森林碳汇造林抚育 10 万亩，生态景观林带套种补植 96 千米。推进森林进城围城工程，完成县、镇两级森林公园规划编制，建成镇级森林公园 5 个，乡村绿化工程示范点 33 个。实施最严格森林防火工作问责制，森林火灾防控形势总体稳定，森林覆盖率达 74.37%。节能减排　2016 年，东源县持续开展大气污染防治"百日行动"，严厉打击偷排等环境违法行为，淘汰锅炉 6 台、黄标车 1358 辆，化解过剩钢铁产能 42 万吨，关闭非法砖厂 17 家，单位国内生产总值能耗下降 3.16%。空气质量稳定在国家一、二级标准。

## 十四、社会民生事业建设

### 科教文卫体事业

2016 年，东源县开展社会主义核心价值观宣传教育，出版《阮啸仙》《古成之》等系列历史人物丛书。新建改建二级文化站 4 个，建成村级文体功能场室 284 个。持续开展"文化东源"系列活动，播放公益电影 3096 场，成功举办首届民间艺术汇演。完成省第一次可移动文物普查工作，成功发掘船塘龙尾排商代墓葬群遗址，出土文物 250 件。启动创建广东省推进教育现代化先进县，5 个乡镇通过省教育创强复评验收。九年义务教育、学前教育、高中阶段教育毛入学率分别达 111.82%、94.03%、95.05%，各类教育普及率稳步提升。本科上线人数增长 23.42%，高考入围率高于全市平均水平，东源教师参加市学科竞赛获奖人次居全市五县之首。县级公立医院改革有序推进，基本药物零差价制度全面落实，药占比下降14%。县中医院创建二级甲等医院稳步推进，启动4间乡镇卫生院标准化建设，县、镇、村三级医疗卫生服务网络不断完善。全面落实国家13项基本公共卫生服务项目，居民健康档案建档率78%以上。全面二孩政策平稳实施，优生优育水平进一步提升。开展全民健身运动，成功举办首届县运会，承办协办风筝、动力摩托、马拉松等多项国际赛事。东源代表团在市第四届运动会上荣获第三名。

社会保障 2016年，东源县社保领域改革深入推进，完成机关事业单位养老保险制度并轨改革，实现医疗保险省内异地即时结算，启动涉农资金应用社会保障卡发放试点工作。居民养老保险、医疗保险实现城乡一体化，城镇职工"五大险种"和城乡养老、医疗保险任务全面完成。发放各类民生保障资金1.4亿元，增长29.4%。开展"春风行动"等系列招聘会，新增就业岗位6015个，充分就业村覆盖率100%，城镇登记失业率控制在2.4%以内。住房保障力度加大，新建公租房廉租房96套。

**社会管理**

2016年，东源县建设和升级改造社会治安视频300个，建成治安口15个，立体化治安防控体系进一步完善。深入开展"飓风2016"等专项打击整治行动，禁毒人民战争取得新成效，社会治安形势保持稳定。扎实开展"大信访、大接访、大化解"活动，一批信访突出问题及社会矛盾纠纷得到有效化解。严格落实安全生产"一岗双责"和企业主体责任，道路交通、消防、食品药品等领域安全生产形势总体稳定，防灾减灾和应急处置能力有效提升。基层治理不断创新，社会信用体系、市场监管体系日臻完善。

**精准扶贫**

2016 年，东源县坚持把脱贫攻坚当做头等大事和第一民生工程，出台脱贫攻坚三年实施意见，制定贫困村三年帮扶规划和年度脱贫计划。完成 261 个村（居）9900 户 28628 人建档立卡和精准识别工作，实现贫困人口挂钩帮扶全覆盖。坚持因人因地精准施策，实施脱贫攻坚八项工程，投入扶贫资金 1.21 亿元，实施扶贫项目 613 个，实现省定贫困人口 10531 人稳定脱贫，脱贫率 36.79%。出台扶贫资金使用管理细则，确保扶贫资金安全高效使用。

**十件实事落实**

2016 年，东源县政府完成年初提出的"十件实事"工作任务。新丰江水库拦漂工程和灯塔、骆湖、顺天污水处理厂建设新丰江水库拦漂工程：已完成项目工程建设，并投入使用。灯塔污水处理厂：完成主体工程建设，建成管网长度 7 千米，运行设备正在调试安装。骆湖污水处理厂：完成 80% 的土建工程量，钢筋混凝土结构主体完成 85%，总工程完成 60%，结构装修部分完成 65%。顺天污水处理厂：完成总体工程建设。学校园地建设县第一幼儿园改造工程：3 号教学楼第一层已封顶（共三层），2 号教学楼已做好地基工程。县崇文中学建设：教学楼第三层已封顶（共六层），田径场开始动工建设，教育教学设备已开始做预算。县第三小学建设：进行土石方工程建设，土建工程准备招标。中小河流综合治理 2016 年，东源县中小河流治理任务共 11 个，治理河长 110.06 千米，总投资约 2.39 亿元。已完成"三清"河长 110.06 千米，完成治理河长 104.6 千米，占总治理任务的 93.96%，完成投资 22280 万元，占总投资任务的 92.94%。县城环境整治项目主要包括景观墙工程、公园景观提升工程、道路绿化提升工程、灯光提升工程，该工程于 2015 年 12 月 18 日公开招标，中标价为 2481.16 万元。2015 年 12 月底正式开工，至 2016 年

9 月底完工，10 月底通过竣工验收。住房建设：公租房（含廉租房）建设，96 套已全部竣工。农村危房改造年度任务：农村危房改造开工 1299 户，开工率 100%，竣工 1047 户，竣工率 80.6%。

## 十五、综合服务平台建设

县级公共服务中心位于县科技文化中心，2016 年已完成场所装修改造和设备安装、调试工作。21 个乡镇公共服务中心完成改造、进入试运行。284 个村（社区）公共服务站完成事项办理区和群众等候区划分，完成场所标志的统一安装。按照新标准加快推进公共服务平台建设，21 个乡镇共打造 21 个样板村，全县按照新标准建设的村（社区）级公共服务平台共 100 个，完成公共服务事项第二轮梳理，完成编制权责清单和办事指南。

新丰江水库移民纪念馆、县人民医院新院、县公安武警基地建设：

新丰江水库移民纪念馆，位于县科技文化中心，主体工程建设已完工，待装修。聘请有丰富移民工作经验、关心移民工作的相关领导、退休干部和社会人士担任顾问，开展前期资料研究收集。《新丰江水库移民纪念馆主题陈列大纲》初稿完成，正进行评审修改；开展《新丰江水库移民纪念馆室内装修及配套工程建设项目可行性研究报告》的技术咨询工作。

县人民医院新院建设，已完成《申报 2017 年省重点建设项目》，相关资料正由县发改部门审核。

县公安武警基地建设，正在进行征地收尾工作及办理交警大队仙塘中队地块挂牌事项的相关手续。

## 十六、幸福村居示范线建设

市级幸福村居示范线（涧头镇乐平村、洋潭村、涧新村、长新村、大往村等 5 个行政村连成线）：完成污水处理设施、新村绿化和打井抽水工程，安装太阳能路灯，铺设自来水管网和排水排污管道，正在进行村道硬底化、"三面光"水利渠道、农田护坡和梅坑桥工程建设。县级幸福村居示范线（仙塘镇红光村、热水村、禾溪村和义合镇义合村、下屯村等 5 个行政村连成线）：已清理红光村淤泥，安装太阳能路灯，解决饮水安全问题，建设了"三面光"水利排灌渠道、篮球场、水利塘和机耕道。提高城乡低保、农村五保补助标准。2016 年，城乡低保对象 6654 户 19622人。从 2016 年 1 月 1 日起，农村低保保障补差标准提高到每人每月190 元；城镇低保保障补差标准提高到每人每月 418 元，均达到省定标准。2016 年，全县有 18 所乡镇敬老院，1 所县敬老院（光荣院），已保五保对象 3110 人。从 2016 年 1 月 1 日起，五保供养标准提高到每人每月 560 元。创业技能培训 2016 年，东源县完成创业培训 240 人，占年度任务目标 120%。带动就业 1015 人，占年度任务目标 101%。完成劳动力技能培训 5397 人（技能晋升 2088 人，技能引导 3309 人），占年度任务目标 108%。新增就业岗位 6015 个，占年度任务目标 100%。新增农村劳动力转移就业 6009 人，占年度任务目标 100%。共创建就业村 283 个，占任务数 100%。

## 十七、帮扶工作

完善帮扶机制 2016 年，县总工会认真贯彻《中央财政专项帮扶资金使用管理办法》和《广东省省级困难职工专项经费管理办法》，加强帮扶专项资金管理，确保专款专用。健全完善帮扶中心的信访接访政策咨询、生活救助、法律援助、医疗救助等工作程序和具体办法。严格按照中华全国总工会帮扶工作管理系统进行分类，把符合帮扶救助条件的申报对象全部纳入帮扶网络，实行一人一档，动态管理。困难帮扶：在 2016 年元旦期间，县总工会开展"心系职工情、温暖进万家"慰问活动，筹集资金 45.6

元，对全县 555 名困难职工进行生活救助和医疗救助；开展"金秋助学"暨爱心帮扶救助活动，帮助 215 名困难职工子女上大学；对 15 名重病职工进行生活医疗帮助，发放帮扶金 38.5 万元。

## （一）服务企业

2016 年初，县总工会联合县人社局在灯塔镇举办企业用工招聘会，组织 25 家规模以上企业参加，提供就业岗位 3500 多个，发放企业文化、福利、用工信息等宣传资料 7000 多份，1200 多名求职者前来应聘。

## （二）关心职工

2016 年，县总工会开展"关爱职工，夏送清凉"活动，先后走访慰问鹰牌陶瓷、坚基矿业等企业，为工作在高温一线的职工送上防暑降温物品。总工会开展职工医疗互助保障计划，帮助职工解决看病贵、看病难问题。工会帮助挂扶的半江镇西溪村发展生产，投入帮扶资金 15 万元，建立油茶种植基地，维修陂头，促进群众脱贫增收。做好分散贫困人口精准扶贫工作，选派干部组成核查组，进村入户调查核实，确保精准扶贫对象的情况真实准确。落实"六个精准"要求，建立扶贫对象台账，制定《贫困户三年脱贫计划》，结合贫困户实际落实三年脱贫攻坚八项工程，安排干部职工与贫困户结对帮扶。是年，慰问贫困户 60 人次，发放慰问金 5 万元，对大病、子女上学贫困户进行重点帮扶，发放帮扶金 3 万元。

## 十八、落实惠农政策

2016 年，县畜牧局落实惠农政策，开展渔船柴油补贴。全县登记在册渔船 72 艘，功率 663.78 匹，发放渔船柴油补贴约 30 万元。对参加东江禁渔的渔民发放生活补贴，每艘船按 1650 元补贴标准发放，推进以船为家渔民上岸安居工程。开展能繁母猪保险工作，是年，全县参保能繁母猪 28989 头，每头保费 60 元，其中政府扶持 53 元，农户每头只需投保 7 元，如在责任范围内出险每头补偿 1000 元，从而有效降低生猪养殖风险，促进生猪生产发展。

## 十九、水资源管理

2016 年，县水务局严格执行取水许可制度，依法对全县取用水企业核发换发取水许可证，全年办理取水许可审批 33 件，其中办理新建项目取水许可证 8 件，变更取水许可证 9 件，延期换发取水许可证 16 件。加大水利建设市场监管力度，进一步规范水利项目建设管理。是年，该县落实最严格水资源管理制度，"三条红线"年度控制指标全面达标。2016 年，该县取用水总量为 29777 万立方米，其中工业和生活用水量 6000 万立方米，地下水开采量 5.256 万立方米，根据《河源市人民政府办公室关于印发河源市实行最严格水资源管理制度考核办法的通知》，该县工业和生活用水量控制考核目标值为 11500 万立方米，地下水开采量控制考核目标值为 644 万立方米。该县 2016 年水资源开发利用控制红线考核达标。2016 年，该县万元工业增加值用水量为 126.96 立方米/万元，在用水效率控制指标 143.52 立方米/万元范围内。2016 年，该县用水效率控制红线考核达标。2016 年，该县全面排查和整治违法排污行为，重点整治东江沿岸养殖场，遏制水土流失，加快环保基础设施建设，有效减少污染物排放，确保全县水域水质达到水功能区划要求。其中，新丰江水库水质保持国家地表水 I 类标准，东江干流水质保持国家地表水 II 类标准。经审核，2016 年该县工业废水处理率 100%，达标率 100%，各项主要污染物减排任务完成 100%。

## 二十、工业园区建设

东源县工业园区位于东源县城东北部，在粤赣、河梅高速公路县城出口处的 205 国道两侧，包括徐洞工业区、仙塘工业区、汇通工业园、蝴蝶岭工业城，规划面积 20 平方千米，已建成面积 9.7 平方千米；2011 年 10 月被省政府认定为省级产业转移工业园，统称"深圳盐田（东源）产业转移工业园"。该园基础设施配套完善，服务水平上台阶，初步形成以新电子、新材料及智能制造业为主导产业的产业布局；入园项目 138 个，合同投资总额 197.37 亿元，实际到位资金 104 亿元；已建成投产项目 121 个，在建项目 7 个，企业用工 3 万人。2016 年完成基础设施建设资金投入 2.5 亿元，超年度计划 0.5 亿元；实现工业总产值 142 亿元，比 2015 年增长 16%；实现工业增加值 38 亿元，同比增长 16%；实现税收 3.5 亿元，同比增长 16%；新增规上企业 7 家，达到 67 家；新入园企业 7 家。

**（一）园区开发**

2016 年，东源县继续推进二期扩园工作，完成扩园 1.26 平方千米，共投入园区建设资金 2.5 亿元，完成征地 1800 亩，完成开发土方平整 90%。是年，县开发区采取"协调置换、协议补差、限时约束"等方式，继续推进园区二次开发，成功清理 50000 平方米闲置土地，集约节约用地水平得到提升，缓解有项目无用地的局面，推动园区扩能增效。

**（二）基础设施建设**

2016 年，县开发区注重基础设施建设，加大园区基础设施建设投入。是年，园区文体广场完成工程量 90%；对园区道路、绿化、路灯进行升级改造；推进与社会资本合作，完成"三路两桥一小河"建设；完成园区服务中心大楼 7 楼至 12 楼的装修工程建设，优化了园区营商环境。

**（三）招商引资**

2016 年，县开发区利用商会、协会、同乡会等优势平台，灵活运用招商方式，多措并举抓招商。是年，已谈成立兴杨氏五金等 7 个项目意向入园投资；7 个签约项目中有 2 个已动工建设，2 个即将进场动工。

附　录

附录一 **大事记**

## 1919 年

5 月 4 日　五四运动在北京爆发。

5 月 25 日　阮啸仙代表省立第一甲种工业学校学生在广州各校学生集会上讲话，响应北京的学生运动，走出校门，积极投入反帝斗争。

5 月 30 日　阮啸仙参加广州市学生反帝爱国示威游行。

6 月 17 日　广东中等以上学校学生联合会在广州成立。阮啸仙、刘尔崧、周其鉴为主要负责人。

6 月　阮啸仙在广州响应五四运动的消息传到河源，县城的青少年集会游行示威，掀起爱国运动，并成立河源学生联合会，推选黄其钦、邝其森为正、副会长。

8 月　阮啸仙从广州回到河源，应聘在义合道南小学代课，向学生灌输爱国思想。河源学生联合会组织学生抵制日货，查封"南昌馆"，查封鸦片及洋货一批。

## 1920 年

5 月 1 日　阮啸仙在广州参加广州工人团体组织的五一劳动节纪念活动。

6 月 4 日　阮啸仙参加广东学生联合会举行的欢迎全国报界

联合会代表的活动。

8 月　广东社会主义青年团成立，阮啸仙参与青年团的活动。

## 1921 年

1 月 27 日　陈独秀应陈炯明聘请抵广州任广东省教育委员会委员长，于是日应邀到省立第一甲种工业学校演讲，阮啸仙、周其鉴担任记录，并将记录整理发表在 1 月 28 日、29 日的《广东群报》。

春　广东马克思主义研究会成立，阮啸仙为主要成员之一。

4 月 12 日　阮啸仙参加广东省立第一甲种工业学校全体大会，要求学校当局整顿校务。此前，工校成立学生校友会，阮啸仙出任校友会交际委员会主任。

6 月 12 日　阮啸仙和工校学生一再上书广东省省长陈炯明，请愿撤换工校校长高仑。在广大学生坚持和社会舆论压力下，高仑被迫提出辞职。高仑离校前，宣布开除阮啸仙和丘鉴志、周其鉴等 7 人的学籍。29 日，工校校务会议决定恢复阮啸仙等 7 人学籍。

7 月 23—31 日　中国共产党第一次全国代表大会在上海举行。8 月，阮啸仙加入中国共产党。

## 1922 年

春　阮啸仙、张善铭、周其鉴主持筹办的《工业杂志》创刊。

5 月 1 日　阮啸仙参加广州纪念五一国际劳动节游行活动，并在《劳动号》发表《"五一"略史》一文。

6 月 16 日　陈炯明发动反对孙中山的叛乱。

秋　阮啸仙从省立第一甲种工业学校毕业，投身于工人运动。

9 月　阮啸仙与冯菊波、刘尔崧等在广州惠福中路玉华坊中约 20 号之二创办爱群通讯社，作为中国劳动组合书记部广州分部的公开活动机关。

## 1923 年

2 月　陈炯明被滇军、桂军逐出广州。同时，孙中山在广州组织称为陆海军大元帅大本营的政府。

△月　在阮啸仙等人的筹备下，广东工会联合会在广州仙邻巷 44 号成立。

夏初　陈独秀委托阮啸仙着手整顿社会主义青年团广东地方组织。

5 月 13 日　广州地区各团小组长会议举行。会议决定改组社会主义青年团广州地方执行委员会，代行团广东区执行委员会职权，选举阮啸仙为团广州地方执行委员会书记，代行团广东省区委书记。

5 月 23 日　广州各界群众举行京汉铁路"二七"被难工友追悼大会，声讨杀害京汉铁路工人的直系军阀吴佩孚。阮啸仙参加了大会。

6 月 4 日　阮啸仙致信施存统，提出开展青年工人运动和学生运动，组织青年工人俱乐部和广东新学生社。

6 月 12—20 日　中国共产党第三次全国代表大会在广州举行，阮啸仙出席了大会。

6 月 17 日　广东新学生社在广州成立，阮啸仙被选为执行委员会书记。

7 月 8 日　阮啸仙主持召开广州地方全体团员大会，讨论如何开展学生运动、国民运动、青年运动、工人运动和农民运动等问题。会上选举阮啸仙为出席社会主义青年团第二次全国代表大会代表。

8 月 20—25 日　社会主义青年团第二次全国代表大会在南京召开，阮啸仙当选为团中央执行委员会候补委员。会后，阮啸仙以个人身份加入国民党。

10 月 14—16 日　社会主义青年团广东区第一次代表大会在广州召开。阮啸仙主持大会，并被选为团广东区执行委员会委员。在 18 日举行的区委第一次全体会议上当选为团广东区执行委员会委员长。

11 月中旬　中共广东区委和团广东区委举行联席会议，决定由党、团共同组织国民运动委员会，推动国民党改组工作的进行。阮啸仙被选为国民运动委员会执行委员。

11 月　广东新学生社改组，阮啸仙再次当选新学生社第二届执行委员会委员。

12 月 24 日　广东国民外交后援会所属各团体在广州第一公园举行反对帝国主义示威大会，阮啸仙担任大会主席。

## 1924 年

2 月　粤区国民运动委员会改组，阮啸仙仍当选为委员。

5 月 25 日—6 月 1 日　社会主义青年团广东区第二次代表大会在广州举行，阮啸仙当选为团广东区执行委员会委员。

6 月 9 日　社会主义青年团第二届执行委员会成立，阮啸仙当选为书记。

9 月初　周恩来从法国经香港回到广州，阮啸仙和彭湃等前往码头迎接。

9 月下旬　阮啸仙、谭平山奉孙中山之命，率农民自卫军赴韶关训练。

10 月 5 日　阮啸仙向团中央报告广东各地团组织发展和活动

情况及第二届农民运动讲习所问题，指出农民运动讲习所要政治训练与军事训练并重，才能培养出全面发展的人材，总结了农民运动的基本经验。

9、10 月间　中共广州地委改选，阮啸仙当选为委员。稍后，阮啸仙当选为中共广东区委委员。

10 月 15 日　阮啸仙参与指挥工团军、农团军配合黄埔学生军及滇、桂军等部作战，迅速平定商团叛乱。

冬　阮啸仙出任中共广东区委常委、农民运动委员会书记。

## 1925 年

1 月 1 日　第三届广州农民运动讲习所开办，阮啸仙任主任。河源的邝其森、曾绍光参加学习。

1 月　广东革命政府决定出师东征。由黄埔学生军、粤军、滇军、桂军组成联军。以黄埔学生军和粤军一部为右路，进攻淡水、海丰、陆丰及潮汕；以桂军为中路，进攻惠州；以滇军为左路，进攻博罗、河源、五华、兴宁一线。但桂军、滇军按兵不动。这次东征，没有进军河源。

5 月　紫金县农民运动领导人刘琴西、钟子怀到康禾、曲龙、白鸠坑和黄田一带活动，联系了赖民、杨年兴、杨亚罗等人，宣传革命道理，组织农会。

9 月 14 日　第五届广州农民运动讲习所开学。河源的阮致中（阮志中）、刘宝珊、陈少辉参加学习。学习期间阮致中由罗严、赵松德介绍加入中国共产党。

10 月　国民革命军再次举行东征。22 日，东征军左路第三纵队攻占河源城。接着经义合、蓝口等地，击溃李易标部，于 26 日攻占老隆。

冬　河源城"九行"工会成立，钟渭卿任会长，会员 100

多人。

　　△　刘琴西、钟子怀来到曲龙乡，建立曲龙乡农民协会，赖民任会长。农会会员 300 多人。

## 1926 年

　　春　河源县总工会成立。下属 7 个基层工会，共有会员 1211 人。

　　夏　赖民由钟子怀介绍加入中国共产党。

　　7 月　河源县农民协会成立，由国民党河源县党部成员曾西盛任会长。随后，广东省农民协会惠州办事处主任朱祺到河源指导工作，了解到曾西盛是恶霸地主后，改组了县农民协会。

　　8 月　阮啸仙派阮志中、曾绍光、刘宝珊 3 人，以国民党中央农民运动特派员身份，到河源开展农民运动。先后在回龙、古岭、甘蔗等乡建立 6 个乡农民协会，4 个乡农民协会筹备会，会员达 1000 多人。

　　冬　黄田、康禾、义合、叶潭、回龙、南湖、禾溪、琏石、观音阁（今属博罗）等 24 个乡农民协会、3 个区农民协会先后成立。会员人数达 2400 多人。同时建立农民自卫军义勇队，有队员 20 人，农民自卫军警备队，有队员 400 余人。

## 1927 年

　　春　观音阁沙岭乡农会发起反"牛头税"的斗争。观音阁恶霸王嚼三仗势苛勒百姓，以联乡为名，强行向民众征收"牛头税"，引起群众不满。沙岭农会在古竹潮沙农会的支持下，发动群众抗缴"牛头税"。王嚼三威胁唆使"联乡"与沙岭群众进行械斗。沙岭农会联合古竹农会，发动群众自卫反击，打败了王嚼三的进攻，取得斗争胜利。

4月12日  蒋介石在上海发动反革命政变,以暴力进行"清党",屠杀共产党人和革命群众。

4月15日  广东的国民党右派发动反共事变,镇压共产党领导的各种革命团体和组织,著名共产党人刘尔崧、萧楚女等100多人被捕遇害,2100多人被捕入狱。

4月16日  惠州的国民党右派与广州的反动军警遥相呼应,实施捕杀共产党人和革命群众的大行动,惠州工农组织被破坏,中共惠州地委书记李国英等17人被捕。

4月26日  紫金县武装暴动委员会总指挥刘琴西率领农民自卫军1000多人,举行武装暴动,推翻紫金县国民党右派政府,于5月1日宣告成立紫金临时人民政府。

5月  刘琴西因被通缉,转移到叶潭田心刘瑞廷家掩蔽。刘芳圃、刘雨记因掩护刘琴西而被国民党紫金县当局逮捕入狱,后经保释出狱。

6月  中国共产党河源县第一个支部——曲龙支部成立,赖民任书记,隶属于中共紫金特别支部。

7月  国民党军第十八师师长、惠州警备司令胡谦派一个团的兵力到河源"清乡"。先后在康禾、回龙、叶潭、黄田、义合、南湖、禾溪等地杀害工农群众300多人,刚刚发动起来的工农运动被镇压下去。

8月  中共惠(阳)紫(金)河(源)博(罗)地方委员会(又称"特别委员会")成立,蓝璇均任书记兼军事部部长。

9月  刘瑞廷在紫金由刘琴西、刘碧容介绍加入中国共产党。

11月  中共东江特委决定撤销中共惠紫河博地委。中共河源县曲龙支部转属中共紫金县委领导。

△  河源各地农民武装举行暴动,一举攻占河源县城。后因李汉魂部反扑,农民自卫武装退出县城,转移到山区农村活动。

12 月 18 日　广州起义军余部在花县改编为"工农红军第四师"后，经从化、良口、龙门，进入河源回龙榄子坝，渡过东江，绕道蓝口，30 日抵达康禾，31 日攻占紫金县城。

## 1928 年

2 月　刘瑞廷奉刘琴西之命，和刘琴西一起回到叶潭，继续开展农民运动，建立叶潭麦畲排农会小组，刘瑞廷任组长。

3 月　中共龙川特别支部书记、龙川县革命委员会主席黄克组织鹤市暴动失败后，路经蓝口，被张谷香反动民团逮捕，遇害于龙川。

△　刘琴西、刘瑞廷因鹤市暴动失败后遭通缉而离开河源叶潭。

10 月　中共海（丰）陆（丰）惠（阳）紫（金）特委成立。海陆惠紫暴动委员会改称为"海陆惠紫革命委员会"，作为革命的政权机关。

## 1929 年

3 月底"蒋桂战争"爆发，中共海陆惠紫特委抓住军阀混战的有利时机，恢复和发展党的组织，扩大革命武装力量，开辟海陆惠紫根据地，在黄田肚、白鸠坑分别建立中共支部。

11 月　中共海陆惠紫特委为在紫河边区开辟新的苏区，同时成立中共紫（金）河（源）特别区委员会、共青团紫河特区委和紫河游击队。中共紫河特区委由庄羲、吴群英、符锦惠、钟战群、龚苑香、蓝蔚林组成，庄羲任书记；共青团紫河特区委由刘志远、张华明、刘庆初组成，刘志远任书记；紫河游击队由蓝蔚林任组长。中共紫河特区委下辖附中区委、蓝塘区委、青溪区委、古竹区委、埔黄腊区委和蓝黄区委。蓝黄区委所辖范围包括河源康禾、蓝口、黄田、义合等地，钟子怀任书记。共青团蓝黄区委也同时成立。

11 月中旬　中共紫河特区委发动青溪暴动。紫河游击队、赤卫队 200 余人分 4 路包围青溪圩，与敌激战整日，攻占青溪圩。

冬　中共蓝黄区委在康禾白鸠坑建立农民赤卫队，共有队员 50 多人，赖民兼任队长。

## 1930 年

1 月 29 日　紫河游击队夜袭紫金洋潭圩，取得战斗胜利，缴获步枪 6 支，物资一批。

5 月　蓝黄区农民赤卫队袭击康禾雅陶乡公所，击毙反动分子曾镜波，处决了反动保长缪作英。

夏　蓝黄区委发动群众组织农民协会、反帝大同盟、妇女解放协会、劳动童子团等群众组织，仅黄田的白溪、良村、良田就有农民协会会员 500 多人。

5 月 30 日　惠州十属（惠阳、博罗、海丰、陆丰、紫金、龙川、河源、和平、连平、新丰）工农兵代表大会召开。会议根据中共广东省委指示，海陆惠紫革命委员会改为东江苏维埃惠州十属特别委员会。

9 月 13 日　紫河游击队和赤卫队共 400 余人再次攻击青溪圩，悉数缴获青溪乡公所的武器。14 日，紫河游击队分别进击小水、南坑、曹洞等地反动民团，缴获步枪 50 多支。翌日，国民党军及地方反动武装 500 余人，分别由古竹、紫金城、蓝塘向青溪推进。紫河游击队撤出青溪，进入河源黄田、黄村一带活动。

12 月　根据东江地区党代表会议决定，撤销中共海陆惠紫特委，成立中共海陆紫县委，中共紫河特区委归属于中共海陆紫县委。随后不久，又转属中共惠阳县委领导。

## 1931 年

1 月 7 日　中共六届四中全会在上海举行。会上，王明等在共产国际代表米夫的支持下，提出比李立三的冒险主义还要"左"的一系列错误观点。通过这次会议，王明等人实际上掌握了中共中央的领导权。

3 月　海陆紫县苏维埃政府实行土地革命，重新分配土地。

7 月　中共惠紫河博县委成立，由陈允才、叶青、蔡步墀组成，以陈允才为书记。

△　阮志中从香港回到紫河地区，中共紫河特区委做了调整，由傅燊霖、蓝蔚林、钟子怀、吴群英、符锦惠、刘庆初、阮志中组成，傅燊霖为书记。

△　中共紫河特区委召开第一次扩大会议，成立紫（金）河（源）特区革命委员会，温丽生任主席。

8 月　中共两广临时省委派袁策夷出任东江军委书记，主持"肃反"工作。从此，"肃反"工作在东江的党组织、共青团组织、苏维埃政府和红军中普遍展开。这一错误"肃反"，使东江革命根据地受到严重的摧残。

9 月 18 日　日本帝国主义侵占沈阳，制造九一八事变。

冬　因叛徒钟呈祥告密，黄田农会遭受破坏，农会领导人曾火康、曾作垒、曾作荣、曾三添被国民党当局杀害。

## 1932 年

3 月　国民党在汕头设立广东省东区绥靖公署，并在梅县和惠州设立绥靖司令部，配合蒋介石对中央苏区的第四次"围剿"。国民党部署 5 个师 15000 余人的兵力，进攻东江革命根据地。

5 月 26 日　中共惠紫河博县委发出《为严重灾荒告惠属各县

工农劳苦群众书》。同日，惠州革命委员会也发出《为"五卅"七周年告工农兵劳苦群众书》。号召工农兵劳苦群众起来抗租抗税抗捐，没收地主、富农的粮食救济饥荒，以罢工、罢课、罢操、罢市、示威游行纪念五卅运动。

7月13日 中共紫河特区委召开第二次扩大会议，作出《中共紫河特区委第二次扩大会议决议案》。会议总结一年来紫河特区党的工作，对城市职工运动、农村、兵运、妇运、青运和发展党组织等项工作做出部署。

7月27日 中共惠紫河博县委机关报《群众》报道：河源蓝口康禾洞群众日前召集联乡大会，决议通过租债一律限缴付三成，以致全抗〈租〉，并准备武装与地主豪绅冲突，组织游击战争肃清乡村反动势力，创造赤色区域。

9月 中共惠紫河博县委进行改组。陈允才调中共两广工委工作。由刘高（叶青）任书记，邹秀任组织委员，蔡步墀任宣传委员。

12月 中共惠紫河博县委改称为中共惠阳县委，由蔡步墀任书记。

冬 国民党军警和地方反动武装，在康禾、黄田一带镇压农民运动。共产党员、农会领导人曾亚佛、曾亚献、杨亚文、曾作瑞、杨年兴先后被杀害。

# 1933 年

1月 中共东江特委召开扩大会议，改组东江军委，调整了东江特委领导成员。东江军委由朱炎、古大存、彭桂、符锦惠、陈开芹、田大章、卢笃茂组成，朱炎任主席。

2月14日 朱炎、彭桂率部进攻陆惠县大坪圩，歼敌一部后，敌援兵赶到，朱炎率部向紫金、河源方向转移。

2月27日　朱炎、古大存、彭桂、田大章率红军在乌禽嶂与敌激战竟日，毙、伤敌副团长以下官兵数十人。

3月2日　朱炎、古大存、彭桂抵达紫金、河源边境的蓝塘埔美、塘肚一带，与国民党军李扬敬部发生遭遇战。经激战，双方伤亡惨重，古大存、彭桂受伤后，突出重围。

3月　隐蔽在康禾白鸠坑养伤的古大存，伤愈后由赖民引路向曲龙方向突围，至4月间转移到丰顺、梅县边境坚持斗争。

△　国民党军对曲龙白鸠坑一带红色乡村进行"清剿"，中共蓝黄区委书记钟子怀、曲龙支部书记赖民及农会干部、赤卫队队员钟木生、钟亚泉、杨亚进、杨红香等被捕杀害。

5月初　紫河游击队队长蓝蔚林和东江军委党委符锦惠被叛徒杀害。

### 1934 年

年初　紫河特区乃至惠紫河博游击区的党组织及地方武装大部分被破坏，根据地完全陷落。

### 1935 年

6月　中共东江特委遭受彻底破坏而解体，分散于各地的游击小组和基层党组织先后被破坏，东江革命根据地遂告丧失。

12月9日　北平爱国青年学生举行声势浩大的抗日救国示威游行，一二·九运动爆发。

### 1936 年

年初　张华基、张挺生、丘国章、刘成章、张余元等发动青年组织黄村青年读书会。读书会成员很快由20多人发展到90多人。

## 1937 年

7 月 7 日　日本侵略军向北平郊区宛平县卢沟桥的中国驻军发动进攻。中国守军第二十九军一部奋起抵抗，全国抗日战争从此爆发。

10 月　共产党员张戒生率领广州少年先锋队 20 余人，到河源开展抗日救亡宣传活动。

11 月　张华基、丘国章、刘成章等先进青年先后在黄村组织抗日宣传小组，深入农村，进入县城，以各种形式宣传抗日救国道理。

## 1938 年

1 月 1 日　张华基由张戒生介绍参加中国共产党。

△　广州学生抗敌救亡会、救亡呼声社、青年群社、平津同学会、留东同学抗敌后援会、中山大学抗日先锋队、青年抗日先锋团等 8 个团体，联合发表《广东青年抗日先锋队发起宣言》，宣告广东青年抗日先锋队正式成立。

4 月　中共广东省委员会成立，张文彬任书记。随后，中共广东省委派麦任到东江上游地区进行发展党员、恢复党组织的活动。

6 月　中共广东省委派尹林平、饶彰风到东江地区检查工作，建立了以彭泰农为书记的中共东江临时工作委员会。

10 月 12 日　南侵广东的日军 4 万余人在惠阳大亚湾登陆。15 日惠州失陷，21 日广州失陷。随后，日军又占据东莞及珠江三角洲等地。

12 月　广东青年抗日先锋队东江区队 60 多人，由队长刘汝琛，副队长谭家驹、林耀族带领，从广州出发，经清远、翁源、连平等地到达河源，以河源城为基地，在东江上游地区开展抗日救亡工作。

12 月下旬　广东青年抗日先锋队东江区队派党员前往黄村，重新吸收刘瑞廷、并发展吸收刘成章加入中国共产党。重新建立河源县中共小组，黄若潮任组长。

# 1939 年

1 月　中共广东省委派尹林平到河源，筹备组建中共东江特别委员会。

△　中共广东青年抗日先锋队东江区队支部成立，李果任书记。

2 月　尹林平在紫金古竹主持召开东江党代表会议。会上正式成立中共东江特委，由尹林平、饶卫华、饶彰风、陈森（陈力生）组成，尹林平为书记，饶卫华为组织部部长，饶彰风为宣传部部长。下辖龙川、和平、五华、紫金、河源、博罗、海丰、陆丰、增城、龙门、新丰、连平等地党组织。

△　第四战区动员委员会、广东青年抗日先锋队东江区队主持召开河源青年抗日运动大会，发表《告河源青年同志书》。

2—3 月　抗先队东江区队队员，分别到惠州、博罗、龙门、新丰、龙川等地活动，在各地建立分队部，开展抗日救亡宣传活动。

3 月 8 日　抗先队东江区队在河源城组织举行庆祝三八国际妇女节大会。大会由徐惠仪主持。会后举行游行活动。

3 月　李光中到锡场开展抗日救亡宣传活动，成立"抗先队"锡场乡队。随后，吸收赵准生等人入党，成立中共锡场党小组。

△　中共东江特委以抗先队名义，举办第一期东江青年抗日训练班。学习期间，培养、吸收一批学员加入中国共产党。此后，

还举办了多期训练班。

△ 以张华基为队长的抗先队蓝溪队部和以刘成章为队长的能溪乡队部成立。同时，中共黄村支部成立，黄若潮任书记。

4 月 蓝溪、能溪和康禾三个乡联合成立广东青年抗日先锋队第九区队，以丘国章为队长，张华基、刘瑞廷为副队长。到 5 月，河源县抗先队队员发展到 2000 多人。

△ 抗先队东江区队奉命撤往韶关，但仍留下队员 17 人，设立广东青年抗日先锋队东江办事处，以林耀族为主任，坚持在河源开展活动。同时，在抗先队东江区队支部的基础上，成立中共河源中心支部，李果任书记，李光中任副书记。

△ 东江华侨回乡服务团第五分团 33 人，在团长朱公拔、副团长邹清容率领下抵达河源。随后，东团第五分团进入河西地区，以船塘为主要活动基地。

6 月 中共河源中心支部派岑冰薇在河源城发展党员，至 8 月建立中共河源城支部，卢浩根任书记。

8 月 中共河源县工作委员会成立，以李光中为书记，黄英为组织部部长，林耀族为宣传部部长，委员有吴逸民、黄淑仪。

9 月 中共蓝能区委成立，刘成章任书记。

10 月 中共船塘支部成立，叶茂任书记。

## 1940 年

1 月 李光中调往中共广东省委机关工作，中共河源县工委作了调整，由陈柏昌接任书记，黄英任组织部部长，刘成章任宣传部部长，吴逸民任青年部部长，黄淑仪任妇女部部长。下辖：蓝溪区委，李作新任书记；能溪区委，刘成章任书记；崇伊中学支部，欧阳裕任书记。

△ 中共东江特委在紫金古竹召开扩大会议。中共广东省委

常委、组织部部长李大林出席会议。会上补选了特委领导成员，除原有领导成员尹林平、饶卫华、饶彰风外，补选郑重、李健行、张直心、黄宇为委员，饶璜湘、麦任为候补委员。

4 月　国民党广东当局下令解散广东青年抗日先锋队和东江华侨回乡服务团。国民党河源县党部以"良莠不齐""有异党活动之嫌"为借口，下令禁止东江华侨回乡服务团河源队活动，并扣押河源队队长刘宣。

5 月　中共船塘区委成立，张其初任书记，仍属中共龙川中心县委领导。

6 月　根据中共东江特委指示，撤销中共河源县工委，正式成立中共河源县委员会，由黄慈宽任书记，张华基任组织部部长，蔡子培任宣传部部长，欧阳源为青年委员，关绮清为妇女委员。随后，补选丘国章为统战部部长。下辖：蓝溪区委，黄中强任书记；能溪区委，刘成章任书记；崇伊中学支部，欧阳裕任书记。

9 月　黄慈宽调离河源，中共河源县委再次调整。蔡子培接任书记，张华基任组织部部长，黄中强任宣传部部长，丘国章任统战部部长，关绮清为妇女委员。下辖：蓝溪区委，张余元兼任书记；能溪区委，刘成章任书记；柳城区委，张泽周任书记；船塘区委，张其初任书记。

12 月　中共粤北省委成立，李大林任书记。

冬　中共船塘区委创办《大路》报，先后由欧阳涛、卓扬任主编。

## 1941 年

1 月　中共船塘区委创办启华书店，欧阳涛任经理。书店主要经营进步书刊和报纸。

2 月　中共东江后方特别委员会成立，梁威林任书记，张直心任组织部部长，饶璜湘任宣传部部长，李汉兴任青年部部长，陈婉璁任妇委主任。下辖龙川、紫金、河源、和平、五华、连平、新丰等地党组织。

3月　中共后东特委派张华基到船塘整顿党的组织，改组中共船塘区委，由张志雄任书记。

5月5日　柳城"竹映"事件发生。中共柳城区委书记张泽周在柳城石侧竹映小学以教师身份为掩护进行党的活动，被国民党当局逮捕，不久，张泽周被释放，因没有向党组织说明出狱经过，被停止组织生活。张泽周被捕后，在柳城、曾田等地学校以教师身份为掩护的地下党员全部撤离。

5月　中共后东特委在黄村文秀塘举办县、区干部训练班，有20多人参加学习。

8月　中共后东特委根据中共中央关于"缩小各级领导机关至短小精干的程度"的指示，将所属县级党组织的管辖范围缩小，各县领导干部人数减少。中共河源县委划分为河源县委（辖河东地区党组织）和河西县委（辖河西地区党组织）。中共河源县委，由黄中强任书记，黄韬任组织部部长、江尚尧任宣传部部长。下辖：能溪区委，欧阳裕任书记；蓝溪区委，姚玉珍任书记。中共河西县委，李福民任书记，章平任组织部部长，黄兰任宣传部部长。下辖：上莞区委，刘明章为负责人；三河区委，丘国才任书记；畲寮区委，欧阳秋任书记；新寨区委，欧阳万任书记；老围区委，欧阳培任书记。

12月　中共后东特委撤销委员制，改为特派员制，梁威林任特派员，饶璜湘任副特派员。

## 1942 年

1月　河源县党组织实行特派员制。中共河源县委（河东地区）由黄韬任特派员，江尚尧任副特派员。下辖：能溪区委，欧阳裕任特派员；蓝溪区委，张林任特派员。中共河西县委，章平任特派员，郑重文任副特派员。下辖：三河区委，丘亚统任特派员；察寮区委，欧阳秋任特派员；新寨区委，欧阳年任特派员；老围区委，欧阳其昌任特派员。

5月26日　中共南方工委组织部部长郭潜被捕叛变。郭潜被捕叛变后，于27日带领国民党特务逮捕了粤北省委书记李大林和组织部部长饶卫华。30日，郭潜向特务供出廖承志在乐昌的住址，当晚廖承志被逮捕。国民党特务破坏中共粤北省委机关的事件，史称为"粤北省委事件"。

6月上旬　中共粤北省委宣传部部长黄康派曾源抵达老隆，向中共后东特委特派员梁威林传达粤北省委遭受破坏的情况。梁威林在没有得到上级指示的情况下，果断采取非常措施，决定中共后东特委机关全体人员立即离开原工作地区，到各地分散隐蔽，并派人迅速通知各县党组织做好分散隐蔽工作。

夏　上莞农民救国会成立，陈志英任会长。

8月　东江军政委员会主任尹林平派郑重到后东地区，向中共后东特委传达中共中央、南方局关于粤北省委事件后的策略方针的指示。根据中共中央、南方局的指示精神，中共后东特委决定：一、调整组织机构，转移重要机关；二、把已暴露身份或已引起国民党顽固派怀疑注意的党员干部，调到前线部队或转到外地工作；三、利用各种职业分散隐蔽；四、停止党的组织生活，各级党组织和党员之间，一律改为单线联系，不发生横的关系。从此，中共后东特委及所属各地党组织全面进入分散隐蔽的艰苦地下斗争。

12月底　中共广东省临时委员会成立，由尹林平任书记，连贯、梁广为委员。

# 1943 年

1 月　章平调离河西。郑重文接任河西特派员，程光任副特派员。

2 月　中共广东省临委和东江军政委员会在九龙西贡乌蛟藤村召开会议。根据周恩来的指示，组成以尹林平为主任的新的东江军政委员会，调整广东人民抗日游击总队领导人员，由曾生任总队长，尹林平任政治委员，王作尧任副总队长，梁鸿钧任参谋长，杨康华任副政治委员兼政治部主任。

3 月　中共东江前线临时工作委员会成立（简称"中共东江前线临工委"），由黄宇任书记，郑重任副书记。

△　为度过困难时期，中共后东特委领导成员分散隐蔽于东江各地，以各种职业为掩护，与各地党组织保持单线联系。

3 月 3 日　由河源转移到广东人民抗日游击总队港九大队工作的丘国章，在九龙新界鹿颈村学习班学习时，遭日军袭击，突围时不幸中弹牺牲。

5 月 20 日（农历四月十七）　黄村"饥饿团"事件发生。"能溪乡抗日民众饥饿团"组织民众 1000 余人，在"三点会"头领的率领下，攻入蓝溪乡公所，打开黄村圩地税谷仓，由民众将粮食运走。蓝溪乡警察所巡官张家超组织地方反动武装包围黄村圩，逮捕民众数百人，当天下午 3 时，除一部分民众被保释外，其余 108 人全部被杀害，制造了骇人听闻的大惨案。此一事件史称为"四一七惨案"。

5 月 23 日　中共河源县委委员关绮清被张家超杀害。

11 月　广东人民抗日游击总队反击日军的"万人扫荡"取得胜利。日军被迫撤出东莞大岭山和宝安阳台山，固守广九铁路沿线据点。

12 月 2 日　广东人民抗日游击队东江纵队正式宣告成立，曾生任司令员，尹林平任政治委员，王作尧任副司令员兼参谋长，杨康华任政治部主任。

## 1944 年

1 月 1 日　惠（阳）东（莞）宝（安）抗日根据地军民召开大会，庆祝东江纵队成立。

3 月　黄沙抗日自卫队成立，全队有 40 多人，由廖哲华任队长。

7 月 25 日　中共中央致电尹林平，指出：广东的工作仍应遵照开展敌后游击战争的方针加紧进行。凡敌占区，尽力发展抗敌武装斗争，希望广东我武装能扩大一倍，并提高战斗力；在国民党军队所在地，我地方党员仍应坚持隐蔽待机的方针不变，但可酌情抽部分干部到游击区受训，参加游击工作。

8 月　东江军政委员会在大鹏湾的土洋村召开会议。会上，认真讨论了中共中央军委的指示和战略部署，分析了广东敌后游击战争的形势，作出《关于今后工作的决议》。《决议》就根据地、游击区的发展，游击战争战略方针，武装队伍的组建，部队政治思想建设，抗日民主政权的巩固和发展，统一战线工作等问题作出重要决议。

△　根据中共广东省临委关于整风学习、研究政策、训练干部的决定，中共后东特委在大鹏半岛西贡举办整风学习班。黄中强、黄韬、郑重文、程光等参加学习。

10 月　中共广东省临委召开会议，作出《广东省临委会决议》，决定全面恢复党的组织活动，恢复健全和重新建立各级党组织机构。

12 月　黄村地区建立武工小组（又称"锄奸小组"），由程光、李良、丘石金、戴华等组成，程光任组长。

## 1945 年

1 月　黄村武工队正式成立（又称"锄奸队"），由程光任队长，全队有 30 余人。

2 月 16 日　中共后东特委在黄村文秀塘召开会议。会议着重研究恢复党组织活动、组织后东地区抗日武装等问题。随后，中共后东特委又在文秀塘召开后东地区各县、区党组织负责人会议，部署恢复党组织活动和开展抗日武装斗争的任务。

3 月　紫（金）河（源）人民抗日自卫大队成立，陈果任大队长；河源人民抗日武装自卫大队（即飞龙大队）成立，魏拔群任大队长，程光任政治教导员；紫（金）五（华）人民抗日自卫大队成立，温敬尧任大队长。

3 月 26 日　古岭抗日游击大队在李洞口松园岭宣告成立，钟锦秀任大队长，杨伯贤任副大队长，张英任政治教导员。下辖 6 个中队，活动于新丰、龙门、博罗、河源四县边境。

4 月　中共后东特委机关报《星火》创办。先后由黄中强、卓扬负责编辑。

4 月 4 日　河源县县长马克珊率河源守备教导团 300 多人进犯古岭。古岭抗日游击大队在东江纵队独立第一大队张其伟中队的配合下，抗击马克珊部的进犯，近敌退守回龙。

5 月　国民党河源县县长马克珊再次率领教导团及县警队 500 余人，分三路进攻古岭。古岭独立大队在东江纵队独立第一大队长何通的指挥下，在李洞与敌激战竟日，打退国民党顽军的进攻。

6 月 12 日　梁威林、郑群率紫河人民抗日自卫大队与叶少梅部一起在蓝田秀埔河口伏击日军，将敌击溃，毙、伤敌 13 人，缴获武器弹药一批。

6 月 14 日　东江人民武装工作部队（代号"飞龙队"）正式成立，由郑群任总队长，梁威林任政治委员，黄中强负责部队的思想政治工作。

7 月 9 日　东江人民武装工作总队袭击泥金，击毙泥金乡土豪劣绅黄行可。

8 月　东江人民武装工作总队袭击紫金埔尾乡公所及乡长钟育文住宅，缴获长短枪 10 多支。

8 月 15 日　日本政府正式宣布无条件投降。9 月 2 日在投降书上签字，中国人民抗日战争胜利结束。

9 月 17 日　东江人民武装工作总队组织突击队袭击蓝溪乡警察所，击毙警察所巡官张家超。

9 月　根据中共后东特委的指示，恢复中共河源县委，江尚尧任书记，周立群任组织部部长，魏麟基任宣传部部长。

10 月 17 日　东江人民武装工作总队袭击国民党河源县第九区联防队，击毙联防队队长黄惠史。

10 月 21 日　东江纵队第三支队由博罗何家田出发，开始向九连山挺进，开辟新的根据地。途经回龙、南湖、高坑、白礤、灯塔、忠信等地，于 11 月 1 日抵达和平热水，完成战略转移的任务。

10 月 30 日　中共河源县委书记江尚尧在双头圩被国民党双头乡乡长黄茹吉的马弁杀害。

12 月 9 日　王彪率领第三支队小分队袭击船塘反动分子欧阳瀛洲，将欧阳瀛洲及国民党河源县参议员欧阳友三俘获。缴获长短枪 10 余支，物资一大批。

12 月 24 日　龙（川）和（平）河（源）边人民武装工作队成立，丘国才任队长，欧阳梧、黄伟光任副队长，朱田光任政治指导员。

12 月 29 日　东江纵队东进指挥部与中共后东特委召开联合会议，成立临时联合指挥部，由卢伟良任指挥员，梁威林任政治委员，黄中强为副指挥员，李征为政治部主任。

12 月 30 日　东进指挥部袁康率部进击叶潭寨湾，俘敌联防队队长刘琴舫以下官兵 10 余人。

## 1946 年

1 月 5 日　东江纵队东进部队先遣队在后东武工总队的配合下，在能溪半径设伏打退国民党军张超伟部及河源县警大队的进攻，俘敌 8 人。

1 月上旬　国民党第六十三军陈善芬营进驻船塘，实行所谓的"驻剿""清乡"，围捕共产党员、游记队队员、民兵、农会干部和革命群众，制造白色恐怖。

1 月 9 日　国民党第六十三军陈善芬营对三河流洞、漂湖等地进行"扫荡"，抓捕共产党员及其家属和群众 30 多人，解押到船塘中学的临时监狱囚禁。

1 月 10 日　东进部队和后东武工总队在卢伟良、梁威林的指挥下，打退了国民党第六十三军教导团及地方反动武装对黄村的三路进攻。毙、伤、俘敌 100 多人，缴获轻机枪 3 挺，步枪 40 多支。

2 月 2 日　国民党军包围船塘老围，围捕共产党员。欧阳璞突围时中弹牺牲，欧阳忠负伤获救幸免于难。

2 月 8 日　中共后东特委在黄村举办青年干部培训班，共有 40 多人参加学习。14 日培训班结束。

2 月 13 日　国民党军派兵包围船塘畲寮村，将村民 53 人抓到船塘中学关押，追逼查问武工队队员的去向。

2 月　中共后东特委恢复委员制，由梁威林任书记，钟俊贤任组织部部长，黄中强任宣传部部长，郑群任武装部部长，卓扬任青年部部长。

△　中共紫（金）五（华）龙（川）河（源）辖区工作委员会成立，由卓扬、钟莹、钟育元、魏麟基、张日和、周立群组成，卓扬任书记。

△　中共河源县临时工作委员会成立，由欧阳源任书记，刘成章任组织委员，黄义中任宣传委员。

3 月 15 日　共产党员谢映光被捕杀害。

4 月 16 日　欧阳霞、陈明率武工队队员伏击船塘反动乡长欧阳超凡，当场将其击毙。

5 月　国民党河源县当局成立"蓝、能、康三乡反共联防委员会"，以加强其反共力量。

△　东江纵队和中共后东特委及河源县地方党的干部郑群、黄中强、张华基、程光、刘成章、欧阳源、黄平、黄义中、黄川、欧阳波、李作新、郑重文、张基、张迅、刘光、叶波浪、邹祖仪、章中、叶启希等根据广东区党委和东江纵队司令部的指示参加北撤，先后离开河源辗转广州、香港，于 6 月 29 日在大鹏半岛沙鱼涌乘船北撤山东烟台。

6 月　留在河东坚持的特派员周立群和原拟北撤后返回河东地区坚持斗争的张惠民带领由 21 人组成的小分队，分成 3 个小组，在黄村坳廉子园、梅陇大坑、公窖黄水林屋坚持隐蔽斗争。

△　东江纵队第三支队留下 58 位指战员，组成连（平）和（平）人民自卫大队，王彪任大队长，吴毅任政治委员，陈实棠任副大队长，林镜秋任政治处主任，留在九连山停止公开活动，进行隐蔽斗争。

7 月初　国民党军"进剿"黄村地区。周立群、张惠民带领小分队与敌人展开麻雀战，掩护群众转移，保护群众安全。黄村宁山七娘，村民房被焚毁，民众财物被洗劫一空。

8月 中共九连临时工委决定兵分三路，突出外线活动。王彪率领由12人组织的短枪队到河源船塘、上莞一带活动，与欧阳梧、欧阳霞等取得联系。

9月 活动于河东地区的武装小分队，先后打击了黄村乡乡长张其勋和警察所巡官张秀先，惩处了叶潭乡反动保长邹廷梅和反动盐警钟汉渊，活捉了叶潭乡乡长兼双头联防主任黄毅生，并将其处决。

9月30日 吴毅所率小分队与王彪、林镜秋取得联系，准备重新拿起武器，开展公开活动。

10月初 分散隐蔽在九连山区的三支小分队集结于和平东水大山赵公庙，召开中共九连临时工委扩大会议，决定重举连和人民自卫队的旗帜，以东江纵队复员军人自卫队的名义，开展公开的武装斗争活动。

10月4日 王彪、林镜秋率领武装小分队，由欧阳梧、欧阳霞引领、伏击反动地主丘挺山。俘丘挺山等3人，缴获步枪4支，手枪2支。

11月 王彪、林镜秋率部挺进龙川北部活动，活捉黄石乡乡长黄景新和反动地主彭肇选，缴获长短枪10余支，财物一批。

12月22日 河东武装小分队袭击康禾田心反动地主诸金荣。战斗中只俘获反动分子诸添庆，诸金荣逃脱。部队撤离时，河东区特派员周立群中弹牺牲。

## 1947 年

1月 邹建接任河东区特派员。

1月中旬 后东特派员钟俊贤在香港接受广东区党委关于恢复武装斗争指示后回到后东地区。在上莞杨坑与王彪、林镜秋、陈实棠取得联系，决定在河西、河东活动的小分队联合行动，全面开展公开的武装斗争。

2 月　中共九连地方工作委员会在香港成立，由严尚民、魏南金、钟俊贤、吴毅组成，严尚民任书记。

3 月　中共九连地方工作委员会在叶潭儒步召开第一次扩大会议。会议就领导成员分赴各区指导工作、全面恢复党的组织、组织武装队伍、开辟新区、举办干部训练班等问题作出决议。

△　中共河东分区工委作委员会（又称"中共紫五龙河分区工作委员会"，相当于中心县委）正式成立，由钟俊贤、钟应时、王彪、邹建、张惠民组成，钟俊贤任书记。

△　河东部队分别袭击驻守龙川四甲、坪田的县警队，俘敌中队长黄居成以下官兵 80 余人，缴获长短枪 70 余支。

4 月　河东部队在扇陂径袭击龙川四甲的自卫队，毙敌副中队长以下 20 余人，俘敌 10 余人，缴获长短枪 10 余支。

△　河东区主力连队青龙队、白虎队打开叶潭国民党地税粮仓，缴获稻谷 500 多担，救济人民群众。

△　李奇率潜艇中队攻打康禾松子埔，打开地税谷仓，缴获稻谷 60 余担，随后，又袭击康禾彰教反动据点，缴获长短枪 15 支。

5 月 26 日　河东部队在康禾黎顺活捉国民党康禾乡乡长冯桂廷，缴获长短枪 6 支，稻谷 100 多担。

6 月 23 日　王彪、张惠民率河东部队及蓝溪、能溪民兵 600 多人，围击进犯黄村的龙川县自卫总队队长黄希杰所率 200 多人，敌被围困三天三夜，26 日夜仓皇溃逃。

6 月 29 日　敌 500 余人分三路进攻横畲、西溪、大席等地。江北人民自卫总队在治溪合江口伏击来犯之敌，毙敌 20 余人，击沉敌船一艘，敌经锡场退守新丰城。进犯西溪、大席之敌亦被击退。

7月14日、15日　龙川县自卫大队大队长黄道仁率部800余人进犯黄村。河东部队设伏打击，敌未中伏，河东部队反被包围。经激战，河东部队突出敌围，毙敌排长以下官兵10余人。白虎队副指导员李坚不幸中弹牺牲。

7月　中共河西分工委成立，由吴震乾、余进文、欧阳梧、黄日、郑风、黄民、欧阳霞、黄锐组成。吴震乾任书记。

8月2日　严尚民率中共九连工委领导机关及主力撤出和平青州，于8月3日转移到河西指挥作战。

8月16日　河源县警中队及骆湖等地方反动武装共400余人，进犯骆湖，包围驻扎骆湖下欧村的白狼队。骆湖白狼队80多名战士奋起抵抗。后黄日率铁流队、郑风率长江队赶来增援，对敌形成反包围。战至下午5时，敌仓皇逃走。此役，毙、伤敌联防队队长以下官兵19人。

8月31日　国民党保安第五团一部200余人进犯上莞。连和区主力、河西区主力及地方连队奋起反击，掩护中共九连工委机关转移。河西飞虎一队队长陈国汉、飞虎二队队长陈云舫及战士3人血战阵亡。

9月15日　九连河东区部队与江南惠紫人民自卫队大队，江北地区陈江天大队共400余人进攻紫金好义张源和反动据点。俘反动分子张仲才等6人，缴获手提机2挺，长短枪100多支，物资一大批。打通了九连区与江南区的联系。

9月21日　江北人民自卫总队西强队袭击大往黄洞乡公所，抓获黄洞乡（今涧头）乡长丘子扬，缴获长短枪30多支。

9月23日　中共九连工委电台在黄村第一次与中共香港分局接通联络。

10月7日　国民党保安第八团及龙川、五华自卫大队600多人，分三路进攻黄村文秀塘，河东部队化整为零，进入宁山隐蔽，使敌扑空。敌纵火焚毁民房，当夜撤退。

10月21日　河东部队攻击黄田乡公所，击毙黄田乡乡长曾宪尧以下官兵10多人，缴获武器一批。

10月　蓝能边乡人民政府成立。

11月　河西区长虹队三次袭击龙川义都乡联防队。

11月17日　江北地区部队围攻平陵乡自卫队，击毙平陵乡联防主任刘济权，自卫队队员张胜古，俘敌20余人，缴获长短枪30余支。

11月26日　龙川县紫乐乡自卫队队长罗泉英率20余人起义。

11月下旬　江北人民自卫总队袭击锡场警察所，活捉巡官古德光，缴获长短枪13支。

12月　东江人民抗征队紫河大队成立，李奇任大队长，李怀、李永清任副大队长，钟忠任政治委员。

△　东江人民抗征队文工队成立，李滨任队长。

12月26日　中共九连工委召开扩大会议，作出《关于大搞方针与任务的决定》，制定"发动群众，停租废债，清算恶霸，以至分田分粮分财；武装群众，壮大部队，发展巩固党，彻底消灭地方反动武装力量，占领农村包围城市，建立根据地"的斗争方针。

## 1948 年

1月　中共九连工委在和平青州举办政治干部训练班，河西分工委选派基层干部70余人参加学习。与此同时，河东分工委在黄村文秀塘、宁山、三洞先后举办干部训练班，训练土改干部和群众工作干部300余人。

△　河东、河西区土地改革运动开始。

△　中共黄村工作委员会成立，以黄中强为书记，欧阳裕、欧阳诚为委员。

△　船塘乡总农会成立，许逢利任总会长，欧阳刚任副总会长，下辖 28 个村农会。

2 月　中共香港分局发出《粉碎蒋匪进攻计划，迎接南征大军的指示信》，提出"普遍发展，大胆进攻"的军事斗争方针。

△　东江人民抗征总队成立。

2 月 6 日　东江人民抗征总队派李松率小分队护送中共九连工委电台前往九连山。

2 月 10 日　中共黄村工委根据《中国土地法大纲》和欧村土改试点经验，制定、公布《蓝、能、康地区分田暂行条例》，作为黄村地区土地改革运动的政策法规。

2 月 16 日　吴震乾、黄日、郑风率部进入白磜，白磜宣告和平解放。

3 月　国民党广东省第六绥靖公署专员、保安司令曾举直组织 6000 余人的兵力，实施第一期"清剿"，对九连地区发动进攻，妄图消灭九连地区人民武装。

春　河东区的蓝溪、能溪、康禾、河西区的船塘、三河、上莞、漳溪、骆湖及新（丰）连（平）河（源）边区的锡场、半江等地开展土地改革运动。至 4 月土地改革结束，共有 11 万农民分得了土地，实现"耕者有其田"的愿望。

4 月 7 日　中共九连工委召开紧急会议，发出《第三次反扫荡斗争的工作指示》《反扫荡问题》等文件，制定"打击敌人，坚持地区，保卫人民，保全力量，争取新的发展"的反"清剿"方针。

4 月　程佩舟率部在狗仔塘伏击紫金县警大队的进攻，毙敌 7

人，俘敌 2 人，缴获武器一批。

△　因敌"清剿"，连和区、和东区失陷，中共九连工委领导机关转移到河西区的船塘、上莞。

5 月上旬　国民党当局集结重兵分四路进攻黄村地区。河东部队及民兵奋起抵抗，但未能打退敌人的进攻，黄村地区失陷。

5 月 27 日　王彪率河东区主力大队和苏州大队 300 余人，在黄田上坪诱歼国民党军一个连队及县警队、地方联防武装。俘敌 18 人、缴获步枪 18 支。

6 月中旬　中共九连工委扩大会议在船塘白竹坑召开。会议作出《目前形势与我们的方针任务》《关于统一领导成立地委及支队司令部的决议》《为加强党的领导与发展党的决议》《关于建立主力的决议》《关于土改政策的决议》《关于主动积极打击敌人的军事斗争方针的决议》等项重要决议。将中共九连工委改组成立中共九连地方委员会，由魏南金任书记，钟俊贤任副书记。下辖和东区工委、连和区工委、河西区工委、河东区工委。会议同时决定，将九连地区武装部队统一整编，成立广东人民解放军粤赣边支队，由钟俊贤任司令员，魏南金任政治委员，郑群任副司令员，吴毅任参谋长，黄中强任政治部主任。

△　王彪率青龙队和紫河大队攻打四方围"还乡团"，将"还乡团"彻底打垮。青龙队队长潘松、排长曾伟宁、战士李金牺牲。

6 月底　河东区成立紫（金）五（华）龙（川）河（源）边行政委员会，以张华基为主席，温敬尧、张日和、钟雄亚为副主席；河西区成立河西行政委员会，以余进文为主席，黄锐、欧阳梧为副主席。船塘、上莞、三河、漳溪、曾田、骆湖各乡行政委员会同时成立，8 月后改为乡人民政府。

△　平陵乡人民政府成立，刘吉林任乡长，张福如任副乡长。

△　中共河东工委成立，由张华基、张日和、王彪、潘祖岳、邹建、郭汉邦、魏麟基、张惠民组成，张华基任书记。

△　中共河东工委和东江人民抗征总队，在康禾举办军政训练班，张日和为班主任，陈华为教员，100多人参加学习。

7月　九连地区主力部队集结于河西区，分别进行为期20多天的整训。

8月1日　中共九连地委在上莞举行广东人民解放军粤赣边支队成立动员大会，宣告广东人民解放军粤赣边支队正式成立。

8月4日　蓝溪、能溪边连乡民兵常备队配合东江人民抗征总队打退了保安第八团160多人的进攻。毙、伤敌副营长以下官兵11人。

8月7日　广东人民解放军粤赣边支队成立典礼在上莞隆重举行，河西区军民3000余人参加庆典活动。庆典大会通过了《广东人民解放军粤赣边支队成立宣言》和给中共中央、毛泽东主席、朱德总司令的《通电》。

8月15日　中共九连地委机关报《粤赣报》在河西曾田创刊，黄中强任社长，陈东任副社长，陈培任总编辑。

8月19日　船塘老围村民兵仅30多人打退了国民党保安第五团官照洒营300多人的进攻，取得老围村保卫战的胜利。

8月　古岭乡人民政府成立，谢益中任乡长，钟亚日、杨观五任副乡长，赵白任指导员。

8月　河东区政工队改编为粤赣边支队文工团，由郭明任团长，李滨任副团长。

9月14日　尹林平致函中共九连地委，介绍了江南地区反"清剿"经验，要求中共九连地委学习、领会和运用毛泽东集中优势兵力打歼灭战的战术思想，集结优势兵力，消灭敌人有生力量，粉碎敌人的"清剿"。

9 月 16 日　能溪乡民兵常备队配合粤赣边支队第四团洛阳队歼灭儒步联防队和文径自卫队，俘敌 50 余人，缴枪 50 支。

10 月中旬　国民党广东省保安第十三团由江南地区进入河源，团部设于蓝口。

10 月 24 日　严尚民、郑群、吴毅率粤赣边支队在东江边白马税站附近设伏，打垮国民党护航大队，毙、伤敌 35 人，俘敌 30 人，缴获迫击炮一门，轻机枪 2 挺，长短枪 30 余支，军用物资一大批。

10 月 26 日　国民党保安第五团由叛变分子朱瑞如引领，破坏河西三河交通站，共产党员、猛龙队队员张启坤、丘国贤和张裕丰被捕。张启坤、丘国贤被害于连平忠信。

11 月 7 日　国民党保安第十三团、保安第八团各部及地方反动武装分数路进犯黄村。粤赣边支队第四团和河东民兵分别在文秀塘、钟鼓岭、板仓、宁山等地抗击来犯之敌，毙敌连长曾金水以下官兵 11 人，伤敌 10 余人，俘敌 20 多人。第四团所部毫无损失。

11 月 15 日　粤赣边支队在连平大湖诱歼国民党保安第一团第三营一个加强连，毙、伤敌 70 多人，俘敌 35 人，缴获轻机枪 5 挺，长短枪 50 余支，掷弹筒 5 具。粤赣边支队第三团朱振汉等 7 人牺牲。

11 月 17 日　粤赣边支队在河西船塘隆重举行万人祝捷庆功暨公祭革命烈士大会，追认朱振汉、吴干恒、凌海金、曾贞坤 4 位烈士为中国共产党党员，并授予叶日平等 14 人为"战斗英雄"称号，授予陈金等 29 人为"战斗模范"称号。

11 月　粤赣边支队做出开展杀敌立功竞赛的决定，开展以连队为单位的评比竞赛活动，对作战勇敢、战功显著的连队授予"钢铁连"流动红旗和光荣称号。黄中强作词、李滨谱曲的《钢铁连之歌》诞生。

11 月 29 日 粤赣边支队在鹤塘伏击国民党保安第五团一部，歼敌保安第五团第十二连及税警总队一个排，毙敌连长黄竞天以下官兵 35 人，俘敌 14 人，其余之敌淹没江中。此战，缴获迫击炮 1 门，轻机枪 2 挺，步枪 21 支，弹药一批。

12 月 2 日 九连地区军民 5000 余人在曾田举行祝捷大会。鹤塘战斗后，粤赣边支队第三团进行评功奖模活动，桂林队战功显著，首次荣获"钢铁连"光荣称号。

12 月 7 日 河源县人民政府在上莞成立，黄中强任县长，吴震乾任副县长。

12 月 23 日 国民党保安第五团进犯河西李田。李田二联村民兵奋起抵抗进犯之敌，黄锐、欧阳梧率河西主力驰援，同时组织华新村民兵配合作战，在茂兰岗与进犯之敌展开激战，毙、伤敌 10 余人，迫敌撤退。

12 月 24 日 保安第十三团一个营图谋偷袭驻守于骆湖的粤赣边支队第三团。粤赣边支队第三团化被动为主动，后撤十里，诱敌深入，将敌包围聚歼，打垮保安第十三团一个加强连。毙敌 31 人，伤敌数十人，俘敌 16 人，缴获轻机枪 2 挺，长短枪 37 支。

12 月 27 日 中共中央批准成立中国人民解放军粤赣湘边纵队，由尹林平任司令员兼政治委员，黄松坚任副司令员，左洪涛任政治部主任。

## 1949 年

1 月 1 日 中共中央发表题为《将革命进行到底》的新年献词，向全世界宣告："中国人民将要在伟大的解放战争中获得最后胜利"，"几千年以来的封建压迫，一百年以来的帝国主义压迫，将在我们的奋斗中彻底地推翻掉"。《献词》号召中国共产党和全国人民把伟大的人民解放战争进行到底。

1月10日　粤赣湘边区党委召开会议,作出《关于时局分析和今后工作任务的指示》,制定"普遍发展,在普遍发展中,有方向、有步骤、有配合、有策应地建立全区根据地"的军事斗争方针。

1月11日　粤赣边支队在义合大人岭伏击国民党保安第十三团一个加强营。毙敌90余人,伤敌50余人,俘敌85人;缴获八二迫击炮2门,六鹊炮4门,火箭筒10支,重机枪2挺,轻机枪8挺,步枪155支,手榴弹42枚,炮弹52发,其他军用物资一大批。粤赣边支队第三团云南队连长魏强等13人牺牲,37人负伤。

1月13日　河西军民2万余人在上莞隆重举行祝捷庆功和公祭烈士大会。

1月17日　粤赣湘边区党委下令将所属部队进行统一改编,活动在九连地区的广东人民解放军粤赣边支队改编为中国人民解放军粤赣湘边纵队东江第二支队,以郑群为司令员,钟俊贤为政治委员,吴毅为参谋长,黄中强为政治部主任。

1月19日　粤赣湘边区党委发出《关于公布名义的庆祝及展开政治攻势的指示》,要求各地在庆祝粤赣湘边纵队成立的同时,大力开展宣传工作,扩大政治影响,号召人民群众支援部队,展开政治攻势,震慑敌人,瓦解敌军,孤立反动势力,争取广泛的拥护和支持。

1月26日　国民党保安第十三团一个排20多人,携轻机枪2挺、冲锋枪2支、步枪12支,脱离敌营投向粤赣边支队。

1月30日　九连地区军民10000余人在上莞举行隆重集会,庆祝中国人民解放军粤赣湘边纵队东江第二支队正式成立。郑群、钟俊贤、黄中强署名发表《通电》。

1月31日　粤赣湘边区党委派第二支队第六团团长林镜秋、

联络科科长钟雄亚为代表,与保安第十三团派出的代表、副团长刘勉、政工室主任张增培在曾田玉湖村举行第一次起义谈判。

2月2日 粤赣湘边纵队参谋长严尚民、东江第二支队政治委员钟俊贤在骆湖主持召开第二团、第三团和第七团负责人参加的联席会议,部署北线春季攻势的行动,要求参加北线攻势的部队,在一个月内解放新、连、河、龙边区,打通九连地区与江北、瀚江的联系。

2月中旬 东江第二支队第二团攻克黄洞大往,俘乡长丘子扬。

3月1日 东江第二支队第四团在五华锡坪伏击国民党五华县自卫总队。全歼此敌,毙、伤敌上校总队长李端模以下官兵30余人,俘总队副宋挺以下官员70余人。

3月7日 中共九连地委创办的东江公学在船塘中学举行开学典礼。钟雄亚任校长,董易任教育长,郭明任教导员,第一期招收学员40人。

3月初 东江第二支队第二团、第七团协同作战,拔除河源灯塔外围的顺天、大往、东坝等据点,并打退国民党军第一五四师的进攻。

3月20日 东江第二支队第二团、第七团强攻锡场敌据点,俘敌7人,缴获步枪16支,破仓分粮200多担。21日配合东江第三支队第三团攻占高围、长江、立溪三据点,歼敌40余人,缴获长短枪63支。

3月25日 东江第二支队第二团、第七团及东江第三支队第三团攻占江尾,全歼守敌,缴获长短枪27支。26日、27日,连拔客家水、南湖、回龙三据点,俘敌190余人,缴获轻机枪1挺,步枪192支。

3月 东江第二支队政治部主任黄中强及林镜秋与保安第十

三团代表刘勉、张增培在曾田横坑半径进行第二次谈判，初步商定在野战军部队入粤作战前举行起义。

4 月 7 日　东江第二支队第四团组织武装小分队袭击黄村万和自卫队，俘自卫队队员丘彦文以下官兵 20 余人。随后，歼祝岗自卫队，俘敌 20 余人。

4 月　锡场区人民政府成立，由黄文敬任区长。

△　回龙、古岭、鲤鱼三乡解放，同时成立三乡联合办事处。

4 月 21 日　毛泽东和朱德发布《向全国进军的命令》，命令野战军全体指战员和南方各游击区人民解放军"奋勇前进，坚决、彻底、干净、全部地歼灭中国境内一切敢于抵抗的国民党反动派，解放全国人民，保卫中国领土主权的独立和完整"。

4 月 23 日　人民解放军解放南京，宣告国民党反动派统治的覆灭。

5 月 4 日　国民党军第一九六师奉命日夜兼程由惠州东进河源接防。

5 月 7 日　粤赣湘边纵队参谋长严尚民，东江第二支队司令员郑群、政治部主任黄中强、第六团团长林镜秋与保安第十三团团长曾天节在曾田横坑中径咸水塘进行紧急会谈，决定保安第十三团提前于 5 月 12 日宣布起义。

5 月 14 日　广东省保安第十三团正式宣布起义，并包围老隆驻敌保安第四师师部。当日 12 时，老隆之敌拒不接受劝降，指挥部发出命令，打响解放老隆的战斗。15 日，保安第四师副师长彭健龙被迫率部投降，老隆宣告解放。

5 月 15 日　郑群率东江第二支队第三团和起义部队第二营及搜索连等部，在蓝口马鞍山、海螺岭一带阻击增援老隆之敌第一九六师第五八七团及一个炮兵连。打退敌人数次冲击，毙敌 100 多人，给敌以重创，挫败其企图重夺老隆之阴谋。

5月16日　河西区工委组织1730人的民工团，由团长欧阳年、政治委员张一中带领前往老隆，将老隆战斗缴获的武器装备及物资运回船塘。

6月11日　河源县人民政府从上莞迁驻蓝口。黄中强调任东江第二行政督导处主任，吴震乾接任县长，邹建任副县长。

6月下旬　河源城地下工作队成立，陈芳其任队长，欧阳滚任副队长，同时派马佳等情报人员进入河源城，开展地下情报工作。

7月　撤销中共河东工委、河西工委，正式成立中共河源县委员会，由吴震乾、邹建、杨庆、欧阳涛、欧阳梧、欧阳诚、李奇组成，吴震乾任书记，邹建任副书记。

7月29日　粤赣湘边区党委发出《做好准备工作迎接大军解放指示》，向全区军民发出迎军支前的动员令，号召全区军民动员起来，组织起来，积极做好迎军支前的各项工作，同时成立以梁威林为司令员、刘宣为副司令员的东江支前司令部。随后，九连地区也成立了以钟俊贤为司令员、黄中强为政治委员的支前司令部。

8月11日　河源县迎军支前动员委员会成立，邹建为主任，欧阳仲琴为副主任。

8月17日　河西区军民在船塘漋寮岗举行迎军支前大检阅。受检阅人数达34450人。检阅仪式由欧阳轲主持，河源县人民政府县长吴震乾出席检阅仪式。

8月20日　灯塔区迎军支前委员会成立，张一中任主任，欧阳年任副主任。当天，在灯塔圩召开了有7000人参加的迎军支前动员大会。

8月30日　顺天、灯塔民工、民兵7000多人举行迎军支前检阅大会。仅用两天时间修好韶兴公路30公里的路段。

9 月 3 日　国民党军第一九六师第五八八团窜至木惊，粤赣湘边纵队第四支队一部对敌形成包围态势。4 日，敌派兵增援，第五八八团得以逃脱。此战，毙、伤敌 80 余人。

9 月 l2 日　粤赣湘边纵队北线主力围歼驻于回龙的县警中队，迫敌投降。

9 月 15 日　国民党军第一九六师一个连队 120 余人起义。

9 月 19 日　粤赣湘边纵队北线主力进入河源城，河源全境宣告解放。

9 月 20 日至 23 日　粤赣湘边纵队南、北线主力追击围歼国民党第一九六师，于埔前石坝一带与敌激战。毙、伤敌 300 余人，缴获轻重机枪 4 挺，步枪 100 多支。因敌保安第三师、保安第五师北上接应，第一九六师得以逃脱。

9 月 23 日　河源县人民政府进驻河源城。同时成立河源县军事管制委员会，张华基为主任，吴震乾为副主任。

9 月下旬　河源县支前民工团成立，欧阳梧任团长，吴震乾任政治委员。

10 月 1 日　中华人民共和国成立。当消息传到河源，全城一片欢腾，各界群众纷纷庆祝。

10 月 13 日　中国人民解放军两广纵队和粤赣湘边纵队独立第六团抵达河源城，随后向南挺进，参加解放广东之役。

# 红色革命遗址、纪念场馆

河源县第一个农会旧址 位于康禾镇曲龙村曲龙老屋。1925年，紫金县农民运动领导人钟子怀、刘琴西数次到曲龙村宣传革命道理，是年冬在此屋成立苏维埃曲龙农民协会

中共后东特委旧址　位于黄村镇永新村文秀塘黄中强屋（1942年1月由龙川县水贝村迁至此处）。
1996年进行修缮

中共河源县第一届委员会成立旧址　位于叶潭镇麦畲排刘屋，1940年6月，中共河源县第一届委员
会在此成立。之前，河源地区党组织称"工委"

河源县第一届人民政府成立旧址　位于上莞镇黄龙岗塘下"大夫第"（屋名）。1948年12月7日，上莞圩召开群众大会，庆祝成立河源县人民政府，县政府办公地址设在此屋

粤赣边支队成立旧址　1948年8月7日，九连地区军民3000多人，在河源县上莞下岗，举行广东人民解放军粤赣边支队成立典礼

阮啸仙故居　位于义合镇下屯村，是革命先烈阮啸仙的故居，始建于清朝时期。该故居曾于解放初期坍塌，1996年，省、市、县政府拨款按原貌修复。修复后的故居属三进院落式客家民居，石灰沙砌石墙基，火砖木料结构，门窗由花岗岩石构成，总建筑面积630平方米。故居内设有阮啸仙生平事迹图片、文字介绍。1998年被河源市政府列为爱国主义和革命传统教育基地。2002年，被省政府定为省级文物保护单位。2004年10月，省文化厅拨款30万元维修阮啸仙故居，并完善附属设施。上图为故居外观，下图为故居内部

河源革命烈士陵园

上莞革命烈士陵园

阮啸仙烈士纪念亭

阮啸仙烈士塑像

**东源县革命遗址保护开发情况**

近年来，东源县委、县政府高度重视红色资源的挖掘、保护和开发利用工作，各类革命遗址得到了有效保护。经摸查统计，东源县的红色资源共有49处，主要分布在14个乡镇。

康禾有4处：曲龙支部旧址、埔坎阻击战遗址、黄坑阻击战遗址、康禾革命烈士陵园。

黄村有10处：广东抗日青年先锋队第九区队队部旧址、中共河源县工委旧址、中共后东特委驻地及《星火报》旧址、中共东江特委文秀塘会议旧址、《燎原报》旧址、马肩坳战斗遗址、黄村宁山亚婆髻战斗遗址、黄竹径伏击战遗址、黄村革命历史和革命烈士纪念馆、黄村革命烈士陵园。

叶潭有7处：儒步抗日先锋队旧址、中共河源县委成立旧址、中共河源县委旧址、中共九连工委第一次会议旧址、能溪乡人民政府旧址、半径伏击战遗址、儒步村烈士纪念碑。

船塘有7处：东江华侨回乡抗日服务团船塘老围旧址、流洞小学——中共河西县委旧址、东江公学旧址、萝溪书院遗址、船塘老围保卫战遗址、河西革命烈士纪念公园、河西革命历史展览馆。

上莞有6处：君陈小学——中共河西县委旧址、中共九连地委粤赣边支队司令部旧址、河源县人民政府旧址、中共九连地委粤赣边支队河源县人民政府成立纪念亭、上莞坐背反"扫荡"战斗遗址、上莞革命烈士陵园。

灯塔有2处：中共中磜支部旧址、旗岭山战斗遗址。

黄田有1处：鹤塘战斗遗址。

骆湖有2处：大坪战斗遗址、骆湖镇革命烈士纪念碑。

义合有3处：大人岭战斗遗址、阮啸仙故居、白马战斗遗址。

曾田有2处：东二支队与保十三团第一次谈判旧址、横坑村谈判旧址（即第二次）。

蓝口有 1 处：咸水塘谈判旧址。

仙塘有 1 处：仙塘革命烈士纪念碑。

曾田有 1 处：曾田革命烈士陵园。

漳溪有 2 处：漳溪乡革命烈士陵园、粤赣边支队长江队（原东塅队）旧址。

其中：革命领导人故居 1 处：阮啸仙故居；重要机构 8 处：中共后东特委驻地、中共河源县委成立旧址、河源县委旧址、河源县人民政府旧址、九连地委粤赣边支队旧址、君陈小学、流洞小学（河西县委旧址）、能溪乡人民政府旧址；纪念碑 9 处；其他纪念设施 31 处。

1996 年，省、市、县三级政府共拨款 36 万元，修复阮啸仙故居。阮啸仙故居革命遗址等作为旅游资源被开发成景区景点，发挥其应有作用。

附录三 革命人物

## 新民主主义革命时期革命英烈名录

| 姓名 | 性别 | 出生年 | 籍贯 | 参加革命、牺牲时间、地点原因 |
|---|---|---|---|---|
| 阮啸仙 | 男 | 1898 年 | 义合镇人 | 1935 年 3 月在江西省信丰与国民党反动军队作战牺牲 |
| 杨亚进 | 男 | 1909 年 | 康禾镇人 | 1933 年 3 月在黄田铁门岗因叛徒告密遭敌人杀害 |
| 杨亚文 | 男 | 1910 年 | 康禾镇人 | 1933 年 3 月在黄田铁门岗因叛徒告密遭敌人杀害 |
| 赖 民 | 男 | 1902 年 | 康禾镇人 | 1933 年在黄田铁门岗因叛徒告密遭敌人杀害 |
| 杨仁香 | 男 | 1907 年 | 康禾镇人 | 1933 年在黄田铁门岗因叛徒告密遭敌人杀害 |
| 杨年兴 | 男 | 1903 年 | 康禾镇人 | 1932 年因叛徒告密在曲龙村被捕，遭敌人杀害 |
| 曾火康 | 男 | | 康禾公社曲龙村 | 1930 年参加紫、河游击队，因叛徒告密，1933 年在黄田铁门岗遭杀害 |
| 曾亚佛 | 男 | | 康禾公社曲龙村 | 1930 年参加紫、河游击队，因叛徒告密，1933 年在黄田铁门岗遭杀害 |

（续上表）

| 姓名 | 性别 | 出生年 | 籍贯 | 参加革命、牺牲时间、地点原因 |
|---|---|---|---|---|
| 曾作瑞 | 男 | | 康禾公社曲龙村 | 1930 年参加紫、河游击队，因叛徒告密，1933 年在黄田铁门岗遭杀害 |
| 曾亚宪 | 男 | | 康禾公社曲龙村 | 1930 年参加紫河游击队，因叛徒告密，1933 年在黄田铁门岗遭杀害 |
| 邹　安 | 男 | 时间不详 | 黄村镇人 | 1928 年在进攻龙川鹤市战斗中于官镜大坑凹被捕，遭敌人杀害 |
| 曾锡翔 | 男 | 1913 年 | 柳城镇人 | 1940 年 3 月在太行山与敌人作战牺牲 |
| 丘国章 | 男 | 1905 年 | 黄村镇人 | 1943 年在参加宝安新界党训班学习时被日军包围，突围时牺牲 |
| 张金昌 | 男 | 1924 年 | 黄村镇人 | 1945 年在宁山被三县敌军包围，战斗牺牲 |
| 刘祥烈 | 男 | 1924 年 | 叶潭镇人 | 1945 年被捕，遭敌人杀害 |
| 黄卓茹 | 男 | 1906 年 | 叶潭镇人 | 1940 年在紫金县被捕，于惠州监狱遭敌人杀害 |
| 李炳兴 | 男 | 1916 年 | 新回龙镇人 | 1944 年 3 月在古岭与伪县中队作战牺牲 |
| 曾铁光 | 男 | 1921 年 | 康禾镇人 | 1944 年在五华县与敌人作战牺牲 |
| 诸维卿 | 男 | 1899 年 | 康禾镇人 | 1945 年在康禾乡被捕，于南湖乡遭敌人杀害 |
| 廖何石 | 男 | 1920 年 | 康禾镇人 | 1945 年 8 月在康禾乡被捕，于南湖乡遭敌人杀害 |

（续上表）

| 姓名 | 性别 | 出生年 | 籍贯 | 参加革命、牺牲时间、地点原因 |
|------|------|--------|------|------------------------------|
| 诸观明 | 男 | 1895 年 | 康禾镇人 | 1945 年 10 月在黄村征粮时被捕，遭敌人杀害 |
| 钟呈贵 | 男 | 1913 年 | 康禾镇人 | 1945 年在若坝河连角被捕，于南湖乡遭敌人杀害 |
| 叶火胜 | 男 | 1912 年 | 新回龙镇人 | 1949 年在解放福建省时与敌作战牺牲 |
| 朱娘兰 | 男 | 1927 年 | 顺天镇人 | 1949 年在博罗县石坝与敌人作战牺牲 |
| 朱娘楚 | 男 | 1925 年 | 顺天镇人 | 1949 年春在江西省信丰县水师与敌作战牺牲 |
| 朱荣中 | 男 | 1913 年 | 顺天镇人 | 1948 年 10 月在顺天与敌作战牺牲 |
| 陈金为 | 男 | 1930 年 | 柳城镇人 | 1949 年 1 月在大人山与敌作战牺牲 |
| 张李赞 | 男 | 1919 年 | 柳城镇人 | 1948 年 4 月因征粮被捕，在柳城天地庙遭敌人杀害 |
| 杨贵钦 | 男 | 1929 年 | 柳城镇人 | 1949 年在九连山与敌作战牺牲 |
| 陈为廉 | 男 | 1926 年 | 柳城镇人 | 1948 年 5 月在征粮途中被捕，于柳城河遭敌人杀害 |
| 杨以名 | 男 | 1929 年 | 柳城镇人 | 1948 年 5 月在送粮途中，与国民党伪兵搏斗牺牲 |
| 陈振国 | 男 | 1921 年 | 柳城镇人 | 1949 年因执行任务在柳城公路厂背底遭伪兵杀害 |
| 杨石妹 | 男 | 1916 年 | 柳城镇人 | 1948 年冬在通信途中被捕，于蓝口遭敌人杀害 |

（续上表）

| 姓名 | 性别 | 出生年 | 籍贯 | 参加革命、牺牲时间、地点原因 |
|---|---|---|---|---|
| 陈运连 | 男 | 1928 年 | 柳城镇人 | 1948 年 9 月因执行任务被捕，于坪山遭敌人杀害 |
| 张谷英 | 女 | 1903 年 | 柳城镇人 | 1948 年 12 月在柳城石坝头执行任务时被敌人发现，中弹牺牲 |
| 陈林增 | 男 | 1921 年 | 柳城镇人 | 1949 年 1 月在大人山与敌作战牺牲 |
| 蒙春才 | 男 | 1924 年 | 柳城镇人 | 1948 年 3 月在柳城攻打伪自卫班时被捕，遭敌人杀害 |
| 蒙春麟 | 男 | 1928 年 | 柳城镇人 | 1947 年 4 月攻打柳城时被捕，遭敌人杀害 |
| 杨衡胜 | 男 | 1919 年 | 柳城镇人 | 1949 年 2 月伪军"扫荡"南坝时被捕，于柳城小河遭敌人杀害 |
| 杨荣华 | 男 | 1912 年 | 柳城镇人 | 1947 年 5 月在柳城石坝头与敌作战牺牲 |
| 杨方昌 | 男 | 1928 年 | 柳城镇人 | 1948 年在上莞李屋排与敌作战牺牲 |
| 丘日来 | 男 | 1905 年 | 船塘镇人 | 1948 年 10 月国民党保安五团"扫荡"解放区，在突围战斗中牺牲 |
| 丘宏玉 | 男 | 1929 年 | 船塘镇人 | 1948 年 10 月在国民党保安五团"扫荡"解放区时被捕，遭敌人杀害 |
| 丘火明 | 男 | 1923 年 | 船塘镇人 | 1948 年 10 月国民党保安团"扫荡"解放区，在突围战斗中牺牲 |
| 林娘石 | 男 | 1931 年 | 船塘镇人 | 1949 年攻打连平城时被捕，遭敌人杀害 |

（续上表）

| 姓名 | 性别 | 出生年 | 籍贯 | 参加革命、牺牲时间、地点原因 |
|---|---|---|---|---|
| 叶春发 | 男 | 1930 年 | 船塘镇人 | 1948 年在白礤与敌人作战牺牲 |
| 张德才 | 男 | 1926 年 | 船塘镇人 | 1948 年 3 月在白礤被土匪杀害 |
| 张亚万 | 男 | 1927 年 | 船塘镇人 | 1948 年 4 月在和平县公白运粮途中被捕，遭敌人杀害 |
| 丘裕统 | 男 | 1913 年 | 船塘镇人 | 1946 年 3 月在反"围剿"时被捕，于船塘圩被国民党反动派杀害 |
| 丘裕添 | 男 | 1924 年 | 船塘镇人 | 1946 年 3 月在反"围剿"时被捕，于船塘圩被敌人杀害 |
| 丘裕龙 | 男 | 1925 年 | 船塘镇人 | 1946 年 3 月在反"围剿"时被捕，于船塘圩被敌人杀害 |
| 张启坤 | 男 | 1914 年 | 船塘镇人 | 1947 年 10 月在三河圩被捕，1948 年 2 月于忠信被敌人杀害 |
| 叶 我 | 男 | 1929 年 | 船塘镇人 | 1948 年在九连山与敌作战牺牲 |
| 丘国贤 | 男 | 1912 年 | 船塘镇人 | 1947 年 10 月在三河圩被捕，1948 年 2 月于忠信被敌人杀害 |
| 张裕丰 | 男 | 1924 年 | 船塘镇人 | 1947 年 9 月因叛徒出卖，在三河圩被捕遭敌人杀害 |
| 丘耀浓 | 男 | 1924 年 | 船塘镇人 | 1946 年 3 月在漂湖被捕，遭敌人杀害 |
| 谢映光 | 男 | 1911 年 | 船塘镇人 | 1946 年 2 月被捕，遭敌人杀害 |
| 欧阳木 | 男 | 1913 年 | 船塘镇人 | 1948 年 7 月负伤，医治无效牺牲 |
| 邱月生 | 男 | 1917 年 | 船塘镇人 | 1948 年被捕，在李田坝被敌人杀害 |
| 欧阳朋 | 男 | 1923 年 | 船塘镇人 | 1946 年 3 月在和平县东水税站被敌人包围，在战斗中牺牲 |

（续上表）

| 姓名 | 性别 | 出生年 | 籍贯 | 参加革命、牺牲时间、地点原因 |
|---|---|---|---|---|
| 许庆款 | 男 | 1916 年 | 船塘镇人 | 1948 年被捕，在李田坝被敌人杀害 |
| 欧阳钦 | 男 | 1927 年 | 船塘镇人 | 1948 年 11 月在铁江埔被捕，遭敌人杀害 |
| 欧阳针 | 男 | 1927 年 | 船塘镇人 | 1947 年 9 月在三河被敌人杀害 |
| 欧娘麟 | 男 | 1923 年 | 船塘镇人 | 1948 年在灯塔白与敌人作战牺牲 |
| 许景云 | 男 | 1924 年 | 船塘镇人 | 1948 年 6 月在和平县礼士镇作战牺牲 |
| 欧阳统 | 男 | 1927 年 | 船塘镇人 | 1948 年 3 月在南湖双田与敌人作战牺牲 |
| 欧阳益 | 男 | 1930 年 | 船塘镇人 | 1948 年在横坑与敌人作战牺牲 |
| 许亚苟 | 男 | 1926 年 | 船塘镇人 | 1948 年在和平县林寨与敌人作战牺牲 |
| 曾娘明 | 男 | 1916 年 | 船塘镇人 | 1949 年 1 月在李田税站与敌人作战牺牲 |
| 李亚月 | 男 | 1916 年 | 船塘镇人 | 1948 年 6 月在和平县礼士与敌人作战牺牲 |
| 欧阳璞（扑） | 男 | 1906 年 | 船塘镇人 | 1946 年 1 月国民党"扫荡"老围村时战斗牺牲 |
| 欧其昌 | 男 | 1918 年 | 船塘镇人 | 1946 年 3 月被捕，在船塘圩被敌人杀害 |
| 唐石古 | 男 | 1928 年 | 曾田镇人 | 1948 年 9 月在曾田老庙被国民党保安十三团包围，突围时牺牲 |
| 丘亚统 | 男 | 1913 年 | 曾田镇人 | 1948 年 7 月在曾田阻击战中牺牲 |
| 李达运 | 男 | 1929 年 | 曾田镇人 | 1949 年 9 月在埔前与敌人作战牺牲 |

（续上表）

| 姓名 | 性别 | 出生年 | 籍贯 | 参加革命、牺牲时间、地点原因 |
|---|---|---|---|---|
| 郭常检 | 男 | 1930 年 | 曾田镇人 | 1948 年 7 月被捕，在蓝口独石湖被敌人杀害 |
| 黄作金 | 男 | 1921 年 | 曾田镇人 | 1948 年 9 月被捕，在蓝口独石湖被敌人杀害 |
| 叶石昌 | 男 | 1919 年 | 曾田镇人 | 1947 年冬在船塘李田凹战斗中被捕，被敌人杀害 |
| 余佑年 | 男 | 1926 年 | 曾田镇人 | 1948 年 9 月在曾田被捕，于蓝口独石湖被敌人杀害 |
| 张汝纯 | 男 | 1917 年 | 曾田镇人 | 1948 年冬在蓝口地运圩与敌人作战牺牲 |
| 张文忠 | 男 | 1917 年 | 曾田镇人 | 1948 年春在蓝口地运圩与敌人作战牺牲 |
| 丘观桂 | 男 | 1923 年 | 曾田镇人 | 1948 年春在曾田横坑与敌人作战牺牲 |
| 邹亚荣 | 男 | 1918 年 | 曾田镇人 | 1948 年 11 月在与敌人作战中牺牲 |
| 丘春日 | 男 | 1923 年 | 曾田镇人 | 1948 年在和平县攻打国民党犁亚乡公所，在战斗中牺牲 |
| 刘运水 | 男 | 1930 年 | 船塘镇人 | 1948 年 8 月在紫金县梧峰与敌人作战牺牲 |
| 张南火 | 男 | 1929 年 | 船塘镇人 | 1947 年 10 月在李田凹与敌人作战牺牲 |
| 廖亚排 | 男 | 1909 年 | 船塘镇人 | 1947 年 10 月在李田凹与敌人作战牺牲 |

（续上表）

| 姓名 | 性别 | 出生年 | 籍贯 | 参加革命、牺牲时间、地点原因 |
|---|---|---|---|---|
| 廖娘统 | 男 | 1925 年 | 船塘镇人 | 1947 年 10 月在李田凹与敌人作战牺牲 |
| 蓝来发 | 男 | 1931 年 | 双江镇人 | 1949 年 9 月在解放博罗县石坝战斗中牺牲 |
| 赖可悬 | 男 | 1931 年 | 双江镇人 | 1949 年 9 月在解放博罗县石坝战斗中牺牲 |
| 赖罗招 | 男 | 1927 年 | 灯塔镇人 | 1948 年 2 月在石古岗黄土岭反"扫荡"战斗中牺牲 |
| 危亚检 | 男 | 1930 年 | 灯塔镇人 | 1949 年在骆湖与敌人作战牺牲 |
| 赖景忠 | 男 | 1920 年 | 灯塔镇人 | 1947 年被捕，在忠信被敌人杀害 |
| 朱居安 | 男 | 1920 年 | 灯塔镇人 | 1948 年 10 月在灯塔奇岭碉堡山作战牺牲 |
| 冯启成 | 男 | 1910 年 | 灯塔镇人 | 1948 年 10 月在灯塔碉堡山作战牺牲 |
| 黄罗木 | 男 | 1902 年 | 灯塔镇人 | 1948 年在蓝口桥与敌人作战牺牲 |
| 冯炳乐 | 男 | 1900 年 | 灯塔镇人 | 1948 年 8 月在灯塔战斗中被捕，遭敌人杀害 |
| 冯庭辉 | 男 | 1921 年 | 灯塔镇人 | 1948 年 8 月在灯塔圩被捕，遭敌人杀害 |
| 黄竣杰 | 男 | 1910 年 | 灯塔镇人 | 1949 年执行任务被捕，在河源帽岭下遭敌人杀害 |
| 杨成占 | 男 | 1917 年 | 涧头镇人 | 1946 年在灯塔神前与敌人作战牺牲 |
| 张焕培 | 男 | 1919 年 | 涧头镇人 | 1948 年在翁源县送信途中被敌人杀害 |
| 赖玉荣 | 男 | 1922 年 | 漳溪乡人 | 1948 年 3 月在解放灯塔战斗中牺牲 |

（续上表）

| 姓名 | 性别 | 出生年 | 籍贯 | 参加革命、牺牲时间、地点原因 |
|---|---|---|---|---|
| 吴黄旧 | 男 | 1912 年 | 漳溪乡人 | 1947 年 7 月在骆湖坪塘与敌人作战牺牲 |
| 周佛恩 | 男 | 1909 年 | 漳溪乡人 | 1947 年 7 月在骆湖与国民党军作战牺牲 |
| 吴汝杰 | 男 | 1919 年 | 漳溪乡人 | 1947 年 9 月在筹粮途中被捕，于忠信遭敌人杀害 |
| 周显中 | 男 | 1920 年 | 漳溪乡人 | 1947 年 8 月在执行任务途中被捕，于忠信遭敌人杀害 |
| 吴炳香 | 男 | 1913 年 | 漳溪乡人 | 1949 年 1 月在大人岭与敌人作战牺牲 |
| 周亚汝 | 男 | 1920 年 | 漳溪乡人 | 1949 年在灯塔白石示与敌人作战牺牲 |
| 曾简惠 | 男 | 1927 年 | 漳溪乡人 | 1949 年 5 月在蓝口江边与敌作战牺牲 |
| 吴耀南 | 男 | 1916 年 | 漳溪乡人 | 1947 年 7 月在执行征税任务时被捕，于龙江圩遭敌人杀害 |
| 罗娘信 | 男 | 1922 年 | 上莞镇人 | 1948 年 11 月在和平县大湖与敌作战牺牲 |
| 陈国汉 | 男 | 1909 年 | 上莞镇人 | 1948 年 7 月在上莞常美与国民党保安十三团作战牺牲 |
| 陈百兰 | 男 | 1927 年 | 上莞镇人 | 1949 年在和平县林寨与敌人作战牺牲 |
| 李 亮 | 男 | 1926 年 | 上莞镇人 | 1948 年 7 月在上莞常美与国民党军队作战牺牲 |
| 曾黄苟 | 男 | 1917 年 | 上莞镇人 | 1948 年 7 月在上莞常美与国民党军队作战牺牲 |

（续上表）

| 姓名 | 性别 | 出生年 | 籍贯 | 参加革命、牺牲时间、地点原因 |
|------|------|--------|------|------------------------------|
| 陈云舫 | 男 | 1907 年 | 上莞镇人 | 1948 年 7 月在上莞常美与国民党保安十五团作战牺牲 |
| 陈启坤 | 男 | 1918 年 | 上莞镇人 | 1947 年在执行任务时被捕，于黄龙岗禾尚坳被敌人杀害 |
| 陈松喜 | 男 | 1923 年 | 上莞镇人 | 1948 年春在灯塔与敌人作战牺牲 |
| 田国栋（"梁"） | 男 | 1917 年 | 上莞镇人 | 1948 年 8 月在上莞与敌人作战牺牲 |
| 李育略 | 男 | 1919 年 | 上莞镇人 | 1947 年冬在李田柯木与敌人作战牺牲 |
| 陈水兰 | 男 | 1907 年 | 上莞镇人 | 1948 年 7 月在上莞堂背与敌人作战牺牲 |
| 陈五英 | 男 | 1911 年 | 上莞镇人 | 1948 年在柳城与敌人作战牺牲 |
| 陈　林 | 男 | 1929 年 | 上莞镇人 | 1949 年 1 月在大人山与敌人作战牺牲 |
| 李祝尧 | 男 | 1920 年 | 上莞镇人 | 1948 年在曾田中梗途中被捕，遭敌人杀害 |
| 欧阳万 | 男 | 1922 年 | 骆湖镇人 | 1947 年冬在九连山与敌人作战牺牲 |
| 欧火兴 | 男 | 1910 年 | 骆湖镇人 | 1949 年 1 月在大人山与敌人作战牺牲 |
| 刘瑞平 | 男 | 1929 年 | 骆湖镇人 | 1948 年 7 月在南湖攻打伪军时牺牲 |
| 欧娘娣 | 男 | 1929 年 | 骆湖镇人 | 1947 年冬在九连山与敌人作战牺牲 |
| 李清烈 | 男 | 1924 年 | 黄村镇人 | 1949 年 1 月在河源大人岭与敌人作战牺牲 |
| 罗炳春 | 男 | 1926 年 | 黄村镇人 | 1947 年 4 月攻打黄村圩被俘，在河源监狱受折磨致牺牲 |
| 张进发 | 男 | 1926 年 | 黄村镇人 | 1947 年 4 月攻打黄村圩被俘，在河源监狱受折磨致牺牲 |

（续上表）

| 姓名 | 性别 | 出生年 | 籍贯 | 参加革命、牺牲时间、地点原因 |
|------|------|--------|------|------------------------------|
| 邹　兴 | 男 | 1910 年 | 黄村镇人 | 1948 年 4 月在黄村反"扫荡"时作战牺牲 |
| 黄庆沅 | 男 | 1906 年 | 黄村镇人 | 1948 年 6 月在板仓与敌人作战牺牲 |
| 张　生 | 男 | 1910 年 | 黄村镇人 | 1947 年在护送粮食途中被敌人包围，在战斗中牺牲 |
| 黄　丁 | 男 | 1924 年 | 黄村镇人 | 1948 年 9 月在黄村祝岗被捕，遭敌人杀害 |
| 张　岳 | 男 | 1913 年 | 黄村镇人 | 1949 年在攻打叶潭圩战斗中牺牲 |
| 程发源 | 男 | 1927 年 | 黄村镇人 | 1948 年 6 月被敌人秘密逮捕，在黄村东门桥被敌人杀害 |
| 张　月 | 男 | 1910 年 | 黄村镇人 | 1948 年 10 月在三尾战斗中受伤被俘，于黄村圩东门桥下被敌人杀害 |
| 张　潭 | 男 | 1913 年 | 黄村镇人 | 1948 年 6 月在紫金县东坝石楼与敌人作战牺牲 |
| 戴　月 | 男 | 1922 年 | 黄村镇人 | 1948 年 4 月在本村社下潭与敌人作战牺牲 |
| 程兆谨 | 男 | 1920 年 | 黄村镇人 | 1947 年 12 月在紫金县中坝恙畬税站与敌人作战牺牲 |
| 罗观保 | 男 | 1921 年 | 黄村镇人 | 1948 年 7 月在下七树村反"扫荡"中被捕，遭敌人杀害 |
| 张以辉 | 男 | 1925 年 | 黄村镇人 | 1947 年在紫金县白熙十二排受围，在战斗中牺牲 |

（续上表）

| 姓名 | 性别 | 出生年 | 籍贯 | 参加革命、牺牲时间、地点原因 |
|------|------|--------|------|------------------------------|
| 张　金 | 男 | 1917年 | 黄村镇人 | 1948年6月在紫金县石古坑与敌人作战牺牲 |
| 黄耀中 | 男 | 1925年 | 黄村镇人 | 1947年11月在紫金县白溪攻打国民党，在战斗中牺牲 |
| 钟　震 | 男 | 1923年 | 黄村镇人 | 1948年3月在三洞公子塘埋地雷，发生爆炸，在事故中牺牲 |
| 张月麟 | 男 | 1922年 | 黄村镇人 | 1948年在邬洞石牛栏与伪自卫队作战牺牲 |
| 张佐平 | 男 | 1930年 | 黄村镇人 | 1948年1月在五华县占坑与敌人作战牺牲 |
| 何　培 | 男 | 1926年 | 黄村镇人 | 1949年攻打叶潭伪军牺牲 |
| 邬观日 | 男 | 1920年 | 黄村镇人 | 1948年在蓝口地运圩攻打伪乡府粮站牺牲 |
| 李　振 | 男 | 1910年 | 黄村镇人 | 1948年在康禾田心制造手榴弹牺牲 |
| 张敬标 | 男 | 1930年 | 黄村镇人 | 1947年9月在紫金县勒逢窝与敌人作战牺牲 |
| 程来兴 | 男 | 1930年 | 黄村镇人 | 1948年5月在五华县长布琴口塘与敌人作战牺牲 |
| 程维林 | 男 | 1923年 | 黄村镇人 | 1947年在紫金县中坝与敌人作战牺牲 |
| 丘炳华 | 男 | 1923年 | 黄村镇人 | 1947年在征粮时被国民党军杀害 |
| 程佩佛 | 男 | 1923年 | 黄村镇人 | 1948年在下七树遭敌人袭击，在战斗中牺牲 |

（续上表）

| 姓名 | 性别 | 出生年 | 籍贯 | 参加革命、牺牲时间、地点原因 |
|---|---|---|---|---|
| 黄佛日 | 男 | 1921 年 | 黄村镇人 | 1948 年 7 月在双塘受围被捕，遭敌人杀害 |
| 张庚传 | 男 | 1929 年 | 黄村镇人 | 1947 年 4 月在康禾与国民党军队作战牺牲 |
| 程日才 | 男 | 1925 年 | 黄村镇人 | 1949 年在叶潭与敌人作战牺牲 |
| 程坤波 | 男 | 1926 年 | 黄村镇人 | 1947 年在紫金县古竹与敌人作战牺牲 |
| 黄　火 | 男 | 1919 年 | 黄村镇人 | 1947 年在永新蕉坑黄泥排与特务搏斗牺牲 |
| 李　金 | 男 | 1920 年 | 黄村镇人 | 1948 年 10 月在紫金县作战负伤被捕，在久社圩被敌人杀害 |
| 黄亚基 | 男 | 1929 年 | 黄村镇人 | 1948 年 4 月在祝岗壮头攻打敌军牺牲 |
| 黄亚才 | 男 | 1928 年 | 黄村镇人 | 1948 年在江西密寨送信时与敌人搏斗牺牲 |
| 李滋秀 | 男 | 1905 年 | 黄村镇人 | 1949 年 3 月在为游击队送粮途中被捕，在黄村圩东门桥被敌人杀害 |
| 程振光 | 男 | 1927 年 | 黄村镇人 | 1947 年 9 月在五华县南村与敌人作战牺牲 |
| 程佩澎 | 男 | 1929 年 | 黄村镇人 | 1947 年冬在叶潭黄牛嶂因试制手榴弹牺牲 |
| 黄发仔 | 男 | 1920 年 | 黄村镇人 | 1948 年因送信在五华县途中被捕，遭敌人杀害 |
| 曾炳坤 | 男 | 1919 年 | 黄田镇人 | 1947 年因执行任务在蓝口三口塘被捕，遭敌人杀害 |
| 曾宪如 | 男 | 1903 年 | 黄田镇人 | 1948 年受围时被捕牺牲 |

（续上表）

| 姓名 | 性别 | 出生年 | 籍贯 | 参加革命、牺牲时间、地点原因 |
|---|---|---|---|---|
| 曾庆梧 | 男 | 1918 年 | 黄田镇人 | 1948 年在黄田被捕，遭敌人杀害 |
| 廖奴苟 | 男 | 1911 年 | 黄田镇人 | 1947 年 11 月在围攻伪乡府时被捕，在黄田老街河头遭敌人杀害 |
| 廖 彬 | 男 | 1913 年 | 黄田镇人 | 1947 年 11 月在围攻伪乡府时被捕，在黄田老街河头遭敌人杀害 |
| 刘石连 | 男 | 1926 年 | 叶潭镇人 | 1948 年 4 月在叶潭与敌人作战牺牲 |
| 刘 新 | 男 | 1922 年 | 叶潭镇人 | 1947 年冬在曾田雷公坑，在攻打敌人碉堡时牺牲 |
| 刘道华 | 男 | 1929 年 | 叶潭镇人 | 1947 年在琏石白石坳，在截击敌人战斗中牺牲 |
| 邹培忠 | 男 | 1896 年 | 叶潭镇人 | 1948 年 9 月在攻打黄田学塘伪保公所时牺牲 |
| 刘火明 | 男 | 1917 年 | 叶潭镇人 | 1948 年在紫金县古竹与敌人作战牺牲 |
| 黄法胜 | 男 | 1924 年 | 叶潭镇人 | 1948 年 12 月在叶潭反"扫荡"战斗中牺牲 |
| 黄恩古 | 男 | 1919 年 | 叶潭镇人 | 1948 年 4 月在黄村富丽岗与敌人作战牺牲 |
| 刘火招 | 男 | 1929 年 | 叶潭镇人 | 1948 年在伪军"扫荡"时，在地运墟牺牲 |
| 刘观钦 | 男 | 1929 年 | 叶潭镇人 | 1949 年春在蓝口与敌人作战牺牲 |
| 黄陈连 | 男 | 1931 年 | 叶潭镇人 | 1948 年 10 月在紫金县贺光攻打地主武装，在战斗中牺牲 |
| 欧法胜 | 男 | 1901 年 | 叶潭镇人 | 1949 年 3 月为游击队送信，在双头圩被捕，遭敌人杀害 |

（续上表）

| 姓名 | 性别 | 出生年 | 籍贯 | 参加革命、牺牲时间、地点原因 |
|------|------|--------|------|------------------------------|
| 黄辉兰 | 男 | 1926 年 | 叶潭镇人 | 1948 年 12 月在送信时被捕，在双头遭敌人杀害 |
| 黄澎兴 | 男 | 1923 年 | 叶潭镇人 | 1948 年 8 月在峣嶂因试验手榴弹发生意外事故牺牲 |
| 黄有兴 | 男 | 1925 年 | 叶潭镇人 | 1948 年在叶潭与敌人作战牺牲 |
| 李应尧 | 男 | 1922 年 | 义合镇人 | 1948 年 10 月在蓝口遭国民党军袭击被捕，于狱中牺牲 |
| 萧兰先 | 男 | 1923 年 | 仙塘镇人 | 1947 年完成送信任务，在回队途中遭敌人杀害 |
| 江亚照 | 男 | 1908 年 | 锡场镇人 | 1947 年在执行通信任务时被捕，遭敌人杀害 |
| 陈观招 | 男 | 1930 年 | 黄田镇人 | 1948 年在义合与伪军作战牺牲 |
| 林桂茂 | 男 | 1909 年 | 黄田镇人 | 1948 年 10 月执行通信任务时被捕，在义合被敌人杀害 |
| 李春连 | 男 | 1918 年 | 黄田镇人 | 1948 年 6 月进行联络工作时被捕，在李树坑被敌人杀害 |
| 李　苑 | 男 | 1906 年 | 黄田镇人 | 1948 年 6 月在执行侦察任务时被捕，在李树坑被敌人杀害 |
| 李　古 | 男 | 1906 年 | 黄田镇人 | 1948 年 6 月在执行侦察任务时被捕，在李树坑被敌人杀害 |
| 陈云招 | 男 | 1922 年 | 黄田镇人 | 1948 年在紫金县长岌与敌人作战牺牲 |

（续上表）

| 姓名 | 性别 | 出生年 | 籍贯 | 参加革命、牺牲时间、地点原因 |
|---|---|---|---|---|
| 何火妹 | 男 | 1905 年 | 半江镇人 | 1947 年因执行任务，途经治溪枫门凹时被伪自卫班伏击牺牲 |
| 洪水龙 | 男 | 1929 年 | 新回龙镇人 | 1949 年 9 月在博罗县石坝与敌人作战牺牲 |
| 张云芳 | 男 | 1908 年 | 蓝口镇人 | 1946 年被捕，在蓝口遭敌人杀害 |
| 刘继连 | 男 | 1920 年 | 叶潭镇人 | 1947 年冬在蓝口执行任务时被捕，遭敌人杀害 |
| 戴呈添 | 男 | 1928 年 | 蓝口镇人 | 1948 年 12 月在紫金县蜡石鲫鱼塘攻打当地反动武装，在战斗中牺牲 |
| 余塘兴 | 男 | 1912 年 | 蓝口镇人 | 1947 年执行任务被捕，在蓝口遭敌人杀害 |
| 余森祥 | 男 | 1922 年 | 蓝口镇人 | 1947 年执行任务被捕，在蓝口遭敌人杀害 |
| 曾观荣 | 男 | 1926 年 | 蓝口镇人 | 1948 年 5 月在黄田白军"扫荡"时牺牲 |
| 顾仁发 | 男 | 1929 年 | 蓝口镇人 | 1949 年 9 月在兴宁县与白军作战牺牲 |
| 张维相 | 男 | 1924 年 | 蓝口镇人 | 1948 年在义合白马与敌人作战牺牲 |
| 叶日友 | 男 | 1899 年 | 蓝口镇人 | 1948 年 6 月被国民党蓝口自卫队杀害 |
| 张友朋 | 男 | 1929 年 | 蓝口镇人 | 1949 年在黄村与敌人作战牺牲 |
| 张船麻 | 男 | 1919 年 | 蓝口镇人 | 1948 年在紫金县大坪山与敌人作战牺牲 |
| 诸亚福 | 男 | 1896 年 | 康禾镇人 | 1948 年在陶雅与敌人作战牺牲 |
| 张土先 | 男 | 1924 年 | 康禾镇人 | 1948 年在陶雅与敌人作战牺牲 |

（续上表）

| 姓名 | 性别 | 出生年 | 籍贯 | 参加革命、牺牲时间、地点原因 |
|---|---|---|---|---|
| 张亚谭 | 男 | 1925 年 | 康禾镇人 | 1948 年在陶雅与敌人作战牺牲 |
| 张采英 | 男 | 1895 年 | 康禾镇人 | 1948 年在陶雅与敌人作战牺牲 |
| 张百栈 | 男 | 1916 年 | 康禾镇人 | 1948 年在陶雅与敌人作战牺牲 |
| 诸亚传 | 男 | 1907 年 | 康禾镇人 | 1947 年 11 月为游击队担送物资时在途中被捕，于紫金县庙前被敌人杀害 |
| 张百松 | 男 | 1926 年 | 康禾镇人 | 1948 年在陶雅与敌人作战牺牲 |
| 诸火稳 | 男 | 1880 年 | 康禾镇人 | 1948 年在陶雅与敌人作战牺牲 |
| 诸火明 | 男 | 1911 年 | 康禾镇人 | 1948 年在陶雅与敌人作战牺牲 |
| 诸木林 | 男 | 1904 年 | 康禾镇人 | 1948 年在陶雅与敌人作战牺牲 |
| 诸兆基 | 男 | 1907 年 | 康禾镇人 | 1948 年在田心被伪保十三团杀害 |
| 缪树芹 | 男 | 1924 年 | 康禾镇人 | 1948 年在蓝口与伪联防队作战牺牲 |
| 诸国新 | 男 | 1928 年 | 康禾镇人 | 1949 年在叶潭圩与敌人作战牺牲 |
| 陈秉球 | 男 | 1919 年 | 康禾镇人 | 1948 年在五华县突围战斗中牺牲 |
| 具国强 | 男 | 1930 年 | 康禾镇人 | 1948 年在牛头坳与敌人作战牺牲 |
| 诸友林 | 男 | 1925 年 | 康禾镇人 | 1947 年在紫金县高下执行任务，于途中被铺，遭敌人杀害 |
| 诸梅喜 | 男 | 1918 年 | 康禾镇人 | 1948 年在紫金县曹坑坝被捕，遭敌人杀害 |
| 诸金招 | 男 | 1905 年 | 康禾镇人 | 1948 年在陶雅与敌人作战牺牲 |
| 诸观南 | 男 | 1903 年 | 康禾镇人 | 1948 年在陶雅与敌人作战牺牲 |
| 诸流明 | 男 | 1930 年 | 康禾镇人 | 1948 年 2 月执行任务时，在五华县长布与敌人作战牺牲 |

（续上表）

| 姓名 | 性别 | 出生年 | 籍贯 | 参加革命、牺牲时间、地点原因 |
|---|---|---|---|---|
| 叶文星 | 男 | 1909 年 | 康禾镇人 | 1948 年 10 月在叶潭洪胜宫被伪十三团杀害 |
| 钟路明 | 男 | 时间不详 | 新回龙镇人 | 1948 年 5 月在博罗县石坝乡攻打反动地主武装，在作战时牺牲 |
| 潘始荣 | 男 | 时间不详 | 籍贯不详 | 1948 年 11 月在连南县寨岗鱼二中作战被捕，1949 年 3 月在阳山城被敌人杀害 |
| 刘　生 | 男 | 时间不详 | 新回龙镇人 | 1949 年牺牲 |
| 钟定坚 | 男 | 时间不详 | 新回龙镇人 | 1948 年 6 月在古岭被捕，遭敌人杀害 |
| 曾日阳 | 男 | 1913 年 | 船塘镇人 | 1948 年 8 月因叛徒出卖被捕，遭敌人杀害 |
| 欧阳俊和 | 男 | 1910 年 | 叶潭镇人 | 1948 年 9 月在叶潭儒步被敌人杀害 |
| 刘国标 | 男 | 1923 年 | 叶潭镇人 | 1948 年 9 月在叶潭圩侦察敌情时被捕，遭敌人杀害 |
| 黄亚金 | 男 | 1903 年 | 叶潭镇人 | 1948 年 9 月在叶潭圩侦察敌情时被捕，遭敌人杀害 |
| 张流明 | 男 | 1912 年 | 曾田镇人 | 1948 年 8 月在曾田下村坝被敌人杀害 |
| 叶启棠 | 男 | 1924 年 | 曾田镇人 | 1948 年 9 月在曾田下村坝被敌人杀害 |
| 刘竹康 | 男 | 1900 年 | 柳城镇人 | 1948 年 8 月在上莞圩被敌人杀害 |
| 程　华 | 男 | 1925 年 | 黄村镇人 | 1948 年 6 月在黄村圩东门桥被敌人杀害 |
| 张继兴 | 男 | 1923 年 | 黄村镇人 | 1948 年 8 月在紫金中坝追击伪县警大队，在作战时中弹牺牲 |

（续上表）

| 姓名 | 性别 | 出生年 | 籍贯 | 参加革命、牺牲时间、地点原因 |
|------|------|--------|------|------------------------------|
| 邹艳中 | 男 | 1905 年 | 黄村镇人 | 1948 年 7 月因执行任务被捕，在黄村被敌人杀害 |
| 程庚生 | 男 | 1924 年 | 黄村镇人 | 1948 年 7 月因执行任务被捕，在黄村邹洞被敌人杀害 |
| 张进兴 | 男 | 1929 年 | 黄村镇人 | 1947 年 10 月在紫金县白溪十二排反"扫荡"战斗中牺牲 |

## 钟子怀

钟子怀（1899—1933），紫金县黄塘镇庙前村人，做过私塾教师，由于"五四"运动的影响，他经常看进步书刊，与县城进步青年刘琴西、钟灵、刘乃宏、叶铁魂等一起探讨革命真理。1922 年，钟子怀时常赴紫金县城参加"新学生社""劳动半夜学校"活动，听刘尔嵩、刘琴西、赖炎光演讲革命真理。

不久，钟子怀在刘琴西的带领下，投入农民运动，随刘琴西、赖炎光到紫金炮子、南岭进行农民运动考察，到河源康禾曲龙、白鸠坑一带活动，与当地农民交朋友，宣传革命真理，串联发动以赖民为核心的贫苦农民，成立曲龙农民协会。

钟子怀经刘琴西、钟灵介绍参加了共产党，入党后，深入河源康禾一带山区活动，于 1926 年吸收赖民等人参加中国共产党，吸收一批青年加入共青团。同年夏天，与刘琴西到叶潭一带活动，宣传东江农民运动的形势，对当地的劳苦大众进行启发和教育。

紫金农民武装暴动后，于 1927 年 8 月钟子怀和刘琴西在康禾曲龙建立了河源县第一个中共党支部。

1927年4月，蒋介石叛变革命后，国民党驻惠州第十八师师长胡谦派其部属黄冕一个团到河源围剿、清乡，杀害共产党员，钟子怀率领农会干部转入地下活动。1929年，东江中共海陆惠紫特委决定加强对紫河边区的领导，于11月在紫金炮子成立中共紫河特区委，钟子怀被选为特区委委员，兼任蓝黄区委书记（辖康禾、黄田、蓝口、义合等地），在康禾白鸠坑建立起一支不脱产的农民武装队伍，不断开展打土豪、抗租税的斗争。

1931年2月，省委派遣阮志中从香港回到紫金好义，任中共紫河特委委员。阮志中化名黄克，在钟子怀陪同下，到康禾曲龙、黄田肚一带召开党员会议，部署斗争任务，7月，赴好义参加中共紫河特区委扩大会议，返回蓝黄区委后，在曲龙发动农民抗租、抗债、抗税、抗粮，开展土地革命斗争。民国21年惠、紫、河、博地区发生严重灾荒，人民群众生活十分困难，钟子怀派人到好义带回一批组织上印发的《为严重灾荒告惠属各县工农劳苦群众书》和《夏收斗争口号》，号召广大农民群众行动起来，不交租、不还债、不征粮、不纳税；反对帝国主义、国民党反动派、地主豪绅和资本家的压迫、剥削，实行土地革命，开展游击活动。

1932年7月13日，钟子怀赴好义参加中共紫河特区委第二次扩大会议，会后在蓝黄区建立一个手工业和店员工人的赤色工会，发动夏收和秋收斗争，整顿党团组织。与此同时，还发动群众募捐物品送上前线，慰问工农红军和紫河游击队。

1933年，广东当局和东江地区反动派执行蒋介石的大屠杀政策，康禾乡长具文史与土豪劣绅、国民党军队互相勾结，对蓝黄区革命力量进行围剿，钟子怀回紫金家乡隐蔽。3月，朱炎、彭桂、古大存等率领红军独立师来到黄塘埔美，与钟子怀取得联系，在紫河边界的风山坳与国民党军队进行了一场血战，敌我伤亡惨重，后钟子怀则转到衙前中洞村坚持斗争。钟子怀掩蔽在中洞一个姓钟的群众屋里，被埔美乡乡长李团周率国民党军和乡丁包围，钟子怀奋力抵抗，但因寡不敌众，无法冲出重围，敌人用干柴草将钟子怀藏身的房屋焚烧，钟子怀壮烈牺牲在火海中，时年34岁。

## 赖　民

赖民（1902—1933），河源县康禾曲龙田坑人。小时读过几年书，1926年参加共产党，任曲龙农会会长、党支部书记。

1922年，澎湃领导的海丰农民运动很快发展到紫金等地，与紫金毗邻的康禾曲龙的农民群众受到极大鼓舞。1925年5月，紫金县农民运动领导人钟子怀以裁缝为公开职业到曲龙，白天教人裁缝，夜里外出串门，了解民情，进行革命活动。他发现赖民是苦大仇深、憎富恤贫、敢作敢为的硬汉子，对他留下深刻印象。同年冬，钟子怀与刘琴西又一次来到曲龙，通过组织发动，建立河源县第一个农民组织——曲龙农民协会，赖民任会长，会员有300多人。从此，赖民领导农会会员，打着"打倒土豪劣绅，铲除贪官污吏，废除苛捐杂税，大家过好日子"的旗号，对地主豪绅进行坚决的斗争。赖民在斗争中受到考验，不久加入中国共产党组织。1927年8月，中共党组织在曲龙建立党支部，赖民任支部书记，隶属中共紫金特别支部领导。1929年11月，曲龙、白鸠坑组织了一支不脱产的农民赤卫队，赖民任队长。1930年，赖民参加紫河游击队，任副总指挥。

1933年3月，国民党军队对曲龙、白鸠坑一带进行"清剿"，赖民不幸被捕，同年4月12日，被国民党杀害于河源县城南门岗，年仅31岁。

## 钟芳峻

钟芳峻又名钟秀峰（1890—1938），出生于河源县蓝溪乡（今黄村镇）一个偏僻小山村，幼年时读私塾，青年时就读崇伊中学，曾受孙中山先生革命思想熏陶，决心投笔从戎，誓为拯救中华民族效力。从军 6 年后，当上连长才与家信，当上团长才探家，晋升团长后，调任国民军十二集团军六十三军张瑞贵部下一五三师四七九旅任少将旅长。

抗日战争爆发后，1938 年 10 月，日军南侵广东，从惠阳澳头淡水港登陆，长驱直入广州，钟秀峰奉令率军东上惠阳博罗阻击入侵日军，在与日本侵略军开展激烈的交战中，终因敌强我弱，弹尽粮绝，钟芳峻就在这场浴血战斗中壮烈牺牲，时年 48 岁，成为当之无愧的"抗日英雄"。

钟芳峻壮烈牺牲后，国民党军事委员会给予烈士家属抚恤金和子女免费上学待遇。

1944 年，国民政府出资由张瑞贵选择从化县良口镇某山地，建了一座公墓，将六十三军以钟芳俊为首的一批抗日阵亡将士骨骸集中安葬，公墓碑名内容为："中华民国三十三年春，陆军六十三军抗日阵亡将士公墓，端州余汉某"。

1985 年，从化县政府出资重修公墓，并邀请钟芳俊妻子儿女和亲属参加竣工典礼。自此起从化县把此公墓列为县级文物，成为当地中、小学生爱国主义教育基地，每年清明时节，中小学生前往扫墓，献祭花圈、花篮。

## 曾　进

曾进（1913—1940），原名曾锡翔，河源县柳城石侧人。幼年跟随父亲在龙川县城读书。

　　"九一八"事变后，席卷全国的"一·二八"抗日救国运动和"一二·九"爱国学生运动相继发生。龙川中学也掀起爱国运动高潮，成批学生走上街头写标语出墙报、画漫画、演剧、演讲，开展宣传抗日救国活动。曾锡翔考入中山大学，与原广东作协副主席萧殷是同窗同学，他们在课余秘密阅读马列主义著作和各种进步书籍，逐步认识到，只有中国共产党领导全国人民进行革命斗争，才能使中国彻底摆脱半殖民地半封建的贫苦落后命运。民国二十六年，"七七"卢沟桥事变后，曾锡翔毅然走出校门，投笔从戎，由广州直接北上，通过组织联系，经历无数艰难险阻，终于到达革命圣地延安，被分配在八路军办事处工作，改名为"曾进"，与萧殷等人一起参加周扬领导的文学写作与报导活动，后在陕北抗日军政大学参加政治学习和军事训练，结业后编入八路军某部任连长。在战斗中，他勇往直前，奋不顾身。由萧殷随军撰写的、以真人真事为基础的小说《东进序曲》的主角，就是曾进。

　　1940年3月，国民党集中强大的军事力量，大举扫荡太行山区革命根据地，曾进在保卫根据地的战斗中，不幸光荣牺牲，年仅27岁。

## 钟渭卿

　　钟渭卿（1882—1945），字朋锋，乳名添福，河源县城镇人，小手工业家庭出身。辛亥革命前，与黄德中、黄凤山、邱庵等秘密参加孙中山创建的同盟会，因在河源发起剪辫运动，带头剪去辫子，暴露出革命党人的身份，遭清政府通缉。逃往广州后，经同盟会员李子先的介绍，投军陈炯明部的第六军（军长杨坤如）第四旅（旅长李克成）任营长，后升为团长，驻防广州市德政路，负责孙中山、廖仲恺等人的警卫工作。

1921 年初，他反对杨坤如跟随陈炯明背叛孙中山，愤然退役回家，他用退役所得，从香港购回一批铅字，在河源县城沙边街开设钟表图章雕刻、印务书局。这个书局是河源县的第一间印务书局。

1922 年 1 月 12 日，香港海员举行大罢工，钟渭卿、谢薛臣、刘钊等人积极响应广州国民政府的号召，以县城鲁班庙为活动中心，一方面发动全城工人、手工业者及社会各阶层人士捐钱、捐物支援香港海员罢工斗争，一方面积极筹备成立工会组织。同年农历六月十三日，乘举行纪念鲁班诞辰的机会，成立河源九行工会，钟渭卿被选为会长。1925 年，九行工会召开声势浩大的群众大会，声讨帝国主义制造沙基惨案的罪行，掀起轰轰烈烈的反帝爱国运动，声援省港大罢工。

1925 年秋，钟渭卿获悉国民革命军准备第二次东征，讨伐陈炯明，积极发动县城及回龙、锡场、仙塘等地群众，组成以工人、农民为主的两千多人的民军，亲任统领，指挥队伍沿东江河岸水陆并进南下，配合黄埔军校的学生军攻打陈炯明盘踞的老巢惠州城。革命军收复东江后，钟渭卿被任命为番禺县承审员，并代理番禺县县长之职。

1927 年，国民党右派叛变革命，钟渭卿因参与组织工人运动，涉嫌与共产党有牵连而被迫去职，返回河源，仍担任九行工会会长。当时，恰缝河源发生饥荒，河源商团的陈少卿等人见利忘义，抬高粮价，囤积居奇，并转运大量粮食出境，牟取暴利，钟渭卿义愤填膺，迅速组织工人、农民、小商贩罢工、罢市。成立河源工人自卫队，在水、陆路设置哨卡，没收奸商的出境粮食，救济饥民。同年，为争取工人集会和言论自由，维护工人的正当权益，在工会的支持下，参加国民党河源县执行委员会的竞选，以多数票当选为首席常务执委，直至 1939 年，因与县长在工人集会和救济难民方面意见分歧，又常遭商会的无理刁难和攻击而愤然辞职。

1943 年，原九行工会执委黄承恩，贿赂中级法院霸占工会会址，开设旅店，钟渭卿组织工会会员与黄承恩进行坚决斗争，亲自召集原执委会成员开会解除黄承恩的执行委员之职，夺回了被霸占的会址，维护了工会的利益。

1945 年 4 月，钟渭卿在贫困中逝世，终年 64 岁。

## 刘瑞廷

刘瑞廷（1894—1990），河源县叶潭麦畲人。青年时期，受进步人士和中共东江地下党特派员刘琴西等人的新民主主义思想熏陶，追求救国救民的革命真理，参加革命队伍。

1925 年，刘瑞廷被派到广州三轮车工会当工人，不久，参加"工运"训练班，任小组长。他参加过省港大罢工，后返回家乡，在刘屋排村与刘琴西等一起组织贫苦农民刘金禄、刘舍寿、刘水润和乡村有文化的刘竹人、刘植官、刘雨记，以及青年学生刘成章等人，学习革命理论，介绍广州"工运"和海陆丰农民运动情况，动员农民组织起来，开展革命斗争。

1927 年 4 月 26 日，刘瑞廷参加紫金农民暴动，农军解放了紫金县城，成立工农革命军总指挥部，组建海、陆、紫集团军第一大队，刘瑞廷被安排在刘乃宏部下担任副官，负责战备后勤工作。同年 9 月间，刘瑞廷由刘琴西、刘碧云介绍加入中国共产党。

1928 年春，国民党对紫金苏区炮子圩根据地进行残酷的围剿，刘瑞廷和刘碧云一起奉命转移到河源县的蓝、能、康一带继续开展农民运动，先后串联刘元义、欧瑞妹、邹华卿等 10 多人，成立农会小组，刘瑞廷任农会会长，带领会员开展减租减息斗争，建立农民武装队伍，实行武装割据和土地革命。

同年 8 月 3 日，刘瑞廷奉命带领农民武装队伍与东江工农革命军攻打龙川鹤市，战斗失败，刘瑞廷受到国民党反动派的通辑，到外隐蔽。1932 年 7 月 13 日，随刘琴西在叶潭、黄村一带，恢复和发展农会组织，扩大农民武装队伍。是年冬，国民党军队和叶潭反动武装，对黄村进行围剿，大批党员、农会干部和革命群众惨遭杀害，革命一度转入低朝，刘瑞廷按党的指示，转移到柳城南坝，以教书做掩护，秘密组织进步教师、学生成立教师和学生联合会，积极开展革命宣传活动。

1932 年，刘琴西奉上级指示，前往香港治病，被港英当局逮捕。刘瑞廷获悉刘琴西被捕消息后，将家中生猪、粮食及其他家具全部典当、出卖，筹集资金营救刘琴西，并千方百计动员各阶层人士进行营救。但当他前往广州活动时，途中传来刘琴西同志不幸牺牲的噩耗，刘瑞廷悲痛欲绝。从此，他满怀悲愤地决心前仆后继，踏着先烈血迹，继承烈士遗志，革命到底。

1936 年至 1937 年间，刘瑞廷参加了在广州燕塘军校学习的共产党员张戒生和张华基等人组织的黄村蓝江学校青年读书会。还以教书为名，在柳城南坝、叶潭、儒步、双头、黄村、祝岗、邬洞等地，运用组织青年学会、醒狮团等形式，进行抗日救亡宣传活动。

1939 年春，抗日先锋队负责人林耀族、黄若潮等到叶潭、黄村建立抗日宣传组织，蓝、能、康三乡联合成立"广东青年抗日先锋队第九区队"，刘瑞廷被任命为副队长。同年 8 月，中共蓝能区委成立，他被选为组织委员兼中共叶潭支部书记。同年冬，刘瑞廷根据上级的布置，领导抗先队大力宣传"二五减租"政策，组织农民到地主家进行面对面的斗争。

1940 年 5 月，为方便地下党组织的联系，根据上级指示，刘瑞廷在叶潭街办起能溪民众合作社，作为地下党联络站，为党筹集活动经费。不久，又到紫金中坝，以开路和建店为名，建立起新的地下交通站，继续掩护地下党的工作人员开展革命活动。同年秋，刘瑞廷又奉命回到家乡叶潭开展革命活动，国民党能溪乡乡长刘载周，将刘瑞廷同父异母的弟弟刘子猴引诱过去，监视刘瑞廷的行动，从中搜集地下党活动情报，捕捉杀害地下党和革命群众，胁迫刘瑞廷不准与外人接触。刘瑞廷将情况向地下党负责人报告后，采取对策，后趁其父病故处理丧事之机，将其弟刘子猴处死。国民党能溪乡乡长刘载周等反动分子认为刘子猴之死，绝不是兄弟争夺财产所致，而是共产党计谋行动。于是，呈报县、区，调集武装力量，到黄村、叶潭"围剿"，捣毁地下党联络站，四处张贴悬赏捉拿刘瑞廷布告。鉴于这种情况，刘瑞廷奉命转移到惠、东、宝、香港等地，从事抗日前线部队的给养工作，后调入东二支四团，担任特派员。

全国解放前夕，刘瑞廷从东二支队转业到地方工作，先后任中共河源县第二区区委副书记兼区长、东江专区贸易公司副经理，后年老离休。1990 年病故，享年 96 岁。

# 革命代表人物阮啸仙

## 一、阮啸仙烈士生平

### 阮啸仙同志生平年表

林水先　刘林松

#### 1898 年

8 月 17 日　生于广东河源县义合乡下屯村。原名熙朝，字建备，号瑞宗，别号晁曦。投身革命后，曾用笑仙、阮比力、肖铣、笑、浩、猿、许亚仙、小山等化名和笔名。

#### 1910 年

在本村读私塾后，入道南初级小学读书。

#### 1914 年

入河源县城三江高等小学读书。

1916 年 3 月　因刘达庆之乱而辍学。

#### 1917 年

春　复入三江高等小学，于同年秋毕业。以此期间的作文中，常念国家之贫弱，人民生活之艰苦；推崇民族英雄；主张变革，振兴实业。

## 1918 年

3 月 25 日　考入广东第一甲种工业学校机械科。开始阅读《新青年》，接触新思潮。

## 1919 年

5 月 4 日　"五四"爱国运动爆发。

5 月 25 日　代表省立第一甲种工业学校学生在广州各校学生集会上讲话，力主响应北京的学生运动，走出校门，积极投入反帝爱国斗争。

5 月 30 日　参加广州全市学生反帝爱国示威游行。

6 月 17 日　广东中等以上学校学生联合会在广州成立。阮啸仙和刘尔崧、周其鉴为该会的主要负责人。广东中等以上学校学生联合会在广东学生爱国运动中，起了实际的领导作用。

## 1920 年

5 月 1 日　参加广州工人团体组织的"五一"劳动节纪念活动。

6 月 4 日　参加广东学生联合会举行的欢迎全国报界联合会代表的活动。

8 月　广东社会主义青年团成立，阮啸仙参加了青年团的活动。

## 1921 年

1 月 21 日　撰写《我对于筹办各县自治的忠告》，发表于

1921 年 2 月 2 日《广东群报》。

　　1 月 27 日　陈独秀应陈炯明聘请抵广州任广东省教育委员会委员长后，于是日应邀到省立第一甲种工业学校演说，阮啸仙、周其鉴担任记录，并将记录稿整理发表在 1 月 28、29 两日的《广东群报》。

　　4 月 12 日　参加广东省第一甲种工业学校全体大会，要求学校当局整顿校务。这之前，工校学生校友会成立，阮啸仙为该会交际委员会主任。

　　4 月 18 日　工校学生再次举行大会，议决：上书省教育委员会，请愿派员整顿学校；上书广东省长陈炯明，请愿撤换该校校长；请校长高崡自行辞职。

　　4 月 19 日　和工校学生前往广东省署、省教育委员会递交请愿书。陈独秀接见学生，表示支持学生的正当要求。

　　4 月 24 日　和工校学生向省署、省教育委员会递交第二次请愿书。

　　4 月 27 日　高崡在唆使部分学生破坏学生运动失败后，于是日在校长室用短剑刺伤前来责问的学生代表 3 人。

　　5 月 4 日　陈炯明签发省署布告，指责工校学生运动。

　　5 月 9 日　和来校调查的参议院议长林森谈话，要求参议院支持学生。

　　5 月 24 日　和工校学生两次向省署、省教育委员会请愿。

　　同日　主持工校学生退学团举行的师生话别会，并发表学说。

　　5 月 27 日　和工校学生集体退学离校。

　　5 月 9 日　往参议院，见议长林森，要求给予帮助。

　　春　广东马克思主义研究会成立，阮啸仙为该会主要成员。

　　6 月 12 日　在广大学生坚持和社会舆论压力下，校长高崡被迫向省署提出辞职。行前，宣布开除阮啸仙和丘鉴志、周其鉴等

7人学籍。

6月13日　新校长上任，全体学生抵制复课，以抗议学校开除阮啸仙等的学籍。

6月29日　工校校务会议决定恢复阮啸仙等7人学籍。

7月23日　中国共产党第一次全国代表大会在上海举行。同年，阮啸仙加入中国共产党。

8月30日后　复入省立第一甲种工业学校就读。

10月10日　编就《甲种工业学校改造日记》，记述工校学潮经过。

10月14日　撰写《一个奋斗的女子》，发表于1922年《工业杂志》第一期。

10月16日　撰写剧本《爱情是什么?》，发表于1922年《工业杂志》第一期。

10月18日　写就《青年创造环境的工具》，发表于1922年《工业杂志》第一期。

10月25日　写诗《观排球》，发表于1922年《工业杂志》第一期。

## 1922 年

1月26日　写就《一个人家的蜜蜂》，发表于1922年3月12日《青年周刊》第三号。

2月26日　在《青年周刊》第一号发表《青年自觉》。

3月7日　在《青年周刊》第二号发表《社会主义与军人》。

5月1日　参加广州纪念"五一"劳动节游行，并在《劳动号》发表《"五一"略史》。

春　在阮啸仙、张善铭、周其鉴的筹办下，《工业杂志》创刊。

6月16日　陈炯明发动反对孙中山的叛乱。

9月　与冯菊坡、刘尔崧等在广州惠福中路玉华坊中约二十号之二创办爱群通讯社，作为中国劳动组合书记部广东分部的公开活动机关。

同月　阮啸仙与筹办的《珠江评论》出版，旋即遭陈炯明查禁。

10月20日　与冯菊坡、刘尔崧、周其鉴联合写信给俞秀松、张太雷等，报告中国劳动组合书记部广东分部的工作情况，要求沟通南北劳工运动消息。

秋　从省立甲种工业学校毕业，随即投身工人运动。

## 1923 年

2月　陈炯明被滇、桂军逐出广州，二三月间，孙中山在广州组织称为"陆海军大元帅大本营"的政府。

同月　在阮啸仙等的积极筹备下，广东工会联合会在广州仙邻巷44号成立。

初夏　受陈独秀委托，着手整顿广东团组织。

5月13日　主持召开广州地区各团小组长会议。会议决定改组团广州地方执行委员会，代行署和广东区执行委员会职权，选举阮啸仙为团广州地方执行委员会书记，代行团区委书记。

5月20日　致信施存统，报告团广州地委改选情况，说明自己从从事工人运动转为从事青年运动的心情，表明对搞好广东青年运动的态度和决心。

5月23日　参加京汉铁路"二七"罹难工友追悼大会，声讨残杀京汉铁路工人的直系军阀吴佩孚。

6月4日　致信施存统，提出团广东区委工作方针，开展青工运动和学生运动，组织青工俱乐部和广东新学生社。

6 月 12 日—20 日　中国共产党第三次全国代表大会在广州举行，阮啸仙出席了大会。

6 月 17 日　广东新学生社在广州司后街 45 号成立，阮啸仙为该社执行委员会书记。

7 月 8 日　主持召开广州地方全体团员大会，讨论如何开展学生运动、爱国运动、青年运动、青年工人运动和农民运动等问题，在会上被选为出席社会主义青年团第二次全国代表大会代表。

8 月 20 日—25 日　出席在南京召开的社会主义青年团第二次全国代表大会，并当选为团中央执行委员会候补委员。会后，以个人身份加入国民党。

9 月中旬　回到香港，向香港团员传达团二大情况，推动和指导团香港地委的建立，并参加香港团组织举办的演讲会。

9 月 18 日　从香港回到广州。

9 月 23 日—26 日　亲赴博罗调查东江战况。

9 月 27 日　致信邓中夏、卜世畸，汇报团广东区委与广东党组织共同开展西、北农民运动情况。

9 月 29 日　主持召开代行团广东区执行委员会第二十四次常委会。会议决定于 10 月中旬召开社会主义青年团广东区第一次代表大会。

9 月 30 日　复信陈独秀，汇报广东各地团组织活动情况。

10 月 7 日　在广州地区全体团员大会上，传达团二大精神；报告广东各地一年来团的工作情况；传达团中央局等五号通告。

10 月 10 日　向团中央报告"双十节"广州革命群众游行示威情况。

10 月 13 日　主持召开广州国民大会，筹备反对曹锟贿选示威大会。

10 月 14 日—16 日　主持召开社会主义青年团广东区第一次

代表大会。在会上被选为团广东区执行委员会委员，并在 18 日举行的区委第一次会议上当选为区执行委员会委员长。

10 月 21 日　主持召开团广州地方执行委员会改组会议，选举张善铭为团广州地方执行委员会委员长。

10 月 23 日　与郭瘦真联名向团中央报告广州各界群众反对曹锟贿选示威大会情况。

同月　参加由苏联代表鲍罗廷召集的会议，讨论帮助国民党改组等问题。

11 月 7 日　在省教育会主持俄国十月革命 6 周年纪念大会。

11 月 10 日　向团中央报告香港团组织情况。

11 月 11 日　国民党召开广州全体党员大会，决定在广州成立 12 个区分部。阮啸仙当选为第一区分部执行委员。

11 月中旬　中共广东区委和团广东区委举行联席会议，决定由党、团共同组织国民运动委员会，推动国民党改组工作的进行。阮啸仙被选为该会执行委员。

11 月 22 日、26 日　率领国民党广州市第一区分部慰劳队，先后出发到仙村、石龙慰问抵抗军阀陈炯明进攻的前线将士。

同月　广东新学生社改组，阮啸仙两次当选为该社第二届执行委员会委员。

12 月 24 日　广东国民外交后援会所属各团体在广州第一公园举行反对帝国主义示威大会，阮啸仙担任大会主席。

12 月 25 日　主持广东新学生社成立半周年纪念游艺晚会，并在会上发表演说。

## 1924 年

1 月 24 日　向团中央报告广州等地团的活动情况。

2 月 7 日　在广东工会联合会举行的纪念"二七"和追悼列

宁大会上，发表题为《"二七"之前后事略及军阀摧残工人之残毒》的演讲。

2月10日　前往东莞、新会、顺德、香港等地视察团的工作；19日回到广州；23日在团广东区委第十次常委会上报告视察各地情况。

同月　粤区国民运动委员会改组，阮啸仙仍当选为该会委员。

3月10日　前往上海参加团中央扩大会议，回到广州后患病月余。

4月4日　撰写《一年来之Ｓ·Ｙ·粤区》。

5月6日　以团广东区委特派员的身份到达香港。7日晚在团香港大会上传达团中央扩大会议情况。

5月14日　与郭瘦真联名向团中央报告香港、花县团的工作情况。

5月25日—6月1日　参加社会主义青年团广东区第二次代表大会，当选为区执行委员会委员。

6月1日　致信邓中夏，汇报团广东区委二次代表大会情况。

6月9日　团广东区第二届执行委员会成立，阮啸仙当选为书记。

6月12日　向团中央报告团广东区第二次代表大会和第二届区委分工情况。

6月18日　致信林育南，汇报庆祝中苏恢复邦交情况，揭露国民党右派利用这个问题进行反共宣传活动。

同日与彭湃就广宁县农会遭地主武装捣毁及花县农会办事处被地主劣绅流氓围攻事件，向团中央做书面报告，并提出从事农民运动的政策和策略。

7月　致信刘仁静、卜世畸，汇报援助广州圣三一等教会学校学潮问题，并要求团中央在上海给予言论上的援助。

同月　前往花县处理地主劣绅流氓围攻县农会办事处事件，并指导建立花县农会。

8月9日　致信林育南，汇报广州民权社情况，提出应付办法。

9月初　周恩来从法国经香港乘船回到广州，阮啸仙和彭湃等到码头迎接。

9月7日　广州各界民众举行"九七"国耻纪念大会，阮啸仙代表广东新学生社在会上演说。

9月下旬　奉孙中山之命，与谭平山率农民自卫军赴韶关训练。

10月5日　向团中央报告广东各地团组织发展和活动情况以及第二届农民运动讲习所问题，指出农民运动讲习所要政治训练与军事训练并重，才能培养出全面发展的人才，总结了农民运动的7条经验。

九十月间　中共广州地委改选，阮啸仙当选为委员。稍后，又当选为中共广东区委委员。

10月10日　广宁县农民协会召开成立大会，阮啸仙代表中共广东区委、国民党中央农民部，给广宁县农民协会授旗授印。旋即返回广州。

10月15日　参与指挥工团军、农团军配合黄埔学生及滇、桂军等作战，迅速平定商团叛乱。

10月27日　向团中央报告团广东区委第二十六次常委会情况。

冬　任中共广东区委常委会委员、农民运动委员会书记。

## 1925 年

1月1日—4月3日　第三届广州农民运动讲习所开办，阮啸仙任该所主任。

3月17日　团广州地委召开全体团员大会，阮啸仙在会上做关于1月来国内政治状况的报告。

3月18日　在中共广东区委、团广州地委联合举行的纪念巴黎公社起义54周年大会上做报告。

5月1日　出席并主持广东省第一次农民代表大会，会上当选为广东省农民协会常务委员。

5月30日　上海学生及其他群众举行反帝的游行，租界巡捕开枪镇压，酿成"五卅惨案"。

6月2日　出席广东各界一万多人在广东大学操场举行的援沪示威大会。

6月中旬　广东革命军自东江回师广州，在工团军、农团军协助下平定滇、桂军阀杨希闵、刘震寰的叛乱。阮啸仙参加了平叛的领导工作。

6月19日　省港大罢工爆发。

9月前后　兼任国民党中央农民部组织干事。

9月6日　出席广州各界青年举行的国际青年纪念日大会。

9月12日　在省港罢工工人代表第二十三次大会上做报告。

9月24日　在中共广东区委推动下，广州各界群众10万多人在广东大学操场举行声势浩大的集会。阮啸仙被推选为大会主席团成员。大会号召人民与国民党政府合作，实现统一广东、肃清反革命。秋，在仁化指导建立农民协会和农民自卫军。

10月13日　国民革命军举行第二次东征，是日，东征军攻下惠州城。

10月20日—26日　国民党广东省第一次代表大会在广州召开。会前，阮啸仙与彭湃为大会起草了《关于农民运动之报告及提案》。10月26日阮啸仙在大会上宣读了该报告及提案要点。大会通过了上述报告和提案。

11 月 14 日　前往惠州指导成立惠阳县农民协会。

11 月 16 日　在惠阳县农民代表大会上做报告，惠阳县农民协会成立。阮啸仙为该会起草了成立宣言。

12 月 13 日　参加林宝寰烈士牺牲一周年纪念会。

12 月 20 日　为声援京、沪人民反对段祺瑞政府的斗争，中共广东区委发动广州各阶层群众 15 万人在东较场举行大会。阮啸仙代表中共广东区委在大会上发表演说。

同年　迁往仰忠街兰畹五号三楼。翌年，迁至兰畹七号二楼。

# 1926 年

1 月 3 日—5 日　高要地主民团勾结广宁、德庆两县民团捣毁高要农民协会，残杀农会会员。

1 月 6 日　在省港罢工工人代表第七十二次大会上报告高要地主民团围攻农会、残杀农民的经过，呼吁罢工工人支援高要农民的斗争。

同日　广东省农民协会召开欢迎会，欢迎出席国民党第二次全国代表大会的代表。阮啸仙到会做《广东农民运动之现势》的报告。

1 月 10 日　广东省农民协会召开大会，欢迎出席全国海员工会代表大会的代表，阮啸仙到会讲话。

1 月 11 日　在欢迎被捕的香港工人出狱大会上讲话。

1 月 25 日　在《犁头》旬报第一、二期发表《高要地主民团围攻农会残杀农民事件》。

同月　参加东莞石龙工农兵学联欢大会。

2 月 5 日　国民党中央农民运动委员会成立，阮啸仙被任命为该会委员。

2月22日　参加广东省农民协会扩大会议。

2月23日　广东省农民协会在广东大学礼堂召开欢迎省港罢工工人代表大会，阮啸仙到会讲话。

2月24日　在《人民周刊》第三期发表《高要地主民团屠杀农民之经过》。

2月25日　在《犁头》旬报第三期发表《国民党与农民协会》。

2月26日　在广州促成国民会议示威大会上发表演说。

3月1日　在《中国农民》第三期发表《惠阳县农民协会成立之经过》。

3月15日　在《犁头》旬报第五期发表《我们怎样纪念孙总理》和《两张农会章程在劣绅手里就值得三十五块钱》。

3月16日　出席国民党中央农民运动委员会第一次会议，讨论第六届农民运动讲习所开办问题。会议决定阮啸仙等为该届农民运动讲习所教员。

3月24日　出席广东省农民协会扩大会议，并在会上做《省农民协会成立前后情形》的报告。

3月25日　在《犁头》旬报第六期发表《敬告德庆和紫金的农友》。

3月30日　出席国民党中央农民运动委员会第二次会议。

同月　在《人民周刊》第七期发表《广东省农民协会扩大会议》。

4月13日　参加国民党广东省青年部召开的广东省青年运动人员大会，并在会上做《青年农民运动状况》的报告。

4月15日—17日　广东全省学生第一次代表大会在广州召开，阮啸仙到会演说。

5月1日—15日　广东省第二次农民代表大会在广州举行，

阮啸仙参与了大会的领导工作，并当选为省农民协会第二届执行委员会常务委员。

5月7日、8日　在广东省第二次农民代表大会上做《广东省农民一年来奋斗之经过》报告。

6月　因病入颐养院治疗。

7月　曾往香港一次。

8月15日　在《犁头》周报第十三期发表《廖仲恺先生殉难一周年纪念与农民》。

8月17日—24日　出席广东省农民协会执委扩大会议，并做《全国农民运动形势及其在国民革命中的地位》的报告。会议期间，与彭湃一起率会议代表及广州市郊农民千余人前往国民党中央党部、国民政府和省党部请愿，要求惩办国民党右派和贪官污吏。

8月25日　国民党中央农民部宴请出席省农民协会执委扩大会议的代表，阮啸仙到会讲话。

9月14日　广州市召开欢迎赴花县支援农民自卫军反击地主民团进攻的军队归来大会，阮啸仙到会发表演说。

10月10日　在广州市有30万人参加的庆祝双十节、拥护省港罢工工人自动停止武装封锁香港、扩大反英斗争示威大会上讲话。

11月中旬　中共中央农民运动委员会成立，阮啸仙为委员。

11月28日　主持省农民协会召开的追悼在农民运动中英勇牺牲的李民智等7位烈士的追悼会，并在会上介绍7位烈士的简历。

12月2日　省农民协会举办的广东农民运动训练所开学，阮啸仙兼任该所教员。

下半年　撰写《中国农民运动》，该书后由香港罢工委员会出版。

## 1927 年

　　春　因哮喘病和肺结核病发作，住广州二沙头颐养院治疗。稍愈后，即往粤北指导农民运动。

　　4 月 12 日　蒋介石在上海发动反革命政变。15 日，广州地区发生反革命大屠杀。阮啸仙闻讯即从粤北潜回广州。

　　4 月 27 日—5 月 9 日　中国共产党第五次全国代表大会在武汉举行。阮啸仙未出席大会，但被选为中央监察委员会候补委员。

　　5 月 14 日　中共中央常委会决定，由毛泽东、阮啸仙等 9 人组成中央农民运动委员会。

　　5 月 20 日　中共中央常委会讨论广东工作和组织问题，决定由阮啸仙、彭湃、穆青等组织广东省委。

　　10 月 15 日　出席中共中央南方局和广东省委在香港召开的联席会议，改组广东省委，阮啸仙当选为省委委员，负责省委农委工作。

　　12 月上旬　朱德、陈毅率南昌起义保存下来的部分队伍至仁化，帮助农民恢复农民协会和农民自卫军。

## 1928 年

　　1 月中旬　离开香港到达韶关北江特委。

　　1 月 23 日　抵仁化安岗。中共仁化县委成立，阮啸仙主持县委领导工作。

　　1 月 27 日　参加董塘全区武装大会，并发表讲话。

　　1 月 28 日　在阮啸仙指导下，安岗乡苏维埃成立。接着，安岗区苏维埃成立，阮啸仙当选为区苏维埃政府主席，蔡卓文为副主席。

同日　接中共广东省委指示信。

1月31日　参加安岗乡党支部成立大会，向党员讲授党的基本知识。

2月1日　写信给北江特委并转省委，报告仁化暴动情况。

2月4日　在阮啸仙的推动下，广东工农革命军北路第八独立团在安岗成立，下辖3个营，团、营干部均由朱德派来的干部担任。

2月6日　因对情况判断有误，独立团从董塘后撤，阮啸仙闻讯后，即令独立团原地待命，并派一营重占董塘。

2月9日　地主武装民团进攻安岗，农军反击取胜。

2月13日　农民武装进入仁化县城，旋即退出。仁化县革命委员会发布《政纲》及暴动宣言。

2月14日　地主武装民团再次进攻安岗区苏维埃。阮啸仙抱病指挥农军反击获胜。

2月15日　写信给北江特委转省委。

2月下旬　敌范石生第六十军的一个团在仁化地主民团的配合下，"围剿"安岗。

3月1日　离开仁化抵北江特委，研究如何在仁化进一步开展武装暴动问题。稍后，奉命回到香港，不久转赴莫斯科。

6月18日—7月11日　中国共产党第六次全国代表大会在莫斯科举行。阮啸仙出席了大会，并分别在26日讨论政治报告和7月2日讨论农民与土地问题时作了发言。大会选举阮啸仙为中央审查委员会委员。

10月前后　仁化县革命委员会宣布成立，下设参谋团，指挥全县农民武装。

下半年　在莫斯科整理总结仁化农民暴动和建立苏维埃的经验教训。

## 1929 年

从莫斯科回国，奉命赴上海参加中共江苏省委的领导工作。

12 月 25 日　夫人高恬波因叛徒出卖，在江西南昌被捕，数日后即被杀害。

1930 年春　奉调党中央宣传部工作。

3 月 29 日　在《红旗》第 88 期发表《组织地方暴动的意义》。

4 月 9 日　在《红旗》第 91 期发表《农民要为夺取政权而斗争》。

4 月 16 日　在《红旗》第 94 期发表《"五一"与农民》。

4 月 19 日　在《红旗》第 95 期发表《地方暴动与帝国主义》《反对富农》。

4 月 23 日　在《红旗》第 96 期发表《组织地方暴动的主要工作路线》。

4 月 26 日　在《红旗》第 97 期发表《由苏维埃区域到全国苏维埃》。

5 月 7 日　在《红旗》第 99 期发表《怎样来反对富农》。

5 月 17 日　在《红旗》第 102 期发表《苏维埃政权的特点》。

9 月 24 日—28 日　出席在上海召开的中共六届三中全会。这次会议结束了李立三"左"倾冒险主义错误在中央的统治。

秋　赴天津任中共中央北方局组织部部长。

冬　赴辽宁重建辽宁省委。

## 1931 年

9 月 18 日　日本帝国主义侵占沈阳，随即辽宁省委遭敌破坏，阮啸仙只身逃脱。

11 月 7 日—22 日　中华苏维埃共和国第一次全国代表大会在江西瑞金召开，阮啸仙未出席，但被选为中华苏维埃共和国中央执行委员会委员。

约 12 月　扶病抵沪，得一工人相助，住生泰旅馆。因党中央机关转移，与党失去联系。

12 月中旬　外出寻访党中央机关，旧病猝发，倒于路上，不省人事。幸遇路人帮忙，入海格路红十字医院，翌晨方醒。

12 月 17 日　写信给家乡亲友，请求给予接济，并表示要继续寻找党组织。

## 1932 年

与党中央取得联系后，奉调上海济难总会工作。

## 1933 年初

中共临时中央政治局被迫由上海迁入中央革命根据地。

3 月 10 日　复信其子阮乃纲。

6 月 16 日　写信给阮乃纲。不久，奉命离沪到达中央苏区。

9 月 15 日　撰写《武装欺骗和虚伪的傀儡》，发表于 10 月 30 日《红旗周报》第 61 期。

10 月 20 日前后　在福建长汀和张鼎丞会见国民党十九路军派往瑞金的代表。

12 月 11 日　闽赣省第一次工农兵代表大会在福建建宁县召开。在这前后，阮啸仙曾任中共闽赣省委书记。

## 1934 年

1 月 21 日　出席在瑞金召开的中华苏维埃共和国第二次全国代表大会，继续当选为中华苏维埃共和国中央执行委员会委员。

2 月 3 日　任中央审计委员会主任。

6 月 13 日　撰写《把"节省每一个钱，为着战争，争取前线上的胜利"提到福建省苏面前》，发表于 6 月 19 日《红色中华》。

9 月　调任中共赣南省委书记兼赣南军区政治委员。

10 月上旬　在宁都主持召开干部会议，讨论打破敌人"围剿"和开展游击战争问题。

10 月 21 日　中央红军离开中央革命根据地开始长征，阮啸仙奉命留在赣南坚持斗争。

11 月　中央苏区的全部县城陷入敌手。

## 1935 年

3 月 3 日　指挥主要由赣南省委、赣南军区机关人员组成的后续部队突围，于是日在信丰、大余交界的马岭被敌包围。

3 月 4 日　命令被敌分割的部队毫不犹豫地以连或两连为单位迅速分别突围。

3 月 6 日　在作战中壮烈牺牲。

本文选自《阮啸仙文集》，广东人民出版社 1984 年版。

## 二、阮啸仙传

### 阮啸仙小传

陈其明

在滔滔的东江之畔，景致优雅的河源市烈士陵园内，一座用汉白玉雕刻的烈士塑像，高高地耸立在青松翠柏之中。

这位烈士，就是中国共产党早期的党员之一，广东青年运动的先驱，大革命时期著名的农民运动领袖，我们党第一任中央审计委员会主任阮啸仙。1935 年 3 月 6 日，他在赣粤边交界的峻岭大山里指挥中共赣南省军民突破敌军重围时，不幸中弹壮烈牺牲！

半个多世纪过去了，赣南边和东江两岸的人民时刻都在思念这位亲人……

## 青年先锋

阮啸仙（1898—1935），广东河源人。他先后在"洪亨书屋"家塾、学堂和县城三江高等小学读书。在县城读书期间，深受学校进步教师、革命党人李岐山、黄镜仁等人的影响，阮啸仙的思想进步很快。1918 年春考入广东甲种工业学校后，阮啸仙又深受俄国十月社会主义革命的影响，接受了大量马克思主义思想的熏陶。

在陈独秀等人的教育和引导下，阮啸仙与周其鉴、刘尔崧、张善铭等一批进步青年学生结成好友，组建了"广东中等以上学生联合会"，领导"甲工"和其他学校学生，冲破学校禁锢，投入到轰轰烈烈的"五四"爱国洪流之中。1920 年秋，阮啸仙参加了广州地区社会主义青年团，成为广东社会主义青年团的创始人和领导人之一。1921 年，经冯菊坡介绍，阮啸仙参加了广州共产主义小组，成为我们党的早期党员之一。

1922 年 9 月，阮啸仙从广东甲种工业学校毕业后，担任团广东区委书记，全力从事青年运动。

受党组织的委派，阮啸仙和冯菊坡、周其鉴、刘尔崧等人在广州创办了"受群通讯社"，社址设在惠福西路玉华坊。阮啸仙等人以通讯社记者的身份，经常深入到工厂、学校、农村和群众团体中"采访新闻"，进行革命宣传，秘密发展青年团员，动员广大青年起来参加反帝反封建斗争。阮啸仙等人还经常以通讯社的名义，出版发行《共产主义 ABC》《阶级斗争浅说》等油印小册子，扩大马列主义在青年中的传播。

1923 年 6 月，阮啸仙还与刘尔崧等人一起，广泛团结各阶层青年，在广州公开组织"广东新学生社"。作为团的外围组织，阮啸仙担任该社执行委员会书记。他经常为社刊《新学生社》撰写文章，揭露时弊，宣传革命思想，启发青年学生的思想觉悟。"新学生社"最初成立时，只有广州市内的100多人，不到一年就发展到五六千人，人员遍及广东、广西、福建等地，成为青年运动的一股强大力量。同年8月，阮啸仙出席了在南京召开的社会主义青年团第二次全国代表大会，被选为团中央执行委员会候补委员。

1923年10月，军阀陈炯明部洪兆麟、杨坤如妄图反攻广州。广州大元帅府下令反击，孙中山亲临前线指挥，在东莞县石龙圩一带与敌军作战。为鼓舞士气，阮啸仙组织了以新学生社社员和青年团员为核心的"青年慰问队"30多人到前线慰军。

当时，盘踞在石龙附近的洪兆麟、杨坤如部队，凭借沙包工事，封锁了交通要道。因战事频繁，铁路两旁仍有不少尸体未收殓，经烈日暴晒，恶臭难闻。慰问队队员大都是刚走出校门，未上过战场的青年，他们目睹此情此景，不敢向前。在这关键时刻，阮啸仙从队员手中夺过旗帜，毫无畏惧地走到队伍前头，率领队员冒着枪林弹雨，直往前线阵地上冲……

洪兆麟、杨坤如部队突然见阵地前面红旗招展，一支队伍狂风暴雨般直卷过来，以为是国民革命军的正规部队前来增援，一个个吓呆了，纷纷丢盔弃甲，四处仓皇逃窜。

阮啸仙趁机率领慰劳队员，冲过危险地带，来到国民革命军的阵地。

革命军受到极大的鼓舞，一鼓作气，英勇追敌，收复了石龙圩，粉碎了敌人妄图反攻广州的阴谋。

阮啸仙领导的广东青年工作，不仅在实际工作中做出了很大成绩，在理论上也提出了许多富有建设性的意见，是广东青年运动的先驱，是共青团在广东的工作楷模。

1923年11月，在党的第三届第一次中央执委会上，广东青年团的工作得到了团中央的高度评价："各地工作，以广东最佳，S·Y（社会主义青年团的英文简称——作者注）均参加"。

## 农运领袖

1923 年 6 月，党的三大在广州召开，阮啸仙和谭平山、刘尔崧、冯菊坡 4 人代表广东党组织出席了大会。大会决定中国共产党与孙中山领导的国民党合作，建立广泛的统一战线。阮啸仙与到会多数代表积极支持这一正确主张。

大会以后，阮啸仙以个人身份参加了国民党的准备工作，被任命为国民党临时区党部执委会党委。为搞好改组宣传工作，阮啸仙起草宣传大纲，组织演讲队，发动进步群众登记入党。他还积极协助委员会建立了会议制度，实行各种会议、决议执行情况检验报告等措施。孙中山对此很赏识，认为这是国民党未曾有过的好办法，值得提倡推广。

不久，阮啸仙调任广东区委农民运动委员会委员。这年冬天，阮啸仙和高恬波、董学增等人受党的委派，赴花县开展农民运动。

阮啸仙到花县后，走村串户，足迹遍及全县各村。他首先团结教育了农村中的王福山、陈道周等，然后经过他们去广泛宣传发动群众。此外，他还经常利用两龙、平山等圩的圩日，上街公开揭露地主豪绅勾结贪官污吏、土匪恶霸剥削农民的罪行，号召农民组织起来与他们做斗争。当时，他正身患肺病，毫不顾惜自己，仍废寝忘食地深入到各村庄做工作。每到一村，必与群众同吃同劳动，同时向农民讲解成立农会的宗旨，发动农民组织起来。农民也把他当做知心朋友，常跟他拉家常。一次，阮啸仙到元田村了解农民运动开展情况，忙完工作已是深夜了。时值盛夏，蚊虫特多。为了不打搅农民百姓，他坚持睡在村小学的书桌上，连蚊帐也没有。当时，正好被一个叫卢启辉的农民知道了，十分心疼："阮同志是我们自己人，是替我们办事的好人，怎好让他任蚊咬，我宁可坐到天亮，也要将蚊帐给他"。于是便回家把自己家仅有的一顶蚊帐送来给阮啸仙挂上……

在阮啸仙等人的积极帮助下，农会的影响很快深入人心，波及全县。

当地的豪绅、地主对农民协会恨之入骨。他们组成"田地业权维持会"，用种种办法与农协相对抗。

1924年10月19日，花县农民协会暨二区农民协会同时成立。阮啸仙代表省农民协会亲临指导，亲笔在会址五湖村王氏大宗祠显承堂门旁书写了"坚忍卓绝为吾人本色，奋斗牺牲是我辈精神"的大对联，并在大会上讲了话。他针对当时地主豪绅对农会的肆意攻击，指出"地主的阴谋，说明我们的拳头已对准敌人，说明敌人已怕我们，因而妄想瓦解我们的力量，如果我们趁着敌人恐慌的时期，进一步把拳头打下去，我们必将获得更大的胜利"。讲话中，他还反复以"锄头不拿起，世人皆饿死，拿起锄头来，饿死了地主"的话，教育启发农民起来同地主、豪绅斗争。

阮啸仙的讲话，极大鼓舞了农民的斗志，把花县农运推向高潮。此后，农民对阮啸仙也更加尊敬爱护，视为知己。

1925年春，阮啸仙受党组织的委派，赴顺德帮助建立农会。同年10月，农民运动改为中央广东区委直接领导，同时设立了区委农民运动委员会，阮啸仙任农委书记。为了集中力量从事农民运动，阮啸仙决定与国民党脱离关系。于是，他便在广东《民国日报》刊登"阮啸仙启事"表示自动脱离国民党，专做农运工作。

翌年春，阮啸仙与彭湃创办了广州第三届农民运动讲习所，由阮啸仙担任主任。这一届农讲所所址在广州市东皋大道1号。在阮啸仙的主持下，农讲所共招收学员120多人。阮啸仙亲自给学员讲授《农民运动问题》等课。他是第一届至第六届农讲所教员，并介绍弟弟阮志中参加了第五届农讲所学习。因当时弟弟身单体弱，过不惯农讲所艰苦的生活和紧张的军事训练，产生过畏难情绪。阮啸仙知道后，鼓励弟弟要"好好锻炼，坚强些"，并教育启发弟弟说："参加革命要靠自觉，革命工作是为人民利益服务的，不是为了个人升官发财。干革命是艰苦的，要有牺牲精神才行。"阮志中在他的教育引导下，走上了革命的道路。

1926 年 11 月，中共中央设立农民运动委员会，毛泽东担任书记，阮啸仙和彭湃等为委员，领导全国农民运动。

从 1923 年至 1926 年，阮啸仙主要精力是从事农民运动，他的足迹遍及岭南岭北的广大农村。当年广东农村曾流行着这样一首赞扬他的童谣："阮啸仙，阮啸仙，农民见了哈哈笑，地主见了哇哇叫！"

在长期领导农民运动的斗争中，阮啸仙不仅研究广东的农民运动，而且对湖南、广西、湖北、四川、山西、陕西等省的农民运动以及外国的经验材料也做了广泛的研究。他所撰写的《中国农民运动》这部著作，是我们党领导下近代中国农民运动的经验总结，是指导当时农民运动的重要作品。

## 秘密战线

1927 年 4 月 12 日，蒋介石在上海发动了震惊中外的反革命政变。广东的国民党反动派也在 4 月 15 日对中国共产党人和革命群众进行了血腥的大屠杀。举国上下，血雨腥风，一派肃杀气氛。

大革命失败后，阮啸仙成了南京国民党中央执监联席会议通缉的 179 名共产党主要干部之一。在这个险象环生的白色恐怖中，阮啸仙并没有被吓倒。他相信革命的高潮一定会到来，坚信中国革命一定会胜利。当时，阮啸仙正在粤北农村开展农民运动，获悉广州国民党大肆屠杀共产党人的消息后，十分气愤。他拖着重病的身躯，不顾个人安危，秘密化装潜回广州，积极协助广州区委部署地下斗争工作，组织开展反对国民党反动派斗争，经常废寝忘食，深更半夜才回家。

一天深夜 10 点多钟，几个带枪的特务突然闯进阮啸仙的临时住地，扬言要"找"阮啸仙。

当时，阮啸仙正好外出开会未归，只有妻子徐琼荷在家。

徐琼荷见来者不善，便沉着机智地对他们说："这是我们姓徐的住房，没有姓阮的，你们走错门了！"

特务们待了一阵，没发现要找的人，便灰溜溜地走了。

徐琼荷意识到问题的严重，便悄悄地避开特务，走到街口偏僻处，等候丈夫的归来。当徐琼荷把家里发生的情况告诉丈夫后，阮啸仙也看到问题的严重性，赶紧绕路到别处躲避去了。

此时，广州党组织已与中央中断了消息，各地也因搜捕甚严，联络十分困难。为保存革命力量，坚持党的地下斗争，经党组织研究决定，广州区委暂时秘密迁往香港，并指派穆青与赖先声两位同志先行赴港，指定冯菊坡、阮啸仙、周文雍等同志留在广州，继续秘密领导和部署党的地下斗争。

1928 年 1 月，阮啸仙受党组织的派遣，来到粤北仁化县，配合广州起义组织武装暴动。此间，朱德、陈毅率领南昌起义失败后保存下来的部分部队退到粤北，并在仁化县做短期休整。在朱德、陈毅等的帮助和支持下，阮啸仙组织了声势浩大的仁化农民暴动，建立了仁化苏维埃政府，阮啸仙被推选为苏维埃政府主席。在四面白色政权的包围下，他呕心沥血培养的仁化苏维埃红色政权巍然屹立了 10 个月之久，为大革命失败后探索新的革命道路做出了重要的贡献。

形势越来越紧，国民党当局扬言要活捉阮啸仙等领导人。阮啸仙随时有被捕的危险。党组织决定，指派阮啸仙秘密转移去香港，参加中共广州区委的领导工作。

1928 年春，阮啸仙奉命秘密转移到香港，住在鹅颈桥一个很不惹人注意的地方。因他高度近视，平时总是戴着一副眼镜。到香港后，为防被人认出，就摘下眼镜。但外出活动时，总是被摔得鼻青脸肿。为了克服困难，阮啸仙躲在住地练习走路。经过一段时间苦练，阮啸仙终于可以不戴眼镜也能行走自如，有几次敌探擦肩而过也未发觉。

一天，地下党组织一个机关被港英当局破获。阮啸仙与一位同志约好在那里碰头，不知道情况照样前往。上楼后，阮啸仙被一个守在楼门的华人密探给抓住了。

阮啸仙知道大势不好，赶紧说："先生，对不起，我找错门牌了……"说着，迅疾在衣袋里掏出一沓钞票，塞给了密探。

密探见钱眼开，手一松，把阮啸仙放了。

在香港工作期间，阮啸仙继续分工负责农运的领导工作。他态度和蔼，爽朗大方，工作认真负责，关心同志，对革命充满必胜的信心，给同志们留下了深刻的印象。他常对同志们说："现在革命处于低潮，但仍要充满对革命胜利的信心。哪怕是最困难的时候，仍要与党保持联系。"

同年 6 月 18 日至 7 月 11 日，中国共产党第六次全国代表大会在莫斯科举行。阮啸仙在以李立三为团长的带领下与邓中夏、苏兆征、李富春等人作为广东代表团代表，参加了由瞿秋白、周恩来主持召开的这次会议。会上，阮啸仙就六大政治报告和农民与土地问题做了发言，对仁化农民武装暴动的斗争情况也做了详细的介绍。他的正确分析和结论，受到大会的重视，也引起了前来参加大会的苏联同志的极大兴趣。大会选举阮啸仙为中央审查委员会委员。

尔后，阮啸仙奉命留在莫斯科，负责整理仁化苏维埃和海陆丰苏维埃的材料，系统地总结了苏维埃政府的经验教训，作为六大会议资料存入档案。

1929年，阮啸仙奉党中央之命，从莫斯科回国，旋即参加江苏省委的领导工作。翌年春，奉调党中央宣传部工作。不久，又调任中共中央北方局组织部部长，辗转于天津、内蒙古、辽宁、上海等地，在敌人的白色恐怖下，坚持党的地下斗争，包括在思想文化战线上同国民党及其御用文人进行针锋相对的斗争，表现了坚定的无产阶级革命立场和大无畏的革命英雄主义精神。

1930年冬，阮啸仙赴沈阳指导中共满洲省委工作。1931年9月18日，日本帝国主义侵占沈阳，中共满洲省委遭到破坏，党的一批重要干部被捕。阮啸仙幸而走脱，只身潜回上海。不久，中共在上海的机关也遭到敌人破坏，阮啸仙因而与党组织失去了联系。这年冬抱病外出寻访党中央机关，因体弱身衰，倒于路上，不省人事。幸遇路人帮忙，入海格路红十字医院，直到第二天才脱离危险。此时，他贫病交加，身无分文，阮啸仙写信给家乡亲友，请求给予救济，并表示要继续寻找党组织。直至第二年的年初，阮啸仙才与党中央取得联系，终于回到了党的怀抱。

阮啸仙在与党组织联系上后，立即又投入到革命斗争之中。1932年冬，阮啸仙奉调上海任全国互济总会救援部长，与总会会长邓中夏等人一起，积极参加救援革命人士的行动。互济会是我们党领导下的革命群众组织，以反对帝国主义和国民党的血腥镇压，反对逮捕、屠杀革命进步人士，争取释放政治犯，援救被捕的革命同志和安置烈属等为主要任务。翌年春，互济总会会长邓中夏不幸被捕。阮啸仙与互济总会的左洪涛等人一起，想方设法积极组织营救。阮啸仙还亲自冒险去找宋庆龄，请她协助援救邓中夏，终因无效，邓中夏被国民党反动派杀害。

## 苏区卫士

邓中夏被害后，上海的形势愈来愈紧张，阮啸仙又是著名的共产党员，目标很大，党中央决定派他赴江西中央革命根据地工作。1933 年 9 月至 10 月，由中央交通员带领，阮啸仙从上海坐船到汕头，搭火车到潮安，乘船到大埔，然后步行到福建汀州，由中央苏区派来的 4 个红军大学战士护送，辗转进入中央革命根据地中心——江西瑞金叶坪村。

阮啸仙来到了向往已久的中央苏区，心情异常兴奋和激动。早在 1931 年 11 月，在瑞金叶坪召开的震惊中外的中华苏维埃共和国第一次全国代表大会上，阮啸仙就因久负盛名，虽在白区工作，未参加会议，仍被选为中华苏维埃共和国临时中央政府的中央执行委员，与毛泽东、朱德等人一起参加临时中央政府的领导工作。阮啸仙到瑞金不久，即 1934 年 1 月间，中华苏维埃共和国第二次全国代表大会又在瑞金召开。阮啸仙出席了大会，并继续当选为中华苏维埃共和国中央执行委员会委员。2 月 3 日，阮啸仙被中华苏维埃共和国临时人民政府任命为中央审计委员会主任，成为我们党第一任中央审计委员会主任，是人民审计制度的奠基者。

中央审计委员会，是在中央执行委员会直接领导下的中央政府的一个重要部分。其主要职责是审核国家的年度收入与支出，监督国家预算的执行。这是关系到中央苏区的经济建设和红色政权能否巩固的大事。二苏大会一结束，阮啸仙就到审计委员会就任。

当时，正值第五次反"围剿"期间，国民党反动派在对中央苏区发动大规模的军事"围剿"的同时，还实行了严密的经济封锁，致使根据地的经济和供给十分困难。干部队伍中有少数人怕过艰苦的生活，也有少数是混入革命队伍中的投机分子……于是出现公家物品拿来私分，贪污浪费，基层政权收入不上缴，自收自用，支出不决算现象。财政制度较为混乱。

阮啸仙一上任，就在中央和地方各级政府和红军内部设立了审计委员会审计员和稽查员。然后，组织他们系统学习《中华苏维埃共和国执行委员会审计条例》等审计法规，要求每个审计员和稽查员必须逐章逐条弄懂弄通，严格执行。

为了增加苏维埃政府的财政经济收入，严格控制经济开支，保证党政机关和军队的供给，阮啸仙率领审计委员会的全体同志，从事着极其艰苦的工作，调查研究，夜以继日，呕心沥血地致力于中华苏维埃审计工作。

阮啸仙首先率领全体审计人员，到中央机关各部委这些"重点单位"，审查财政预算、开支、决算和计划等"重点问题"。通过审查中央总务厅、财政部、国民经济部等十几个部委3月份的账目，发现中央各部共有工作人员849人，机构臃肿，人浮于事，经费开支过大。阮啸仙将此情况及时地向中央执行委员会做了详细报告。中央对此很重视，立即裁减了中央机关工作人员169人，既节省了开支，又提高了工作效率。

接着，阮啸仙又率领全体审计员，审查了国家企业单位经济收入状况。他先后召集中央印刷厂、邮政总局、贸易总局、粮食调运总局等单位负责人开会，严肃指出他们存在的"不考察产中的成本，不知道计算盈亏，有钱就用，没钱就向国家主管机关要"的弊端，要求他们加强成本核算，健全会计制度。

在审计工作中，阮啸仙极力主张"公开审计"。要求中央审计委员会对行政、企业单位的经济活动进行审计后，要形成书面报告，在肯定成绩的同时，指出存在的问题，并针对不同情况提出可行性建议。报告写好后，还要将它张贴在该单位醒目之处，供大家审查监督。

阮啸仙还根据中执委的指示，与中央工农检察部密切配合，组织肃贪"突击队"和清腐"轻骑队"，查处群众揭发的腐败分子。由于依靠群众，监督得力，苏区首府瑞金县共查处腐败分子7人，其中有县财政部会计科长、区军部长、"区苏"主席等；追缴被贪污公款6000多元。这些措施，有力地打击了苏区的贪污腐败现象，弘扬了正气。

与此同时，阮啸仙在审计工作中发现，从揭发出来的贪污浪费现象看，许多问题与一些部门领导干部不懂经济、官僚主义有很大关系。于是，阮啸仙通过审核各机关企业的预算和会计账目，推动了各级领导学习经济管理，反对官僚主义的深入进行。如通过审核中央总务厅的财务账目后，发现赵宝成当厅长时浪费十分严重。阮啸仙在审计总结报告中深刻指出："有些工农出身的干部，不会写算，不懂管账，差不多成了一般的现象，在这里我们应警醒，应该热忱学习管理自己国家的财政"。

阮啸仙率先垂范，以自己的模范行为来影响全体干部。他长期患肺结核病，身体非常虚弱，又高度近视，但他常常带病在油灯下工作到深夜。一次，他正率领审计委员会同志审查中央印刷厂会计杨其慈的贪污账目时，因几天几夜的熬夜，累得吐起血来。同志们劝他休息，他不当一回事，用手帕抹抹嘴，用凉开水漱漱口，又继续工作。经过几天的日夜奋战，终于将杨其慈的贪污账目查清了，贪污分子杨其慈也得到应有的查处。

前方战事频繁，用粮吃紧。为了节省用粮，支援前线，阮啸仙不顾自己体弱多病，仍同大家一样，参加苏区每人节省3升米的活动。同志们照顾他的身体，都劝他说："你身体这么差，工作又忙，这次节省活动你就别参加了吧。"

"大家工作都忙，你们能坚持，我也能坚持！每天按规定，给我扣除口粮。"就这样，阮啸仙每天同大家一道吃杂粮。本来身体就不好，又常吐血，阮啸仙瘦得不成样子。不到一个月，阮啸仙同大家一样，硬是从嘴边节省下了3升大米。

当时条件艰苦，经济困难，就连下基层检查工作，干部们都是自带口粮去办公，阮啸仙无法从经济上支援家里。一次，他儿子阮乃纲写信要钱缴学费，阮啸仙回信说："我现在没有钱，连寄信的邮票都是借钱买来的。你在家要节俭，一支火柴也来之不易，要经过工人的加工制成。要自己想办法，不要依赖别人……"

阮啸仙处理问题，雷厉风行。一天，他听说有一个村的农民，听信国民党特务的谣言，拒收苏维埃的钞票，买他们的东西，只收现洋。他连饭也顾不上吃，立即夹起公文包和算盘，赶到该村，深入到老百姓家里，调查研究，解除疑虑，安抚民心，并费了许多周折，找到了散布谣言的坏分子，揭露了他们破坏苏区经济的阴谋。当地农民十分感动地说："阮同志真是我们百姓的贴心人啊！"

在阮啸仙领导下的中央审计委员会，卓有成效地开展审计工作，从而使中央和各级政府在执行财经制度以及政府机关作风方面发生了明显的变化，尤其在反贪污腐化和反浪费斗争中，不正之风很快得到遏制。中央苏区军民交口称赞苏维埃政府是"空前廉洁的政府"，而阮啸仙和全体审计人员则被人誉为"苏区经济卫士"。

## 血洒青山

1934年8月，由于王明"左"倾错误指挥，中央苏区红军战事屡遭失败，中央根据地日益缩小。9月，阮啸仙奉命调到中央赣南省委，担任省委书记兼任军区政治委员。虽受命于危难之际，但阮啸仙不计较个人得失，仍然保持坚强的共产主义信念，一到任就投入到牵制敌人，掩护主力红军集结，实行战略大转移的紧张工作之中。

从 10 月上旬开始，中央机关和红一、三、五、八、九军团，先后撤离战场，隐蔽集结在于都县城及于都东北地区。为了掩护和支援中央机关和红军主力尽早集结和安全突围，阮啸仙于 10 月 15 日在于都县城谢家祠主持召开了赣南省、县、区三级干部大会，讨论和决定了反对敌人"围剿"和开展游击战争的问题。

赣南省军民在阮啸仙、蔡会文、刘伯坚等人的领导下积极收集物资器材，协助主力部队抢架浮桥。仅 4 天时间就在梓山花桥至孟口之间约 60 千米的贡江河面上，架起了 5 座木板浮桥。

在赣南苏区军区的支援和掩护下，中央机关和红军主力组成的野战军 8 万多人，于 10 月 21 日至 23 日顺利突破了敌军设在安远、信丰间的封锁线，迅速突围西进。

中央主力红军离开中央革命根据地长征后，阮啸仙奉命与项英、陈毅等领导人，留在赣南坚持游击斗争。此时，苏区的形势一天比一天严峻，敌人以重兵设置重重包围圈。阮啸仙不顾身患重病，以于都、安远、兴国、信丰等县为中心区域，领导赣南地方军开展游击战争。

11 月，中央苏区的全部县城陷于敌手。翌年 1 月初，敌军侵占了于都的畚岭、小溪、乱石等地。下旬，阮啸仙与赣南军区司令员蔡会文等人领导的赣南省机关部队，被迫退至禾丰地区。至 2 月中旬初，项英、陈毅、贺昌等率领的中央分局、中央政府办事处等机关部队，也从黄龙的井塘村转到禾丰一带，与阮啸仙等人会合在一起。敌军得悉后，立即派出重兵进行包围封锁。被围的机关部队如不迅速突围出去，将有全军覆没的危险。

阮啸仙以惊人的毅力部署工作，指挥突围。他鼓励红军游击队队员说："哪怕剩下一个人，只要突围出去，就是活路，就是党的一份力量！"

在这万分危急的情况下，阮啸仙亲自起草了一份给林匪支队长、刘英政委的指令，要他们以连为单位迅速突围转移。

当各路部队突围后，项英、陈毅、阮啸仙等领导的突围队伍，才开始分路突围。阮啸仙、蔡会文与赣南军区政治部主任刘伯坚等率领赣南省党政机关向赣粤边方向突围。至信丰牛岭一带时，遭敌军重兵阻击。虽经奋力冲杀，终因山高林密，敌人封锁严密，阮啸仙率领的队伍未能杀破重围，队伍被冲散，伤亡重大。

3月6日，敌军在地方"铲共团"的带领下，派重兵封锁了牛岭、畲岭一带。敌军凭借险要地形，妄想把突围部队消灭在这一带的大山里。

在这危急时刻，阮啸仙命令早已抢占牛岭以东高地的重机枪连，用猛烈的火力，从侧背袭击敌人，并命令另一部分战士从西面余刺里杀向敌人。

狡猾的敌人发现突围部队的意图，赶紧集中火力，死命向突围战士射击。子弹像飞蝗一样，落在阮啸仙的前后左右。但他毫不畏惧，一边指挥队伍狙击敌人，一边率领战士匍匐前进。

就在部队越过牛岭、畲岭的封锁线，经过信丰上小坝时，阮啸仙不幸被一颗流弹击中，壮烈牺牲，为中国人民的解放事业献出了宝贵的生命，年仅37岁。

战士们悲痛万分，默默地向英雄的遗体致哀！

赣南军区司令员蔡会文望着远方，脸色阴沉。他沉痛地说："圣地埋忠骨，浩气贯长虹。阮啸仙同志和光荣牺牲的烈士们，同我们永别了……他们将永远在我们心里！"

时任中华苏维埃共和国临时中央政府办事处主任的陈毅，在惊悉阮啸仙和中央军区总政治部主任贺昌先后牺牲的噩耗后，含痛写下了一首催人泪下、感人肺腑的诗篇《哭阮啸仙、贺昌同志》：

> 环顾同志中，阮贺足称贤。
>
> 阮誉传岭表，贺名播幽燕。
>
> 审计呕心血，主政见威严。
>
> 哀哉同突围，独我得生全。

　　诗中"阮誉传岭表，审计呕心血"等句，正是阮啸仙革命一生的真实写照。

　　斗转星移，岁月流逝。半个多世纪过去了，赣南边人民还深深地怀念着血洒牛岭大山的阮啸仙烈士。在烈士的家乡，修建了"阮啸仙烈士塑像"，为先烈树起了千古不朽的丰碑。在阮啸仙烈士牺牲 50 周年的 1985 年 3 月，家乡人民举行了隆重的纪念大会，陆定一和王首道等同志分别寄来了题词。为永远记住阮啸仙烈士辉煌的英雄业绩，让子孙万代学习他为了中国人民的解放事业呕心沥血、奋斗不息的革命精神，当地人民政府建了一所用烈士英名命名的学校——"啸仙中学"。

　　（摘自《名人传记》月刊，河南文艺出版社，1995 年第 7 期）

## 三、阮啸仙文选

### 阮啸仙给团中央的七个报告

#### （一九二三年十月）

#### 一

　　一九二三年十月七日中午十二时，假座广东工会联合会开广州地方全体大会。是日到会者六十二人——不过先后而到，竟有迟至散会者。

　　1. 由书记报告第二次全国大会情形，并解释大会议决全文。末了，报告出席代表与临时中央局谈话之结果，团员皆极满意。

而对于此次大会议决案，已比前更趋实际，认为本团甚有希望。

2. 小册子三十本不够分配，至少每团员一本。此事甚关重要，因章程内有"不看本团纲领章程决议案及机关报者"，应受留团察看故也。应请中局于最短期间补足。

3. 主席报告广东区执行委员一年来经过情形。前次选举出席全国大会代表时，已略经报告，兹再详细解释：以广州地方小组会议，屡次不能实行；干部会议，只得两处照章办理，大会每每不能全体到会，即到，亦不守时刻；月费大半不交，弄到地方经济支绌万分；但对于销售 C. P. 及本团机关报尚称满意；而团员对于工作不甚注意，知识界同志不能在学生会活动，工界同志不能在工会活动，即全体对于劳工方面不能努力，甚为缺憾！故本地方一年来，只得执行委员及少数同志工作，敷衍门面而已——且执行委员实际上只得三人做事。凡此种，皆本地方不好现象。此后应大家努力，从组织及纪律上加以严重的训练，而对劳工方面应格外注意。

4. 区代表大会已定十四日开会，广州地方团应举代表四人出席，书记声明自己理应出席报告，可不用选举。随即选出瑞成、瘦真、施卜、季岳四君。

5. 中局通告双十节应做工作，议决：

A. 印宣言一万份，并联络各团体同时印同样的宣言。

B. 演讲者：啸仙、菊坡、瑞成、季岳、施卜、律西。

C. 全体出发。

D. 上午十一时集中第一公园。

中央局鉴

代区书记啸仙报告

十月八日

## 二

十月七日接中局通告第五号，适值此日开本地方全体大会，执行委员会书记即将中局来意，当众明白宣布，详加解释。大会承认中局通告，实为中国目前急务，应当乘双十节日努力做民众宣传，使国民革命易于进行。随议决到此日全体出发巡行示威，并一齐参与国民党党员恳亲大会，同时将中局所拟宣言略加修改，印发传单。到了此日十一时，全体团员到者九十五人——以广州地方百二十人计，已超过三分之二，出发演说的演说，派传单的派传单，巡行的巡行，团员颇为努力。在民众面前以反对曹锟做总统，打倒北洋军阀，反对列强护路案、长江联合警备案等，打倒英、美帝国主义，国民革命的意义，已大声狂呼。民众愤激，甚表同情，革命之空气，弥漫于广州市矣。事前并联络各团体合作，在报章上为文字之鼓吹，故是日巡行民众不少。在省工会数十，香港工会亦来参加，学校亦有，但为数不多，大约以劳工为最，总数达万人以上。此双十运动大略情形也。现为反对曹锟事，已联合各团体发起召集国民大会，务努力于中局通告之工作。详情续报。此致

临时中央局
代行粤区书记啸仙报告
十月十日

## 三

曹锟贿选，既成事实。本区同志，特联络各界开国民大会，发起者为新学生社、民权运动大同盟、工会联合会、民权社、互助社、学生联合会，于十三日开会，假省教育会为会场。到会者有劳动周报社、中国社会主义青年团广东区执行委员会、新学生

社、民权社、省教育会、工会联合会、油业工会、侨港泥水驻省公会、机纺昭信工会、农工协会、广沙联和工会、酒业工会、学生联合会、国民党清远分部、南洋华侨十四埠团体驻省代表、顺德第五分区、南斐洲支部、顺德分部、星洲分部、越南分部、庇能大山脚分部、从化分部、执信学校、自动机织研究社、民权运动大同盟、机器工人维持会、锯木工会、义安社、铁路车务同业公会、油烛扎作工商会、华人船主司机会、互助社、香港西福工会、香港铜铁工艺社、驳载总工会、香港中华总工会、侨港清净总外寓、侨港木屐工会、省港澳义安总工支、省港同德总工会、侨港联胜工会、侨港京果工商会、侨港机器工会、侨港共和工会、侨港酱料工会、侨港平和工会、侨港木业工会、侨港各货协助工会、建国宣传团、联义社、海员工会、平乐工会、土木建筑工会、广东女界联合会、香港持平工会等团体五十四个代表，并个人共二百余人。下午二时开会，公推啸仙主席，宣布开会理由，略谓：北洋军阀首领曹锟，四、五年来盘踞京都，摧残教育，蹂躏民权，吾人痛心既极。此次复贿买议员，攫取总统，一面勾结英、美，暗输金钱，为贿选经费。帝国主义者之侵略，益加紧张，祸国殃民，莫此为甚！所以今日召集国民大会，征求真正民意，应如何切实对付等语。次联义社代表谭达三发言，略谓曹锟贿选，吾人莫不知其暗中外人帮助，与伪制民意之国会议员捣鬼。吾人固然应一致声讨曹贼，而把持侵略主义之英、美，昧良丧耻之议员，尤不可放过等语。次教育会代表陈熙如发言，略谓：曹锟一以武力压迫，一经经济压迫——借外力的经济压迫我人民。此次贿选一笔款，一面固然取之于人民，一面系帝国主义之侵略者所接济。吾人固然反对军阀，而军阀后面之帝国主义者，亦当一致反对，始能脱此两重压迫等语。次民权运动大同盟代表冯菊坡发言，略谓：中国纠纷如此既极，总其原因，一是人民不理政治，如前之黎元洪窃位，国人仍以为此系事实总统，置之不闻不问，甚者有谓法统重光，护法告终，是故酿成今日曹锟之贿选；一是人民放弃责任，如国会假托民意，为不合法举动，而国民毫无表示，任其所为，故被军阀利用，制造伪总统。今日国民大会，就是征求真正民意，否认议员，声讨军阀。吾人深信国民大会之力量，实能解决时局一切纠纷。如土耳其素有西方病夫国之称，然此次居然脱离帝国主义之英、法而独立，此系国民大会与人民政府一致之故。东方病夫国之中国，当今亦须国民会议，由小团结而大团结，务要普遍的一致拥护人民政府，推倒军阀，推倒列强等语。次新学生社代表刘尔崧提出具体办法：（一）请孙大元帅北伐；（二）促进全国国民会议；（三）实行抵制英、美。____次工联会代表张瑞成、海员工会代表苏兆征、香港持平工会代表叶金源、互助社代表莫远公及马文衡等相继发言，大致相同。即议决：（一）通电全国，讨伐曹锟，惩治猪仔议员，抵制英、美；（二）宣言中外，否认曹锟贿选；（三）请孙大元帅出师北伐；（四）定期示威运动；（五）推举临时办事职员。即举出发起者：民权运动大同盟、新学生社、广州学生联合会、互助社、工会联合会、民权社六团体外，更举女界联合会、教育会、海员工会为临时职员，筹备示威运动，并请愿北伐。至四时半散会。

以上十三日国民大会详情，特此报告。

仁静
育南　两兄

书记啸仙
十月十八日

# 四

粤区代表大会，于本月十四日起至十六日止，一连三日。每日上午八时至十一时，下午二时至五时。出席代表：

（一）C. P. 代表冯菊坡。

（二）代行区执行委员会代表阮啸仙。

（三）广州地方代表张瑞成、刘尔崧、郭瘦真、蓝裕业。

（四）香港地方代表林君蔚。

（五）鹤山——同志三人，代表彭湃。

已经通信，而未派代表出席者：

（一）香山：各同志多已往外工作，三数人产代表不出。

（二）东莞：因附近道滘乡发生械斗，交通阻绝，且省中拉夫甚急，各同志俱是农民，如来，恐发生意外，所以不敢派代表出席。

（三）海丰：该处战事区域内，消息完全不通。

A．关于区报告的决议案

两年来广东同志，漫无系统，所以组织未得健全，团体未得坚固。去年大会来粤开会后，粤区始与中央联络，方期从新发展。但不久陈炯明乱起，旋据斯土，同志既惹其注意，活动稍形秘密。此时纪律上的训练，仍未臻于完备，不能以团体加上活动，虽多少同志努力工作，如组织民权运动大同盟、发起国民大会等，而未能引起其他同志全数的同情，职是之故。今年改选后，可谓本区复兴时代，努力于纪律上的训练。然犹负责之人太少，兼之代理区事务，所以不得良好成绩。此次代表会议根据章程第八条，香港、海丰应正式成立地方委员会，并广州已有三个地方团，根据章程第九条，组织正式区执行委员会。即决议：

（1）国民运动以铁路工作为重要，粤汉、广三、广九，须于此届任期内各辟一地方团。粤汉分韶关、英德、黄沙；广三分三水、佛山、河口；广九分广九站、九龙、深圳，各三支部。

（2）农民运动亦于粤汉、广三、广九三处为要区。先以三路各支部为基础，努力农民宣传。并使路工与农民日就接近。

（3）各地方应于农民运动之重要程度，加设地方团，先在东、西、北三江及韩江中心地点设立地方团。

（4）地方团应早成立，第一期为汕头、江门、琼崖、梧州、佛山、香山等处，第二期为潮州、肇庆、梅县等处。

（5）佛山方面，应利用各堂馆旧组织（形式的），选择工界优秀分子，组织较新团体，以保卫人群为目标，代替其械斗恶习。

（6）汕头方面，目下须从新学生社入手，原有之新学生社，促其组织坚固或改组之。

（7）其余各地方既有组织或未组织者，应由区执行会酌定计划，努力进行。

B．关于地方报告的决议案

1．广州：地方辽阔，同志散处各方，若由区执行委员会代理职务，恐应付不灵，发生偏枯之患，必须组织地方执行委员会管理之。这一年进行，暂定劳工、学生两方面为活动范围，劳工方面，则侧重机器工人；学生方面，仍侧重文化运动——主义宣传。

a．劳工方面：

Ⅰ、机器学徒：

（一）组织俱乐部。

（二）组织补习学校。

Ⅱ、手工业工人：

工会内组织青年工人特殊团体，形式如何随势而决定。

b．学生方面：

Ⅰ、扩充新学生社。

Ⅱ、发起组织社会科学研究会。

Ⅲ、《新学生》半月刊应多量发表关于文化运动批评之文章。

Ⅳ、各团员应努力改组学生联合会之工作。

Ⅴ、各团员为其他团体活动时，须受地方执行委员会之指挥。

2．香港：该地工业较为发达，工人甚多，直接被帝国主义者榨取压迫之下，比之本国尤感痛苦。同志应努力向劳动阶级宣传，第一使之阶级觉悟，第二使之明白中国在国际间的地位，与国内纷乱之历史的原因，灌输国民革命之精神。又该处孔教特别流行，简直无文化可言，故文化运动亦占重要地位，并须努力国民运动，以吸收民党之良好分子。

a．劳工运动：

（一）调查工人工会状况。

（二）联络同种职业之工会为工联会。

（三）在各渔船内组织机器及木匠支部，为船渔工会基础。

（四）谋设工人外寓。

（五）调查男女青年工人的待遇及设法援助。

b．文化运动：

（一）扩充阅书报社。

（二）攻击孔教会及青年会。

（三）扩充女工补习学校。

（四）设演讲会——一面为团员训练纪律，一面对外宣传主义。

（五）印行月刊。

（六）设立工人补习学校。

（七）凡同志与他人合办之出版品，须无形中传播主义。

c.　国民运动：

（一）组织十人团。

（二）利用其他含有政治意味运动之团体。

d.　学生运动：港中学生一面多数为大资本家之子弟，一面多数为基督教孔教空气所包围，学生运动，可说绝无希望。现暂定二种办法，缓缓引导：

（一）创设技术学会，借此机会灌输新思想。如体育运动会，美术社等，务要力使接近。

（二）在我们印行之出版品中，多登载讨论人生观之浅白文章，使之有确定人生观之必要。

3.　鹤山：该地人民稍活泼的即往南洋各地，所留只是农民，文化极低，现在同志只三人，言语不通，指定工作如下，

a.　青年知识农民方面：

（一）组织演讲会（演讲故事）。

（二）研究科学的小组织。

（三）组织学校报。

（四）组织童子军。

b.　普通农民方面：

（一）乡团小组织。

（二）组织演讲会。

c.　选举区执行委员会五人，候补三人。

当选者：阮啸仙

　　　　刘尔崧

　　　　罗绮园

　　　　施　卜

　　　　郭瘦真

候补三人：张元恺

黄侠生

蓝裕业

仁静
　　　　二兄
育南

粤区委员长啸仙

十月十九日

## 五

粤区执行委员于十八日下午开第一次会议，决定区委员职务如下：委员长阮啸仙，秘书郭瘦真，会计施卜，编辑罗绮园，刘尔崧则特派至各处活动。当经中央特派驻粤委员卜世畸同志认为适合。

特此报告。此致

仁静
　　　　两兄
育南

啸仙

十月十九日

## 六

十三日国民大会决议示威运动一案，由九个临时办事职员分配工作。同志以所活动团体——民权运动大同盟、新学生社、工会联合会、民权社——担任文牍、庶务两职。筹备完妥后，即定于昨二十二日举行。先一日同志以文牍、庶务两种职权，全市遍贴"抵制英、美勾结军阀""反对军阀做总统，否认非法之国会""革命尚未成功，同胞仍须努力"等标语、传单，及说明大会地点——第一公园，时间——二十二日上午十一时。是日签到团体，除同志活动的外，有互助社、执信学校、省教育会，市立第一、第四、第五、第七、第九、第十高小学校，潮属旅省高小、高师、法大、甲工、警专、私法，市立第一、第四、第五、第九、第十四、第二十六、第二十八、第二十九、第三十一、第三十七、第三十九等民校，市立第四、第二、第五女子高小，广高附师、图强产科、女子师范、妇孺学校、岭南学校、市立师范、市立甲商、市立保姆学校、广州河内艇货工会、酒楼茶室总工会、女界联合会、真相化装剧社、广东轮渡船务总工会、觉悟通讯社、市立美术学校、佛山工会联合会、自动织机研究社、佛山制饼工会、佛山理发工会、金银首饰工会、土木建筑工会、酒业工会、联义社海外通讯部、肉行昭信工会、广州学生联合会、黄沙陈馆联英乐社、志成女子高小、海外华侨演说团、锦纶阁行、建国宣传团、药材工会、广州药材工会佛山支会、农业专校、海员工业联合总会、市立职业学校、自强民校、体育女子学校、缝业工会、工程学校、南海中学、光华医校、徽柔女校，共七十五团体，人数总在万人以上。十二时半开会。教育会代表陈熙如同志主席，尔崧、平山同志略有发言。一时半巡行，每团体领队一人，由庶务给与红旗一枝，旗上编列队数。同志六人执"国民大会巡行""国民大会请愿""反对何东之和平会议""抵制勾结军阀之英、美""讨伐总统自为之曹锟""赞成革命统一"等口号之旗帜为先导。巡行至三时二十余分钟，由同志所活动之团体及省教育会、执信学校，代表国民请愿。兹将是日所派传单及二十三日广州市报纸所载新闻一段，一同报告。

仁静
育南　诸兄

粤区区委员长啸仙
十月二十三日

## 七

广州地方执行委员改选会，业于二十一日由前书记啸仙召集。大会选出张善铭、李毓秀、沈厚堃为执行委员，邹师贞、朱节山、韩盈为候补委员。是日并由区执行委员瘦真报告地方代表大会情形，及中央特派驻粤委员卜世畸同志演讲"世界革命的趋势"。二十四日，该地方执行委员会第一次会议决定委员职务如下：委员长张善铭，秘书沈厚堃，会计李毓秀。唯善铭同志尚在高州，除由区执行委员会快邮促其早日回省外，并饬该秘书暂行代理委员长职务。

又香港地方，前由区特派该书记林君蔚同志召集，组织香港地方执行委员会。顷已得报告于二十五晚召集大会。金谓香港地方原为重要区域，根据第一次修正章程第八条，得举三人以上组织地方执行委员会，遂一致议决该地方执行委员五名，候补三人。林君蔚、梁鹏万、彭月笙、梁九、区直之当选为执行委员，李义裸、杜沧洲、苏南当选为候补委员。旋于二十六晚开第一次职员会议，决定委员职务如下：委员长梁鹏万，秘书彭月笙，会计梁九，教育宣传委员君蔚，劳动运动委员直之，当经本区批准。

海丰地方在战事区域内，闻彭湃同志逃往汕头，消息不通，中央所寄通告概存本区。

鹤山、东莞、香山等支部组织未据报告，本区当再责成前所特派专员，从速组织成立。

中央所发通告至十六号，已如数收到。所付工作当竭力干去。现由区执行委员会指定：

广州地方教育宣传委员刘尔崧。

广州地方出版物经理员赖炎光。


仁静　　诸兄
育南

粤区执行委员会委员长啸仙
十月二十八日

## 广东农民运动之现势

（一九二六年一月六日）


今天是广东省农民协会欢迎第二次全国代表大会代表的日子，兄弟代表广东省农民协会，谨将二年来农民运动的经过，都报告各位代表知道。但是要详细地来说，千言万语，非十天八天不能讲完，故现在只把两年来的经过，简单些来贡献于各位代表之前。说起广东农民运动经过，可分作六个时期：第一期，在职业上的普通联合，渐认识自己的地位。此是国民党改组后农民政策之实施，即为农民运动之初期。此时农民只知道工人有工会，学生有学会，商人有商会，我们农民为什么未有农会，这些简单的意思。但他们从此就晓得与工商学界是有同情的地位了。第二期，微露

491

阶级的意识，渐觉得到敌方之压迫与自身之反抗，突出地方主义和家族主义之重围，而为一阶级的联合。此时农民协会已纷纷组织起来，便叠次发生地主用武装民团压迫农民之事件。农民亦觉悟到联合抵抗，为求本身之保存，并且他们为各地的联合及异姓的联合，不分什么宗族地方关系，只知道有农民阶级的利益。这是地主阶级压迫政策相迫而成的事实。第三期由经济斗争急激趋于政治的斗争：（甲）广宁第一次减租所引起之斗争。十三年十一月间，广宁农民提出正当减租要求，乃地主不但不与农民为双方之和平解决，竟纠率民团土匪拆毁农会，抢杀农民。农民也起而与之对抗，血战三月，奋不顾身，为农民利益而死难者，计卅余人。为中国有革命史以来唯一的农民阶级的斗争。此时适国民党保护农民政策之实施期，因此，乃派铁甲车队前往实行帮助农民。此亦为国民党有史以来第一次武装帮助农民之伟举。事延数月，只解除地主一部分武装，稍煞其势，以不了了之。（乙）市郊林宝宸被杀事件。十四年十二月间，广州市郊第一区农民协会正委员长林宝宸，为反对崇文两堡民团总局抽收田亩捐，卒被该局团长买凶杀毙，死事甚惨。（丙）花县王福三被杀事体。十四年一月间，花县农民协会副委员长王福三，被田主维持会劣绅江耀忠等，纠率民团杀毙，并去手割耳。以上三案发生，不但田主压迫而已，还见土豪、劣绅、贪官污吏，都勾结一气压迫农民。尤可异者，广宁地主对农民说，我失败了不打紧，可以直卷所有到沙面居住，谁都莫奈我何。农民虽至愚，总觉得地主与洋人有关，使他们渐知帝国主义是仇敌了，至少是仇敌的靠山。此时是工农团军，参加中山出师北伐，到韶关宣传，及镇压商团叛变。后之农民，更觉得政治压迫之重要，同时轻轻喊出"冲破帝国主义、军阀、贪官污吏、劣绅土豪、买办阶级、大地主之联合反革命战线"的口号。第四期，由政治斗争认识民族解放运动：（甲）

举派代表参加全国促成会及拥护先总理北上奋斗。（乙）市郊农民力争市选。（丙）第一次东征，海、陆丰、五华等之农民，集中万余人，欢迎革命军。事前或做向导，或做侦探，或担任运输，或扰乱敌人后方，或布疑阵使敌人不敢前进，其功至巨，牺牲亦大。（丁）"五一"两大伟举，省农民协会成立，全国总工会成立。此大会已确定政治、经济、军事、教育方针，并主张一致拥护政府，及加入国民党，并致书中央请肃清反革命派。（戊）发表宣言，拥护政府，号召全省农民联合三铁路工友驱逐刘、杨。第五期由民族运动之意义，进而农工联合，为积极反帝国主义运动。（甲）发表宣言，力争"五卅"惨案。援助省港罢工，如汕头、宝安、中山、惠阳一带农民自卫军，皆出全力，帮助工人纠察队检查仇货，制止粮食出香港。（乙）廖案发生，各级协会开大会，皆有沉痛之表示，及一致决议肃清反革命派。（丙）请愿收复东江，肃清南路，拥护罢工条件，促进广东统一。第六期，工农两大革命基础势力，统一广东，将农民运动普遍全省，而扩充到全国。（甲）有了农民协会之县份，就有工人组织工会，商民组织商民协会，学生组织学生会，妇女组织妇女团体，及各种示威运动，如追悼孙总理及廖先生，纪念"双十""反段""反帝国主义"。（乙）现在广东成立有农民协会有四十几县，六十几万人了。将来希望各位代表去发展到全国。

末了，从各种过去事实来观察，就知道：（一）有了第一次国民党全国大会决定了农民政纲，就有了六十余万有组织的农民，为革命的基础势力。（二）农民从经济政治斗争之教训，他们非跑到民族解放路上去打倒帝国主义及军阀不可。同一样的意义，他们想达到民族解放，非有很广大的农民群众去参加不可。换一句话说，如果想有很广大的农民群众，非使他们组织得好，冲出地主阶级的重围，更是未有希望。有人说，农民用不着反对地主，中国现在农民与地主无冲突之必要；地主可以很和平的给农民利益。这些话，在广东有经验的农民，人们事实的需要，并不相信天下有这一回事。就是我们做农民运动的同志，在每个具体的地主阶级压迫农民的斗争中观察起来，也不敢说这些话。（三）我们更希望国民党第二次全国大会，决定更好的农民运动方案，更努力的实现农民政纲，使中国有三万万的农夫农妇，为有组织的全国国民革命基础势力。

（载于一九二六年一月二十五日《犁头旬报》第一期）

## 惠阳县农民协会成立之经过

（一九二六年三月一日）

### 一、农民运动之初起

惠阳农民运动起于去年二月间，在第一次驱逐陈炯明的时候。当陈炯明乘孙总理在京病危，受香港帝国主义主使而反攻广州，本党党军将要进攻的时候，我们即注意惠阳农民运动，乘此时机将此地农民团结起来，发展民众势力基础，阻止军阀复兴，即调在农民部工作的同志秘密潜在惠属平山、淡水活动。及至本党党军出发东江，道出淡水向海陆丰进攻，又选调同志多人偕同农民运动讲习所第三届东江籍学生十人，组织宣传队随军出发，担任宣传工作。此宣传队有随军到五华、紫金、龙川等县去组织农民协会的。惠阳县农民协会即于此时乘军事胜利，由随军留下来的宣传队两位现场及二三个农所学生去宣传组织起来。一位同志在淡水方面发展组织，一位同志在平山方面发展组织。同时高潭方面因与海丰毗连受其影响，自动地起来组织，并由平山方面选派得力农民前往帮助，成绩更好。去年五月一日广东省农会成立已有平山、淡水两方代表到会。平山方面成立了这协会，有乡会十余个，人数千余。淡水方面亦成立了这协会，有乡会八九个，人数四百余。高潭方面虽未组织得好，加入者亦有五百余人。此为惠阳农民运动春云初展，方兴未艾的时候。

**二、农民运动取守势时期**

本来惠阳农民运动在省农会成立后，应当有很好的发展，乃因军事及政治影响，竟尔反攻为守。就因为黄埔军向潮汕移动，留下来的民军、土匪与地主、劣绅土豪勾结一起，就中以警备司令林海山为最，阳假革命军之名，实则纵容部下，摧残农会，压迫农民，无所不用其极。于三月间竟想缴农军枪械。此时农民乃团结与之抗，反将他的枪械收缴，稍挫其锋，颇为敛迹。但或明或暗的破坏农会进行，为其阻挠不省。因此农会乃取守势，团结固有实力，暂不向外发展。刘杨变起，党军返斾，农民又蓬勃起来，随军之后，参与驱逐刘杨，使军行平山、石龙间，毫无阻隔，皆农民向导之力也。刘杨已倒，许总司令遄返广州，放弃东江，予陈炯明以死灰复燃之机会。因之陈逆余孽，蠢蠢欲动，妨害农民之谣言四起。加之许总司令欲起用杨坤如，得复其原有地盘，农会区域又再受军阀铁蹄之践踏。农民大失所望，只有退守，巩固内部。杨坤如复起，公然在澳头一带偷运粮食给香港，偷运仇货图利，破坏轻工运动；同时阴谋与香港帝国主义勾结，日思反攻。农民得到此种消息，无不愤恨填胸，阴派代表来省告密，不下三四次。我们对于每次派来的农民代表都给予政治的报告及革命与反革命的分析，以好言抚慰之，同时以省农会名义勉励农友们巩固自己营垒，好好团结，准备进攻。同时向中央党部、国民政府力争打倒反革命派杨坤如。适廖案事发，在杨坤如压迫之下的农运更为紧张。我们乃派同志前往主持，中途被匪军截击折回，后设法促使同志达目的地，但只可向农民谈话及安慰他们，仍不能一点活动。

### 三、农民运动复兴

东征军出发，为第二次驱逐陈炯明，同志们仍如前随军出发。十月十三、十四两日乃将自宋以来从未有攻破过的惠州名城，一鼓而荡平之。此役影响至巨，因为惠城已破，帝国主义、军阀，及一切摧残农民的反革命派所据以为天险者，从此不足为患。但杨坤如虽去，其余孽仍潜处农村间，其军队则散为土匪重为农民之患。农民经过几次政治斗争的教训，从实际上所得的经验与觉悟，更认为非团结起来不可。此时高潭因拒绝海丰陈炯明军之暴行，联合廿余乡联防自固，支持半月而东征军适来，因此未受损失。即以廿七乡会，进而组织农民协会。同时鸭仔步方面亦有数乡，白芒花方面亦近十乡有了组织，即可以成立两个区协会了。统上三区已有五个区协会，在事实上已有组织县协会之必要，照章程的规定亦有组织县协会的可能。

### 四、筹备县农民协会经过

惠州城已下，农民运动可集中在政治中心点，因为以前只侧重西南隅发展，东北及附城一带还未开手。乃派同志三人进驻惠州城内，设县农民协会筹备处，一面开始向东北及附城发展，一面整理原有协会区域，同时在相当期间成立统一指挥机关——惠阳县农民协会。筹备处成立未久，即想马上成立正式县会，并派人来省请示办法。只以整理各原有农会区域，功夫仍未做好，认为时期尚早，旋由省农民协会派啸仙同志于十一月十二日前往策划一切，相机进行。十四日到惠，得同志何友逖诸人报告，筹备已经成熟，请各界参加及召集各乡会选派代表之函亦经发出，并确定十一月十六日开成立大会，势难更改。筹备经费，由东征军政治部在抄得逆产中指拨千元为暂时使用，于经济上，也不虞缺乏。不过筹备期间仍嫌短促，恐只成立一空招牌之县会而无实用。但事势至此惟有力谋补救办法，乃注意于代表大会之组织及训练问题。十四日晚即召集担任农运工作之同志会议，并决议：

（1）惠阳县农民协会第一次代表大会及代表团组织法：

（一）以区为单位，每区组织一代表团，公推主席一人；

（二）以代表团主席组织代表大会主席团，并由筹备委员会派一人，广东省农民协会派一人；

（三）每日未开会以前各代表团开会一次；

（四）在未开会以前主席团开会一次；

（五）代表团报告大纲；

（甲）总说——农民运动之经过及其趋势；

（乙）协会统计——每区若干乡，每乡若干人及各级协会职员姓名；

（丙）农民自卫军统计——组织法、枪械、人数；

（丁）民团、商团、土匪之调查——组织法、枪械、人数、头目、对协会的态度，及其经济的来源；

（戊）地方官及驻防军队对协会的态度；

（己）逆产——逆党——有无枪械；

（庚）协会成立后有无发生风潮及其经过详情；

（辛）农民目前之要求；

（壬）提案。

（六）各代表团在代表大会未开会之前开会时，由本筹备处派员参加——参加人下列：

1. 高潭区参加者——何友逊　何　聪

2. 平山区参加者——何友逊　戴耀田

3．淡水区参加者——黄　克　黄超凡

4．白芒花区参加者——黄　克　古柏桐

5．鸭仔圩区参加者——卢耀门　余子光

（2）制定代表调查表，以观察各代表思想行动，及过去之工作。

（3）制定各乡协会调查表。

（4）宣传问题：（一）县农会成立之意义：（A）东征军之出发，是惠阳、海陆丰一带农民为有组织地与帝国主义、军阀及一切压迫农民之反革命派斗争，经过无数摧残，使东征军不能不来。东征军之胜利，是惠阳一带农民已认识敌人，一致起来拥护革命军，使东征军得到胜利。但我们的经验：还嫌团结未够，不能得到很大的胜利，因此，为达到更多的胜利，应力谋农民统一，成立全县的统一指挥机关。（B）广东农民运动经过一年来之奋斗，已能与省港罢工工人联合起来，做反帝国主义，解放中华民族的运动。实际参加国民革命，为的就是有全省统一机关省农会去指挥。我们也应该在省农会统一指挥之下，统一惠阳农会，使农民团结更加巩固，指挥更加有力。（C）惠阳农运是广东农运在东江、中路之一支主力军，我们希望这支主力军进到东江尽头去，去发展各县农会。现在东江右路已由海陆丰进到潮汕去了，我们要好好的巩固这中路的基础——惠阳县农民协会。（D）我们县会统一之后，要使农会组织普遍全县，凡是农村都要组织农会，凡是农民都要加入协会。（二）政治宣传：根据本党中央对于最近政治出版物及"为什么要打倒陈炯明"——平山同志主讲的，去向各代表尽量宣传，使他们明了中国的、广东的政治状况。

（七）大会决议及今后进行计划由何同志负责，观察各代表团会议实际状况而起草，交筹备处同志开会议审查，提出大会。

县会成立宣言，由啸仙同志起草，经筹备处同志们审查，提交主席团通过发出。并决定大会开两日，十六日开幕，十七日报告及决议，选举。

有以上会议七项之决定，乃于十五日下全体同志动员令，去实行训练此次大会。

**五、盛大的全县农民代表大会——镇压反革命派的农民示威**

（1）此次大会到会者，分五区，八十六乡，每乡至少派一代表，五十人至百人派代表二人，百人以上至多不能过三人，共计代表到者百二十三人。如下表：

| 区名 | 总数 | 佃农兼手工业 | 自耕农 | 半知识界 | 信仰三民主义 | 主张联合世界无产者 |
|---|---|---|---|---|---|---|
| （二）淡水 | 20人 | 15人 | 3人 | 2人 | 20人 | 18人 |
| （三）平山 | 30人 | 29人 | 1人 | 无 | 半数 | 半数 |
| （四）白芒花 | 24人 | 多半是老农，一少年基督徒 | | | | |
| （六）高潭 | 33人 | 23人 | 7人 | 3人 | 全数 | 全数 |
| （九）鸭仔步 | 16人 | 15人 | | 1人 | 16人 | 16人 |

注：二、三、四、六、九是政治区域

至其所代表的区农会数、乡农会及会员数，则如下表：

| 区会数 | 乡会数 | 会员人数 |
|---|---|---|
| 第二区 | 10个 | 561人 |
| 第三区 | 20个 | 1166人 |
| 第四区 | 10个 | 553人 |
| 第六区 | 27个 | 1074人 |
| 第九区 | 9个 | 459人 |
| 合计5个 | 76个 | 3813人 |

（2）十六日开幕情形：会场在惠州府城内第一公园，是日到会团体或派代表参加者如下……

学界

惠州中学全体学生

时化学校

昌明学校全体师生

惠州女师校长余浣香

县立第二高小校长黄植祯

惠州工读学校全体员生

县立第三国民学校全体员生

县立第二高小全体员生

新学生社惠州分社代表江耀斡

惠州学生联合会代表林宝良

惠州中学校学生会代表黄宣文

大中小学校代表蓝耀奎

县立第一高小全体员生

惠阳县教育会代表郑钟奇

南区国民学校代表周逊基

军政界

黄埔军校第二团二营全体官生

军校 特别党政治 部代表

东征军总指挥部政治部

东江警备司令代表张浩

东征军惠属财政整理处代表罗尚武

东征军第三纵队部后方留守处代表李信圭

东江宣抚使署代表郭清芬、李道轩

军校第二团部代表林英

赣军司令部代表周际云

东江运销缉私总局代表何醒初

惠阳县长

党　部

惠阳县党部代表李勉周

一区、五区分部代表苏民望

第九区党部代表李乃英

第一区党部代表廖玉堂

各社围

改造惠州同志会代表张槐青

惠阳县商会代表秦序东

淡水青年新社代表赖逸群

广东第七队盐警队长钱沦

惠阳第二区党部代表邓秉真

博罗县第十区署代表叶广孚

工　界

惠州理发工会代表罗汉珊

东江船业工会代表周泽棠

中华全国总工会代表曾国钧

广东省农民协会代表阮啸仙

中央农民部代表何友逊

到会群众约三千人，为惠州空前未有之大会。会场派出之传单有：县协会成立宣言，及东征军政治部、各工会、县党部、黄埔军校党部、新学生社惠州分社、学生联合会、惠州中学、淡水青年新社等团体庆祝农会成立宣言。演说者有：阮啸仙同志代表省农会致训辞，首述县会成立之原因并作政治报告，次说广东农民运动一年之经过大要如下：（一）工农团军参加中山出师韶关及镇压商团叛变；（二）举派代表出席全国国民会议促成会及拥护中山北上奋斗；（三）市郊农民力争市选；（四）第一次东征打倒陈炯明；（五）五月一日全省农民大会主张一致拥护国民党实行国民革命，并致书本党中央请肃清反革命派；（六）发表宣言，拥护政府号召农民联合三路工友驱逐杨刘；（七）发表宣言，赞助省港罢工，反抗帝国主义；（八）廖案发生，各级农会开大会追悼，并一致决议通电肃清反革命派；（九）请愿收复东江，肃清南路，拥护罢工条件，促进广东统一。约有一点半钟之久才讲完。参加各界皆为动容，尤以学生及黄埔入伍生队更为感动。次为惠阳罗县长宣布政见：拥护工农利益。并说：压迫工农的就是反革命派。次农民代表朱观喜答词，略谓：刚才省代表所说的话，都是我们做过的事实。为什么这样做？为的就是自己团结起来解除自己的痛苦，并不是受人利用。如果有人骗我们起来，来牺牲我们自己，我们决不妥协的，我们也要打倒他云云。最初阮氏说时人人多不经意，间有些知识界浅视他是头脑简单的农民，及听至此处，也就不禁拍掌叫绝了，相信其影响是不少的。各人演说后，举行大示威巡行，沿途高呼口号及各代表唱农工歌及国民革命歌——农民大会各代表能够唱歌者，以此次为仅见。本来惠州为陈炯明辈反革命的策源地，未开会前，其余孽仍是活动，及开会示威后，革命空气浓厚，现象为之一变。

（3）十七日继续正式开会情形：是日为代表会，除代表外，间有三数人旁听者——是国民党党部职员，逆党的侦探亦有。开会秩序为省农会代表报告：（一）农民运动之初起，只在职业的意识上联合。（二）微露阶级意义的组织，暂发生敌方之压迫与本身之反抗，是农民运动第二期。（三）由经济斗争急激趋于政治的斗争。此为农运第三期即去年底广宁第一次减租运动而发生斗争的时候。（四）由政治斗争而认识民族解放运动。此为第四期，即省农会成立期——"五一"节。（五）由民族运动之意义进而联合罢工，为积极的反帝国主义。此为第五期，即刘杨倒后至省港罢工的时候。（六）将前进为国民革命之两大势力，即工农联合运动。此为最近期，在此时期农民组织必遍及全省并扩充到全国。次各区代表团主席报告。在他们报告中，已看见农民们觉悟了本身痛苦与阶级的利益，并渐能为有组织有方法有纪律的活动。次解释提案及通过。此项提案是先由我们起草审查过并印好向大会提出的，颇近于实际，系根据各代表团会议，目前之要求而做的，在大体上完全通过。兹将各项决议案照录如下。

**六、大会的决议及选举**

惠阳县农民协会第一次代表大会决议案。

属于政治经济的：

（一）凡各区警察学校经费有关于农品之抽捐，应请县署饬令各该区警察学校详细报告县农会审查。如有害及农民者，应请县署核免之。同时各区警察学校应发给凭证以防滥抽。

（二）请政府出示豁免旧租及凶年免租。

（三）请县署出示禁绝征收钱粮委员之勒索，如轿价、茶水等费。

（四）请政府取消父债子还之法律。

属于政治的：

（一）已成立农民协会之农村耕地，各田主不能自由起耕。

（二）请政府禁绝烟赌。

（三）请县政府规定度、量、衡。

（四）请县政府肃清反革命派及严办破坏农民协会之土豪劣绅。

（五）各区乡现藏有逆党枪械应请县政府及驻防军收缴拨归

本乡办农民自卫军。如无驻防军及警察地方，得由农民自卫军自行收缴之。

（六）请国民政府将此次收缴逆党枪械拨归农民协会开办农民自卫军。

（七）请愿政府自县署以下各级行政机关、司法机关及公共机关，如有关于农民事项，各该级协会有派代表请求开会或参加会议之权。

属于教育的：

（一）请政府出示，将各区公产拨归农会以为提倡农村教育之用。

属于经济的：

（一）规定本县会员，每月应纳月费半毫。

属于纪律的：

（一）请政府严办勾结奸商包运仇货入口之曾宪文，并报告省农会开除其会籍，及第二区协会副委员长职务。

（二）肃清会内不遵会章不守纪律之会员。

（三）各乡会员应自身禁绝烟赌，如有发觉，处以相当之惩戒。

（四）各乡会员如有发生争执，应由各该级协会执行委员会解决，并不得互相打架。如先起手打人者，无论有无理由，应先罚银一元，然后判决。

属于农民自卫军的：

（一）充当农民自卫军，以本会有耕作之会员为限。各级农民自卫军应从速按照广东全省大会之农民自卫军组织大纲组织之，尤须服从各级执行委员会之指挥，如有违背，当按照军律严处之。

（二）农军经费，不能取之苛捐杂税。

其他：

（一）取消送租例。

属于进行计划的：

（一）现在除高潭、平山、白芒花、淡水、甲子埠成立区会，其余永湖、稔山、多祝、龙岗、梁化、横沥、平海各处尚未着手组织，应由县会就近选派能干会员前往运动，以收联络普遍之效果。

（二）现在各级协会组织尚未紧密，应由县执行委员会酌量于各区选出会员若干人到县会实行训练后，派回各区专任宣传及训练会员之职务。

（三）请省协会派人来县整顿各区乡协会。

（四）证章费拟定每个收回二毫，除原价八仙外（每毫十仙计），所余一毫二仙，以七仙归区会，三仙归县会为经费。

（五）前各区、乡会多不能按照定章依时开执行委员会或大会，以后县执行委员会应严紧督促各区乡执行职务，依时开会，以资训练，实行自治。

选　举

各决议案通过之后，发票选举县协会职员，结果如下：

正执行委员长朱观喜（佃农）

副执行委员长戴云昭（半自耕农）

秘书何聪（家庭是农民，自己是商人）

执行委员：林喜（佃农）

　　　　　余子光（农所学生，知识界）

　　　　　黄星南（自耕农）

　　　　　何　有（佃农）

候补委员：黄发统（自耕农）

　　　　　罗志白（农所学生，知识界）

　　　　　叶煜墀（私塾教员）

### 七、大会的威权及影响

拘拿反革命派情形：惠城已下，杨坤如余孽，多潜入附城民家，或农村间，及东征军向潮汕移动，剩下来的，都是一些狗头狗脚，专好收容杨逆余孽，借其熟悉地方情形来坐地分肥，故余孽又异常蠢动，如李集、杨灼生两人，都是从前杨氏的爪牙，或做过营长，或做过司令，又曾在平山、淡水一带拆毁农会、戕杀农民的，他俩也到惠城乘机活动，包揽苛捐。恰巧农民代表大会期间，为代表们探悉，即由代表大会名义请县长拘拿到案。此不但农民称庆，即市民曾被其荼毒者也莫不称快。同时淡水区农会被一土豪曾宪文侵入，盘踞副委员长席位，竟勾结奸商，受贿包运仇货，此时他也来惠想运动做警察区长，又被代表们设法拘拿，并在大会通过开除其会籍，及停止其一切职务。此三事之影响：一方使会场革命空气高涨；一方予反革命派以打击；一方引起农民信仰团体而觉悟到自己的力量；一方使农民尊重农会的纪律。

给予工人的影响：自农会开幕及举行大示威后，惠城空气转换。此地虽然是手工业工人，亦自动的纷纷起来，要求我们帮他组织工会，计两日间成立者有船业、车衣等工会。

给予学生的影响：此地有一中学校，学生百八十余人，高小学校亦有四五间。学生们为一般陈腐的教员所蒙蔽，一点政治常识都没有，简直不知道中国是谁家之天下，讲到世界更不用说。因为连年战争，交通梗阻，不论是新出版物，即新闻纸都未有看，的确可怜！自他们参加农民大会后，也弄出他们革命的要求来了，一连请我们演讲了几次，我们替他们报告中国的及广东的最近政治情况，与欧战后世界之形势，并说点国民革命中学生的使命去激动他们。不上两日，他们更进一步要求组织革命的学生团体——新学生社惠州分社。此社已于廿日成立了。成立时全城的学生，无论大小，都集中一处来开会听讲，很是不错。同时一般不明白的教员们，以为我们给他闹出乱子来了，一方面愤恨，一方面又是害怕，竟有一次想提出总辞职，为新学生社员以"陈炯明时代种种困难都不辞职，现在困难已过去了，反提出辞职，岂不是分明表示反革命吗?"的话对付他们，便打下去了。后来我们觉得肃清反革命的口号，用得大周到了①，给他们缓和一下子，使学生们有充分团结的机会，乃于东征军行营召集各界开会那一天，用农会、工会、党部名义替他们争回教育经费及维持校务办法。在后，我们设法探听教育界的口吻，他们又觉得农会、工会的确是不错的。

### 八、惠阳经济调查

（一）农产品：以谷为大宗，次则麦、糯谷、梅菜（为广东之名产，陈炯明最盛时代，人多呼惠州人为梅菜客者以此）、烟叶、萝卜（用以制菜脯亦颇有名）、黄麻、沙梨（淡水沙梨亦为广东名产）、荔枝、芋、盐（濒海一带农民多业盐田，为稔山、范和岗、平海、盐洲等处）。

（二）农民生活概况：他们生活非常艰苦，衣服不完，最好的如自耕农亦不过到了过新年的时候，做一件粗的土布衫撑持下面子。居住多属几百年遗下的颓墙破屋，还有编茅为屋的。至食料则以薯芋为主，每年逢时节或什么喜庆的事，或有三五餐真的纯粹的米饭作食，但已用尽力量去张罗，才得至此。因为他们收获所得的谷，除七成给地主之外，其余三成又已经花在买种子肥料用具去了。所以惠阳农民口头常有"不怕大水风飓，只怕薯芋无着"之谚。可见惠阳农民是耕而不得其食者。

查普通佃农生活统计：

每家约五人，最多能耕二石种的田：

---

① 原文如此，应为"太过分了"之意。

每石种的肥料：二十五元。

谷种：十元

犁耙

以上各种农具虽非年年要买，但每年亦必须修理或添补。

铁搭

禾镰

蓑衣

笠帽

箩筐

牛租：五元

以上约支出四十五元

每石种的租谷：纳给田主，中等田要两千五百斤

每石种的田可收获三千五百斤

每百斤谷值时价四元

每石种除纳租外可得谷一千斤，值银四十元

以上收入可得四十元

出入相抵倒亏五元

至说到儿女教育费，居住、衣服及丧葬、婚嫁与各种应酬费，除努力于副产品，如种地豆、蔬菜或挑担工作，仅以维持。常食用外，则左支右出，负债累累。

捐税：有烟、酒、屠猪、盐等税，是间接取之农民的；有牛、猪、谷、甘蔗、各种果品、烟叶、黄麻、地豆、梅菜、菜脯、砂糖、薯粉等杂捐是直接取之农民的。

借债：利息寻常，每月每元利息三分，要人担保或物品抵押，才可以向地主借债，如果对地主们很恭顺驯服的，也可以不用担保借到。若在早季二、三月间和秋季七、八月间，青黄不接的时候，食粮不足，且需各种肥料、种子、农具等费用，不得不向地

主借债，为期不过头尾两个月，常要一倍的利息偿还，如借银二元，还谷百斤（时价值四元）。

## 九、农民教育状况

农民视自己的子女好像是货品，农民子弟一到七八岁，就要出田做轻的工作，或替别人做工找一餐饮。因此，子弟不读书可以做工谋食，若读书还要自己拿钱出来，他们便认为不上算，所以农民子弟（因为农民女子是永远不能够读书的，故只算男孩子）很难得有读书的机会。乡村中有些叫做蒙馆先生的，其设塾情形：每学童每年学费约一至二元，另外米一斗，油一斤，柴十斤，茶叶钱一毫子。自旧历正月起开学，至九月九日就一定散学，所以童谣云："九月九，先生不走学生走。"所读的是什么书！更用不着说是骗劳动者的"圣贤书"。凡农村在百家以上者，约有蒙馆一所，学生最多二三十人。所有蒙馆多是自耕农提倡设立的，佃农们就低头不敢说了。因此，各农村粗能写字者仅得百分之三而已。

## 十、进行计划

惠阳农会现有五区，七十余乡，将近四千会员，在数量上都是很少的。农民虽知道自己痛苦而组织农会，但除几个职员比较明白外，大多不懂农会的主旨，及农会进行策略，与办事方法。同时各农民多半是贫农，知识程度又低，因此，他们多数除了觉得被人压迫有个农会来呼吁外，实际上仍未十分得到农会的兴趣。现时有东征军驻防各地，关于政治的压迫稍为放松一点，至经济及教育方面，还未有理到。我们要想发展及整顿农会，应同时注意到建设方面。一方可引起会员的兴趣而继续努力，一方可引起未加入的农民有需要农会的观念。因此，可分别进行以下的计划：

教育方面：发起农村教育，设立农民夜学、农民子弟学校、阅书报社等，以该乡公款为基金，以抄得之逆产补助之。

　　经济方面：提倡合作事业。现各乡农产品之卖出，肥料、农具之购入，均为一般商人所操纵，受害不少，农民对此多已明白。但合作常识，各特派员应极力提倡，考察情形，于可能做到时，应小小的试办，以引农会会员互助团结。

　　组织方面：可于各区选择耐劳而能宣传的农民，担任向各区乡附近未有农会之农村中活动，其生活费拟由抄得逆产农会应得项下，酌给每人每月廿元。现划分发展区域如下：

　　平山区：向稔山、平政、塘角、平海、梁化、新圩等处发展。

　　淡水区：向澳头、沙鱼涌、龙岗、平湖一带发展。

　　高潭区：向埔心、三多祝、李坑屯各处发展。

　　白芒花区：向永湖、下涌、大山口一带发展。

　　鸭仔步区：向黎村、镇隆及惠樟公路一带发展。

　　附城区（县会）：向横沥、平潭、博罗县，河源县方面发展。

　　（附图略——编者）

　　（载于一九二六年三月一日《中国农民》第三期，署名：阮啸仙）

## 全国农民运动形势及其在国民革命中的地位①

### （一九二六年八月十九日）

　　以前我们做农民运动，都只是在一乡一区的，只看到一个地方。但是两年来的经验告诉我们，农民运动是整个一致的工作，只有全国以至全世界一致联合，一致奋斗，才能成功的。所以我们除了注重地方以外，还要讨论全国的问题和全国的工作。以前就是在全省代表大会都没有做过全国的报告，为什么这次扩大会

────────────

　　①　这是阮啸仙在广东省农民协会扩大会议上的报告。

议，便提出全国的报告呢？因为现在全国的运动，已开始发展，这是于我们有很大关系的。尤其在这北伐的时候，对于全国农民运动的影响很大，也正是从事全国工作的紧要时期。我们必须懂得全国的形势对于革命的关系，才能发展全国工作，所以这次于扩大会决定作这个报告，还更加以讨论。

这个报告的事实，是全国的，不是番禺，也不是顺德的，各位或者因此难懂一点，但各同志都是农民运动的负责人，谋全体农友之解放的，所以务必要打起精神来，注意这个报告才好。这个报告分三段讲：一、全国农民运动普遍发生的原因。二、各省农民运动情势：（A）革命势力底下的省份——广东、湖南、广西；（B）反动军阀统治底下的省份——河南、湖北、四川、山西、陕西、直隶等；三、结论。

一、全国农民运动，为什么发生，凡是会谈几句国民革命的人，大概都可以讲出两个简单的原因，我们要讲的是下面的几点，这确是农民运动发生的重要原因：

（1）中国的工业不发达，完全是个农业社会，工业发达的外国对中国实行经济侵略，中国农村便最受着影响。帝国主义者，把他的机器制造出商品，不断地输入，在城市和乡村推翻了手工业生产品的地位，于此所有的几乎都给他赚去。另一方面，他又从荷包内拿出一点资本来，购买中国贱价的原料，制造出商品，运来吸收我们的财富，又满载而去，这样川流不息地，用我们很贱的原料，制造出商品来，很贵地卖给我们。我们永给他原料，也永替他消货，即是我们永远送钱给帝国主义，帝国主义只是努力把我们的财富移到他手里。

同时，国内军阀，连年的内战，简直使农民不能生存了。农民和土地好像自来水笔和墨水一样，不能分开的，如果没有墨水，自来水笔便是一个废物，农民得不到土地，便没有方法耕种以生产。但是现在的现象，恰恰是农民无田可耕种，城市小手工业发展的速度，赶不上乡村的破坏，新工业的兴起，不能够补偿因帝国主义的经济侵略和军阀战争而引起的农村破产，结果农民离了他的土地，找不到职业，便成为土匪、兵士，土匪、兵士也算成了农民失业后的职业了。这是全国农民都感受的一种极大的痛苦，在这无法生活而失业的普遍现象底下，农民除了自己起来，是找不到一条生路的。

（2）世界革命潮流的影响。以前农民在社会上是没有一点地位的，有钱人读书人才配讲话，就是革命也是智识界才配讲，耕田佬是没那种资格的。但是从 1917 年俄国无产阶级革命成功后，世界上一部分工农由奋斗得到成功，从压迫中把自己解放了出来，耕田佬实在并不如一般人所轻视的那样下贱，倒真是世界的主人啊。

革命后的俄国，成为世界革命的大本营，由十月革命的成功，使革命潮流在各国增长，他给予中国民族的影响非常之大。最先感受这种趋势而起来的是学生运动。其次便有很剧烈的工人运动，如海员大罢工，京汉路"二七"屠杀与唐山大罢工，都是中国发生工人运动以来几次极大的斗争。接着这种影响就达到农村，农民也渐渐起来了，在广东便产生广大群众的农民运动。由工农群众的兴起，使革命势力得到了很大的发展，中国民族革命因得工农群众参加，方走上轨道，成为真正的民众革命运动了。

（3）土匪和军队的扰乱。土匪的绑票勒赎，在广东到处都可以见到。最近国民党中央农民部的农民运动特派员都被土匪绑去勒赎了。在外省也是一样厉害。同时，军阀打仗不息，兵溃了就当匪，匪一收编了又是军队，挂了军队的招牌，作恶更凶，所以兵匪分不出来，都是一样的抢掠，以至烧村屠城也成常见。在兵匪扰乱之下，农民所受的痛苦更大。

（4）苛税杂捐繁重。如中山县有三十几种捐税，各省都是差不多的。同时，军队拉去，强住民房，弄得田没有人去耕，农民被逼失业，造成人为的饥馑。农民在这种压迫底下，除了暴动，也没有第二个办法。

（5）强买公债票和行使军用票。强买公债在外省是很普遍的，就是现在东江方面，农民也是很多受强买公债的痛苦。军用票在北方更是普遍的。农民在军用票的威迫底下，没有法子维持生活，结果便只有暴动。

（6）土地集中与农民资本化。因为在帝国主义经济侵略之下，农村破产，大地主变成中地主，中地主变成小地主，一步一步往下堕落。但是，顽固的地主，并不认识堕落的原因，只是加重对农民的剥削，加租便是他们取偿的方法。同时，大城市的中国资本家，因竞争不过，就跑到西北一带去买地皮，开工厂，用很贱的价格，购买原料及雇用农夫工作，拿不够吃饭的工资，一天逼着整天整夜地做工都可以。许多大地主也卖了田地，把资本集中起来干这种事业。再则便是基督教在各地传播购买农村土地，修造很华丽的教堂，如我们的广东的西村白鹤洞一带，就可以看见。以上这些例子，都是把土地集中变成农业资本化，弄得农村的田不够分配，农民自然而然就无田可耕，痛苦加厉，结果也是造成暴动。

（7）天灾水旱。这两年内的天灾水旱，差不多各地都是，并且很厉害。或者赤地千里，如去年各省大旱，今年湖南的旱灾，湖北的水灾，也弄成陆地成泽国，灾区的农民，也是无田可耕，到了走投无路时，也只有暴动了。

（8）广东农运的影响。因为广东农民群众奋斗的影响，使各省、县受压迫的农民觉悟到自己的利益是可以用自己团结的力量去斗争得到的，并且只有自己的奋斗，才靠得住。因此，各省农民运动都慢慢发生，农民起来走上自己的路去了。

（9）五卅罢工的影响。去年五卅、沙基等惨案发生以后，各地都发生很剧烈的大罢工，省港罢工现在仍然支持着。在这个罢工当中，工人同农民合作起来做了打倒反革命派和封锁香港等许多工作。这种合作的影响波到全国农民，使农民运动更加发展，就是军阀势力底下，农民运动也同样兴起了。以上9点，是最近全国农民运动发展的最大原因，我们必须要弄清楚的。总之，最近因为各种原因，农村一天一天崩坏，而农民所受的压迫剥削，日见增加，使他们只有暴动反抗，一点不能忍受了。同时因为世界革命潮流，国内工人运动，情势剧烈，及广东农民运动的影响，使这种反抗成为有组织的、有力量的、全国一致的农民运动。懂得运动发生的原因，以下便分开各省来讲。

二、讲各省的情势，我们可以分做两部分：一是革命势力底下的省份，就是国民政府统治下的三省，在这些省份底下，因为政治比较自由，所以农民运动也比较可以自由发展。一是在军阀势力统治下的各省，因为政治上的反动，所以农民运动多是秘密进行，但是农民的反抗也很强烈。现在开始报告：（A）革命势力底下各省农民运动情势。

1. 广东

（1）广东农民运动发生的原因在哪里？这点各位或者多难解答，但是一定要解答。大概说来有这几个原因：（a）广东因为近海，同外国往来最早，所以受帝国主义侵略也特别厉害。因为买卖洋货事业发达，造成一种买办阶级。在外省人很少懂得买办阶级的，但是在广东，自从商团叛乱以后，什么人都知道买办阶级了。农村在洋货横行之下，崩坏得很快，而农民就受帝国主义及买办阶级的宰割，特别痛苦。（b）广东农民算佃农最多，在百分之五十五以上，不如别处的自耕农多。地主收租从百分之六十至百分之七十，农民所受地主、劣绅土豪的压迫和剥削最厉害，地主、劣绅土豪并有武装的民团，勾结防军地方官吏，压迫农民，同时土匪也多。农民贫苦失业的趋势一天天厉害，也正因这些缘故。农民很容易组织起来，并且一有组织，就要求武装自卫，组织农民自卫军。因为地主有武装，动不动就杀农民的头，因民团的武装是压迫农民运动，农民要抵抗这种压迫，自然便需要自己的武装自卫了。这也就是广东农民运动的特别地方。（c）广东很早便是国民党革命的根据地，政治上总比较别处自由一点，人民比较可以公开活动，所以农民运动也很容易起来。（d）广东工人运动的发展，给农民很大的影响。广东工人有组织最早，工人运动是先由手工业工人做起来的。本来手工业工人，是农民出身，有时还回到农村去，和农民并没有很大的分别。他们组织的发生，直接间接都要影响到农民，使农民觉得自己也非组织起来不可。

（2）广东农民运动，因有以上四个原因而发展起来了。现在且看他发展的趋势，这可以分成做四期来讲：第一时期，民国十四年五月第一次打平东江后。这一期因为农民帮助党军打平东江，陈炯明反动势力减少，所以农民运动很发展，当时全省有组织的二十二县，二十余万人，能够开全省代表大会，成立起省农民协会。第二时期，民国十四年十月，刚是廖仲恺先生死后，因为国民党和国民政府决心肃清反革命势力还在进攻时期，所以农民运动也都是向前发展，但是第四时期是怎样来的呢？

第一，广东的统一，只表面的统一，实际军阀的基础还好好安置着没有动摇。因为军阀的基础是建筑在农村的统治阶级地主、土豪劣绅上面的，现在政府虽用了军事的威力，把军民财三政统一了，却不能动得买办、地主、土豪劣绅、贪官污吏及失意军人的分毫。政府未能铲除这一大批反动势力在农村中的根基，所以表面上没有他们的势力，而他们却都伏在农村里破坏国民革命基础的农民运动，时时刻刻一致向农民进攻，明的压迫屠杀和暗里的造谣中伤。

第二，驻防军因为实际利益上与农民冲突。军队驻在一个地方，总想多抽点捐税，这就同农会主张废除苛捐杂税冲突，有了农民运动的地方，防军是首受打击的。现在广东的军队，固然是革命军，但有些军队乃为他自己的利益，总不免讨厌农民运动，对于他有利益的才干。这次广宁打匪便是个很好的例子，最先军队只是旁观不同农军一齐剿匪的，后来我们才决定多给防军点利益，剿匪获得的枪支，防军百杆得九十杆，农民只得十杆，这样才比较好点了。虽然防军没有摧残农会，但因为利益冲突，恐怕农民起来了，可以维护乡村治安，用不着防军，不纳防军的捐税，所以有意无意不满意农会，给反动派以摧残农会的机会。

第三，现在因为北伐问题，政府不得已要发行公债，贪官污吏和土豪劣绅把公债票派给贫苦农民，农民因此受了莫大的痛苦，政府和党又有许多照顾不到的地方，反革命派遂乘机起来在农村中活动，造成最近农村的冲突与纠纷。

第四，工农是天然的同盟者，此次罢工工人，在过去曾同农民合作，做了许多扑灭反革命的斗争，并且得到胜利，所以省港罢工同农民的关系更密切。假使罢工给帝国主义者压服下去失败了，那反革命的势焰便会增炽，在乡村向农民进攻。现在罢工虽未完全失败，但是一般人对于罢工都很漠视，罢工工人陷于孤立被反革命派攻击的境地。这一影响到农民身上，也就使人怀疑农民运动，反革命也就敢于向农民进攻了。

第五，农民因为参加各种革命斗争牺牲很大，结果虽然胜利了，本身却还是没有得到一点利益，于此他们便自动起来找出路，同敌人奋斗，但是因为经验缺乏，党及政府又因种种关系未能切实援助，广东农民运动便发生很严重的困难了。

这是目前的事实，我们可以简单举出四件事来说：

（a）"农会是土匪机关"。这个口号本是反革命派故意造谣来破坏农会的，事实上农会乃是主张政府除暴安良的政策。但是，这个口号经过右派的鼓动，影响到最革命的左派也有时起了动摇，同时农民与土匪激斗的时候，军队反置之不理，或横加干涉。

（b）"农会干涉行政司法"。反动的官吏拿政治来做压迫农会的工具，滥派捐税，剥削农民，农民当然会起来反抗，他们便喊农会干涉行政，到处鼓动，政府也下令禁止。这样一来，农民不但没有法子反抗压迫人民的贪官污吏，农会也不能代表农民的痛苦向政府讲话，就连发个传单攻击贪官污吏，也要遭禁止了。

（c）农民在这种压迫底下，没有出路了，于是只得要求自治。这本是很正当的办法，但是，一般贪官污吏，却自称是国民政府治下的官吏，是政府在一地方的代表，农民无论如何，要遵从政府的官吏，不能提出自治，因此，他们就说农会反对官治与法治的口号，农民还有什么路可走呢？

（d）派公债票事件。因为北伐而发行公债票本是很对的，但是一般贪官污吏，拿到公债，专派贫穷的农民，特别是农会会员买，农会当然要代表农民利益，起来反对，反革命派就大叫农会反对公债，就是反对北伐，便是反革命。在这个反对北伐反革命的诬陷底下，几乎要解散农会了，可是农会中是反对强派公债给贫苦的农民啊。

总之，反革命派到处向农会进攻，而与农民利益冲突的又乘机挑拨，弄得农民走投无路，才自己起来解决，他们更加上了"干涉行政""反对北伐""反革命"的帽子给农民协会。农民协会给反革命势力四围联合进攻，使目前农民运动到一个很困难的时期。

但是广东农民运动，绝不因此罢休。就在这几月艰难困苦中，农会的发展，仍在四万四千人以上，可见农民已觉悟到自己的出路了。要解决这个困难问题，不是靠政府能够成功的，完全要自己去奋斗，要自己努力去造成一个为人民谋利益的政府，在斗争中去取得自由和自己的利益，只有自己才能找得到。

所以在这次扩大会我们应当注意的是：

（1）提出目前政治的经济的总要求，为实现这些要求而奋斗；（2）讲出我们所受的痛苦，并且要写出给各界人民看，使他们明了我们痛苦的情形，消除对于我们的误解，这是为自己利益，为中国革命利益，都应该做的；（3）注意我们内部的问题，如整顿内部，统一组织系统，如以整个省协会向政府立案，注册等，开训练班训练和整饬农民自卫军，注重调查教育宣传工作等等，这也是为巩固自己发展组织的必要工作。

2. 湖南

（1）农民运动发生的原因：

（a）地主收租过重，农民纳税都在六成以上；

（b）苛捐杂税太多；

（c）借贷利息太高，农民借钱很吃亏；

（d）官吏、劣绅土豪压迫农民，乡村的团防局，都是地主劣绅土豪把持着做压迫农民的工具；

（e）农村破产，农民生活一天天低落痛苦；

（f）去年旱灾，差不多二十六县至四十县没有收获，米价每升最低六百文，最高八百七十文，便有钱都买不到米吃，农民多吃树叶，甚至泥土也吃，有七天不举火的农民，在这种大灾之下，那种惨痛是说不出的；

（g）政府预征粮税到国民十八年，农民简直没有方法担负得来。

（2）发生以后的情势：湖南农民因为在痛苦的环境下，所以农民运动也像广东一样，很快地起来了。民国十四年八月后，国民党中央党部对湖南农民运动有点津贴，同时农民运动讲习所有29 个学生回去湖南各处实地工作，农民运动在湖南便萌芽起来了。

民国十四年十二月，湖南政局起了变动，军阀势力崩坏，那时政局没有中心的统治，各方都想利用民众势力的帮助，起来执政，他们都知道民众势力之利害了，所以在这时对于农民的压迫也放松了些，农民运动的工作，便由秘密进步到成为半公开的形式了。

民国十五年四月，唐生智把赵恒惕打倒了，自己的力量还未巩固，在被人压迫的地位，所以表示倾向国民政府，对于农民运动，也未加压迫，能给以相当自由，所以这时湖南的农民运动，也很快发展了。不过因为农民以前所受痛苦太大，所以自身组织还没有完备，便提出过高的要求，如查仓、平价、强买的口号，本来这种口号完全是对的，可是在农民运动的初起，才有组织的时候提出，便容易给反动派口实，来破坏这初起的运动，后来看出这点危险，才把政策改变了一下。

现在因为唐生智已受国民政府委任，湖南是国民政府的领土了，湖南民众平时就有了组织，工会完全是统一的，不像广东这样分裂，并且有一百几十个小学教员，都是帮助农民运动的，所以湖南的农民运动一定是很能够发展的。现在省农民协会已准备成立，有七个县协会，有区协会组织的四十三县，只有乡协会组织的四十三县，共 4 万多人，出版物有《镰刀图报》，并编有"饥荒国民北伐"等歌曲。

3. 广西

广西农民的痛苦情形，和广东相同，可以不讲。广西农民运动完全受广东的影响，十五年春间抽广东广宁县几位做农民运动的同志，到梧州去组织第五届农民讲习所，也有学生回去。广西现在是国民政府统治之一省，但是广西政府领袖都不十分了解农民运动，他们说农民运动是要做，可是广西的人用广东的章程去做，便不合适，要等他广西的党部有了经验了，才能做广西的农民运动。在东兰县有两个农所学生从事组织农民协会，奋斗了很久，才有点成绩。最近便给县长、防军，大加屠杀，一般土豪劣绅、地主也同县长勾结，还用"赤化""过激"诬陷农民。武篆一区，烧去十几个农村，农民被杀了 200 多人，逃亡出外者 60 多人，这真是惨极的屠杀。现在广西农民协会筹备处虽已成立（编者按已取消①），但完全是士绅、官僚包办机关，和旧农会一样，并不是由区农会、乡农会的下层组织产生的，恰如广西先成立了政府，才产生国民党一样。成立县协会的有两县，乡协会有 34个，人数约 8000 人。

广西农民也是很痛苦很受压迫的，所以农民运动还是能够发展，不过少人工作，并没有多大经验，成绩也就不太好了。

（B）反动军阀势力底下各省的农民运动情形

1. 河南

（1）发生的原因。

河南农民是自耕农占多数，统计自耕农和半自耕农占总数百分之八十以上，农民都可以自给，好像农民运动很难发生一样。但是现在河南农民运动膨涨的原因在什么地方呢？

（a）兵多：河南在国民二军的时候有兵额二十八万人，到处收编土匪成军，兵匪是一样残酷横行。土匪因为有了招牌，抢掠更加厉害，政府主抚不主剿。二军失败后，寇英杰又来，更增加到三十万兵，计有案可考的有十五师十四旅，还有张治公的八旅，

---

① 原文如此。

没有计数，每月军需 1641000 余元，一年军需共要 19692000 元，而河南全省一年收入，不过两千万元，仅够支军饷，其他还有政费。防军都是就地勒索，硬派日用品，便强要农民负担；战事发生，便是强占民房，拉夫等常态，不在话下。平时总是常有兵变，一排一连的叛变，人民受害实不浅了。

（b）匪乱：因为兵化为匪，匪一编就成兵，土匪的势力便十分猖獗，而土豪劣绅也招纳土匪，做他的爪牙，挂个民团的名义，红枪会也有是土匪的组织的。在这种扰乱的局势下，土匪只有一天天增加，差不多成了土匪世界。

（c）滥发纸币的祸害：河南的纸币在国民二军时代，就有一千多万，寇英杰来后，越更加多了，现在跌到一成多，人民受害不浅。

（d）苛捐杂税最多，人头捐都有，这是人民感觉最痛苦的一点。因为这种缘故，人民没有方法解除痛苦，只有自己起来。民国十四年五卅惨案后，河南农民运动起来了，那时一方面受了京汉铁路工会的影响，一面受广东省农民协会的影响，当时有一个国民会议促成会广东军人代表从北京回到河南，用广东省农会特别专员名义，从事工作，很得农民的信仰。

（2）红枪会。

河南因为自耕农多，乡村的民团势力很大，农村的枪支都是在民团手上，后来给防军缴了械，于是改用大刀。全省农民因为要抵抗军队，都起来练拳使力，吞符念咒，他们很相信这样枪弹便打不死他们，可以同军队反抗，到了同军队冲突的时候，喊一声：杀！便一齐向前。他们头上都缠一块红布，所以叫做红枪会。

红枪会完全是在军阀压迫之下的中国农民没有出路而产生的一种反抗军队的自卫组织，在北方受军队蹂躏得最利害的几省都起了这样的组织，可见不是偶然发生的。红枪会运动在中国农民的政治斗争，表示很严重的意义，如岳维峻的失败，吴佩孚的成功，可说完全是红枪会的向背问题。岳维峻在河南的革命情势讲，自然比吴佩孚好得多，但是他抽苛捐杂税，使农民对他恶感太深，所以红枪会都帮助吴打岳，结果岳失败了。但是，现在吴佩孚在河南的军队还比岳的坏得多，对农民的压迫也可说有过之无不及，所以现在河南红枪会又积极反吴了。

吴佩孚初利用红枪会的时候，委任土匪红枪会及劣绅土豪的首领做反赤司令，等到他打败国民二军，便大杀红枪会首领，围剿红枪会，所以现在河南原是土匪、士绅的红枪会都投到农民协会一边来反吴了。

红枪会有是土匪的组织，有是劣绅土豪利用的组织。还有一种完全是农民的组织，专门反对不良军队的，他们讲，如果岳维峻取消了苛捐杂税，不压迫农民，他们便可马上不反对岳。最近汶山、宁阳的红枪会暴动，占城 7 天，都是住在庙宇、学校、机关，吃的都是自己带的大饼、馒头，绝不扰害人民丝毫，可见他们完全站在人民利益上去反抗军队的。这种红枪会的分子，已经很多变成农会会员了。他们能够认识农民协会比红枪会的方法要好些。

（3）农民运动情势。

从民国十四年五月到十月，农民运动发展，有二十几县有协会组织，四个县有协会。十五年三月二军大失民心了，但农会的策略还是不攻击国民二军，且设法帮助他打倒吴佩孚，要岳不加重农民负担，但是他不明了，弄得红枪会都被吴利用。二军失败后，各地农民协会多被解散，只有杞县还能领导五万多红枪会员牵制别的红枪会助吴。这次洪阳县协会七个执行委员被杀死两个，在医院又死一个，还有一人失踪了，至今不知下落，其余都受重伤，差不多完全解体了！荥阳县也被捕去两个，到现在才释放了。现在因为红枪人倾向农会，局势又转了一下，农民运动都在秘密进行的，成立了县农民协会的有信阳、杞县、许昌、荥阳等四县，只有区农民协会的有长葛、睢县、密助、安阳、修武、郑县、开封、洛阳等八县。有自卫团约十万人，办了一个《农话周报》，文字很浅，是给农民读的，也有画报。

2．湖北

湖北农民运动发生的原因与各省差不多相同，最重要的就是因为去年的大水灾，农民多自动起来抗租，有几万农友起来向有钱佬要饭吃等等自救的举动，农民运动也就在这时候开始，许多同志便趁这机会到农村中去宣传、组织。

省农民协会临时执行委员会在民国十四年十月成立，有农民协会组织的是汉川、黄梅、黄安、黄冈等县，总共有七个区农民协会，十四个乡农民协会，会员有一万多人。平民学校有 38 间，俱乐部 4 间，合作社 2 个，自卫团 2 个，读书社 1 个，书报室 1 个，这些都是农民协会的代表组织，因为农民协会难得公开的。出版有《湖北农民》半月刊（行销四千份）及画报（行销一千份）。从张、吴联合讨赤后，省农民协会便在三月间被封了，捕去一个同志，损失很大。现在省农会虽然被封，但工作仍然是在进行呢！

3．四川

（1）农民运动发生的原因。

（a）地主的剥削。收租在六成以上，各种剥削形式，如高利贷等都不严于各省。

（b）官吏的搜话。四川钱粮有预征到民国三十五年的，至少现在也征到民国三十年了，各种苛捐附加数也数不完，最奇怪的是到处强种鸦片，种了就大抽烟捐，不种还要抽懒捐。

（c）土豪劣绅的榨取。遇到抽捐要税时，他们便出来包办，从中重抽渔利，没有一个时候不在榨取人民的。

（d）兵匪扰乱。兵便有了四五十万，匪也遍地都是，时常都在打仗。农民从自耕农以至雇农，都是饱受了这种痛苦，大地主和土豪劣绅便常和军阀、官吏勾结，自己又有很强大的武装——民团。办团的有保皇党、进步党，甚至国家主义者，所以造成很大的团阀势力。

（2）农民运动情势。

民国十四年八月以后便起了农民运动，到十月时就发生了组织，在宜宾、巴县、高县、南充、江北、綦红、营山等县，不过都是秘密活动，是没有公开的。

最近安岳县农民给防军师长李其相部下姓廖的一旅，于六月二日肆行惨杀，计被杀的有成年农民585人，妇女56人，老人18人，小孩35人，被强奸妇女21人，被奸后自尽的17人，因强奸不成功而被杀死的28人。从老年到孩童，男的女的被杀了这样多，死状残酷，有割腹取肝的，焚烧的房屋有百间。

这种骇人的大屠杀自然是很厉害，但我们相信，这只有更使农民找不到出路，更起来反抗！

4. 山东

山东农民所受的痛苦和河南同样的，没有什么差别，也有红枪会的组织。今年正月间，红枪会起来反抗张宗昌，被屠杀两万余人之多！

农民运动也是民国十四年八月后发生的，现在有了乡农民协会的为安丘、济南、齐河等五县，南部一带的红枪会也已经有了运动。

5. 陕西

陕西没有一个统一的军阀势力，各派军队分割区防，就地筹款，预征钱粮到民国十八年了；并且强迫种鸦片，按亩抽捐，每亩烟捐最低是从十三元到十五元；高利借贷很厉害，三四个月的短期借贷一百元要利息四十元。所以农民受不住这种剥削，常有"交农"之事，即是一种暴动，聚集几万农民，携带起农具，到城里请愿，要求减轻粮税等，得不到结果便捣毁衙署。民国十四年八月间，开首秘密组织赤水农民协会，有千多人，刘镇华打陕西的时候，曾做反刘工作。

6．直隶

去年有次大水灾，接着又发生国奉战争，在战地人民都失业离家，现在北京城内还有十余万灾民，无家可归呢！

直隶农民运动，民国十五年秋间①便有好几县有组织。如顺义是在北京总工会和广东省农民协会影响之下组织的。去年广东省农会代表参加北上外交代表团在顺义工作，被县长拘禁。但从国民军失败后，农民运动便大受打击，组织都无形解散。现在农友们虽已经认识了反赤运动与赤的差别，倾向革命一方，但在军阀的严重压迫底下，很难活动的。

7．江西

江西的情形和湖南相同，民国十五年方本仁失败，各派军阀争为首领，没有稳定的统治时候，农民运动才发生了，先从南康、赣州、吉安、华阳、九江、永攸等十县起首组织的，现在有六个区农民协会，三十个乡农民协会，人数大约有一千人左右。

8．三特别区

三特别区农民运动，是今年三月才开始的。这些地方是在马贼侵袭之下的，农民有武装，并且有相当的团结，所以还容易组织。现在热河有了五个地方有了组织，人数共有两千多人，察哈尔只有一个地方有了组织，人数有六百多。绥远现正在开平开始工作，没有组织好。

9．江浙

江苏、浙江、安徽这几省的农民运动，还没有发展，只在江

---

① 似应为"民国十四年秋间"。

苏的江阴在去年有周水平在那里组织一个佃农协会，后来周给地主劣绅勾通县长用"赤化"的罪名来枪决了。现在周水平的棺材还停放着没有埋，那里的农民都络绎不绝地跑去看他，可见他们是很信仰农民运动的领袖的，将来一定可以发展。

现在北方各省的农友们，都是在很黑暗的反动压迫之下奋斗，想找出一条出路。他们最希望的是广东的北伐。上海工人一开会就非有政治报告不可，总工会这次被封后，没有人去工人会场上去做政治报告，工人便自己起来，他们报告的就是说北伐，就是说省港罢工纠察队要来北伐。河南农民同军队打仗时，他们很坚决地说："打败了到广东去"！他们总想着：怎么广东有八十万农民组织好了还不快来北伐呢？

这都是不可能的，河南农民打败了，不消说不能来广东，广东虽有八十几万有组织的农民，但哪里能去北伐呢？但是，从这两个口号可以见到他们急切需要解放，他们极力奋斗，他们在同敌人苦战的时候，唯一的希望便是广东农友能去帮助他们，国民政府能为他们的利益而奋斗，为解放拯救民众去北伐！

我们现在虽然这样在困难时期，但我们总还比较北方农民自由点，我们看了北方农友那种苦斗不屈的情状，就应该分外努力，无论多大困难，都要鼓起勇气去干，我们的困难只有自己从奋斗中得到解除。

三、结论

由上面这个报告，我们可以得出几个结论：

（A）自从俄国革命成功后，世界革命潮流激到中国，鼓起中国民族革命的高潮，由单纯的学生运动，进步到工农群众的参加革命运动，使中国民族革命真成为谋大多数民众解放的运动，真能积极地为打倒帝国主义与军阀而奋斗。总之，中国民族革命因为有广大的工农群众参加才有意义，才上了轨道。

（B）五卅惨案发生后，上海、香港都有二十万工人大罢工，香港的大罢工现在已有一年多了，还是坚持着，广东八十多万有组织的农民历次参加经济政治的斗争，为自己的利益而实际参加国民革命运动，在这些斗争中，得到了很大经验。如两次打东江的战争，打南路的战争，打倒杨刘，肃清反革命派，统一广东的战争，都因为有农民积极参加而得到胜利。在这些斗争中，广东农民运动有了很大的进步。这种影响传到各省去了，使各地在深深压迫之下的农民非自己起来不可，同时又因国民党第二次全国代表大会注意农民运动和农民讲习所学生回到各省工作的缘故，全国农民运动都发展得汹涌澎湃，什么势力也阻止不住了。

（C）五卅惨案以后，英、日帝国主义者和张、吴两大军阀，互相勾结起来，造成一个反赤联合战线，把国民军打败，又一致向民众进攻，极力压迫。北方才起来的农民，组织还很幼稚，当然受不住那样严重的压迫。所以北方民众革命运动便渐次低落，农民运动受阻碍不能发展了。这一影响到广东，也造成反革命势力开展的局面，使国民政府底下比较有基础的农民运动都受反动派的破坏，造成目前这种很危险困难的形式。

从这点可以证明农民运动不单是广东局部的问题，是全国的问题，广东是不能够单独成功的，并且农民运动也不是单靠农民自己去奋斗能够成功的，必要联合革命的同盟者——工人们去扩大全国的革命联合战线才成功。我们要筹备全国农民协会，号召全国农友一致起来，统一全国的组织。

（D）北方的工人农民在想象中和口头上说出"打败了到广东去""省港罢工工友和广东八十余万农友及农民自卫军快到北方来"，这是很有意义的。我们知道他们打败了并不能到广东来，广东的工友和农友也不能到北方去，但是总有这两个意义：（一）国民政府的北伐，要得到广东工农群众的拥护，才可以成功；

（二）国民政府的北伐，要为贫苦的工农的利益，解放北方大多数被压迫民众才有意义，才能得人民的赞助，离开了工农，单是军事的行动是不够的。

（E）中国农民所受的痛苦，被压迫和剥削的程度差不多，所以农民运动发生都有同一的趋势，经过同样的阶段。开始是一种单纯的经济斗争，由反对重租和高利剥削，反对田主对于农民的种种不平等条约，渐进步到政治的斗争，反对苛捐杂税、预征钱粮、强派公债、行使不兑现的军用票，反对贪官污吏，反对军阀战争的扰害，反对民团的压迫，同时更积极的要求有自己的组织，要求武装自卫。这时政治的要求比经济的要求更要厉害些。他们进一步便必要求有一个不苛取人民、不扰害人民的政府，这个政府要保护农民的利益，为农民谋利益！在广东更要进一步取得一部分自治权（乡村的政权，如县长民选，财政公开）。这是比较显著的事实，在各省农民运动中，必定要走这条路经过的。

现在中国农民已经晓得他们实际痛苦的来源，自动起来反抗和剥削他们的阶级了，同时他们很认识了革命，实际参加革命，中国国民革命战线上农民已站在一个极重要的地位了。广东国民政府的胜利，河南国民二军的失败，完全在于农民的帮助和反对，这种事实表明农民在政治上已发生很大的作用了，谁是拥护农民的利益，谁便胜利，如果是违反农民的利益，压迫农民的，马上便会失败！

还有一点事实，凡是农民运动发生的地方，都是国民党党务发达的地方，也是革命进步的地方（如广东、湖南、湖北、河南等省）。这可以证明农民在国民革命中是占极重要的地位。

（F）我们现在应当注意全国农民目前急切的要求是什么？在广东农友们因为有组织的群众作经济的政治的斗争，受了很大牺牲，现在亦有事实上满足我们的相当的愿望，得到一条出路，激起继续为民族奋斗的勇气。因此，我们这次扩大会议应提出一个目前最低限度的总要求。在各省要扶助他们组织，使农民运动发展，也应该有相当的要求，才能够鼓励前进奋斗的精神：

1. 经济方面我们应要求：（1）规定最高租额和最高利息；（2）取消苛捐杂税和预征无地无钱的贫农钱粮及强派公债与行使军用票；（3）统一度量衡；（4）提倡合作运动，禁止囤积居奇。

2. 政治方面，至少要有这些要求：（1）农民集会结社自由（要有组织农民协会和得到防御的武装自卫的自由）；（2）农民出版言论自由（组织讲演队、办宣传学校、游艺会、壁报、画报等）；（3）县长民选；（4）乡村自治机关及财政公开；（5）民团、团防局等，是属于人民武装的团体，不得压迫农民及有执行逮捕审判等司法的职权；（6）免除诉讼积习，禁止差役藉端敲诈。

3. 教育方面，我们也应要求：（1）开办农民义务学校或农民子弟学校；（2）要求政府规定在税收项下划出若干做农村教育经费。

（G）从上面的视察，这次扩大会应该决定我们的总要求，提出主张，发表一个告全国农民书，号召全国农民组织起来！并要在广州设立全国农民协会筹备处，以促全国农民大团结之早日实现！

（载于 1926 年 11 月 19 日《犁头》第十九、二十期合刊）

## 苏维埃政权的特点

### （一九三〇年五月十七日）

苏维埃这个怪物，自一九二七年十二月广州暴动开始在中国出现了！此后，苏维埃的红旗，便从中国的南方飘扬到全国去，苏维埃的名字，便从广州工农叫起，普遍深入到劳动群众中去，到了现在，中国的劳苦人民不管是高谈阔论的公开宣言，或是交头接耳的秘密传说，几乎都可以听到苏维埃这个词。而在帝国主义者、豪绅、资产阶级、国民党及一切反革命派的心目中，的确是对苏维埃这个怪物，感觉得万分的不安。他们一听到苏维埃三个字，起初是咒骂，"恶化""反动""土匪""流氓""匪共"，有如狂狗乱吠。现在是要发抖了，"赤焰嚣张，红旗飞扬"，出诸豪绅资产阶级国民党之口，总带有十二分莫奈之何，其实可怕的神气。

苏维埃为什么这样令工农群众可爱，而使反动的统治阶级害怕呢？因为苏维埃是工农群众自己的政府。工农群众武装暴动推翻了帝国主义、豪绅、资产阶级的政府，便拿工农自己组织起来的苏维埃政府来代替。一方是表示反动派在工农武装暴动之下要灭亡，一方是表示革命的工农在苏维埃胜利之下要复活。

究竟怎么样才成为工农自己的苏维埃政府呢？

第一，苏维埃政府有工农革命的武装，就是工农革命的红军。红军不像旧式军队一样脱离群众的，而是工农自己从艰难困苦，在肉搏战斗中，武装创造出来的，与群众有不可分割的亲密的关系。军阀军队，是摧残剥削民众，惹起群众仇视的。红军便不是这样，举一个很小的例来说：去年十月间，赣西南红军第三独立团——现在中国红军第三军之一部，和敌军在东固地方打了一个决死战的仗，该团因种种关系受了挫折，当时失散了，只剩下几杆枪与十几个兵士，人人都说红军完了。但不到一天，红军又通通集中起来了，一杆枪都未有散失，一个兵都未有伤害，反而乘敌军持胜而骄漫无防备之中，打了一个最后的胜仗，敌军真的完了，枪械通通被红军缴了。我们考查红军为什么打散了，能够很快地集中起来，不但没有损失，反而得到最后的胜利？原来这些红军是由当地工农群众自己武装起来，他们是了解为自己阶级利益而打仗的，有时免不了失利，他们拿武装跑到乡村农民中去。这一次他们一回到农村中去，便很迅速地找到自己的队伍，因为他们不如此，农民群众便会向他们质问为什么打败了，为什么不很快地去找自己队伍恢复起来再向敌人进攻！他们便在群众督促之下，或自觉的，或受农民的引导，就很快去找得自己队伍，并且在群众拥护之下，提高他们战斗的勇气和决心，必然得到最后的胜利。因此，这种力量比旧式军队强大得多，就革命的意义上讲，这种力量是任何东西不能比得上的，在反动的统治阶级里，是找不到这样东西的。说红军是"攻不破，打不烂，踢不开"的，绝非言过其词。

第二，苏维埃政府，是工农自己选举他们的领袖做代表组织起来的，是与最大多数的群众打成一片的，中间没有什么隔离的，因此，便很容易检阅自己的错误，容易恢复自己在战争中所受的损失，这是从来任何国家机关所未曾梦见的。因为群众自然而然的知道自己有什么不妥当的地方，非常愿意的来纠正其错误，自觉的大家负起责任来打破种种困难，恢复意外的伤害。豪绅资产阶级政府是由上层官僚分子包办的，他们要面子，当然不愿意说出自己的错误，更无从来纠正其错误。他们的政府是豪绅资产阶级压迫劳苦群众的机器，绝不是以群众力量来建筑政府的基础。苏维埃政权则完全是由群众斗争中产生的。

第三，苏维埃政府的人员是出自工农群众自己意思的选举，也可以由群众意思而撤换的，没有专靠做官吃冤枉饭的官僚主义。因为政府的代表是由民众意思选举的，当然当选的是能为民众谋利益的人，否则民众有自由撤退代表之权，不好的，就要请他滚开去。哪有官僚主义的存在？谁能够摆官僚的空架子？所以比之豪绅资产阶级的国家机关好到几千百倍。

第四，苏维埃政府参加管理的人，有工厂的工人，有兵营中的兵士，有农村中自己耕种劳动的人，有学校中的革命学生，有贫苦的下层小商人、自由职业者、贫民，各人都懂得各人自身的痛苦，各种职业的人又互相知道大家的生活情形，就发生各人之间的亲切关系，大家都是为着劳动而生存的人，没有剥削制度的存在，所以没有剥削别人而安坐享福的官僚地主及资本家，因此，能设法进行群众生活各种的改善。在工厂做工，可以增加工资，减少工作时间，待遇优良，得到休息和读书机会；在农村里，要改良生产，增加收入，不交租，不欠债，生活充裕，读书和自由娱乐；在兵营里，红军经济公开，生活改良，无长官压迫兵士的事情，并可以自由和工农一块儿相亲相爱过快活日子，退伍可以有工作做，有田耕种，工农兵都可以得到自己应得的利益。

第五，苏维埃政府的人员，是工农革命的先锋队，是由被压迫的工农群众中最觉悟、最努力、最进步的分子组织而成的。他们可以将自己群众的生活情形向政府做报告，又可以将政府办理的事情向自己群众做报告，使长久以来被排斥于政治生活以外的劳苦群众亲身去了解政治生活，自己参加管理自己的事。他们的领袖经过这个苏维埃政府机关，有组织地拿自己的经验去教育训练群众，领导群众参加政治生活，向自由幸福的道路上走。

第六，苏维埃政府是民主集中制，是最彻底的民主，最接近劳苦群众，便于工农自己直接管理的政府机关组织。同时也是最能够集中的、最有威权的政权组织。一切权力集中到代表会议，各级苏维埃政府的委员，由代表选举，一切法令及重大问题，都必须经过代表会议讨论通过交苏维埃执行委员会执行，是经过会议然后坚决地执行，执行的人是曾参加会议的人，会议的人也就是执行的人。所以苏维埃政府不但比之国民党"以党治国"的党皇帝政府不同，就是与一切所谓文明国家的资产阶级官僚资本主义的议会制度也完全两样。苏维埃政府是兼有议会制度和直接民权二者之好处，而没有他们的坏处，工农群众直接选举代表，代表直接选举执行委员，同时有立法行政之权，既彻底自由民主，又实行权力集中，这是最好的工农民主共和国家。

（载于一九三○年五月十七日《红旗》第一○二期，署名：啸仙，以上节选自《阮啸仙文集》，广东人民出版社 1984 年版）

根据中国老区建设促进会编纂《全国革命老区县发展史》丛书的部署要求，在省、市老区建设促进会高度重视和具体指导下，东源县委县政府指示县委党史研究室、县老区建设促进会组织具体编纂《东源县革命老区发展史》工作。经过编纂人员近两年的努力，该书于 2018 年底形成初稿，2019 年经省有关专家、学者审定，2020 年上半年定稿。

《东源县革命老区发展史》共分八章。全书以史实为依据，展现新民主主义革命时期、抗日战争时期、解放战争时期、新中国成立后的社会主义建设时期、改革开放时期的各项成就。我们相信，《东源县革命老区发展史》将成为传承红色基因的载体，是我们宣传革命老区、弘扬革命老区精神的生动教材。

该书在编纂过程中得到了县委办、县府办、宣传部、组织部、发改局、文广旅体局、教育局、财政局、老促会等部门的大力支持，值此致以诚挚的谢意！

由于水平有限，本书难免有错漏等不足之处，敬请批评指正。

编者

2020 年 12 月 12 日

# 广东人民出版社　党政精品图书

围绕中心，服务大局，做最具高度、深度和温度的主题出版物

## 中宣部主题出版重点出版物

**《中华人民共和国通史》（七卷本）**

· 全国第一部反映中华人民共和国70年光辉历程的多卷本通史性著作
· 中央党校、中央党史和文献研究院权威专家倾力打造

**《账本里的中国》**

一册册老账本，串起暖心回忆，讲述你我故事，体味民生变迁。

**《全国革命老区县发展史丛书·广东卷》**

· 挖掘广东120个革命地区的红色记忆
· 中国老区建设促进会牵头组织

**《红色广东丛书》**

· 广东省委宣传部重点主题出版物
· 传承红色基因，弘扬革命精神

---

本书配有智能阅读助手，为您1V1定制

# 《东源县革命老区发展史》阅读计划

帮助您实现"时间花得少，阅读体验好"的阅读目的

建 议 配 合 二 维 码 一 起 使 用 本 书

## 您可根据自己的学习需求，量身定制专属于您的阅读计划：

| 阅读服务方案 | 阅读时长指数 | 为您提供的资源类型 | 帮助您达到以下学习目的 |
|---|---|---|---|
| 1. 高效阅读 | 阅读频次 较低　每次时长 较短　总共耗费时长 | 总结类 | 快速学习和掌握红色精神。 |
| 2. 轻松阅读 | 阅读频次 较高　每次时长 适中　总共耗费时长 | 基础类 | 简单了解革命老区的历史。 |
| 3. 深度阅读 | 阅读频次 较高　每次时长 较长　总共耗费时长 | 拓展类 | 继承和发扬红色精神，推动老区发展。 |

## 针对您选择的阅读计划，您可以享受以下权益：

**立刻获得的主要权益**

▶ **专享本书社群服务**：提供创造价值与私密的深度共读服务，群内分享阅读干货，发起话题探讨
▶ **1套阅读工具**：辅助您高效阅读本书，终身拥有

**每周获得的主要权益**

▶ **专属热点资讯**：16周社科文学类资讯推送，每周2次
▶ **精选好书推荐**：16周文学社科热门好书推荐，每周1次

**长期获得的主要权益**

**线下读书活动推荐**：精选活动，扩充知识开拓视野
不少于1次

**抢兑礼品**：免费抽取实物大礼
不少于2次限时抽奖

**微信扫码**

添加智能阅读助手

## 只需三步，获取以上所有权益：

1. 微信扫描二维码；
2. 添加智能阅读助手；
3. 获取本书权益，提高读书效率。

❶ 鉴于版本更新，部分文字和界面可能会有细微调整，敬请包涵。